2026년 24회 대비

합격을 위한 가장 완벽한 마무리

사회복지사1급
핵심요약집

사회복지교육연구센터 편저

사회복지
전문출판 나눔의집

나눔의집이
데이터 기반 **마무리 학습전략**으로
사회복지사1급 시험 준비를
완벽하게 마무리해 드리겠습니다.

STEP 1

마무리 학습전략 준비

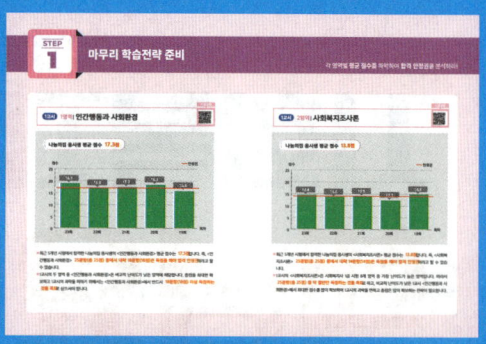

각 영역별 평균 점수를 파악하여
합격 안정권을 분석하라!

합격을 위한 가장 완벽한 마무리!

데이터 기반 마무리 학습전략

나눔의집이 사회복지사1급 시험 준비를 직접 마무리해 드리겠습니다.

사회복지사1급 시험은 절대평가를 기반으로 합니다.

즉, 1~3교시(8영역) 과락기준에 해당하지 않고,
총 200문항(점) 중 120문항(점) 이상을 득점하면 합격인 시험입니다.
제24회 사회복지사1급 시험! 아직 늦지 않았습니다.
지금부터 나눔의집이 제시하는 학습전략에 따라 학습하시면 됩니다.

STEP 2

마무리 학습전략 설정

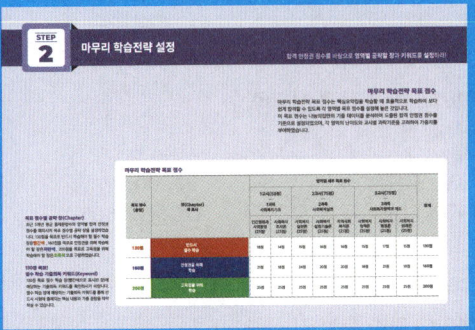

**합격 안정권 점수를 바탕으로
영역별 공략할 장과 키워드를 설정하라!**

STEP 3

마무리 학습전략 실행

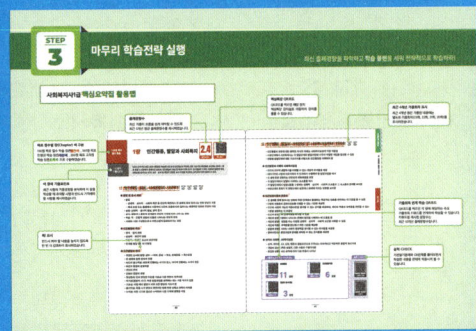

**최신 출제경향을 파악하고
학습 플랜을 세워 전략적으로 학습하라!**

핵심요약집 학습을 위한 이해

사회복지사1급 시험영역

교시 = 과목			영역 = 개별 교과목	
1교시	1과목 사회복지기초	50문항 (50점)	1영역 인간행동과 사회환경 2영역 사회복지조사론	각 영역 25문항
2교시	2과목 사회복지실천	75문항 (75점)	3영역 사회복지실천론 4영역 사회복지실천기술론 5영역 지역사회복지론	각 영역 25문항
3교시	3과목 사회복지정책과 제도	75문항 (75점)	6영역 사회복지정책론 7영역 사회복지행정론 8영역 사회복지법제론	각 영역 25문항

※ 사회복지사1급 시험은 **3개의 교시(8개 영역)**로 구성되어 있으며, 총 문항수는 **200문항**입니다. 각 문항은 1점씩으로서 **총 200점 만점**입니다.

합격자 결정기준

시험과목		과락기준	총점기준
1교시 사회복지기초	1영역 인간행동과 사회환경 2영역 사회복지조사론	총 50문항 중 **20문항(40%) 미만 득점 시 과락** 예 1~19문항 득점 시 과락	
2교시 사회복지실천	3영역 사회복지실천론 4영역 사회복지실천기술론 5영역 지역사회복지론	총 75문항 중 **30문항(40%) 미만 득점 시 과락** 예 1~29문항 득점 시 과락	총 200문항 중 **120문항(60%) 이상 득점** 시 합격
3교시 사회복지정책과 제도	6영역 사회복지정책론 7영역 사회복지행정론 8영역 사회복지법제론	총 75문항 중 **30문항(40%) 미만 득점 시 과락** 예 1~29문항 득점 시 과락	

※ 「사회복지사업법」 시행령 제3조 제5항에서는 시험의 합격결정에 있어서 매 과목(교시) 4할 이상, 전 과목 총점의 6할 이상 득점한 자를 합격자로 한다고 명시하고 있습니다. 즉, 매 교시 40% 이상(1교시 50문항 중 **20문항 이상**, 2교시 · 3교시 75문항 중 **30문항 이상**)을 득점하여 과락기준에 해당하지 않고, 전 과목 총 200문항 중 60% 이상인 **120문항 이상**을 득점하여야 합격자가 됩니다.

합격기준에 대한 예시

극단적인 합격의 예

시험과목	시험영역		과목별 득점(문항수)		총득점(문항수)
1교시 사회복지기초	1영역 인간행동과 사회환경	25문항	20문항	25문항	120문항
	2영역 사회복지조사론	25문항	5문항		
2교시 사회복지실천	3영역 사회복지실천론	25문항	20문항	55문항	
	4영역 사회복지실천기술론	25문항	20문항		
	5영역 지역사회복지론	25문항	15문항		
3교시 사회복지정책과 제도	6영역 사회복지정책론	25문항	15문항	40문항	
	7영역 사회복지행정론	25문항	20문항		
	8영역 사회복지법제론	25문항	5문항		

※ 비교적 난이도가 높은 영역인 1교시 2영역 사회복지조사론과 3교시 8영역 사회복지법제론에서 5문항만을 득점했어도 과락
기준에 해당하지 않고 총득점 120문항(120점)을 득점하였기에 **합격**입니다.

과락으로 인한 불합격의 예

시험과목	시험영역		과목별 득점(문항수)		총득점(문항수)
1교시 사회복지기초	1영역 인간행동과 사회환경	25문항	25문항	45문항	130문항
	2영역 사회복지조사론	25문항	20문항		
2교시 사회복지실천	3영역 사회복지실천론	25문항	20문항	65문항	
	4영역 사회복지실천기술론	25문항	25문항		
	5영역 지역사회복지론	25문항	20문항		
3교시 사회복지정책과 제도	6영역 사회복지정책론	25문항	5문항	20문항	
	7영역 사회복지행정론	25문항	10문항		
	8영역 사회복지법제론	25문항	5문항		

※ 총득점만을 봤을 때 130문항(130점)을 득점하여 전 과목 총점 60%인 120점 이상 득점기준을 충족하였지만, 3교시의 득점이
30문항(교시별 과락기준 40%) 미만이므로 **불합격**입니다.

기출경향

1교시 **1영역** | **인간행동과 사회환경**

나눔의집 응시생 평균 점수 **17.3점**

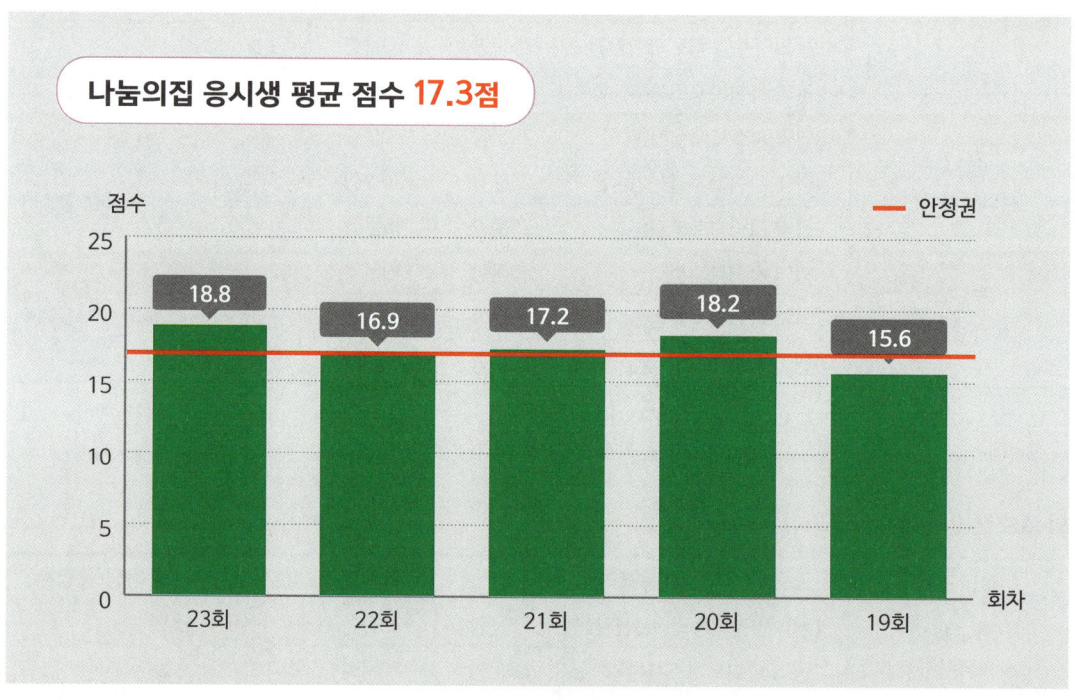

- 최근 5개년 시험에서 합격한 나눔의집 응시생의 <인간행동과 사회환경> 평균 점수는 **17.3점**입니다. 즉, <인간행동과 사회환경> **25문항(총 25점) 중에서 대략 17문항(17점)은 득점을 해야 합격 안정권**이라고 할 수 있습니다.
- 1교시의 두 영역 중 <인간행동과 사회환경>은 비교적 난이도가 낮은 영역에 해당합니다. 총점을 최대한 확보하고 1교시의 과락을 피하기 위해서는 <인간행동과 사회환경>에서 반드시 **17문항(17점) 이상 득점하는 것을 목표**로 삼으셔야 합니다.

2영역 | 사회복지조사론

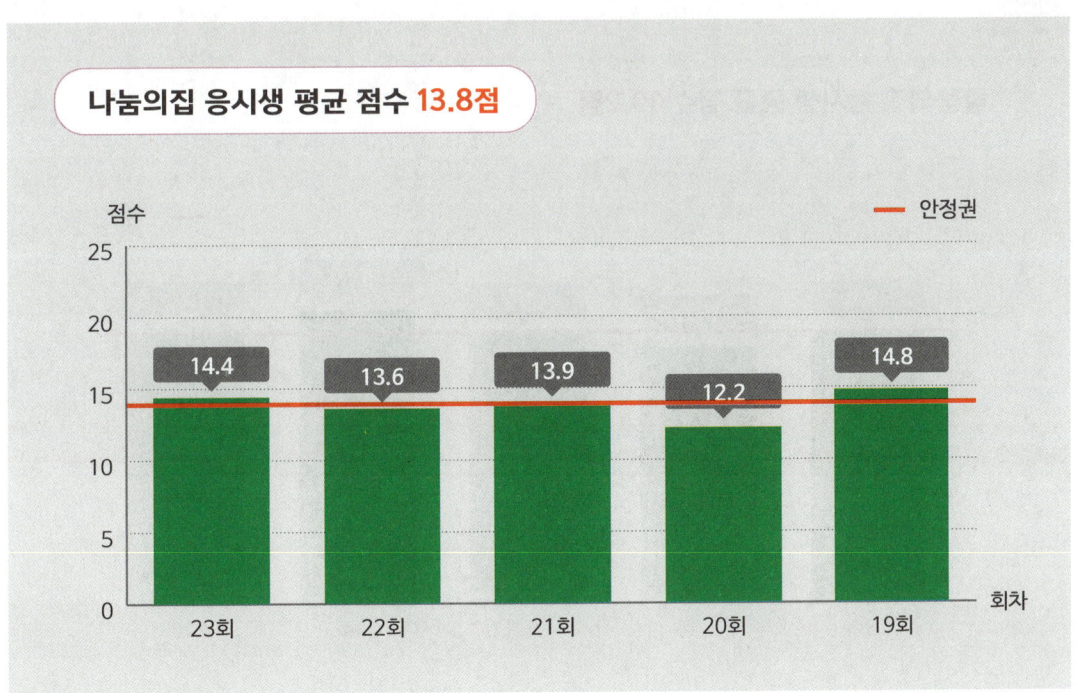

나눔의집 응시생 평균 점수 **13.8점**

- 최근 5개년 시험에서 합격한 나눔의집 응시생의 <사회복지조사론> 평균 점수는 **13.8점**입니다. 즉, <사회복지조사론> 25문항(총 25점) 중에서 대략 **14문항(14점)은 득점을 해야 합격 안정권**이라고 할 수 있습니다.

- 1교시의 <사회복지조사론>은 사회복지사 1급 시험 8개 영역 중 가장 난이도가 높은 영역입니다. 따라서 **25문항(총 25점) 중 딱 절반만 득점하는 것을 목표**로 하고, 비교적 난이도가 낮은 1교시 <인간행동과 사회환경>에서 최대한 점수를 많이 확보하여 1교시의 과락을 면하고 총점은 많이 확보하는 전략이 필요합니다.

2교시 **3영역** | **사회복지실천론**

기출경향

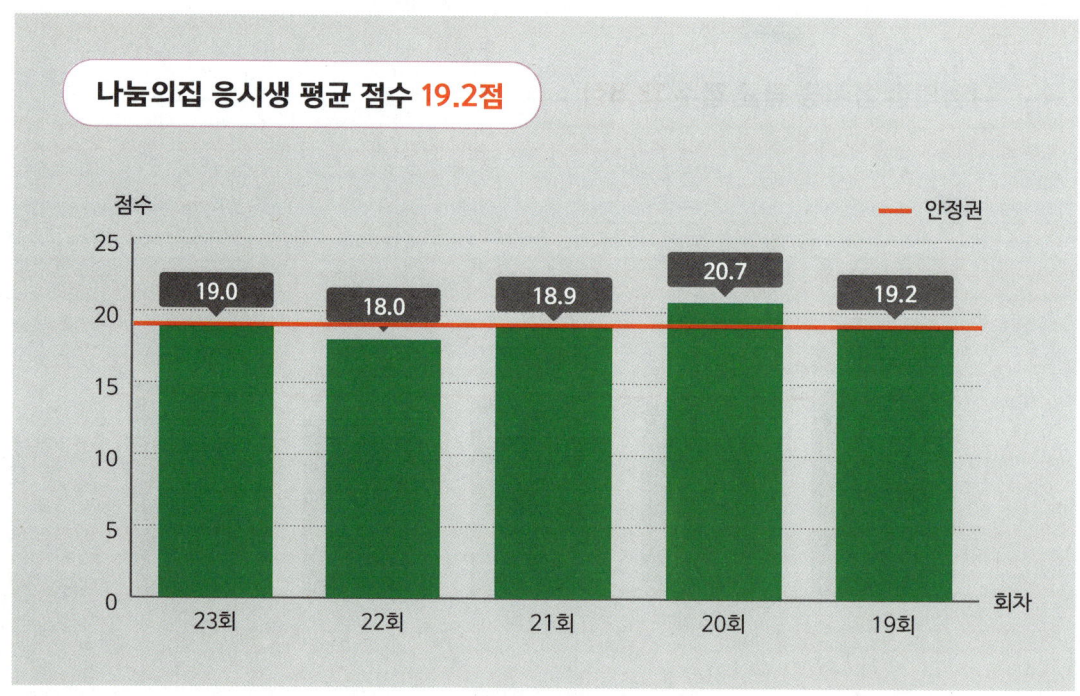

나눔의집 응시생 평균 점수 **19.2점**

점수

안정권

23회	22회	21회	20회	19회
19.0	18.0	18.9	20.7	19.2

회차

- 최근 5개년 시험에서 합격한 나눔의집 응시생의 <사회복지실천론> 평균 점수는 **19.2점**입니다. 즉, <사회복지실천론> **25문항(총 25점) 중에서 대략 19문항(19점)은 득점을 해야 합격 안정권**이라고 할 수 있습니다.

- 2교시의 영역들은 1교시와 3교시의 영역에 비해 비교적 난이도가 낮습니다. 특히, <사회복지실천론>은 사회복지사 1급 시험 8개 영역 중 가장 난이도가 낮은 영역입니다. 따라서 반드시 <사회복지실천론>에서 **최대한 점수를 많이 득점하여 총점을 확보**해야 합니다.

기출경향

2교시 4영역 | 사회복지실천기술론

나눔의집 응시생 평균 점수 15.8점

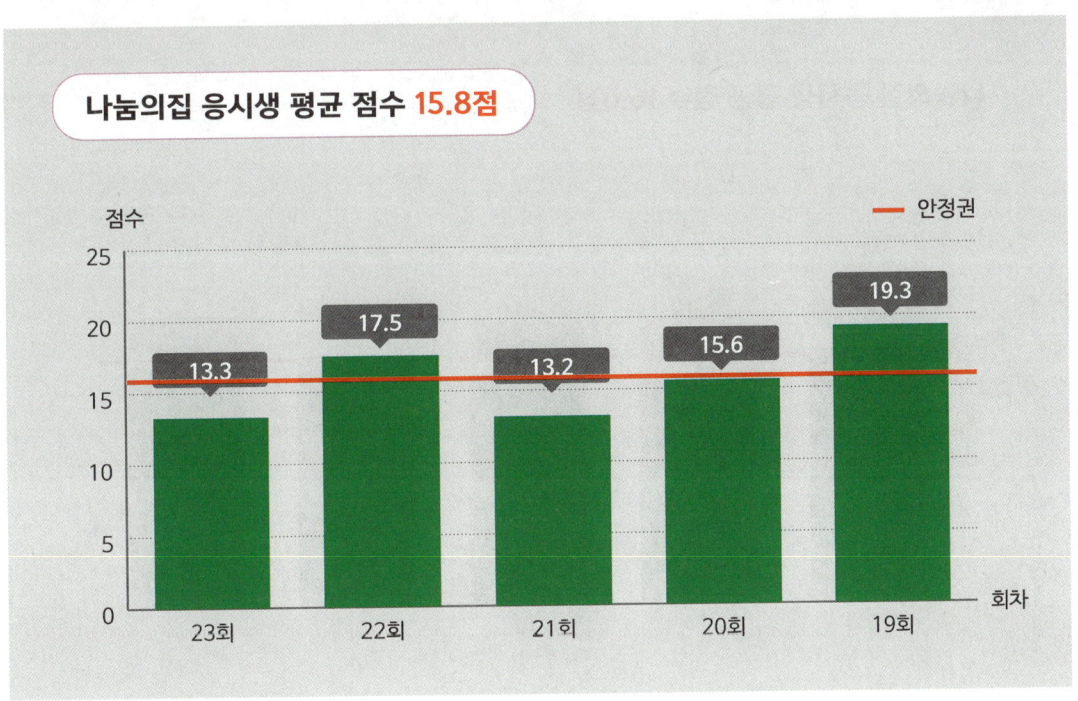

- 최근 5개년 시험에서 합격한 나눔의집 응시생의 <사회복지실천기술론> 평균 점수는 **15.8점**입니다. 즉, <사회복지실천기술론> **25문항(총 25점) 중에서 대략 16문항(16점)은 득점을 해야 합격 안정권**이라고 할 수 있습니다.
- 2교시의 영역들이 1교시와 3교시의 영역에 비해 비교적 난이도가 낮은 영역들이긴 하지만 <사회복지실천기술론>은 **실천기법, 실천모델 등의 내용이 주를 이루는 영역이라 생각보다 많은 수험생이 까다로워하는 영역**입니다. 따라서 내용이 헷갈리지 않도록 다양한 실천기법과 실천모델을 서로 비교하면서 정리하는 것이 매우 중요합니다.

기출경향

2교시 **5영역** | **지역사회복지론**

나눔의집 응시생 평균 점수 16.6점

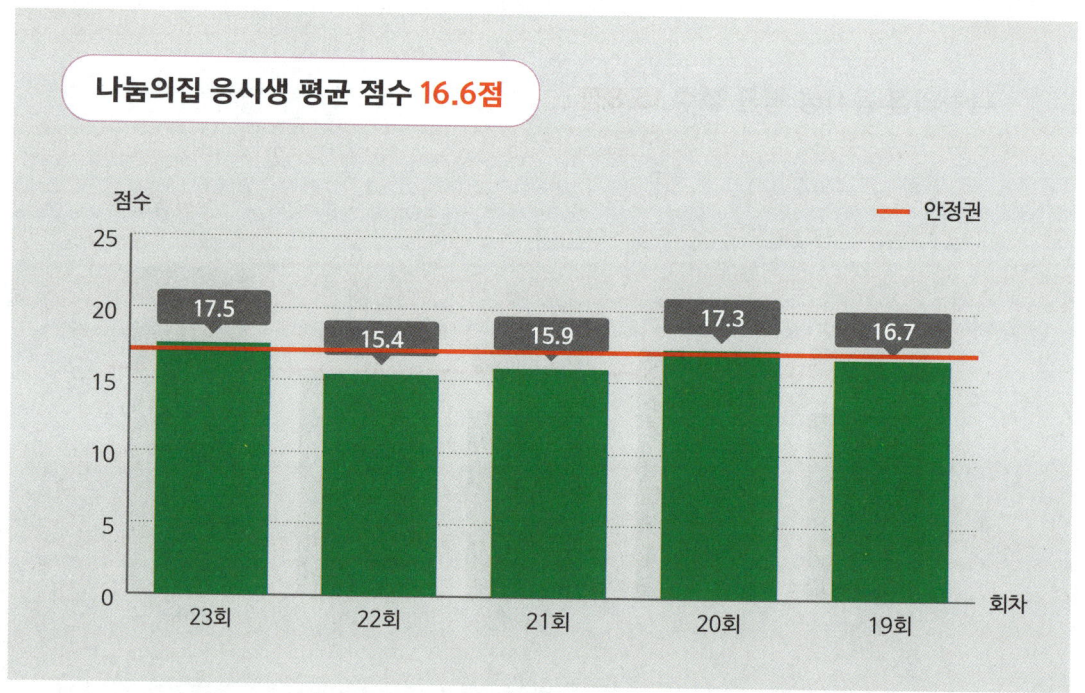

점수

안정권

- 최근 5개년 시험에서 합격한 나눔의집 응시생의 <지역사회복지론> 평균 점수는 **16.6점**입니다. 즉, <지역사회복지론> **25문항(총 25점) 중에서 대략 17문항(17점)은 득점을 해야 합격 안정권**이라고 할 수 있습니다.

- 2교시 사회복지실천 분야에 속해있지만, 내용을 들여다보면 지역사회복지의 발달, 지역사회보장협의체, 사회복지협의회, 사회복지공동모금 등 **3교시 사회복지정책과 제도 분야에 관한 내용과도 겹치는 부분**이 많기 때문에 이러한 점을 참고하여 영역별 학습 순서를 효율적으로 활용하는 것이 좋습니다.

기출경향

3교시 6영역 | **사회복지정책론**

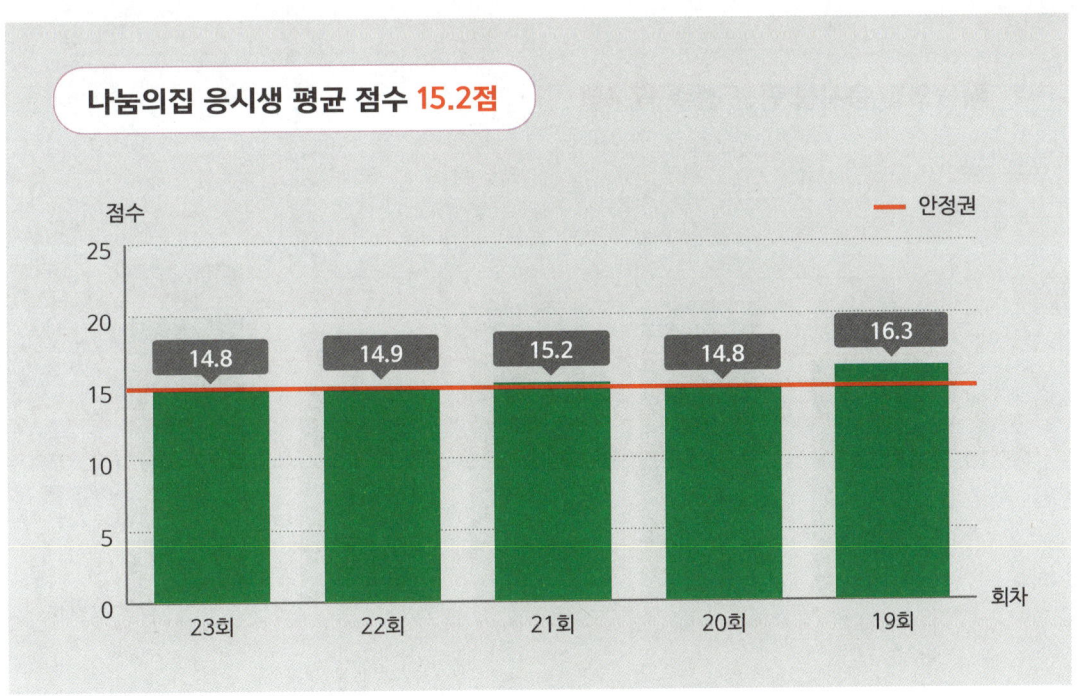

나눔의집 응시생 평균 점수 15.2점

- 최근 5개년 시험에서 합격한 나눔의집 응시생의 <사회복지정책론> 평균 점수는 **15.2점**입니다. 즉, <사회복지정책론> **25문항(총 25점) 중에서 대략 15문항(15점)은 득점을 해야 합격 안정권**이라고 할 수 있습니다.

- 3교시는 많은 수험생이 가장 두려워하는 교시입니다. 실제 어렵기도 하고, 총점은 120점을 넘었지만 3교시의 과락으로 인해 불합격이 발생하기도 합니다. 하지만 너무 걱정하지 않으셔도 됩니다. <사회복지정책론>은 몇 개의 장(Chapter)에 편중되어 문제가 출제되는 특징이 있기 때문에 이 점을 잘 공략한다면 보다 효율적으로 점수를 득점할 수 있습니다.

STEP 1

3교시 **7영역** | **사회복지행정론**

기출경향

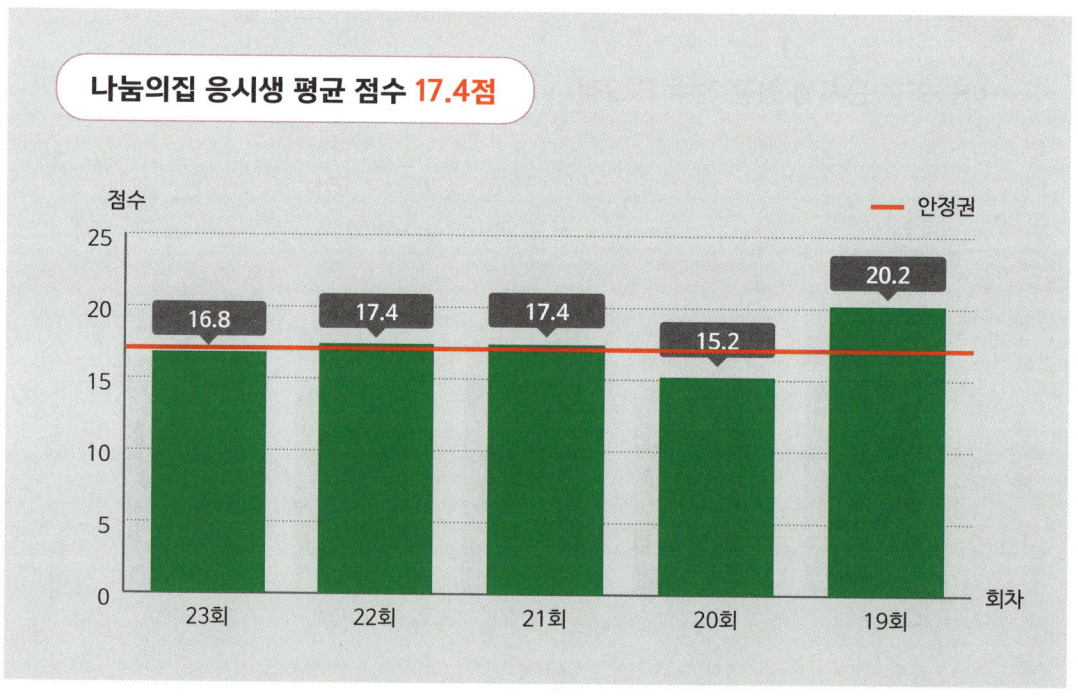

나눔의집 응시생 평균 점수 **17.4점**

회차	23회	22회	21회	20회	19회
점수	16.8	17.4	17.4	15.2	20.2

안정권

- 최근 5개년 시험에서 합격한 나눔의집 응시생의 <사회복지행정론> 평균 점수는 **17.4점**입니다. 즉, <사회복지행정론> 25문항(총 25점) 중에서 대략 17문항(17점)은 득점을 해야 합격 안정권이라고 할 수 있습니다.

- 많은 수험생이 어려워하는 3교시에서 비교적 난이도가 낮기 때문에 최대한 총점을 확보해야 하는 영역이 바로 <사회복지행정론>입니다. 즉, 3교시의 <사회복지정책론>, <사회복지법제론>이 난이도가 높기 때문에 **<사회복지행정론>에서 최대한 점수를 확보해야만 3교시의 과락**을 면할 수 있습니다.

기출경향

3교시 8영역 | **사회복지법제론**

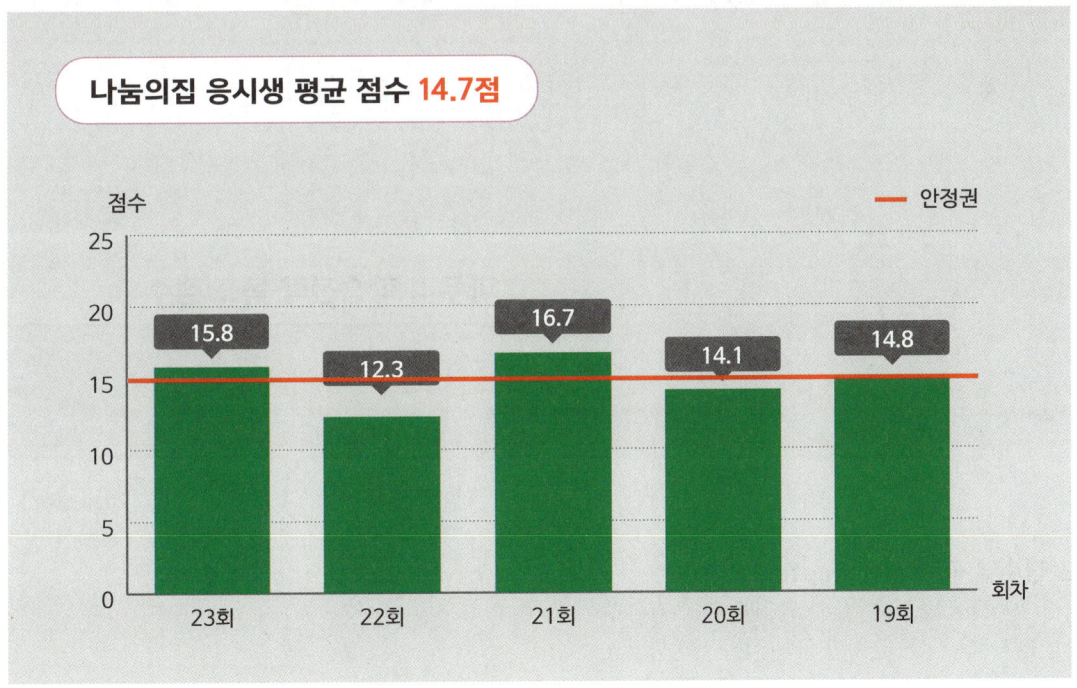

나눔의집 응시생 평균 점수 14.7점

점수 / 안정권 / 회차

- 최근 5개년 시험에서 합격한 나눔의집 응시생의 <사회복지법제론> 평균 점수는 **14.7점**입니다. 즉, <사회복지법제론> **25문항(총 25점) 중에서 대략 15문항(15점)은 득점**을 해야 합격 안정권이라고 할 수 있습니다.

- <사회복지법제론>은 학습할 양이 너무 많고 법은 어렵다는 인식 때문에 공부를 시작해 보지도 않고 포기하는 수험생이 많습니다. **사실 <사회복지법제론>은 이해가 필요한 영역이 아니라 암기가 필요한 영역**입니다. 자주 출제되는 법률 위주로 그 내용을 암기하신다면 오히려 <사회복지법제론>은 쉬운 영역이 될 수 있습니다. 힘들게 내용을 이해하려고 하실 필요 없습니다. 그냥 주요 빈출 법률만 외우셔서 15문항만 득점하시면 됩니다.

목표 점수별 공략 장(Chapter)

최근 5개년 평균 출제문항수와 영역별 합격 안정권 점수를 매치시켜 목표 점수별 공략 장을 설정하였습니다. 130점을 목표로 반드시 학습해야 할 필수 학습 장은 **빨간색**, 160점을 목표로 안정권을 위해 학습해야 할 장은 **파란색**, 200점을 목표로 고득점을 위해 학습해야 할 장은 **초록색**으로 구분하였습니다.

130점 목표!
필수 학습 기출회독 키워드(Keyword)

130점 목표 필수 학습 장(빨간색으로 표시된 장)에 해당하는 기출회독 키워드를 확인하시기 바랍니다. 필수 학습 장에 해당하는 기출회독 키워드를 통해 반드시 시험에 출제되는 핵심 내용과 기출 경향을 파악하실 수 있습니다.

마무리 학습전략 목표 점수

목표 점수 (총점)	장(Chapter) 색 표시
130점	반드시 필수 학습
160점	안정권을 위해 학습
200점	고득점을 위해 학습

마무리 학습전략 목표 점수

마무리 학습선략 목표 점수는 핵심요약집을 학습알 때 효율적으로 학습하여 보나 쉽게 합격할 수 있도록 각 영역별 목표 점수를 설정해 놓은 것입니다.
이 목표 점수는 나눔의집만의 기출 데이터를 분석하여 도출된 합격 안정권 점수를 기준으로 설정되었으며, 각 영역이 난이도와 교시별 과락기준을 고려하여 가중치를 부여하였습니다.

영역별 세부 목표 점수								합계
1교시(50점) — 1과목 사회복지기초		2교시(75점) — 2과목 사회복지실천			3교시(75점) — 3과목 사회복지정책과 제도			합계
인간행동과 사회환경 (25점)	사회복지 조사론 (25점)	사회복지 실천론 (25점)	사회복지 실천기술론 (25점)	지역사회 복지론 (25점)	사회복지 정책론 (25점)	사회복지 행정론 (25점)	사회복지 법제론 (25점)	
18점	14점	19점	16점	16점	15점	17점	15점	130점
21점	18점	24점	20점	20점	18점	21점	18점	160점
25점	25점	25점	25점	25점	25점	25점	25점	200점

STEP 2

1교시 | 1영역 | 인간행동과 사회환경

목표 점수별 공략 장(Chapter)

	장	19회	20회	21회	22회	23회	문항수	평균
130점 목표 **필수 학습** (18.4)	5장 사회체계이론	4	4	3	4	5	20	4.0
	2장 정신역동이론	4	5	3	4	3	19	3.8
	3장 인지행동이론	3	4	3	4	4	18	3.6
	8장 태아기, 영아기, 유아기	3	2	3	3	2	13	2.6
	1장 인간행동, 발달과 사회복지	2	3	3	1	3	12	2.4
	4장 인본주의이론	2	2	2	2	2	10	2.0
160점 목표 **안정권 학습** (21.0)	10장 청소년기	1	2	1	1	2	7	1.4
	9장 아동기	1	0	2	2	1	6	1.2
200점 목표 **고득점 학습** (25.0)	7장 조직체계, 지역사회체계, 문화체계	0	1	2	2	0	5	1.0
	12장 장년기	1	1	1	1	1	5	1.0
	13장 노년기	3	0	1	0	1	5	1.0
	11장 청년기	1	1	0	1	1	4	0.8
	6장 가족체계, 집단체계	0	0	1	0	0	1	0.2

최근 5개년 평균 점수 **17.3점**

130점 목표! 필수 학습 기출회독 키워드(Keyword)

장		기출회독 키워드	10년간 출제문항수	평균
5장	014	체계이론	11	1.1
	015	생태체계이론	21	2.1
2장	004	프로이트의 정신분석이론	11	1.1
	005	에릭슨의 심리사회이론	11	1.1
	006	아들러의 개인심리이론	8	0.8
	007	융의 분석심리이론	9	0.9
3장	008	피아제의 인지발달이론	13	1.3
	009	스키너의 행동주의이론	11	1.1
	010	반두라의 사회학습이론	8	0.8
	011	콜버그의 도덕성 발달이론	3	0.3
8장	019	태아기	9	0.9
	020	영아기	9	0.9
	021	유아기	9	0.9
1장	001	인간발달	11	1.1
	002	인간발달이론	6	0.6
	003	발달과 유사개념	3	0.3
4장	012	매슬로우의 욕구이론	7	0.7
	013	로저스의 현상학이론	11	1.1

1교시 2영역 | 사회복지조사론

목표 점수별 공략 장(Chapter)

장	19회	20회	21회	22회	23회	문항수	평균
7장 측정	3	5	5	4	3	20	4.0
9장 표집(표본추출)	3	3	3	4	3	16	3.2
1장 과학적 방법과 조사연구	2	3	2	3	2	12	2.4
2장 조사의 유형과 절차	2	3	2	2	3	12	2.4
3장 조사문제와 가설	1	2	2	2	3	10	2.0
5장 조사설계의 유형	2	2	1	2	3	10	2.0
13장 질적 연구방법론	3	2	2	2	1	10	2.0
4장 조사설계와 인과관계	2	1	2	2	1	8	1.6
10장 자료수집방법 I : 서베이(설문조사)	2	2	1	1	2	8	1.6
8장 척도	2	1	1	1	1	6	1.2
6장 단일사례설계	1	0	2	1	1	5	1.0
11장 자료수집방법 II : 관찰과 내용분석법	1	0	1	1	1	4	0.8
12장 욕구조사와 평가조사	1	1	1	0	1	4	0.8
14장 조사계획서 및 조사보고서	0	0	0	0	0	0	0.0

130점 목표 필수 학습 14.0

160점 목표 안정권 학습 18.0

200점 목표 고득점 학습 25.0

130점 목표! 필수 학습 기출회독 키워드(Keyword)

장		기출회독 키워드	10년간 출제문항수	평균
7장	044	측정수준	11	1.1
	045	측정의 신뢰도와 타당도	23	2.3
	046	측정의 오류	6	0.6
9장	048	표집방법	19	1.9
	049	표본의 크기와 표본오차	9	0.9
1장	027	과학적 방법의 특징 및 필요성	7	0.7
	028	사회과학에서의 윤리	6	0.6
	029	과학철학 및 패러다임	9	0.9
	030	연역법과 귀납법	0	0
	031	사회복지조사	3	0.3
2장	032	조사의 유형	18	1.8
	033	조사의 절차	3	0.3
	034	분석단위	3	0.3
3장	035	조사문제	5	0.5
	036	가설	11	1.1
	037	변수	11	1.1

2교시 | **3영역** | **사회복지실천론**

목표 점수별 공략 장(Chapter)

장	19회	20회	21회	22회	23회	문항수	평균
5장 사회복지실천의 주요 관점 및 이론	5	4	3	4	5	21	4.2
7장 관계형성에 대한 이해	4	3	5	4	3	19	3.8
6장 사례관리	3	2	4	2	4	15	3.0
2장 사회복지실천의 가치와 윤리	3	3	1	4	2	13	2.6
3장 사회복지실천의 역사적 발달과정	1	3	2	3	1	10	2.0
8장 면접의 방법과 기술	1	3	2	2	1	9	1.8
1장 사회복지실천의 개념 및 정의	2	0	2	1	2	7	1.4
4장 사회복지실천현장에 대한 이해	1	1	2	1	2	7	1.4
9장 접수 및 자료수집 과정	2	2	1	1	1	7	1.4
12장 개입과정	1	1	2	1	2	7	1.4
10장 사정과정	1	1	1	1	2	6	1.2
11장 계획수립과정	0	1	0	1	0	2	0.4
13장 종결 및 평가	1	1	0	0	0	2	0.4

130점 목표 필수 학습 → 20.2

160점 목표 안정권 학습 → 24.2

200점 목표 고득점 학습 → 25.0

최근 5개년 평균 점수 19.2점

130점 목표! 필수 학습 기출회독 키워드(Keyword)

장		기출회독 키워드	10년간 출제문항수	평균
5장	070	통합적 접근의 등장배경 및 특징	8	0.8
	071	강점관점 및 역량강화모델	16	1.6
	072	4체계모델 및 6체계모델	9	0.9
	073	체계이론 및 사회체계이론	2	0.2
	074	생태체계관점	2	0.2
	075	다문화 사회복지실천	3	0.3
	076	문제해결모델	2	0.2
7장	080	관계형성의 7대 원칙(Biestek)	11	1.1
	081	전문적 관계형성의 요소	10	1.0
	082	전문적 관계의 특징	6	0.6
	083	관계형성의 장애요인 및 사회복지사의 대처	6	0.6
6장	077	사례관리의 등장배경 및 주요 특징	13	1.3
	078	사례관리의 과정	9	0.9
	079	사례관리자의 역할	7	0.7
2장	062	한국사회복지사 윤리강령	9	0.9
	063	사회복지실천현장에서의 갈등	4	0.4
	064	윤리원칙의 우선순위	4	0.4
	065	사회복지실천의 가치 기반	6	0.6
3장	066	서구 사회복지실천의 역사	14	1.4
	067	우리나라 사회복지실천의 역사	4	0.4
8장	084	다양한 면접 기술 및 유의할 점	15	1.5
	085	면접의 특징 및 유형	4	0.4
1장	058	사회복지 전문직의 정체성 논란	4	0.4
	059	사회복지실천방법의 분류	3	0.3
	060	사회복지실천의 목적 및 기능	3	0.3
	061	사회복지실천의 이념과 철학적 배경	5	0.5
4장	068	실천현장의 분류	11	1.1
	069	사회복지사의 역할	4	0.4

2교시 4영역 | **사회복지실천기술론**

목표 점수별 **공략 장**(Chapter)

장	19회	20회	21회	22회	23회	문항수	평균
9장 가족 대상 실천기법	6	6	4	5	6	27	5.4
10장 집단 대상 실천기법	5	3	2	3	3	16	3.2
11장 집단발달단계	2	3	3	4	2	14	2.8
1장 사회복지사의 전문성	2	2	3	2	2	11	2.2
4장 인지행동모델	1	3	4	2	1	11	2.2
6장 기타 실천모델	2	2	2	1	4	11	2.2
7장 가족에 대한 이해	1	1	1	2	1	6	1.2
8장 가족문제 사정	2	1	2	0	1	6	1.2
2장 정신역동모델	2	0	1	1	1	5	1.0
3장 심리사회모델	0	1	1	2	1	5	1.0
12장 사회복지실천 기록	1	1	1	1	1	5	1.0
5장 과제중심모델	1	1	0	1	1	4	0.8
13장 사회복지실천 평가	0	1	1	1	1	4	0.8

130점 목표 필수 학습 — 18.0

160점 목표 안정권 학습 — 20.4

200점 목표 고득점 학습 — 25.0

최근 5개년 평균 점수 **15.8점**

130점 목표! 필수 학습 기출회독 키워드(Keyword)

장		기출회독 키워드	10년간 출제문항수	평균
9장	111	다세대 가족치료	6	0.6
	112	구조적 가족치료	11	1.1
	113	경험적 가족치료	8	0.8
	114	전략적 가족치료	8	0.8
	115	해결중심 가족치료	14	1.4
	116	이야기치료모델과 문제의 외현화	1	0.1
10장	117	집단의 유형	9	0.9
	118	집단역동성(집단역학)	8	0.8
	119	집단의 치료적 효과	6	0.6
	120	집단 지도자의 역할 및 기술	6	0.6
11장	121	집단 준비단계(계획단계)	8	0.8
	122	집단 사정단계	7	0.7
	123	집단 초기단계	4	0.4
	124	집단 중간단계	4	0.4
	125	집단 종결단계	6	0.6
1장	095	사회복지실천기술에 대한 이해	12	1.2
	096	사회복지실천의 전문적 기반	7	0.7
4장	101	인지행동모델의 주요 특징	7	0.7
	102	인지행동모델의 개입기법	12	1.2
	103	행동주의이론, 행동수정모델	5	0.5
6장	106	역량강화모델	6	0.6
	107	위기개입모델	13	1.3

2교시 5영역 | **지역사회복지론**

목표 점수별 공략 장(Chapter)

장	19회	20회	21회	22회	23회	문항수	평균
12장 지역사회복지실천의 추진체계 II	3	3	3	4	3	16	3.2
5장 지역사회복지 실천모델의 이해	2	3	3	2	4	14	2.8
8장 지역사회복지 실천기술 I	4	1	2	2	2	11	2.2
10장 지역사회보장계획	3	3	2	1	2	11	2.2
11장 지역사회복지실천의 추진체계 I	3	2	2	2	2	11	2.2
3장 지역사회복지의 역사	2	2	2	2	2	10	2.0
4장 지역사회복지의 주요 이론	1	2	3	2	2	10	2.0
6장 지역사회복지 실천과정	1	3	2	2	2	10	2.0
1장 지역사회의 개념과 유형	2	2	1	1	2	8	1.6
13장 지역사회복지운동	2	2	2	1	1	8	1.6
2장 지역사회복지와 지역사회복지실천	0	1	2	3	1	7	1.4
7장 지역사회복지실천에서의 사회복지사의 역할	0	0	1	2	2	5	1.0
9장 지역사회복지 실천기술 II	2	1	0	1	0	4	0.8

130점 목표 필수 학습 — 16.6

160점 목표 안정권 학습 — 21.8

200점 목표 고득점 학습 — 25.0

최근 5개년 평균 점수 16.6점

130점 목표! 필수 학습 기출회독 키워드(Keyword)

장		기출회독 키워드	10년간 출제문항수	평균
12장	157	사회복지관	11	1.1
	158	사회적 경제의 주체	9	0.9
	159	사회복지공동모금	5	0.5
	160	기타: 지역자활센터, 자원봉사센터	3	0.3
5장	139	로스만의 모델	9	0.9
	140	웨일과 갬블의 모델	8	0.8
	141	테일러와 로버츠의 모델	5	0.5
8장	147	조직화 기술	8	0.8
	148	네트워크 기술	10	1.0
	149	자원동원 기술	6	0.6
10장	152	지역사회보장계획	11	1.1
	153	지역사회보장협의체	9	0.9
	154	사회복지협의회	5	0.5
11장	155	지방분권화	10	1.0
	156	지역사회복지 관련 동향 및 향후 과제	9	0.9
3장	134	우리나라 지역사회복지의 발달	14	1.4
	135	영국 지역사회복지의 발달	8	0.8
	136	자선조직협회와 인보관 운동	1	0.1
	137	미국 지역사회복지의 발달	1	0.1
4장	138	지역사회복지실천 이론들	19	1.9

3교시 6영역 | **사회복지정책론**

목표 점수별 **공략 장**(Chapter)

장	19회	20회	21회	22회	23회	문항수	평균
5장 사회복지정책의 분석틀	8	5	4	8	6	31	6.2
11장 빈곤과 공공부조제도	3	4	3	7	1	18	3.6
1장 사회복지정책 개요	4	2	5	1	5	17	3.4
6장 사회보장론 일반	2	3	3	5	4	17	3.4
3장 사회복지정책 관련 이론과 사상	3	4	3	3	2	15	3.0
2장 사회복지정책의 역사적 전개	1	1	2	1	2	7	1.4
8장 국민건강보장제도의 이해	1	2	1	0	2	6	1.2
4장 사회복지정책 형성과정	1	1	2	0	1	5	1.0
7장 공적 연금의 이해	1	1	1	0	1	4	0.8
9장 산업재해보상보험제도의 이해	0	1	1	0	1	3	0.6
10장 고용보험제도의 이해	1	1	0	0	0	2	0.4

130점 목표
필수 학습
16.6

160점 목표
안정권 학습
19.6

200점 목표
고득점 학습
25.0

최근 5개년 평균 점수 15.2점

130점 목표! 필수 학습 기출회독 키워드(Keyword)

장		기출회독 키워드	10년간 출제문항수	평균
5장	174	사회복지정책의 분석틀	6	0.6
	175	사회복지정책의 대상	10	1.0
	176	사회복지정책의 급여	12	1.2
	177	사회복지정책의 재원	13	1.3
	178	사회복지정책의 전달체계	16	1.6
11장	187	빈곤과 소득불평등	15	1.5
	188	공공부조제도	22	2.2
1장	163	사회복지정책의 가치	12	1.2
	164	사회복지정책의 특성	15	1.5
	165	사회복지의 국가 개입	7	0.7
6장	179	사회보장의 특징	28	2.8

3교시 7영역 | 사회복지행정론

목표 점수별 공략 장(Chapter)

장	19회	20회	21회	22회	23회	문항수	평균
3장 사회복지행정의 이론적 배경	3	6	3	4	2	18	3.6
8장 인적자원관리	3	2	3	4	3	15	3.0
4장 사회복지조직의 구조와 조직화	2	1	3	2	3	11	2.2
2장 사회복지행정의 역사	1	2	3	2	2	10	2.0
9장 재정관리/재무관리	2	2	1	2	3	10	2.0
5장 사회복지서비스 전달체계	3	1	1	2	2	9	1.8
7장 리더십과 조직문화	2	3	1	2	1	9	1.8
12장 홍보와 마케팅	2	1	2	2	2	9	1.8
13장 환경관리와 정보관리	2	1	3	1	2	9	1.8
1장 사회복지행정의 개념과 특성	1	2	3	1	1	8	1.6
6장 사회복지조직의 기획과 의사결정	1	1	1	2	2	7	1.4
10장 프로그램 개발과 평가	2	1	1	1	1	6	1.2
11장 사회복지조직의 책임성과 평가	1	2	0	0	1	4	0.8

130점 목표 필수 학습 — 18.2

160점 목표 안정권 학습 — 21.6

200점 목표 고득점 학습 — 25.0

최근 5개년 평균 점수 **17.4점**

130점 목표! 필수 학습 기출회독 키워드(Keyword)

장		기출회독 키워드	10년간 출제문항수	평균
3장	193	현대조직이론	13	1.3
	194	조직환경이론	7	0.7
	195	고전이론	7	0.7
	196	인간관계이론	4	0.4
	197	체계이론	1	0.1
8장	208	사회복지조직에서의 인적자원관리	16	1.6
	209	동기부여이론	8	0.8
	210	슈퍼비전	3	0.3
4장	198	조직의 구조적 요소	7	0.7
	199	조직구조의 유형	5	0.5
	200	사회복지조직의 유형	4	0.4
2장	191	한국 사회복지행정의 역사	15	1.5
	192	미국 사회복지행정의 역사	2	0.2
9장	211	예산모형	6	0.6
	212	사회복지조직에서의 재정관리	10	1.0
5장	201	전달체계 구축의 원칙	10	1.0
	202	전달체계의 구분 및 역할	9	0.9
7장	206	리더십 이론	11	1.1
	207	리더십 유형	4	0.4
12장	219	사회복지 마케팅의 특징 및 전략	9	0.9
	220	마케팅 기법	5	0.5

| 3교시 8영역 | 사회복지법제론 |

목표 점수별 공략 장(Chapter)

장	19회	20회	21회	22회	23회	문항수	평균
10장 사회서비스법	6	5	5	4	5	**25**	**5.0**
9장 사회보험법	5	5	3	5	4	**22**	**4.4**
8장 공공부조법	3	4	4	4	4	**19**	**3.8**
7장 사회복지사업법	3	3	4	4	3	**17**	**3.4**
5장 사회보장기본법	2	3	3	3	5	16	3.2
1장 사회복지법의 개관	3	1	2	2	2	10	2.0
2장 사회복지법의 발달사	1	1	2	1	2	7	1.4
6장 사회보장급여의 이용·제공 및 수급권자 발굴에 관한 법률	1	2	1	2	0	6	1.2
11장 판례	1	0	1	0	0	2	0.4
3장 사회복지의 권리성	0	1	0	0	0	1	0.2
4장 국제법과 사회복지	0	0	0	0	0	0	0.0

130점 목표 필수 학습 — 16.6

160점 목표 안정권 학습 — 19.8

200점 목표 고득점 학습 — 25.0

최근 5개년 평균 점수 14.7점

130점 목표! 필수 학습 기출회독 키워드(Keyword)

장		기출회독 키워드	10년간 출제문항수	평균
10장	240	노인복지법	8	0.8
	241	아동복지법	9	0.9
	242	장애인복지법	8	0.8
	243	한부모가족지원법	8	0.8
	244	영유아보육법	0	0
	245	사회복지공동모금회법	5	0.5
	246	다문화가족지원법	3	0.3
	247	자원봉사활동기본법	3	0.3
	248	가정폭력방지 및 피해자보호 등에 관한 법률	5	0.5
	249	성폭력방지 및 피해자보호 등에 관한 법률	4	0.4
9장	235	국민연금법	8	0.8
	236	국민건강보험법	8	0.8
	237	고용보험법	10	1.0
	238	산업재해보상보험법	9	0.9
	239	노인장기요양보험법	9	0.9
8장	231	국민기초생활보장법	16	1.6
	232	기초연금법	9	0.9
	233	의료급여법	6	0.6
	234	긴급복지지원법	5	0.5
7장	230	사회복지사업법	35	3.5

사회복지사1급 핵심요약집 활용맵

출제문항수
최신 기출의 흐름을 쉽게 파악할 수 있도록
최근 5개년 평균 출제문항수를 제시하였습니다.

목표 점수별 장(Chapter) 색 구분
130점 목표 필수 학습 장은 **빨간색**, 160점 목표
안정권 학습 장은 **파란색**, 200점 목표 고득점
학습 장은 **초록색**으로 구분하였습니다.

130점 목표
필수 학습

1장 인간행동, 발달과 사회복지

2.4
출제문항수

핵심특강

이 장의
기출포인트

1장은 본격적인 발달 관련 이론들을 학습하기에 앞서 인간발달의 특징에 관한 기본적인 개념들을 정리하는 장이다. 매 회 평균 2~3문제가 출제되고 있으며, 인간발달의 개념 및 원리에 관한 문제, 인간발달의 이론이 사회복지실천에 미친 유용성을 살펴보는 문제, 성장·성숙 등 발달과 관련된 유사 개념을 확인하는 문제 등이 주로 출제되고 있다.

이 장의 기출포인트
최근 시험의 기출경향을 분석하여 이 장을 학습할 때 유의할 사항과 반드시 기억해야 할 사항을 제시하였습니다.

1. 인간행동, 발달, 사회환경과 사회복지 23회기출 22회기출 21회기출 20회기출

● **발달 및 유사 개념** ⭐꼭!

- 발달
  - 신체적·심리적·사회적 측면 등 전인적 측면에서 전 생애에 걸쳐 일어나는 변화 양상과 과정
  - 태내 수정 또는 출생에서 사망까지 시간의 흐름에 따라 일어나는 체계적인 변화와 안정의 과정
- 성장: 신체적·생리적 발달, 양적 증가
- 성숙: 경험이나 훈련에 관계없이 유전적 기제에 따라 나타나는 변화
- 학습: 직·간접적 경험의 산물로 나타나는 후천적 변화
- 사회화: 사회 구성원으로서 자연스럽게 동화되어가는 과정

● **인간발달의 특징** ⭐꼭!

- 양적·질적 변화
- 상승적·하강적 변화
- 유전적·환경적 요소의 상호작용
- 단계별 발달 양상의 다양성

꼭! 표시
반드시 봐야 할 내용을 놓치지 않도록
한 번 더 강조하여 표시하였습니다.

● **인간발달의 원리** ⭐꼭!

- 일정한 순서와 방향: 상부 → 하부, 중심 → 말초, 전체운동 → 특수운동
- 전 생애에 걸친 연속적 진행
- 속도의 불규칙성: 빠르게 진행되는 시기가 있고, 더디게 진행되는 시기가 있음
- 유전과 환경의 상호작용
- 개인차 존재
- 분화와 통합의 과정
- 점성원리: 먼저 발달한 부분을 기초로 다음 발달이 이루어짐
- 적기성(결정적 시기): 특정 발달과업을 성취하는 데는 가장 적기가 있음
- 기초성: 어릴 때의 발달이 이후 모든 발달의 기초가 됨
- 불가역성: 특정 시기 발달이 잘못되면 원래 발달 상태로 회복이 어려움
- 누적성: 어떤 시기의 결손은 누적되어 다음 단계에 영향을 미침

최신 출제경향을 파악하고 **학습 플랜**을 세워 전략적으로 학습하라!

핵심특강 QR코드
QR코드를 찍으면 해당 장의 핵심특강 강의실로 이동하여 강의를 들을 수 있습니다.

최근 4개년 기출회차 표시
최근 4개년 동안 기출된 내용에는 별도로 기출회차(23회, 22회, 21회, 20회)를 표시하였습니다.

2. 인간행동, 발달과 사회환경 및 사회복지실천의 연관성 23회 기출 21회 기출

- 인간행동과 발달에 대한 정확한 지식과 이해는 사회복지실천에 직접 적용됨
- 사정단계에서 사회복지사는 각 발달단계와 발달과업에 비추어 적절한 개입을 결정할 수 있음
- 연령별 발달단계에 대한 기초지식을 바탕으로 인간행동을 이해해야 함

● 인간발달의 이해와 사회복지실천
- 인간의 전반적 생활주기를 이해할 수 있는 개념적 준거틀을 제공
- 태아기부터 사망에 이르기까지 각 단계에서 수행해야 할 발달과업을 제시
- 전 생애 동안 경험하는 안정성과 변화과정을 설명
- 각 발달단계에서 발달에 기여하는 요소들을 제시
- 각 발달단계에서 발달내용을 구성하는 신체적·심리적·사회적 요소들과 그 요소들의 관계를 보여줌
- 이전단계의 결과가 각 발달단계의 성공이나 실패에 미치는 영향을 보여줌

● 인간발달이론의 유용성 ★
- 전 생애를 통해 일어나는 변화와 특정 단계에서 발생하는 특징적인 변화를 파악하는 데 도움을 줄 수 있음
- 다양한 연령층의 클라이언트를 이해할 수 있는 기반을 제공함
- 인간의 사회적 기능과 적응수준을 평가할 수 있는 근거를 제공하며, 개인의 적응과 부적응을 판단할 수 있는 기준을 설정하는 데 유용함
- 인간과 환경 간의 상호작용을 파악할 수 있음
- 개인의 성장 과정에서 나타나는 문제의 원인을 이해하는 데 도움을 줌
- 개인의 발달에 영향을 주는 다양한 신체적·심리적·사회적 요인을 이해할 수 있음
- 개인의 적응과 부적응을 판단하기 위한 기준을 제공함
- 발달에 영향을 미치는 사회적 영향력을 평가할 수 있는 준거틀을 제공함
- 클라이언트의 발달과업과 문제를 파악할 수 있는 준거틀을 제공함

기출회독 연계 학습 QR코드
QR코드를 찍으면 각 장에 해당하는 주요 기출회독 키워드를 연계하여 학습할 수 있습니다. 키워드별 제시된 문항수는 최근 10개년 출제문항수입니다.

● 성격의 이해와 사회복지실천
- 성격: 개인의 사고, 감정, 행동의 결정요인으로 간주되는 지속적이고 역동적인 통합적 정신기제
- 개인이 갖는 독특한 성질로, 다른 사람과 구별지어줌
- 동일한 상황에서도 성격에 따라 다른 반응이 나타남

기출회독으로 연계 학습하세요

 인간발달
기출회독 001 **11** 문항

 인간발달이론
기출회독 002 **6** 문항

 발달과 유사개념
기출회독 003 **3** 문항

실력 CHECK

 기본쌓기문제

OX퀴즈

실력 CHECK
기본쌓기문제와 OX문제를 풀어보면서 학습한 내용을 문제에 적용시켜 볼 수 있습니다.

데이터 기반 **마무리 학습 플랜**

기간	1교시		2교시			3교시		
	인행사	조사론	실천론	기술론	지사복	정책론	행정론	법제론
Week 1	Check □	Check □	Check □	Check □	Check □	Check □	Check □	Check □
	1장 2장	1장 2장	1장 2장	1장	3장 4장	1장	2장 3장	7장
Week 2	Check □	Check □	Check □	Check □	Check □	Check □	Check □	Check □
	3장	3장	3장 4장	4장 6장	5장	5장	4장 5장	8장
Week 3	Check □	Check □	Check □	Check □	Check □	Check □	Check □	Check □
	4장 5장	7장	5장 6장	9장	8장 10장	6장	7장 8장	9장
Week 4	Check □	Check □	Check □	Check □	Check □	Check □	Check □	Check □
	8장	9장	7장 8장	10장 11장	11장 12장	11장	9장 12장	10장
Week 5	Check □	Check □	Check □	Check □	Check □	Check □	Check □	Check □
	9장	13장	9장	7장	1장	3장	1장	5장
Week 6	Check □	Check □	Check □	Check □	Check □	Check □	Check □	Check □
	10장	5장 6장	10장	8장	6장	2장 4장	13장	1장 2장
Week 7	Check □	Check □	Check □	Check □	Check □	Check □	Check □	Check □
	6장 7장 11장	4장 8장 10장	12장	2장 3장 5장	13장 2장	7장 8장	6장	6장
Week 8	Check □	Check □	Check □	Check □	Check □	Check □	Check □	Check □
	12장 13장	11장 12장 14장	11장 13장	12장 13장	7장 9장	9장 10장	10장 11장	3장 4장 11장

130점 목표! 필수 학습 공략 장(Chapter) 체크_5개년 기준

1교시 1영역 | 인간행동과 사회환경

장	문항수	Check
5장 사회체계이론	20	☐
2장 정신역동이론	19	☐
3장 인지행동이론	18	☐
8장 태아기, 영아기, 유아기	13	☐
1장 인간행동, 발달과 사회복지	12	☐
4장 인본주의이론	10	☐

1교시 2영역 | 사회복지조사론

장	문항수	Check
7장 측정	20	☐
9장 표집(표본추출)	16	☐
1장 과학적 방법과 조사연구	12	☐
2장 조사의 유형과 절차	12	☐
3장 조사문제와 가설	10	☐

2교시 3영역 | 사회복지실천론

장	문항수	Check
5장 사회복지실천의 주요 관점 및 이론	21	☐
7장 관계형성에 대한 이해	19	☐
6장 사례관리	15	☐
2장 사회복지실천의 가치와 윤리	13	☐
3장 사회복지실천의 역사적 발달과정	10	☐
8장 면접의 방법과 기술	9	☐
1장 사회복지실천의 개념 및 정의	7	☐
4장 사회복지실천현장에 대한 이해	7	☐

2교시 4영역 | 사회복지실천기술론

장	문항수	Check
9장 가족 대상 실천기법	27	☐
10장 집단 대상 실천기법	16	☐
11장 집단발달단계	14	☐
1장 사회복지사의 전문성	11	☐
4장 인지행동모델	11	☐
6장 기타 실천모델	11	☐

2교시 5영역 | 지역사회복지론

장	문항수	Check
12장 지역사회복지실천의 추진체계 II	16	☐
5장 지역사회복지 실천모델의 이해	14	☐
8장 지역사회복지 실천기술 I	11	☐
10장 지역사회보장계획	11	☐
11장 지역사회복지실천의 추진체계 I	11	☐
3장 지역사회복지의 역사	10	☐
4장 지역사회복지의 주요 이론	10	☐

3교시 6영역 | 사회복지정책론

장	문항수	Check
5장 사회복지정책의 분석틀	31	☐
11장 빈곤과 공공부조제도	18	☐
1장 사회복지정책 개요	17	☐
6장 사회보장론 일반	17	☐

3교시 7영역 | 사회복지행정론

장	문항수	Check
3장 사회복지행정의 이론적 배경	18	☐
8장 인적자원관리	15	☐
4장 사회복지조직의 구조와 조직화	11	☐
2장 사회복지행정의 역사	10	☐
9장 재정관리/재무관리	10	☐
5장 사회복지서비스 전달체계	9	☐
7장 리더십과 조직문화	9	☐
12장 홍보와 마케팅	9	☐

3교시 8영역 | 사회복지법제론

장	문항수	Check
10장 사회서비스법	25	☐
9장 사회보험법	22	☐
8장 공공부조법	19	☐
7장 사회복지사업법	17	☐

CONTENTS

1 영역 | 인간행동과 사회환경 · 38
- 1 장 인간행동, 발달과 사회복지 · 40
- 2 장 정신역동이론 · 42
- 3 장 인지행동이론 · 46
- 4 장 인본주의이론 · 50
- 5 장 사회체계이론 · 52
- 6 장 가족체계, 집단체계 · 54
- 7 장 조직체계, 지역사회체계, 문화체계 · 56
- 8 장 태아기, 영아기, 유아기 · 58
- 9 장 아동기 · 62
- 10 장 청소년기 · 64
- 11 장 청년기 · 66
- 12 장 장년기 · 68
- 13 장 노년기 · 70

2 영역 | 사회복지조사론 · 72
- 1 장 과학적 방법과 조사연구 · 74
- 2 장 조사의 유형과 절차 · 78
- 3 장 조사문제와 가설 · 80
- 4 장 조사설계와 인과관계 · 84
- 5 장 조사설계의 유형 · 86
- 6 장 단일사례설계 · 88
- 7 장 측정 · 90
- 8 장 척도 · 94
- 9 장 표집(표본추출) · 96
- 10 장 자료수집방법 I : 서베이(설문조사) · 100
- 11 장 자료수집방법 II : 관찰과 내용분석법 · 102
- 12 장 욕구조사와 평가조사 · 104
- 13 장 질적 연구방법론 · 106
- 14 장 조사계획서 및 조사보고서 · 108

3 영역 | 사회복지실천론 · 110
- 1 장 사회복지실천의 개념 및 정의 · 112
- 2 장 사회복지실천의 가치와 윤리 · 114
- 3 장 사회복지실천의 역사적 발달과정 · 120
- 4 장 사회복지실천현장에 대한 이해 · 124
- 5 장 사회복지실천의 주요 관점 및 이론 · 126
- 6 장 사례관리 · 130
- 7 장 관계형성에 대한 이해 · 134
- 8 장 면접의 방법과 기술 · 138
- 9 장 접수 및 자료수집 과정 · 142
- 10 장 사정과정 · 144
- 11 장 계획수립과정 · 146
- 12 장 개입과정 · 148
- 13 장 종결 및 평가 · 150

4 영역 | 사회복지실천기술론 · 152
- 1 장 사회복지사의 전문성 · 154
- 2 장 정신역동모델 · 156
- 3 장 심리사회모델 · 158
- 4 장 인지행동모델 · 160
- 5 장 과제중심모델 · 162
- 6 장 기타 실천모델 · 164
- 7 장 가족에 대한 이해 · 166
- 8 장 가족문제 사정 · 168
- 9 장 가족 대상 실천기법 · 170
- 10 장 집단 대상 실천기법 · 174
- 11 장 집단발달단계 · 178
- 12 장 사회복지실천 기록 · 180
- 13 장 사회복지실천 평가 · 182

5영역 | 지역사회복지론 · 184

- 1장 지역사회의 개념과 유형 · 186
- 2장 지역사회복지와 지역사회복지실천 · 188
- 3장 지역사회복지의 역사 · 192
- 4장 지역사회복지의 주요 이론 · 196
- 5장 지역사회복지 실천모델의 이해 · 198
- 6장 지역사회복지 실천과정 · 202
- 7장 지역사회복지실천에서의 사회복지사의 역할 · 204
- 8장 지역사회복지 실천기술 Ⅰ · 206
- 9장 지역사회복지 실천기술 Ⅱ · 208
- 10장 지역사회보장계획 · 210
- 11장 지역사회복지실천의 추진체계 Ⅰ · 214
- 12장 지역사회복지실천의 추진체계 Ⅱ · 216
- 13장 지역사회복지운동 · 220

6영역 | 사회복지정책론 · 222

- 1장 사회복지정책 개요 · 224
- 2장 사회복지정책의 역사적 전개 · 228
- 3장 사회복지정책 관련 이론과 사상 · 230
- 4장 사회복지정책 형성과정 · 234
- 5장 사회복지정책의 분석틀 · 236
- 6장 사회보장론 일반 · 242
- 7장 공적 연금의 이해 · 246
- 8장 국민건강보장제도의 이해 · 248
- 9장 산업재해보상보험제도의 이해 · 250
- 10장 고용보험제도의 이해 · 252
- 11장 빈곤과 공공부조제도 · 254

7영역 | 사회복지행정론 · 260

- 1장 사회복지행정의 개념과 특성 · 262
- 2장 사회복지행정의 역사 · 264
- 3장 사회복지행정의 이론적 배경 · 266
- 4장 사회복지조직의 구조와 조직화 · 270
- 5장 사회복지서비스 전달체계 · 272
- 6장 사회복지조직의 기획과 의사결정 · 274
- 7장 리더십과 조직문화 · 276
- 8장 인적자원관리 · 278
- 9장 재정관리/재무관리 · 280
- 10장 프로그램 개발과 평가 · 282
- 11장 사회복지조직의 책임성과 평가 · 284
- 12장 홍보와 마케팅 · 286
- 13장 환경관리와 정보관리 · 288

8영역 | 사회복지법제론 · 290

- 1장 사회복지법의 개관 · 292
- 2장 사회복지법의 발달사 · 296
- 3장 사회복지의 권리성 · 298
- 4장 국제법과 사회복지 · 300
- 5장 사회보장기본법 · 302
- 6장 사회보장급여의 이용 · 제공 및 수급권자 발굴에 관한 법률 · 306
- 7장 사회복지사업법 · 310
- 8장 공공부조법 · 316
- 9장 사회보험법 · 324
- 10장 사회서비스법 · 334
- 11장 판례 · 348

2025년 제23회 사회복지사1급 시험 기출문제 · 351

1과목 1영역

인간행동과 사회환경

강의로 쌓는 기본개념 **인간행동과 사회환경**

5년간 데이터로 찾아낸 합격비책

여기에서 **84.0%**(21문항) 출제

순위	장	장명	출제문항수	평균문항수	23회 기출	체크
1	5장	사회체계이론	20	4.0	🏆	✅
2	2장	정신역동이론	19	3.8	🏆	✅
3	3장	인지행동이론	18	3.6	🏆	✅
4	8장	태아기, 영아기, 유아기	13	2.6	🏆	✅
5	1장	인간행동, 발달과 사회복지	12	2.4	🏆	✅
6	4장	인본주의이론	10	2.0	🏆	✅
7	10장	청소년기	7	1.4	🏆	✅
8	9장	아동기	6	1.2	🏆	✅

강의로 복습하는 기출회독 **인간행동과 사회환경**

10년간 데이터로 찾아낸 핵심키워드

여기에서 **91.2%**(23문항) 출제

순위	장		기출회독 빈출키워드 No.	출제문항수	23회 기출	체크
1	5장	015	생태체계이론	21	🏆	✓
2	3장	008	피아제의 인지발달이론	13	🏆	✓
3	10장	023	청소년기	12	🏆	✓
4	1장	001	인간발달	11	🏆	✓
5	2장	004	프로이트의 정신분석이론	11	🏆	✓
6	2장	005	에릭슨의 심리사회이론	11		✓
7	3장	009	스키너의.행동주의이론	11	🏆	✓
8	4장	013	로저스의 현상학이론	11	🏆	✓
9	5장	014	체계이론	11	🏆	✓
10	12장	025	장년기	10	🏆	✓
11	2장	007	융의 분석심리이론	9		✓
12	8장	019	태아기	9		✓
13	8장	020	영아기	9	🏆	✓
14	8장	021	유아기	9	🏆	✓
15	2장	006	아들러의 개인심리이론	8	🏆	✓
16	3장	010	반두라의 사회학습이론	8		✓
17	7장	018	문화체계	8		✓
18	9장	022	아동기	8	🏆	✓
19	13장	026	노년기	8	🏆	✓
20	4장	012	매슬로우의 욕구이론	7	🏆	✓
21	1장	002	인간발달이론	6	🏆	✓
22	11장	024	청년기	6	🏆	✓
23	6장	017	집단체계	5		✓
24	1장	003	발달과 유사개념	3	🏆	✓
25	3장	011	콜버그의 도덕성 발달이론	3	🏆	✓

1장 인간행동, 발달과 사회복지

2.4
출제문항수

핵심특강

1장은 본격적인 발달 관련 이론들을 학습하기에 앞서 인간발달의 특징에 관한 기본적인 개념들을 정리하는 장이다. 매회 평균 2~3문제가 출제되고 있으며, 인간발달의 개념 및 원리에 관한 문제, 인간발달의 이론이 사회복지실천에 미친 유용성을 살펴보는 문제, 성장·성숙 등 발달과 관련된 유사 개념을 확인하는 문제 등이 주로 출제되고 있다.

1. 인간행동, 발달, 사회환경과 사회복지 23회 기출 22회 기출 21회 기출 20회 기출

● 발달 및 유사 개념

- 발달
  - 신체적·심리적·사회적 측면 등 전인적 측면에서 전 생애에 걸쳐 일어나는 변화 양상과 과정
  - 태내 수정 또는 출생에서 사망까지 시간의 흐름에 따라 일어나는 체계적인 변화와 안정의 과정
- 성장: 신체적·생리적 발달, 양적 증가
- 성숙: 경험이나 훈련에 관계없이 유전적 기제에 따라 나타나는 변화
- 학습: 직·간접적 경험의 산물로 나타나는 후천적 변화
- 사회화: 사회 구성원으로서 자연스럽게 동화되어가는 과정

● 인간발달의 특징

- 양적·질적 변화
- 상승적·하강적 변화
- 유전적·환경적 요소의 상호작용
- 단계별 발달 양상의 다양성

● 인간발달의 원리 ★

- 일정한 순서와 방향: 상부 → 하부, 중심 → 말초, 전체운동 → 특수운동
- 전 생애에 걸친 연속적 진행
- 속도의 불규칙성: 빠르게 진행되는 시기가 있고, 더디게 진행되는 시기가 있음
- 유전과 환경의 상호작용
- 개인차 존재
- 분화와 통합의 과정
- 점성원리: 먼저 발달한 부분을 기초로 다음 발달이 이루어짐
- 적기성(결정적 시기): 특정 발달과업을 성취하는 데는 가장 적기가 있음
- 기초성: 어릴 때의 발달이 이후 모든 발달의 기초가 됨
- 불가역성: 특정 시기 발달이 잘못되면 원래 발달 상태로 회복이 어려움
- 누적성: 어떤 시기의 결손은 누적되어 다음 단계에 영향을 미침

2. 인간행동, 발달과 사회환경 및 사회복지실천의 연관성 🏆23회기출 🏆21회기출

- 인간행동과 발달에 대한 정확한 지식과 이해는 사회복지실천에 직접 적용됨
- 사정단계에서 사회복지사는 각 발달단계와 발달과업에 비추어 적절한 개입을 결정할 수 있음
- 연령별 발달단계에 대한 기초지식을 바탕으로 인간행동을 이해해야 함

● 인간발달이론의 유용성 ⭐꼭!

- 전 생애를 통해 일어나는 변화와 특정 단계에서 발생하는 특징적인 변화를 파악하는 데 도움을 줄 수 있음
- 다양한 연령층의 클라이언트를 이해할 수 있는 기반을 제공함
- 인간의 사회적 기능과 적응수준을 평가할 수 있는 근거를 제공하며, 개인의 적응과 부적응을 판단할 수 있는 기준을 설정하는 데 유용함
- 인간과 환경 간의 상호작용을 파악할 수 있음
- 개인의 성장 과정에서 나타나는 문제의 원인을 이해하는 데 도움을 줌
- 개인의 발달에 영향을 주는 다양한 신체적 · 심리적 · 사회적 요인을 이해할 수 있음
- 개인의 적응과 부적응을 판단하기 위한 기준을 제공함
- 발달에 영향을 미치는 사회적 영향력을 평가할 수 있는 준거틀을 제공함
- 클라이언트의 발달과업과 문제를 파악할 수 있는 준거틀을 제공함

● 이상행동(부적응행동)에 대한 판단 기준

- 사회문화적 규범에서 벗어나는 행동
- 이상적 인간행동 유형에서 벗어나는 행동
- 통계적으로 보통 사람의 평균적 특성에서 벗어나는 행동
- 환경의 요구에 순응하거나 환경을 변화시키는 환경과의 적응 능력을 저하시키는 행동
- 개인에게 불편감, 고통 또는 심리적 갈등을 유발하는 행동

● 성격의 이해와 사회복지실천

- 성격: 개인의 사고, 감정, 행동의 결정요인으로 간주되는 지속적이고 역동적인 통합적 정신기제
- 개인이 갖는 독특한 성질로, 다른 사람과 구별지어줌
- 동일한 상황에서도 성격에 따라 다른 반응이 나타남

기출회독으로 연계 학습하세요

| 인간발달 | **11**문항 |
| 기출회독 001 | |

| 인간발달이론 | **6**문항 |
| 기출회독 002 | |

| 발달과 유사개념 | **3**문항 |
| 기출회독 003 | |

실력 CHECK

기본쌓기문제

OX퀴즈

2장 정신역동이론

프로이트, 에릭슨, 아들러, 융 이론이 매회 각각 1~2문제씩 출제되고 있다. 각 학자들이 제시한 주요 개념과 발달단계 등을 살펴보되, 한 문제에서 여러 이론을 비교하여 물어보는 종합적인 문제로도 출제될 수 있으므로 '학자-이론명-주요 개념-발달단계' 등을 잘 연결시켜 정리해두어야 한다.

1. 프로이트의 정신분석이론 23회 기출 22회 기출 21회 기출 20회 기출

● 정신분석이론의 특징

인간행동의 무의식적 측면을 강조. 인간은 비합리적이고 통제할 수 없는 무의식적인 생물학적 성적 본능에 의해 지배받는 수동적 존재. 인간의 기본적 성격구조는 초기 아동기(만 5세 이전)에 결정됨

● 주요 개념 꼭!

• 지형학적 모형(의식수준): 의식, 전의식, 무의식
  - 의식: 우리가 자신에게 주의를 기울이는 바로 그 순간에 알아차릴 수 있는 경험과 감각. 우리가 지각하고 있는 의식은 마음의 극히 일부분임
  - 전의식: 의식과 무의식의 중간 지점에 있으며, 이들 사이에서 교량 역할을 함
  - 무의식: 정신의 가장 깊은 곳에 위치해 있으며, 우리가 자각하지 못하는 경험과 기억으로 구성됨. 인간의 지각, 경험, 행동의 상당 부분은 무의식에 의해서 결정됨
• 구조적 모형(성격구조): 원초아, 자아, 초자아
  - 원초아(id): 본능과 충동의 원천으로서 외부 세계와 단절되어 있음. 원초아에서 자아와 초자아가 분화되어 나옴. 원초아를 지배하는 원리는 고통을 피하고 쾌락을 추구하는 쾌락원리임
  - 자아(ego): 원초아의 충동적 욕구를 외부세계의 제약을 고려하면서 현실적으로 표현하고 충족시키려고 노력하는 조직적, 합리적, 현실지향적 성격구조를 의미함. 원초아와 초자아 사이에서 현실적이고 이성적인 균형을 유지하려는 역할을 하며, 현실원리에 의해 작동함
  - 초자아(superego): 옳고 그름을 판단하고 결정하여 사회가 인정하는 도덕적 기준에 따라서 행동하도록 유도하는 기능을 함. 현실적인 것보다는 이상적인 것을 추구하고 쾌락보다는 완전함을 추구함. 자아와 함께 행동을 통제하는 기능을 함
• 인간의 본능: 신체적 흥분이나 요구가 소망(wish)의 형태로 나타나는 것으로써 선천적인 신체적 흥분상태를 말함. 모든 인간의 행동은 이러한 본능에 의해서 결정되며, 모든 행동의 궁극적인 원인이 됨
• 리비도(libido): 인간행동과 성격을 규정하는 에너지의 원천, 성적 에너지를 말함. 리비도가 신체의 어느 특정 부위에 집중되느냐에 따라, 즉 리비도의 흐름에 따라 심리성적 발달단계를 5단계로 구분함

● **심리성적 발달단계**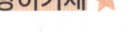

단계	특성	
구강기(출생~18개월)	• 입이 자극과 상호작용의 초점	• 수유와 이유
항문기(18개월~3세)	• 항문이 자극과 상호작용의 초점	• 배변훈련
남근기(3~6세)	• 생식기가 자극의 초점 • 남아: 거세불안, 오이디푸스 콤플렉스(아버지에 대한 동일시와 두려움), 초자아 발달 • 여아: 남근선망, 엘렉트라 콤플렉스(아버지에 대한 소유욕, 어머니에 대한 경쟁의식)	
잠복기(6세~사춘기)	• 성적 활동이 잠재되는 시기	• 신체발달과 지적 발달
생식기(사춘기~성인기 이전)	• 정신적 · 신체적 성숙이 거의 완성됨	• 성숙한 성적 관계로 발전

● **방어기제** ⭐

- 방어기제의 특징
  - 외부세계의 요구로부터 스스로를 보호하고자 하는 무의식적 시도
  - 고통스러운 상황, 과도한 불안에서 내적 긴장을 완화하고 자아를 보호
  - 그 자체로 병리적인 것은 아니며, 긍정적 기능도 있음
- 방어기제의 종류
  - 억압: 의식에서 용납하기 어려운 생각, 욕망, 충동 등을 무의식 속에 머물도록 눌러 놓는 것
  - 반동형성: 무의식 속의 받아들여질 수 없는 생각, 욕구, 충동 등을 정반대의 것으로 표현하는 경우
  - 투사: 자신이 용납할 수 없는 충동, 생각, 행동 등을 무의식적으로 다른 사람이 이러한 충동, 생각, 행동을 느끼거나 행한다고 믿는 것
  - 부정: 의식수준으로 표출되면 도저히 감당할 수 없는 생각이나 욕구를 무의식적으로 부정하는 현상
  - 보상: 어떤 분야에서 특별히 뛰어나다는 인정을 받음으로써 다른 분야에서의 실패나 약점을 보충하고자 하는 경우
  - 퇴행: 심한 스트레스 또는 좌절을 당했을 때, 현재의 발달단계보다 더 이전의 발달단계로 후퇴하는 것
  - 합리화: 자신의 언행 속에 숨어 있는 용납하기 힘든 충동이나 욕구에 대해 사회적으로 그럴듯한 설명이나 이유를 대는 것
  - 전치: 실제 어떤 대상에 대한 감정을 다른 대상을 상대로 표출
  - 전환: 심리적 갈등이 감각기관(눈, 코, 입, 귀 등)과 수의근계통(몸의 근육 중 손이나 발 등과 같이 자신의 의지로 움직일 수 있는 근육) 증상으로 표출
  - 신체화: 심리적 갈등이 감각기관이나 수의근계통 이외의 신체증상으로 표출

2. 에릭슨의 심리사회이론 🏆 22회 기출 🏆 21회 기출 🏆 20회 기출

● **심리사회이론의 특징**

인간발달이 심리사회적 측면에서 이루어진다고 봄. 자아의 기능 강조. 자아는 자율적인 성격구조를 지녀 환경에 대해 창조적으로 대응. 인간의 성격발달은 전 생애에 걸쳐 이루어짐

● **주요 개념** ⭐

자아정체감, 점성원리(발달은 기존 기초 위에서 이루어짐), 위기(각 단계의 심리사회적 위기를 성공적으로 극복하면 개인의 성격이 발달)

● 심리사회적 발달단계 ★꼭!

단계	연령	심리사회적 위기 (긍정적 자아특질 : 부정적 자아특질)	중요한 관계범위	중요 사건
1단계	출생~18개월	신뢰감 : 불신감 (희망 : 위축)	어머니	스스로 먹기
2단계	18개월~3세	자율성 : 수치심과 의심 (의지력 : 강박증)	부모	스스로 용변보기
3단계	3~6세	주도성 : 죄의식 (목적의식 : 의지부족)	가족	운동
4단계	6~12세	근면성 : 열등감 (유능성 : 무력감)	이웃, 학교(교사)	취학
5단계	12~20세	자아정체감 : 역할혼란 (성실성 : 거절)	또래집단 외 집단 지도력의 모형들	또래집단
6단계	20~24세	친밀감 : 고립감 (사랑 : 배타적/기피)	우정, 애정, 경쟁, 협동의 대상들	애정 관계
7단계	24~65세	생산성 : 침체 (배려 : 거부)	직장, 확대가족	부모역할과 창조
8단계	65세 이후	자아통합 : 절망 (지혜 : 경멸)	인류, 동족	인생회고와 수용

3. 아들러의 개인심리이론 23회기출 22회기출 20회기출

● 개인심리이론의 특징

프로이트의 기본 주장에 반대. 인간은 성적 동기보다 사회적 동기에 의해 동기화된다고 봄. 인간을 총체적이고 사회적인 목표지향적 존재로 봄. 과거 탐색이 아니라 과거의 경험이 현재에 미치는 영향에 관심. 잘못된 생활양식을 긍정적 관점으로 바꾸려고 하였음

● 주요 개념 ★꼭!

- 열등감과 보상: 열등감은 인간행동의 동기, 보상은 열등감을 긍정적으로 해결하는 과정
- 우월성 추구: 우월성 추구는 열등감을 보상하려는 욕구에서 나옴. 개인적 수준과 사회적 수준에서 발생
- 생활양식: 지배형은 독단적, 획득형은 기생적으로 관계형성, 회피형은 사회 무관심, 사회적으로 유용한 유형은 심리적으로 건강
- 사회적 관심: 사회를 살아가는 개인의 태도. 보다 나은 미래를 추구하는 관심
- 창조적 자기: 인간은 목표를 향해 움직이는 창조적이고 책임감 있는 존재
- 출생순위: 가족 내 출생순위, 태어난 상황이 생활양식과 성격에 영향을 미침

4. 융의 분석심리이론 22회기출 21회기출 20회기출

● 분석심리이론의 특징

- 무의식의 중요성을 인정하면서도 의식의 중요성을 간과해서는 안 된다고 주장
- 인간을 무의식의 영향을 받지만 의식에 의해 조절될 수 있는 가변적 존재로 봄

- 성격발달은 전 생애에 걸쳐 일어나는 개성화 또는 자기실현의 과정
- 중년기의 개성화를 강조함. 개성화는 중년기에 자아를 외적·물질적 차원으로부터 내적·정신적 차원으로 전환시키는 것을 의미함

● 주요 개념 ⭐ 꼭!

- 무의식: 개인무의식(억압된 개인 경험의 소산으로 사람마다 그 내용이 다름), 집단무의식(개인 경험과 상관 없는 인류 공통의 보편적 정신 소산)
- 자아(ego): 의식세계의 중심
- 자기(self): 의식과 무의식을 모두 포괄하는 전체 인격과 정신의 중심
- 원형: 인간이면 누구나 정신에 존재하는 인간정신의 보편적이고 근본적인 핵
- 페르소나: 개인이 외부에 표출하는 이미지, 가면. 사회적 역할과 밀접하게 관련됨
- 그림자(음영): 동물적 본성을 포함하고 스스로 의식하기 싫은 부정적 측면(의식 이면)
- 아니마: 무의식에 존재하는 남성의 여성적 측면(맘마!)
- 아니무스: 무의식에 존재하는 여성의 남성적 측면(남자는 무스!)
- 개성화: 고유한 자기 자신이 되는 것으로서 무의식적 내용을 의식화하고 통합해가는 과정
- 리비도: 정신에너지. 성적 에너지에 국한되지 않고, 인생 전반에 걸쳐 작동하는 생활에너지
- 콤플렉스: 개인의 사고를 방해하거나 의식의 질서 교란, 무의식 속의 관념 덩어리로 콤플렉스를 의식화하는 것이 인격성숙의 과제

● 자아의 태도

외향형	• 정신에너지인 리비도가 객관적 세계를 지향	• 폭 넓은 대인관계, 사교적, 정열적, 활동적
내향형	• 리비도가 주관적 세계를 지향	• 깊이 있는 대인관계, 조용하고 신중, 이해한 다음에 경험

● 자아의 정신기능

비합리적 기능	감각형	• 지금, 현재에 초점을 맞춤	• 정확하고 철저하게 일을 처리
	직관형	• 미래지향적이고 가능성과 의미를 추구	• 신속하고 비약적으로 일을 처리
합리적 기능	사고형	• 진실과 사실에 큰 관심을 가짐	• 논리적이고 분석적이며 객관적으로 판단
	감정형	• 사람과 관계에 큰 관심을 가짐	• 상황적이며 정상을 참작한 설명을 함

기출회독으로 연계 학습하세요

프로이트의 정신분석이론
기출회독 004
11 문항

에릭슨의 심리사회이론
기출회독 005
11 문항

아들러의 개인심리이론
기출회독 006
8 문항

융의 분석심리이론
기출회독 007
9 문항

실력 CHECK

기본쌓기문제

OX퀴즈

3장 인지행동이론

3.6
출제문항수 핵심특강

3장은 각각의 이론마다 제시된 주요 개념들을 명확하게 정리해두어야 한다. 피아제의 인지발달단계, 콜버그의 도덕성 발달단계, 스키너의 강화와 처벌·강화계획, 반두라 이론의 주요 특징 및 관찰학습 과정 등이 자주 출제되고 있다. 특히, 피아제의 인지발달단계는 출제빈도가 높고 이후의 생애주기 영역(아동기, 청소년기 등)과도 지속적으로 연계되므로 꼼꼼하게 정리해야 한다.

1. 피아제의 인지발달이론 23회 기출 22회 기출 21회 기출 20회 기출

● **인지발달이론의 특징**

개인이 자신의 삶을 해석하는 방식에 따라 각기 다른 주관적인 현실만이 존재. 인간 본성에 대해 결정론적인 시각을 거부. 인간의 의지는 환경과 상호작용하면서 변화하고 발달. 인간의 능동적 역할이 중요. 사고, 감정, 행동의 상호관련성 강조

● **주요 개념**

- 도식(스키마): 내부적 인지 도식. 인간이 자신의 인지발달수준에 따라 아이디어와 개념을 생각하고 이를 조직화하는 방식
- 적응: 자신이 주위환경의 조건을 조정하는 능력. 동화는 새로운 자극이 되는 사건을 이미 가지고 있는 도식이나 행동양식에 맞춰가는 인지과정으로 인지구조의 양적 변화인 데 비해, 조절은 대상들이 현존하는 도식에 맞지 않을 경우 기존의 도식을 바꾸어 가는 인지과정으로 인지구조의 질적 변화에 해당
- 조직화: 상이한 도식들을 자연스럽게 서로 결합하는 것
- 보존: 6세 이하의 아이들은 동일한 양의 액체라도 길고 좁은 용기에 있는 액체의 양이 더 많다고 말함

● **발달원칙** 꼭!

- 각 단계에 도달하는 개인 간 연령차는 있으나 발달순서는 동일함
- 과도기에는 두 단계의 특징이 함께 나타날 수 있음
- 형식적 조작기에 도달하거나 성인이어도 낮은 단계의 사고를 할 수 있음

● **인지발달단계** 꼭!

단계	특징
감각운동기(0~2세)	목적지향적 행동, 대상영속성 발달, 애착 확립
전조작기(2~7세)	자아중심성, 타율적 도덕성, 직관적 사고, 비가역적 사고, 중심화(집중성), 물활론, 상징(상상놀이), 대상영속성 확립, 보존개념 발달하기 시작
구체적 조작기(7~11/12세)	경험에 기초한 사고, 자율적 도덕성, 논리적 사고, 가역적 사고, 탈중심화, 유목화(분류화), 서열화, 조합기술, 보존개념(동일성, 보상성, 가역성) 획득, 전조작기의 자아중심성 극복
형식적 조작기(12세~)	추상적 사고, 가설 설정, 연역적 사고, 체계적 사고능력, 조합적 사고

- 목적지향적 행동: 감각운동기에는 단순하지만 특정 목적을 달성하기 위해 의도적으로 행동함
- 대상영속성: 대상이 시야에 사라져도 계속 존재한다는 것
- 자아중심성: 전조작기에는 다른 사람의 욕구와 관점을 인식하지 못함
- 비가역적 사고: 관계의 또 다른 면을 상상하지 않고 한 방향에서만 생각하는 것
- 조합기술: 수를 조작하는 능력
- 보존개념: 모양이 다른 컵에 옮겨 담아도 물의 양은 같음을 이해하는 것
  - 동일성: 아무것도 더하거나 빼지 않았을 때 본래의 양이 동일하다는 것
  - 보상성: 변형에 의한 양의 손실은 다른 차원에서 얻어진다는 것
  - 가역성(역조작): 변화과정을 역으로 거쳐 가면 본래의 상태로 되돌아 갈 수 있다는 것

● 도덕성 발달단계 ⭐꼭!

- 타율적 도덕성 – 전조작기
  - 아동은 벌을 받기 싫어서 어른들이 정한 규칙을 지킨다.
  - 행위의 의도와 상관없이 저지른 잘못이 크면 더 나쁘다고 생각한다.
- 자율적 도덕성 – 구체적 조작기
  - 상호 합의로 규칙을 만들 수 있고 바꿀 수도 있다.
  - 행위의 의도를 고려하여 옳고 그름을 판단한다(정상참작).

2. 콜버그의 도덕성 발달이론 🏆23회 기출 🏆20회 기출

● 전인습적 수준(4~9세 이전)

- 자기중심적이고 이기적인 도덕적 판단이 특징임
- 제1단계(타율적 도덕성): 벌과 복종에 의해 방향이 형성되는 도덕성
- 제2단계(개인적ㆍ도구적 도덕성): 자신에게 이익이 되는 정도에 따라 행동을 판단

● 인습적 수준(10세 이상의 아동, 청소년, 대다수의 사람)

- 다른 사람의 견해와 입장을 이해할 수 있음
- 제3단계(개인 상호 간의 규준적 도덕성): 대인관계의 조화로서의 도덕성
- 제4단계(사회체계 도덕성): 법과 질서를 준수하는 것으로서의 도덕성

● 후인습적 수준(20세 이상의 소수만 도달함)

- 자신이 인정하는 도덕적 원리를 토대로 한 도덕성으로, 사회규범을 이해하고 인정하지만, 법이나 관습보다는 개인의 가치기준에 우선순위를 두고 도덕적 판단을 함
- 제5단계(인권과 사회복지 도덕성): 사회계약 정신으로서의 도덕성
- 제6단계(보편적 원리, 일반윤리): 보편적 도덕원리에 대한 확신으로서의 도덕성

3. 스키너의 행동주의 이론 🏆23회 기출 🏆22회 기출 🏆21회 기출 🏆20회 기출

● 행동주의 이론의 특징

내적 동기, 욕구, 지각보다 관찰할 수 있는 행동에 초점. 인간은 외적 자극에 의해 동기화된다고 봄. 인간을 보상과 처벌에 따라 유지되는 기계적 존재로 간주. 개인의 독특한 차이는 차별적인 강화 경험에 따라 좌우된다고 봄

- 고전적 조건화는 환경적 자극에 수동적으로 반응하여 형성된 행동(반응적 행동)을 설명하는 개념이라면, 조작적 조건화는 환경적 자극에 능동적으로 반응하여 원하는 결과를 얻기 위해 실행하는 자발적 행동(조작적 행동)을 설명하는 개념
- 변별자극: 특정 반응이 보상받거나 혹은 보상받지 못할 것이라는 단서 혹은 신호로 작용하는 자극
- 소거: 강화를 받지 못해 행동이나 반응이 사라지거나 약화되는 것. 소거는 아무런 강화도 주지 않음
- 타임아웃: 이전 강화를 철회하여 특정 행동 발생 빈도를 줄이는 것 예 생각하는 의자
- 체계적 둔감법: 혐오스런 대상이나 물체에 대해 접근 빈도나 사고 빈도를 조금씩 높여 혐오 감정 상쇄
- 강화: 특정한 행동의 빈도를 증가시키는 것을 목적으로 하며, 처벌은 특정한 행동의 빈도를 감소시키는 것이 목적

● 강화와 처벌 ⭐꼭!

자극 \ 행동	증가	감소
제시	정적 강화 유쾌한 자극 제시 → 좋은 행동 증가	정적 처벌 불쾌한 자극 제시 → 나쁜 행동 감소
철회	부적 강화 불쾌한 자극 철회 → 좋은 행동 증가	부적 처벌 유쾌한 자극 철회 → 나쁜 행동 감소

● 강화계획 ⭐꼭!

연속적 강화		행동이 일어날 때마다 강화물을 제시
간헐적 강화	고정간격 강화계획	특정한 시간간격을 정해놓고 그 기간이 경과한 후 강화를 주는 것 예 공부하는 아이에게 1시간에 한 번씩 규칙적으로 간식 제공
	가변간격 강화계획	평균적인 시간이 지난 뒤 행동에 강화를 주는 것 예 1시간 안에 아무 때나 간식을 주는 것
	고정비율 강화계획	특정한 행동이 일정한 수만큼 일어났을 때 강화를 주는 것 예 50문제를 풀 때마다 간식 제공
	가변비율 강화계획	평균 몇 번의 반응이 일어난 후 강화를 주는 것 다음 강화가 언제 일어날지 예측할 수 없음 예 처음에는 50문제, 다음에는 40문제, 다음에는 60문제를 풀 때마다 간식 제공

4. 반두라의 사회학습이론 🏆22회 기출 🏆21회 기출

● 사회학습이론의 특징

인간행동의 결정요인으로 사회적 요소를 중요하게 고려. 대부분의 학습은 다른 사람의 행동을 관찰·모방한 결과로 이루어짐. 사회학습의 경험이 성격을 형성한다고 봄

● 주요 개념 ⭐꼭!

- 자기조정·규제: 자기 자신의 행동에 영향력을 행사할 수 있는 개인의 능력

- 자기강화: 자신이 통제할 수 있는 보상을 자기 자신에게 줌으로써 자기 행동을 개선 또는 유지하는 과정
- 자기효율성: 바람직한 효과를 산출하는 행동을 성공적으로 수행할 수 있다는 개인의 믿음
- 상호결정론: 개인, 행동, 환경의 상호작용
- 모델링: 다른 사람의 행동을 관찰한 후 그 행동을 학습하여 따라하는 것
- 관찰학습: 타인의 행동을 관찰하여 학습. 주의집중 → 보존 → 운동재생 → 동기화
- 대리학습: 간접경험에 의한 학습. 모델의 행동을 무조건 따라하지 않음

● 관찰학습과정

주의집중과정	• 무엇을 선택적으로 관찰할 것인지 결정하는 단계 • 모델 행위에 주의를 집중하는 단계
보존(혹은 보유)과정	• 관찰한 내용(모방할 행동)이 기억되는 과정 • 피지과정 혹은 기억과정이라고도 함
운동재생과정	모델을 모방하기 위해 심상 및 언어로 기호화된 표상을 외형적인 행동으로 전환하는 단계
동기과정	• 강화를 통해 행동의 동기를 높여주는 단계 • 동기는 행동의 수행가능성을 높이며, 학습 후 그 행동을 수행할 여부를 결정하는 데 중요한 역할을 함

● 자기효능감 지표

- 실제수행: 개인이 실제로 어떤 경험을 시도해보고, 주어진 과제마다 성공함으로써 자기효능감이 발달함
- 대리경험: 다른 사람(모델)의 성공 사례를 관찰함으로써 자신도 할 수 있다는 믿음이 생기며 자기효능감에 영향을 줌
- 언어적 설득: 다른 사람의 격려, 칭찬, 지지적인 피드백을 통해 자기효능감이 향상됨
- 생리적 단서: 정서적 각성 상태가 자기효능감에 영향을 주는데, 불안은 낮은 자기효능감 판단을, 유쾌한 기분은 높은 자기효능감 판단을 시사함

기출회독으로 연계 학습하세요

피아제의 인지발달이론
기출회독 008
13문항

스키너의 행동주의이론
기출회독 009
11문항

반두라의 사회학습이론
기출회독 010
8문항

콜버그의 도덕성 발달이론
기출회독 011
3문항

실력 CHECK
기본쌓기문제
OX퀴즈

4장   인본주의이론

2.0
출제문항수   핵심특강

매슬로우의 욕구이론과 로저스의 현상학이론은 매회 특정 내용이 유사한 형태로 출제되는 경향을 보이고 있다. 매슬로우 이론에서는 욕구단계 외에 기본전제 및 인간관, 자기를 실현한 사람의 특징 등을 중심으로 정리해야 하고, 로저스 이론에서는 자기실현 경향성이나 완전히 기능하는 사람의 특징 등을 중심으로 정리해두어야 한다.

1. 매슬로우 욕구이론 23회 기출 21회 기출 20회 기출

● **욕구이론의 특징**

각 개인을 통합된 전체로 간주. 창조성은 인간의 잠재적 본성. 인간 본성은 본질적으로 선함. 인간의 악하고 파괴적인 요소는 나쁜 환경으로부터 비롯됨

● **욕구의 형태**

- 제1형태의 욕구
  - 기본적 욕구 또는 결핍성의 욕구
  - 음식 · 물 · 쾌적한 온도, 신체의 안전, 애정, 존경 등의 욕구
- 제2형태의 욕구
  - 성장 욕구 또는 자기실현 욕구
  - 잠재능력, 기능, 재능을 발휘하려는 욕구

● **욕구의 체계** 꼭!

- 하위욕구가 충족되어야 상위욕구가 나타나지만, 하위욕구가 100% 충족되어야 하는 것은 아님
- 누구나 자기실현 욕구를 갖고 있지만 모두가 달성하는 것은 아님
- 욕구 5단계
  - 생리적인 욕구: 음식, 물, 산소, 배설 등 생존과 직접적으로 관련되어 있는 명백한 욕구
  - 안전에 대한 욕구: 안전, 안정, 보호, 질서, 불안과 공포로부터의 해방 등 신체적 안전과 심리적 안정
  - 소속과 애정에 대한 욕구: 친구, 애인, 배우자, 자녀 등과의 애정, 이웃, 직장 등에서의 소속감
  - 자기존중에 대한 욕구: 자기 자신과 다른 사람에게 존경받고 싶은 욕구
  - 자기실현의 욕구: 자기실현 욕구의 결과로서 창조하고 학습하는 일에 정성을 쏟게 됨

2. 로저스의 현상학적 이론 23회 기출 22회 기출 21회 기출 20회 기출

● **현상학적 이론의 특징**

다양한 주관적 경험으로 자신을 형성. 인간은 유목적적 존재. 자기실현 욕구는 인간행동의 근원. 인간은 자신을 창조하는 과정 중에 있으며, 생의 의미를 창조하며 주관적 자유를 실천해나가는 존재로 간주. 내담자 중심 접근에 영향. 사회복지실천에 강한 영향을 미침

● 주요 개념 ★꼭!

- 현상학적 장: 경험적 세계. 주관적 경험. 같은 현상이라도 이를 경험하고 느끼는 방식에 차이가 있음
- 자기(self): 자신에 대해 갖고 있는 조직적이고 지속적 인식. 로저스 인본주의이론의 가장 중요한 구성개념. 현재 자신이 어떤 존재인가에 대한 개인의 개념. 자기 자신에 대한 자아상(내적 준거틀)
- 자기실현 경향성: 모든 인간은 성장과 자기증진을 위해 끊임없이 노력하며, 그 노력의 와중에서 직면하게 되는 고통이나 성장 방해요인에 직면하여 극복할 수 있는 성장지향적 유기체
- 무조건적인 긍정적 관심과 존중

● 현상학이론과 사회복지실천

- 클라이언트를 존중하고 클라이언트 자신이 문제해결 능력을 가지고 있으며, 변화에 대한 책임을 클라이언트에게 위임함
- 공감적 이해와 무조건적 긍정적 관심과 배려를 중요하게 생각함
- 클라이언트를 평가하거나 판단하지 않는 상태에서 있는 그대로 받아들임
- 개인의 존엄성과 가치, 자기결정권, 사회적 책임과 상호성을 강조함
- 따뜻하게 관심을 갖는 치료적 관계를 통해서, 인간은 자기를 이해하고 성장할 수 있으며, 필요한 자원은 인간 스스로 갖고 있다고 가정함

● 자기를 실현한 사람 및 완전히 기능하는 사람

'매슬로우' 자기를 실현한 사람		'로저스' 완전히(충분히) 기능하는 사람
• 현실지각력 • 창조성 • 자기 자신보다 외부 문제에 관심이 큰 경향 • 초연함 • 풍부한 감수성과 감정반응 • 인간으로서의 정체성(혹은 인류애, 사회적 관심) • 심오한 대인관계 • 자기와 타인에 대한 수용력 • 유머감각 • 사회적 압력이나 문화에 휩쓸리지 않음 • 민주적인 성격을 가지며 누구에게나 우호적임 • 선과 악, 목적과 수단 사이를 잘 구별함 • 분리감 및 사생활에 대한 욕구	• 자발성 • 자율성 • 절정경험 • 독립성	• 경험에 대한 개방성 • 실존적인 삶 • 자신이라는 유기체에 대한 신뢰 (자신이 옳다고 느끼는 대로 행동) • 선택과 행동에 대한 자유로움 • 창조성

기출회독으로 연계 학습하세요

매슬로우의 욕구이론
기출회독 012
7 문항

로저스의 현상학이론
기출회독 013
11 문항

실력 CHECK

기본쌓기문제

OX퀴즈

5장 사회체계이론

4.0
출제문항수

핵심특강

최근 시험에서 출제비중이 높아지고 있다. 체계이론과 생태체계이론의 기본적인 특성 및 관점, 핵심적인 개념들을 중심으로 정리해야 한다. 체계이론의 주요 개념을 묻는 문제와 브론펜브레너의 환경체계에 관한 문제는 매회 빠지지 않고 출제되고 있다. 특히, 생태체계관점에 관한 내용은 최근 시험에서 지속적으로 2문제 이상 출제되고 있으므로 꼼꼼하게 정리해두어야 한다.

1. 일반체계이론 23회 기출 22회 기출 20회 기출

● 체계이론의 주요 개념 ⭐꼭!

- 경계: 체계를 외부환경으로부터 구분해주는 눈에 보이지 않는 선 혹은 테두리
- 개방체계: 반투과성의 경계를 갖고 있는 체계
- 폐쇄체계: 다른 체계와 상호작용하지 않아 고립되어 있는 체계
- 홀론: 하나의 체계는 상위체계에 속한 하위체계이면서 동시에 다른 것의 상위체계가 된다는 개념
- 엔트로피: 체계 구성요소 간의 상호작용이 감소함에 따라 유용한 에너지가 감소하는 상태
- 넥엔트로피: 체계 외부로부터 에너지를 유입하여 체계 내부에 유용하지 않은 에너지가 감소됨
- 시너지: 체계 구성요소 사이에 상호작용이 증가하면서 나타남
- 균형: 체계가 고정된 구조를 가지고 주위환경과 수직적인 상호작용을 하기보다 체계 내에서 수평적인 상호작용을 하면서 거의 교류를 하지 않는 상태
- 항상성: 체계가 균형을 위협받았을 때 이를 회복하고자 하는 체계의 경향
- 안정상태: 항상성보다 더 개방적이고 역동적으로 외부자극을 받아들여 체계 자체를 변화시키려는 노력
- 투입 → 전환 → 산출 → 환류

2. 사회체계이론

● 사회체계이론의 특징

일반체계이론을 통해 사회체계를 설명. 인간행동에 영향을 미치는 다양한 체계 수준인 개인, 가족, 조직, 집단, 지역사회 설명에 관심. 개인과 환경 간의 적합성과 상호교류 강조

● 주요 개념

- 핀커스와 미나한의 4체계이론: 클라이언트체계, 변화매개체계, 표적체계, 행동체계
- 콤튼과 갤러웨이의 6체계이론: 클라이언트체계, 변화매개체계, 표적체계, 행동체계 + 전문가체계, 의뢰–응답체계

3. 생태체계이론

23회 기출 22회 기출 21회 기출 20회 기출

● **생태체계이론의 특징** 꼭!

- 인간과 환경은 서로 분리되어 있는 것이 아니라 지속적인 상호교류 안에서 존재하는 하나의 체계로 봄
- '환경 속의 인간'을 설명하는 데 있어서 개인–환경 간에 적합성, 개인과 환경 간의 상호교류, 적응을 지지하거나 또는 방해하는 요소 등을 중요하게 여김
- 인간의 현재 행동은 인간과 환경 모두의 상호 이익을 찾는 과정에서 나타나는 것으로 봄
- 클라이언트가 가진 어떠한 문제도 클라이언트 자신의 책임으로 보지 않고 클라이언트를 둘러싸고 있는 환경과의 상호작용의 산물로 봄. 부적응이란 존재하지 않는 것

● **생태체계이론의 주요 개념** 꼭!

- 에너지: 인간과 환경 사이에 적극적으로 개입하는 자연발생적 힘으로 투입이나 산출의 형태를 띰
- 적응: 주변 환경의 조건에 맞추어 조절하는 능력을 말함
- 적합성: 인간의 적응 욕구와 환경자원이 부합되는 정도이며, 개인적 욕구와 사회적 요구 사이의 조화와 균형 정도를 의미함
- 대처: 적응의 한 형태로 문제를 극복하기 위해 노력하는 것을 의미함
- 유능성: 확고한 결정을 내리고, 자신의 판단을 신뢰하며, 자기확신을 갖고, 환경에 바람직한 영향을 미칠 수 있는 능력을 의미함
- 스트레스: 개인과 환경 사이의 상호교류에서 나타나는 불균형으로 야기되는 생리 · 심리 · 사회적 상태
- 적소: 특정 집단이 공동체의 사회적 구조에서 차지하는 직접적 환경이나 지위들

● **생태체계의 구성** 꼭!

- 유기체(organism): 개별적이고 통제적이며 살아 있는 체계로 에너지와 정보를 필요로 함
- 미시체계(micro system): 개인 혹은 인간이 속한 가장 직접적인 사회적 · 물리적 환경. 인간과 직접적이고 대면적인 상호작용을 함으로써 인간에게 영향력을 미침
- 중간체계(meso system): 두 가지 이상의 미시체계들 간의 관계를 의미함. 가족, 직장, 여러 사교집단 등 소집단이나 가족과 같은 개인을 둘러싸고 있는 두 가지 이상의 환경에서 일어나는 과정과 연결성
- 외(부)체계(exo system): 개인과 직접 상호작용하지는 않으나 미시체계에 영향을 주는 사회적 환경
- 거시체계(macro system): 개인이 속한 사회의 이념이나 제도 등 광범위한 사회적 맥락
- 시간체계(chronosystem): 개인의 전 생애에 걸쳐 일어나는 변화와 역사적인 환경을 포함하는 체계

기출회독으로 연계 학습하세요

기출회독 014 · 체계이론 · **11** 문항

기출회독 015 · 생태체계이론 · **21** 문항

실력 CHECK

기본쌓기문제

OX퀴즈

6장 가족체계, 집단체계

0.2
출제문항수

핵심특강

6장에서 학습하는 내용은 <사회복지실천기술론>을 통해 자세히 다뤄지기 때문에 <인간행동과 사회환경>에서는 출제비중이 낮으며, 출제된다고 하더라도 난이도가 낮은 문제들이 출제되고 있다. 체계로서 가족 및 집단이 갖는 의미와 속성, 기본적인 개념들을 정리해야 한다.

1. 가족체계

● 가족
- 가족의 정의: 서로에 대한 의무를 가지고 함께 거주하는 사람으로 구성된 일차집단
- 가족형태: 핵가족, 확대가족, 노인가족, 한부모가족, 계부모가족, 혼합가족, 수정확대가족
- 가족의 과업: 가족은 더 큰 사회체계의 요구와 가족구성원들의 요구를 모두 충족시켜야 함

● 가족체계
- 전체로서의 가족은 각 성원의 개인적 특성을 합한 것보다 큼
- 가족은 변화와 안정성의 균형을 맞추려고 노력함
- 한 가족성원의 변화는 가족성원 전체에 영향을 미침
- 가족은 더 큰 사회체계에 속하며 여러 하위체계를 포함함
- 가족은 기존의 규칙에 따라 움직임

● 주요 개념
- 외부경계: 폐쇄형 가족, 개방형 가족, 임의형 가족
- 내부경계: 경직된 경계, 명확한 경계, 모호한 경계
- 하위체계: 부부체계, 부모체계, 부모-자녀체계, 형제체계

2. 집단체계 21회 기출

● 집단의 정의 및 구성
서로 같은 집단에 소속하고 있다는 집단의식과 공동의 목적이나 관심사가 있으며, 이들 목적을 성취함에 있어서 상호의존적인 특성과 의사소통, 인지 및 반응을 통한 상호작용, 단일한 행동을 할 수 있는 2인(혹은 3인) 이상의 사회적 집합체

● 집단의 유형
- 지지집단: 성원들이 스트레스를 주는 생활상의 사건을 잘 대처하고 효과적으로 적응할 수 있도록 원조하는 집단
- 교육집단: 성원들의 지식, 정보 또는 기술의 향상이 목적인 집단. 학습에 대한 공통의 관심사를 가진 사람들로 구성됨

- 성장집단: 능력과 자의식을 넓히고 개인적인 변화들을 이끌어낼 수 있는 기회들을 성원들에게 제공하면서 자아향상을 강조하는 집단
- 치유집단(therapy group): 성원들 스스로 자신의 행동을 바꾸고 개인적 문제들을 완화하거나 거기에 대처하고, 혹은 사회적 외상이나 건강상의 외상 이후에 스스로 원상복귀시킬 수 있도록 돕는 집단
- 사회화집단: 사회관계에 어려움이 있는 집단성원들이 사회생활에 필요한 사회적 기술을 배우거나 증진시키기 위한 집단
- 과업집단: 과업의 달성을 위해서, 성과물을 산출해 내기 위해서 또는 명령을 수행하기 위해서 만들어진 집단
- 자조집단: 공통된 관심사에 대해 개인 또는 환경에 바람직한 변화를 가져오기 위해 뜻을 함께 하는 사람들로 구성된 집단

● 기타 집단구분

- 개방집단: 집단 과정에 새로운 성원을 받음
- 폐쇄집단: 집단 과정에 새로운 성원을 받지 않음
- 1차집단: 원초집단. 가족, 또래집단 등 ≒ 자연집단
- 2차집단: 학교, 회사 등 인위적으로 만들어진 집단 ≒ 형성집단

기출회독으로 연계 학습하세요

가족체계

기출회독 016

2문항

집단체계

기출회독 017

5문항

실력 CHECK

기본쌓기문제

OX퀴즈

7장 조직체계, 지역사회체계, 문화체계

1.0
출제문항수

핵심특강

1. 조직체계와 지역사회체계 22회기출

● 조직체계
- 특정한 목표를 달성하기 위하여 의도적으로 구성된 집합. 공식화된 분화와 통합의 구조 및 과정 그리고 규범을 내포하는 사회체계
- 목적 · 목표지향적이며, 위계구조가 존재함
- 분업을 기반으로 하며, 조직의 운영과 유지를 위해서 외부로부터의 투입이 필요함
- 조직의 특성에 맞는 일정한 규범을 갖으며, 조직만의 독특한 문화를 갖음

● 지역사회체계
- 지리적 지역사회: 지리적 혹은 물리적 장소의 공유에 기반
- 기능적 지역사회: 공동의 관심사와 이해관계, 정체성의 공유에 기반, 인터넷 동호회 등 가상공동체 포함

2. 문화체계 22회기출 21회기출 20회기출

● 문화의 개념 및 특성 꼭!
- 지식, 신앙, 예술, 도덕, 법률 등 인간으로부터 획득된 모든 능력과 관습의 복합적 총체로, 물질 · 비물질 모두 포함
  - 물질문화: 인간이 만들어서 사용하는 물리적인 도구, 기술 등
  - 비물질문화: 규범문화(사회적 규범, 원리, 제도, 관습 등), 관념문화(철학, 종료, 예술, 문학 등)
- 문화의 특징
  - 공유성: 다른 사회의 구성원과 구별되는 공통적인 속성
  - 학습성: 학습을 통해 후천적으로 획득
  - 축적성(누적성): 언어와 문자를 통해 세대 간에 전승됨
  - 가변성: 시대상황에 맞게 끊임없이 수정되고, 새로운 문화 특성이 추가됨
  - 총체성: 지식, 도덕, 제도 등 수많은 부분들이 긴밀한 관계를 유지하면서 전체적으로 체계를 이룸
  - 기타: 상징성, 보편성, 다양성, 사회성, 상호작용의 결과, 초개인적 특성

● 문화의 기능 꼭!
- 사회화 기능: 개인에게 다양한 생활양식을 내면화시켜 사회에 적응하면서 살아갈 수 있게 하는 기능

- **욕구충족기능**: 다양한 생활양식을 통해 의식주와 같은 개인의 기본적 욕구를 충족시키는 기능
- **사회통제 기능**: 규범이나 관습 등으로 개인 행동에 대한 규제와 사회악의 제거
- **사회존속 기능**: 문화를 학습하고 전승하여 새로운 구성원들에게 필요한 생활양식을 전승

● 주요 개념 꼭!

- **문화접촉**: 둘 이상의 다른 문화가 서로 접촉하는 것
- **문화마찰**: 서로 다른 문화가 접촉하면서 발생하는 오해와 갈등
- **문화변용**: 독립된 문화를 지닌 둘 이상의 사회가 문화접촉에 의해 변화가 일어나는 현상
- **문화변동**: 내부적 혹은 외부적 요인 등에 따른 문화의 변화
- **문화진화**: 문화변동보다 더 장기적으로 진행되는 변화
- **문화상대주의**: 문화의 우열을 결정하는 것은 올바르지 않다고 주장하며, 각 문화의 고유성을 인정하고 차이를 수용함. 대조적 개념은 자민족중심주의

● 베리의 문화적응이론 꼭!

- **통합**: 원문화에 대한 정체성을 유지하면서 동시에 이주사회에의 참여를 추구하는 유형
- **동화**: 새로운 이주문화와의 일상적 상호작용을 추구하지만 원문화에 대한 정체성 유지에는 소극적인 유형
- **분리**: 원문화의 문화적 정체성 유지에 가치를 두는 동시에 새로운 문화와의 상호작용에는 소극적인 유형
- **주변화**: 원문화 유지에 대한 의지도 약하고 동시에 새로운 문화와의 접촉이나 상호작용에도 관심이 없는 유형

구분		모국의 문화적 정체성과 특성을 유지할 것인가	
		강	약
주류사회와 관계를 유지할 것인가	강	통합	동화
	약	분리	주변화

● 용광로 이론과 샐러드볼 이론

- **용광로 이론**: 소수의 문화나 다른 문화권의 이민자를 있는 그대로 받아들이지 않고 주류 문화에 녹아들게 한다는 점에서 동화주의적 이론
- **샐러드볼 이론**: 주류 문화를 중심으로 하는 것이 아니라 다양한 문화의 가치를 있는 그대로 동등하게 인정한다는 점에서 다문화주의적 이론

기출회독으로 연계 학습하세요

문화체계

8문항

기출회독 018

실력 CHECK

기본쌓기문제

OX퀴즈

8장 태아기, 영아기, 유아기

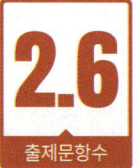

2.6
출제문항수

핵심특강

8장에서는 태아기, 영아기, 유아기에서 각각 매회 1문제 이상 출제된다고 생각해야 한다. 태아의 성장과 발달 과정 · 유전적 요인에 따른 장애, 영아기의 각 영역별 주요 발달, 유아기의 각 영역별 주요 발달 등을 살펴보되, 영아기와 유아기는 반드시 앞서 학습했던 프로이트, 에릭슨, 피아제, 콜버그 이론 등의 발달단계 특징과 연계하여 정리해야 한다.

1. 태아기 20회 기출

● **태아의 성장**

배란기	수정 후 약 2주간	수정란이 자궁벽에 착상할 때까지의 시기
배아기	수정 후 2~8주	태반이 발달, 중요한 신체기관 형성
태아기	수정 후 9주~출생까지	태아가 인간의 모습을 갖추기 시작, 태아의 움직임을 알 수 있음

● **태아에게 영향을 미치는 요인**
- 임산부의 영양상태
- 약물복용과 치료
- 알코올, 흡연
- 임산부의 나이
- 임산부의 질병
- 모자의 혈액불일치
- 기타 요인: 사회적 · 경제적 요인, 임신에 대한 양가감정

● **유전적 요인에 의해 발생할 수 있는 태아기의 주요 장애**
- 다운증후군: 염색체 이상으로 생기는 선천성 질환. 21번째 염색체가 하나 더 있음
- 터너증후군: 성염색체 이상. X염색체 1개, 전체 염색체 수가 45개. 이차적 성적 발달이 거의 없음
- 혈우병: 혈액이 응고되지 않음
- 클라인펠터증후군: 성염색체 이상. XXY, XXXY 등. 남자로 태어나더라도 2차 성징이 없거나 여자처럼 유방 발달. 무정자증으로 불임이 되기도 함
- 페닐케톤뇨증: 단백질 분해효소가 결여되어 소변에 페닐피부르산이 함유되어 배출되는 증상
- 흑내장성 지진아: 안구진탕, 수정체 혼탁으로 시력이 매우 낮고, 전신 쇠약증세를 보임
- 거대남성증후군: 남성으로서 Y염색체를 더 많이 가지고 있는 장애

● **태아기 검사**
- 초음파 검사: 임신 4주 혹은 5주에 시행할 수 있으며, 태아의 성별과 자궁 내의 자세, 다양한 신체의 이상을 탐지해낼 수 있음

- 양수검사: 다운증후군, 근육영양장애 및 척추이열을 비롯한 선천성 기형을 알아낼 수 있으며, 태아의 성별도 구분할 수 있음
- 융모생체표본검사: 태아의 선천성 기형을 진단하는 또 다른 방법으로서 임신 9~11주 사이에 검사가 가능하며, 염색체 이상이 의심되거나 35세 이상 임산부에게만 제한적으로 권고하는 검사
- 산모 혈액검사: 임신 15~20주 사이에 진행, 태아의 두뇌, 척수 등의 이상이나 다운증후군의 가능성 등을 알 수 있음

● **임신기간 구분**
- 제1단계(임신초기, 임신 1~3개월)
  - 가장 중요한 시기로, 태아의 급속한 세포분열이 일어나므로 임산부의 영양상태, 약물복용에 가장 영향을 받기 쉬움
  - 원시적인 형태의 심장과 소화기관이 발달한다. 두뇌와 신경계의 구조, 팔과 다리가 될 부위도 나타남. 일반적으로 발달은 두뇌에서부터 몸 전체로 내려가면서 이루어짐
- 제2단계(임신중기, 임신 4~6개월)
  - 태아는 계속 성장하며, 손가락, 발가락, 피부, 지문, 머리털 등이 형성됨
  - 16~20주 사이에 태아의 움직임을 느낄 수 있음
- 제3단계(임신말기, 임신 7~9개월)
  - 태아 발달이 완성되고 출산 후 자궁 밖에서 생존하기 위한 준비를 마침
  - 30주 정도가 지나면 신경계의 조절능력이 생기게 되므로 인큐베이터에서의 생존이 가능해짐. 임신 210일(7개월)을 출산예정일보다 빨리 태어난 태아가 살 수 있는 생존가능연령이라고 부름

2. 영아기(출생~1.5/2세)
23회 기출 22회 기출 21회 기출

※ 학자별 발달단계
- 프로이트의 구강기
- 에릭슨의 신뢰 대 불신 → 희망
- 피아제의 감각운동기

● **발달특징** ★꼭!

신체발달	• 제1성장급등기 • 머리에서 발가락으로 발달 진행 • 상체 사용법을 다리보다 먼저 배움 • 머리는 전신의 약 1/4로 다른 부위에 비해 비교적 큼 • 주로 입과 입 주위 신체기관을 통해 현실거래
인지발달	• 정보를 받아들이며 다양한 감각 습득 • 목적지향적 행동 • 대상영속성 형성 • 정신적 표상 사용 → 지연모방 가능
사회정서발달	• 출생 시 정서는 거의 미분화. 학습/성숙 통해 점차 분화 • 초기에는 슬픔, 놀람 등 일차정서가 나타나고, 첫 돌이 지나 수치, 부러움, 죄책감 등 이차정서가 나타남
애착형성	• 어머니와의 기본적 애착은 생후 7개월경 형성 • 낯가림: 낯선 사람에 대한 불안반응. 생후 5~15개월 • 분리불안: 애착대상(양육자)과 떨어질 때 나타남. 생후 9개월 시작~15개월에 정점 • 2세 이후 애착형성은 매우 어려움

● **신생아의 반사운동** ⭐^{꼭!}

- 생존반사
  - 빨기반사: 입에 닿는 것은 무엇이든 빠는 반사
  - 젖찾기반사: 탐색반사. 입 근처 볼에 작은 것 하나라도 닿기만 하면 자동으로 머리를 돌려 찾음
  - 연하반사: 삼키기반사. 음식물이 구강 하부에 닿게 되면 삼키는 것
- 원시반사
  - 모로반사: 경악반사. 갑자기 큰 소리가 나면 팔다리를 짝 펼쳤다가 다시 움츠림
  - 걷기반사: 바닥에 발을 딛고 서는 자세를 취함. 한 다리를 들어 올려 걸으려는 경향
  - 쥐기반사: 파악반사. 손바닥에 무엇을 올려놓으면 쥐는 것과 같은 반응을 보임
  - 바빈스키반사: 발바닥을 간질이면 발가락을 발등 위쪽으로 부채처럼 펴는 경향

3. 걸음마기(1.5/2~4세) 23회기출 🏆 20회기출 🏆

※ 학자별 발달단계
- 프로이트의 항문기
- 에릭슨의 자율 대 수치 → 의지
- 피아제의 전조작기 초기

● **발달특징** ⭐^{꼭!}

신체발달	하체 발달이 확산되면서 걷는 능력이 정교해지고 운동능력이 발달
인지발달	• 대상영속성 확립 • 상징적 사고, 가상놀이 • 물활론적 사고: 무생물에게 생명과 감정을 부여 • 자기중심성: 타인의 입장과 관점에서 생각하지 못함(이기적인 것 아님) • 전환적 추론: 두 현상 간에 관계가 없어도 인과관계가 있다고 생각함 • 언어기술 획득 시작
사회정서발달	• 정서규제 능력 발달: 부정적 감정을 감출 수 있음 • 자율성 및 자기통제 능력 발달(대소변 훈련) • 성정체감 형성: 자신의 성별 구분

4. 학령전기(4~6세) 23회기출 🏆 21회기출 🏆

※ 학자별 발달단계
- 프로이트의 남근기
- 에릭슨의 주도 대 죄의식 → 목적
- 피아제의 전조작기 후기, 타율적 도덕성
- 콜버그의 전인습적 도덕성(4~9세)

● 발달특징 ⭐꼭!

신체발달	• 신체의 양적 성장 속도는 둔화되지만 운동능력은 더욱 발달함 • 유치가 빠짐, 머리크기는 성인 크기가 됨
인지발달	• 중심화: 한 가지 차원에만 주의를 집중 • 직관적 사고: 보존개념이 형성되지 않아 서열화, 분류화, 가역적 사고 불가능
도덕성 발달	• 부모에게서 습득한 가치가 아동의 사고에 통합되면서 적합한 행동에 대한 기준이 생겨 자아개념의 일부가 됨 • 가족과 사회의 도덕적 규칙을 내면화하고, 내면화된 규칙에 따라 행동함 • 초자아의 발달(프로이트의 정신분석이론) • 타율적 도덕성(피아제의 인지발달이론) • 전인습적 도덕기(콜버그의 도덕성 발달이론)
사회정서발달	• 또래집단과의 상호작용으로 사회기술을 본격적으로 습득 • 사물에 대한 호기심 증가 • 집단놀이를 통해 자기중심성 완화

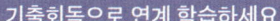

기출회독으로 연계 학습하세요

 태아기
기출회독 019
9문항

 영아기
기출회독 020
9문항

 유아기
기출회독 021
9문항

실력 CHECK

기본쌓기문제

OX퀴즈

9장 아동기

1.2
출제문항수

핵심특강

1. 아동기(6/7~12세) 23회 기출 22회 기출 21회 기출

※ 학자별 발달단계
- 프로이트의 잠복기
- 에릭슨의 근면 대 열등 → 능력
- 피아제의 구체적 조작기, 10세부터 자율적 도덕성
- 콜버그의 인습적 도덕성(10~13세)

● 발달특징 꼭!

신체발달	얼굴 면적이 전체의 10%로 줄고, 뇌는 성인의 95% 수준으로 발달
인지발달	• 논리적 사고, 객관적 사고 • 타인의 시각에서 사물을 보는 능력 발달 • 보존개념 획득, 보상성 · 동일성 · 역조작 원리 이해, 분류화, 서열화 가능 • 조합기술 획득: 사칙연산 학습 • 자기중심성 극복 • 탈중심화
사회정서발달	• 정서적 분화 및 통제가 안정화되고, 간접적 정서표현이 가능해짐 • 자기인식을 통한 자기개념 및 자아존중감 발달 • 대인관계 발달: 또래집단 형성, 동성친구와 친밀(우정) • 단체놀이: 역할분담, 경쟁, 승리, 협동 등을 학습

- 자기개념: 개인이 자기 자신의 특성에 대해 갖는 체계화되고 내적 · 개인적인 생각으로, 학교에서의 성공이나 실패경험, 교사와 친구, 부모의 평가 등이 자기개념 형성에 중요한 영향을 미침
- 자기존중감: 자신의 존재에 대한 긍정적 견해로서, 자기개념이 자기에 대한 인지적 측면이라면 자기존중감은 감정적 측면임. 에릭슨에 따르면, 이 시기에 근면성이 발달하면서 자기존중감을 갖게 됨
- 또래집단: 아동기에는 애정을 쏟는 대상이 가족성원에서 또래친구로 변화해가며, 또래집단을 통해 규범준수, 협력 등을 비롯해 기본적인 사회적 기술과 태도 등을 학습하게 됨. 또한 가치관의 형성, 정서적 안정, 인지발달 등에 영향을 미침
- 단체놀이: 학령전기의 집단놀이에서 더 나아가, 아동기의 단체놀이는 규칙을 통한 사회화, 공동목표의 달성을 위한 분업 및 상호의존, 경쟁과 승리의 의미 등을 학습하게 됨

● 아동기에서 고려할 문제

- 학습장애
- 부정적인 자기개념과 연관된 열등감
- 반응성 애착장애
- 아동학대
- 학교공포증

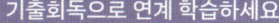

기출회독으로 연계 학습하세요

 **아동기**

기출회독 022

8 문항

실력 CHECK

기본쌓기문제

OX퀴즈

10장 청소년기

1.4
출제문항수

핵심특강

청소년기의 발달특성은 청소년기를 일컫는 다양한 용어들이 갖는 의미를 생각하며 정리하는 것이 필요하다. 학자별 이론과 관련해서는 피아제의 형식적 조작기의 특징, 에릭슨의 자아정체감 형성 등의 내용을 연계하여 정리해두어야 한다. 또한 신체적 변화와 함께 성적 성숙, 마르시아의 자아정체감이론, 엘킨드의 자기중심성 개념 등에 관한 문제도 출제된 바 있다.

1. 청소년기(12/13~18/19세)

23회 기출 22회 기출 21회 기출 20회 기출

※ 학자별 발달단계
- 프로이트의 생식기
- 에릭슨의 자아정체감 대 역할혼란 → 성실
- 피아제의 형식적 조작기
- 콜버그의 후인습적 도덕성

● **청소년기 별칭**

제2반항기, 질풍노도의 시기, 제2성장급등기, 주변인, 중간인, 사춘기, 심리적 이유기, 심리사회적 유예기

● **발달특징** 꼭!

신체발달	• 급격한 신체적 성장 · 발달, 성적 성숙, 2차 성징 • 신체변화에 대한 심리반응: 신체상은 자존감과 관련됨. 섭식장애를 일으킬 수 있음
인지발달	• 추상적 사고, 가설–연역적 추론, 조합적 사고 • 청소년기 자기중심성: 상상 속 관중(내가 주인공), 개인적 우화(나는 특별해)
사회정서발달	• 질풍노도: 심한 정서변화, 불안정, 공격성 • 심리적 이유기: 부모의 지지가 필요함과 동시에 통제에서 벗어나고 싶음 • 또래집단과의 강한 유대관계를 맺으며, 이성이 관심대상이 되기 시작 • 자아정체감 확립을 위해 혼란과 방황을 겪는 시기

- 상상 속 관중: 청소년은 자신이 마치 무대 위에서 시선을 한 몸에 받는 배우이며 타인은 자신에게 주의를 집중하고 있는 관중 혹은 청중으로 생각하게 됨. 자신이 타인의 관심의 초점이 된다고 생각하기 때문에 강한 자의식을 갖게 됨
- 개인적 우화: 개인적 우화는 자신의 감정과 사고는 너무나 독특한 것이어서 다른 사람들이 이해할 수 없다고 생각하는 것. 청소년 자신을 예외적 존재로 인식함

● 마르시아의 자아정체감 4가지 범주

	위기 존재	위기 미 존재
전념	자아정체감 성취(위기 해결)	자아정체감 유실(위기경험 없음 – 발달/변화의 다양한 기회 차단, 부모나 사회 가치관 수용)
비전념	자아정체감 유예(위기가 현재 진행 중 – 위기 동안 격렬한 불안을 가짐)	자아정체감 혼란(위기경험 없음)

● 청소년기에서 고려할 문제

- 자신의 신체변화, 신체 이미지 왜곡, 외모 지상주의 등에 따른 거식증, 폭식증 위험
- 성적 성숙과 관련하여 성에 대한 올바른 가치관 교육
- 자아정체감 형성 지원
- 가족 갈등, 성적, 졸업 후 진로 등
- 조현병, 불안장애, 공포증, 우울증, 약물, 자살 등

기출회독으로 연계 학습하세요

청소년기

기출회독 023

12 문항

실력 CHECK

기본쌓기문제

OX퀴즈

11장 청년기

이 장의 기출포인트

청년기는 생애주기 영역에서 출제비중이 가장 낮다. 청년기는 부모로부터 독립하면서 직업을 찾고 새로운 가족을 형성하는 시기로서, 이와 관련하여 레빈슨, 에릭슨, 하비거스트 등의 학자들이 제시한 청년기 발달과제와 연계하여 정리해야 한다.

1. 청년기(19세~29세) 🏆23회 기출 🏆22회 기출 🏆20회 기출

※ 학자별 발달단계
에릭슨의 친밀감 대 고립감 → 사랑

● **발달특징** ⭐꼭!

신체발달	신체적 성숙 완료, 최상의 신체적 상태
인지발달	학자들 간에 합의된 바가 없음
사회정서발달	• 부모로부터 독립 • 직업에 대한 준비 및 선택 • 새로운 가족 형성 • 성적 사회화, 성역할 정체감 확립

● **청년기 발달과업**

- 하비거스트
  - 자기의 체격을 인정하고 자신의 성역할을 수용
  - 동성이나 이성의 친구와 새로운 관계형성
  - 부모와 다른 성인들로부터 정서적으로 독립
  - 경제적 독립의 필요성을 느낌
  - 직업을 선택하고 준비
  - 유능한 시민이 갖추어야 할 지적 기능과 개념 획득
  - 사회적으로 책임 있는 행동을 원하고 이를 실천
  - 결혼과 가정생활 준비
  - 적절한 과학적 세계관에 맞추어 가치체계 형성
- 레빈슨
  - 현실적이지 못하고 다소 과장된 희망을 명확하게 정의
  - 청년의 목표를 인정해주고, 기술이나 지혜를 가르쳐주며, 자신의 경력에서 전진하도록 영향력을 발휘하는 지도자(멘토)를 발견하는 것
  - 직업을 선택하고 나아가 경력을 쌓고 발전시킴
  - 친밀한 관계 형성

● 청년기에서 고려할 문제

- 자율성 확립
- 자기주장 능력
- 친밀감 형성 능력
- 청년실업, 조기이혼 등

기출회독으로 연계 학습하세요

청년기

기출회독 024

6문항

실력 CHECK

기본쌓기문제

OX퀴즈

12장 장년기

1.0 출제문항수

핵심특강

주로 장년기의 전반적인 특성을 묻는 문제가 출제되고 있다. 장년기에 일어나는 신체적·인지적 변화나 갱년기의 특징 등을 살펴봐야 하고, 성격발달에 있어서 융이 제시한 장년기 개성화 과정과도 연계하여 정리해야 한다. 특히 장년기는 발달과업을 묻는 문제가 자주 출제되고 있으므로 에릭슨, 펙, 레빈슨이 제시한 발달과업도 반드시 정리해두어야 한다.

1. 장년기(30~64세) 23회 기출 22회 기출 21회 기출 20회 기출

※ 학자별 발달단계
에릭슨의 생산성 대 침체 → 배려

● **발달특징** 꼭!

신체발달	신체 기능, 에너지, 감각기관 등의 저하, 신진대사 저하
인지발달	• 창조적 생산성, 통합적 사고능력, 실제적인 문제해결 능력 • 유동성 지능은 떨어지지만 결정성 지능은 좋아짐
사회정서발달	• 배우자와의 관계, 자녀양육, 노인부양 등의 가족체계 내에서의 역할 • 사회적 주체로의 성장, 만족스러운 직업 성취 • 여가 및 취미
성격발달	융의 개성화 과정

• 유동성 지능: 타고난 지능으로서 모든 유형의 문제해결에 동원되는 지능을 말함. 생물학적으로 결정되며 경험이나 학습과는 무관함
• 결정성 지능: 학교교육과 일상생활에서의 학습경험에 의존하는 지능
• 융의 중년기 개성화 과정
  – 그동안 성취했던 것과는 다른 활동이나 영역에 관심을 돌리는 시기인 동시에 자기(self)를 실현하는 과정
  – 정신에너지의 흐름이 내부로 향해 내면세계에 대한 탐색이 강화되면서 자아와 자기의 통합이 이루어짐
  – 페르소나(persona), 음영(shadow), 아니마(anima), 아니무스(animus)의 변화가 일어남

● **장년기 발달과업**
• 펙의 장년기 발달과업
  – 지혜에 가치를 부여하기 vs 물리적 힘에 가치를 부여하기
  – 대인관계의 사회화 vs 성적 대상화
  – 정서적 유연성 vs 정서적 빈곤성
  – 정신적 유연성 vs 정신적 경직성
• 레빈슨의 성인 중기(40~60세) 발달과업
  – 전환기(40~45세): 젊음이 끝났다는 사실을 수용, 삶의 가치에 대한 재평가

    – 초보 생애구조기(45~50세): 중년기 새로운 인생구조 만들기

    – 전환기(50~55세): 중년기 생애구조 재평가

    – 절정 생애구조기(55~60세): 중년기의 목표 실현, 완성

● **갱년기** ⭐꼭!

    • 여성과 남성 모두 경험

    • 여성은 에스트로겐이, 남성은 테스토스테론이 감소

    • 여성은 폐경을 겪으며 생식능력을 상실하지만, 남성은 생식능력을 상실하지 않음

● **장년기에서 고려할 문제**

    • 신체 능력 저하 및 건강문제

    • 빈둥지증후군(자녀가 성장하여 집을 떠나 독립한 후 느끼는 상실감, 외로움, 정체감 혼란 등의 심리반응)

    • 자발적 혹은 비자발적 직업전환

기출회독으로 연계 학습하세요

장년기

10문항

기출회독 025

실력 CHECK

기본쌓기문제

OX퀴즈

13장 노년기

1.0 출제문항수

핵심특강

노년기에 나타나는 신체적 변화나 인지적 변화분만 아니라 성격발달, 사회정서발달 부분까지 전반적인 내용이 두루 출제되고 있다. 장년기와 함께 발달과업에 관한 내용도 자주 출제되고 있으며, 노년기 관련 이론에서 큐블러-로스의 죽음을 수용하는 5단계의 비애과정에 관한 내용은 단독문제로도 출제된 바 있으니 반드시 정리해야 한다.

1. 노년기(65세 이후) 23회 기출 22회 기출 21회 기출

※ 학자별 발달단계
에릭슨의 자아통합 대 절망 → 지혜

● 발달특징 ★꼭!

신체발달	외모 및 목소리 변화, 감각 둔화		
인지발달	• 노인도 학습할 수 있지만 속도가 느릴 뿐 • 지능 점수는 떨어지지만 지적 능력이 감소하는 것은 아님		
사회정서발달	지위와 역할 상실		
성격발달	• 내향형, 수동성 증가 • 우울성향 증가 • 성역할 지각의 변화	• 자신감 결여, 조심성 증가 • 생에 대한 회상 • 의존성 증가	• 경직성 증가 • 친근한 사물에 대한 애착 • 시간전망의 변화

● 노년의 역할 유형

• 제도적 역할: 지위 ○ 역할 ○
• 희박한 역할: 지위 ○ 역할 ✕
• 비공식 역할: 지위 ✕ 역할 ○
• 무역할: 지위 ✕ 역할 ✕

● 노년기의 발달과업

하비거스트	클라크와 앤더슨(적응발달과업이론)
• 신체적 힘과 건강의 약화에 따른 적응 • 퇴직과 경제적 수입 감소에 따른 적응 • 배우자의 죽음에 대한 적응 • 자기 동년배집단과의 유대관계 강화 • 사회적 역할을 융통성 있게 수행하고 적응하는 일 • 생활에 적합한 물리적 생활환경의 조성	• 노화의 현실과 이로 인한 활동/행동 제약을 자각 • 신체적/사회적 생활환경을 재정의 • 노화로 인한 제약 때문에 종전처럼 만족시킬 수 없는 욕구를 다른 방법으로 만족시키는 것 • 자기의 평가기준을 새로이 설정하는 것 • 노령기의 생활에 맞도록 생활 목표와 가치를 재정립하는 것

● 성공적 노화이론 ★꼭!

- 분리이론: 노년기는 사회적·심리적으로 철회하는 선천적 경향을 지니고 있다는 주장
- 활동이론: 장년기의 능동적이고 적극적인 생활양식을 노년기에도 지속하는 것이 노인들에게 긍정적인 영향을 준다는 주장
- 성격과 생활양식이론: 포괄적 관점의 이론으로, 노화 유형과 성공적 노화를 개인의 성격을 바탕으로 이해

● 큐블러–로스의 죽음과 상실에 대한 심리적 단계 ★꼭!

부인	사실로 받아들이지 않는다. 흔히 의사의 오진이라고 생각한다.
격노와 분노	"왜 하필이면 나에게…"라고 생각하며 가족이나 의료진에게 분노를 터뜨린다.
협상	상실의 전부 또는 일부를 다시 회복하여 어떤 불가사의한 힘과 협상하고자 한다.
우울	"너무 슬프고, 끔찍하고, 어떻게 살아갈까…"라고 생각한다. 이별할 수밖에 없다는 데서 오는 우울증이 나타난다.
수용	사실을 받아들인다.

● 노년기에서 고려할 문제

- 배우자와의 사별
- 자아통합과 죽음
- 소득감소와 경제적 의존
- 건강약화와 보호
- 역할상실과 여가활동
- 사회심리적 고립
- 노인학대

기출회독으로 연계 학습하세요

노년기

기출회독 026

8문항

실력 CHECK

기본쌓기문제

OX퀴즈

사회복지 조사론

사회복지조사론은 매년 출제되는 내용과 영역은 크게 변하지 않는 안정된 패턴을 나타낸다. 다만, 이 내용을 토대로 새롭게 변형된 문제가 지속적으로 출제되고 있으며, 다수의 문제가 사례를 접목시킨 형태로 출제되기 때문에 기출문제와 다양한 유형의 응용문제를 많이 접하는 것이 중요하다. 특히, 사례가 접목된 문제들을 많이 접해야 하고, 서로 상반되거나 비슷한 주요 개념들은 비교하여 정리할 필요가 있다.

강의로 쌓는 기본개념 **사회복지조사론**

5년간 데이터로 찾아낸 합격비책

여기에서 **78.4%**(20문항) 출제

순위	장	장명	출제문항수	평균문항수	23회 기출	체크
1	7장	측정	20	4.0	🏆	✅
2	9장	표집(표본추출)	16	3.2	🏆	✅
3	1장	과학적 방법과 조사연구	12	2.4	🏆	✅
4	2장	조사의 유형과 절차	12	2.4	🏆	✅
5	3장	조사문제와 가설	10	2.0	🏆	✅
6	5장	조사설계의 유형	10	2.0	🏆	✅
7	13장	질적 연구방법론	10	2.0	🏆	✅
8	4장	조사설계와 인과관계	8	1.6	🏆	✅

강의로 복습하는 **기출회독** 사회복지조사론

10년간 데이터로 찾아낸 **핵심키워드**

여기에서 **95.6%**(24문항) 출제

순위	장		기출회독 빈출키워드 No.	출제문항수	23회 기출	체크
1	7장	045	측정의 신뢰도와 타당도	23	🏆	✅
2	9장	048	표집방법	19	🏆	✅
3	2장	032	조사의 유형	18	🏆	✅
4	5장	040	실험설계의 유형별 특징	17	🏆	✅
5	4장	038	조사설계의 타당도	14	🏆	✅
6	13장	057	질적 연구의 유형과 방법	12	🏆	✅
7	3장	036	가설	11	🏆	✅
8	3장	037	변수	11	🏆	✅
9	7장	044	측정수준	11	🏆	✅
10	1장	029	과학철학 및 패러다임	9		✅
11	9장	049	표본의 크기와 표본오차	9	🏆	✅
12	13장	056	질적 연구의 특성	9		✅
13	10장	050	서베이 방법의 특징	8		✅
14	10장	051	서베이의 유형	8	🏆	✅
15	11장	052	내용분석법	8	🏆	✅
16	1장	027	과학적 방법의 특징 및 필요성	7	🏆	✅
17	8장	047	척도화의 유형	7	🏆	✅
18	1장	028	사회과학에서의 윤리	6		✅
19	6장	042	단일사례설계의 특성	6	🏆	✅
20	7장	046	측정의 오류	6		✅
21	12장	054	욕구조사	6	🏆	✅
22	3장	035	조사문제	5	🏆	✅
23	1장	031	사회복지조사	3	🏆	✅
24	2장	033	조사의 절차	3	🏆	✅
25	2장	034	분석단위	3		✅

1장 과학적 방법과 조사연구

2.4
출제문항수

핵심특강

과학적 방법의 특징, 사회과학 패러다임 및 과학철학, 조사연구의 윤리에 관한 문제 등 매회 평균 2~3문제가 출제되고 있다. 이 외에도 연역법과 귀납법, 사회복지조사의 유용성 등도 종종 출제되고 있다. 최근 시험에서는 패러다임이나 과학철학에 관한 문제에서 생소한 개념이 등장하는 등 다소 까다로운 문제가 출제되고 있다.

1. 일상적인 지식탐구 과정에서 범할 수 있는 오류

- 무의식적으로 이루어지는 부정확한 관찰
- 과도한 일반화: 몇 가지 사례를 근거로 일반적인 것으로 간주하려는 경향
- 선별적 관찰: 자신의 선입관에 부합하는 사례가 다른 사례보다 더 두드러지게 관찰되고 그렇지 않은 것은 무시
- 사후소급가설: 관찰을 먼저 한 후에 관찰 결과에 들어맞게 가설을 설정하거나 원래의 가설을 수정하는 경우
- 비논리적 추론: 논리적 근거가 명확하지 않은 추론

2. 과학의 특징 23회기출 22회기출

● 과학적 방법의 특징 꼭!

- 인간의 논리적 사고에 기반한 활동이기 때문에 논리적 추론을 거쳐 타당성이 입증되어야 함
- 확률적 결정론으로서 어떠한 결과에 대해 그 원인을 100% 확실하게 단정하기는 어려움
- 비교적 일반적이며 보편적으로 적용될 수 있는 지식을 추구함
- 과학적 지식은 경험적으로 검증 가능해야 함
- 이해관계, 선입견이나 편견의 영향을 최소화할 수 있도록 객관성을 추구함
- 연구자가 각기 다른 주관적인 동기가 있더라도 동일한 연구과정과 방법을 적용하였다면 동일한 연구결과에 도달해야 함
- 동일한 근거를 바탕으로 동일한 결과가 산출되는지를 확인하기 위해 연구를 반복하는 것, 즉 반복 또는 재현이 가능해야 함
- 어떤 현상이 발생하게 된 원인을 탐구하여 현상을 설명하기 위해 노력함
- 과학에서 추구하는 것은 영구불변한 절대적 진리가 아니며, 과학적 이론은 반증되고 수정가능하며 상대적인 것임

● 과학적 조사의 필요성

- 실천현장에서의 문제 해결을 위한 지식을 탐색할 수 있음
- 사회복지서비스 질의 향상을 위한 지식과 기술을 개발할 수 있음
- 새롭고 효과적인 사회복지실천 개입방법을 개발할 수 있음
- 지역주민의 복지욕구 분석 및 클라이언트에 관한 임상적 자료의 체계적 수집이 가능함
- 조사대상에 대한 비윤리적 행위를 예방할 수 있음

- 서비스 프로그램의 효과성을 평가할 수 있음

3. 과학적 방법

● 연역적 방법

- 전통적인 과학적 조사의 접근방법임
- 일반적(general) 사실이나 법칙으로부터 특수한(specific) 사실이나 법칙을 추론해내는 접근방법임
- 연구주제를 '가설'의 형태로 만들어 실증적으로 증명할 수 있다는 가정에서 출발함
- 연역법의 대표적인 예는 삼단논법임
- 논리 전개과정: 이론 → 가설 → 조작화(가설의 구체화) → 관찰 → 검증(가설 채택 또는 기각)

● 귀납적 방법

- 개별적인 사실들로부터 일반적인 원리나 이론으로 전개해 나가는 논리적 과정임
- 경험의 세계에서 관찰된 사실들이 공통적인 유형으로 전개되는 것을 객관적인 수준에서 증명하는 것임
- 논리 전개과정: 주제선정 → 관찰 → 유형발견(경험적 일반화) → 이론(임시결론)

4. 과학철학 22회기출 21회기출 20회기출

- 귀납주의: 경험, 즉 현상에 대한 반복적인 실험과 관찰을 통해 과학적인 지식을 얻을 수 있다고 봄
- 연역주의: 일반적인 전제로부터 특별한 사례들에 대한 결론을 도출하는 연역적 사고에 바탕을 둠
- 논리실증주의: 경험적으로 검증될 수 있는 명제만이 유의미하다고 주장하며, 형이상학적인 명제를 배제함
- 포퍼의 반증주의: 과학의 발전은 기존 이론과 상충되는 현상을 관찰하는 데서 출발하며, 기존 이론의 모순에 대한 계속적인 반증과정을 통해 이뤄진다고 봄. 진리로 끝없이 접근하는 과정을 과학의 목적으로 설정하고, 추측과 반박을 통해 오류를 제거함으로써 가장 효과적으로 과학의 목적을 이룰 수 있다고 봄
- 쿤의 과학적 혁명론(패러다임론): 패러다임의 우열을 비교할 수 있는 객관적 기준은 존재하지 않는다고 보았으며, 과학의 변화와 발전은 지식이 축적되는 누적적인 과정이 아니라 혁명적인 과정을 통해 성취된다고 봄

5. 사회과학의 3대 패러다임 21회기출 20회기출

구분	실증주의	해석주의	비판적 사회과학
사회조사의 목적	사회현상의 예측과 통제	일상생활에 대한 사람들의 경험과 의미 부여에 대한 연구	사회변화
사회적 현실	객관적으로 존재함	사람들이 그것을 경험하고 의미를 부여함으로써 의식 속에 존재함	역사적 산물로서의 사회현실, 현실 속에 내재해 있으면서 현실을 변화시키는 원인에 주목
인간의 본성	이기적이고 합리적인 존재	인간은 사회적 상호작용을 통해서 의미체계를 구성하고 사회를 해석	잠재력과 창의력을 가진 변화하는 존재
이론의 진위구별 기준	논리적 타당성과 경험적 타당성	의미에 대한 해석	사회적 현실에 대한 이해와 사회적 관계의 변화에 어떤 자원을 제공하는가

● **실증주의** ⭐꼭!

- 사회현상은 우연히 일어나는 것이 아니라 일정한 질서와 규칙에 의해 일어난다고 보며, 사회 내의 법칙, 규칙 등을 찾아내고자 함
- 대규모의 표본에 대한 양적 연구방법을 사용하는 경향이 강함
- 객관성, 정확성, 일반화(혹은 법칙화) 등을 강조함
- 연구의 가치중립성을 중시하며, 경험적 관찰을 통해 이론을 재검증함
- 관찰자의 존재나 인식과는 무관하게 객관적 실재가 독립적으로 존재한다고 봄

● **해석주의** ⭐꼭!

- 외형적으로 유형화된 어떤 행동을 관찰하는 것이 아니라, 행동 깊숙이 자리 잡고 있는 행위자 입장에서의 의미를 찾는 데 초점을 둠
- 인간의 주관적 의식을 중요시하며, 사회적 행위의 주관적 의미에 대한 이해를 강조함
- 현장연구, 참여관찰 등과 같은 질적 연구방법을 주로 활용함
- 모든 사람에게 동일하게 사용되는 객관적인 측정도구에만 의존해서는 사람들을 올바르게 이해할 수 없다고 믿음

● **비판적 사회과학**

- 사회 변화의 본질적이고 구조적인 측면을 파악하는 것이 중요하다고 생각함
- 억압에 초점을 맞추며, 억압받는 집단의 임파워먼트를 위해 연구 절차를 활용함

6. 사회과학에서의 윤리 22회 기출 🏆 21회 기출 🏆

- 익명성 및 비밀보장: 조사대상자의 사생활을 보호하고 익명성 및 비밀을 보장해야 함
- 연구주제와 내용: 사회적 윤리를 고려하여 연구주제와 내용을 선정해야 함
- 연구대상자에게 미치는 피해: 대부분의 연구대상이 인간이므로 연구과정이나 결과가 대상자에게 피해를 끼칠 가능성이 있는지를 확인해야 함
- 고지된 동의와 자발적 참여: 연구의 목적과 내용, 참여자에게 주어지는 혜택 또는 위험과 피해, 연구 참여가 가져올 수 있는 결과 등을 미리 잠정적 조사대상자에게 알려준 후에 조사대상자로 하여금 조사에 참여할 것인가 아닌가를 결정하게 해야 함
- 연구대상자를 속이는 것: 조사대상자를 속이는 행위는 도덕적으로 바람직하지 않으며, 특정 답변을 유도해서는 안 됨
- 연구대상자에게 필요한 서비스를 제공하지 않는 것: 통제집단으로 할당된 대상자들은 필요한 서비스를 받지 못하여 권익이 침해되는 문제가 발생할 수 있음
- 연구결과의 분석과 보고: 연구결과는 객관적으로 해석되어야 하며, 정적인 결과뿐만 아니라 부정적인 결과도 반드시 보고해야 함

7. 사회복지조사 23회 기출 🏆 20회 기출 🏆

● **사회복지조사의 특성** ⭐꼭!

- 주로 인간의 욕구 충족과 현실 문제해결을 위한 프로그램 수행 등에 필요한 지식 산출이라는 측면에서 응용조사의 성격이 강함

- 주로 사회적 약자의 문제를 다루기 때문에 사회개량적 성격이 있음
- 대상자 선정과 욕구의 종류 및 수준을 파악함으로써 사회복지서비스를 계획적으로 제공할 수 있도록 도와줌
- 사회복지 서비스의 효과성과 효율성을 평가하기 위한 도구로서 활용됨
- 문제를 계량화하고 객관적 · 통계적으로 검증할 수 있는 과학적 연구를 지향함

● **사회복지조사의 유용성**

- 사회복지의 과학적 기초를 형성함
- 인간의 문제에 대한 객관적인 자료를 수집하고 개입 계획을 세우며, 개입 후 효과성을 평가하여 가설의 연관성과 문제의 인과관계를 검증할 수 있음
- 사회복지이론을 형성하고 이를 바탕으로 실천기술을 구축하는 데 유용함
- 사회복지 개입의 효과를 입증하고 이를 통해 전문직으로서의 책임과 역할을 다하기 위해 사회복지조사가 활용될 수 있음

● **사회복지조사의 한계**

- 사회복지조사는 경험적으로 인식된 내용만을 포함하는데, 인간의 경험적 인식의 범위는 한계가 있음
- 제한된 기간 내에 조사할 수 있는 내용이 양적으로 제한됨
- 일정한 지역 내에서 수행되므로 표본의 대표성 문제가 발생할 수 있음
- 투입되는 조사요원과 조사대상의 확대, 조사기간의 연장 등에 대해 상당한 비용을 지불해야 함
- 가치개입적 학문이므로 조사자의 개인적 가치가 조사과정에 개입될 가능성이 있음
- 조사결과가 조사 당시의 사회적 사상과 이념이나 정치적인 통제 및 문화적인 요인에 따라 수용과 거부가 결정되기도 함

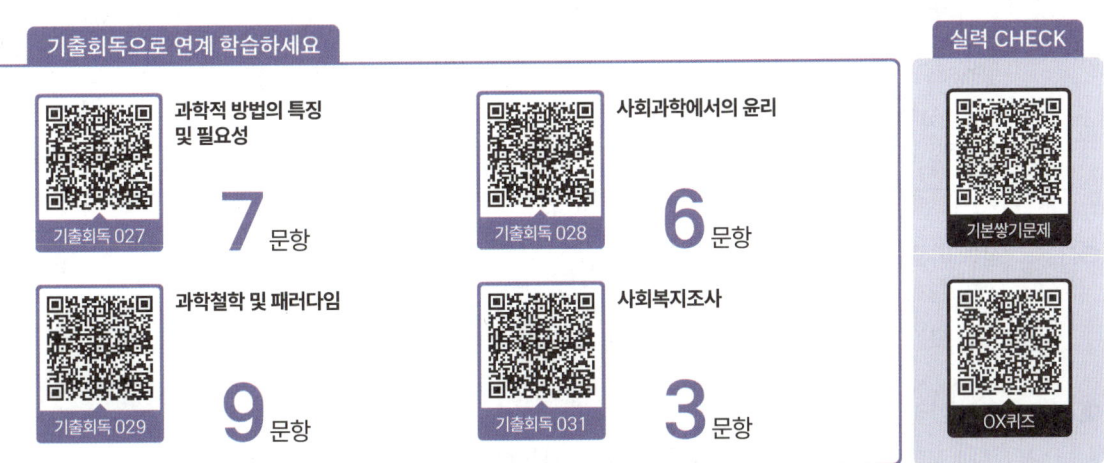

기출회독으로 연계 학습하세요

과학적 방법의 특징 및 필요성
기출회독 027
7문항

사회과학에서의 윤리
기출회독 028
6문항

과학철학 및 패러다임
기출회독 029
9문항

사회복지조사
기출회독 031
3문항

실력 CHECK

기본쌓기문제

OX퀴즈

2장 조사의 유형과 절차

2.4
출제문항수

핵심특강

1. 연구유형 23회 기출 22회 기출 21회 기출 20회 기출

● **조사목적에 따른 분류**

- 탐색적 조사: 기존에 연구되지 않았던 새로운 주제에 대해 연구하는 경우, 연구문제에 대한 사전 지식이 부족한 경우, 연구문제를 형성하거나 연구가설을 수립하기 위한 경우 등에 실시
- 기술적 조사: 영향요인 간에 어떠한 관계가 있을지를 파악하기 위해 실시하는 조사. 현상의 모양이나 분포, 크기, 비율 등 단순 통계적인 것에 대한 조사. 발생빈도와 비율을 파악할 때 사용함
- 설명적 조사: 사실의 인과관계를 규명하거나 미래의 사실에 대해 미리 예측하는 조사

● **시간적 차원에 따른 분류** 꼭!

- 횡단조사: 일정 시점에서 특정 표본이 가지고 있는 특성을 파악하거나, 특성에 따라 집단을 분류하는 조사. 일정 시점에서 측정하므로 정태적인 성격을 갖고 있음
- 종단조사: 시간의 흐름에 따라 조사대상이나 상황의 변화를 측정함. 일정한 시간적 간격을 두고 측정하므로 동태적인 성격을 갖고 있음
  - 패널조사: 장기간 반복적으로 조사를 실시하며, 매 조사시점마다 동일인을 대상으로 조사함
  - 경향조사: 시간의 흐름에 따라 나타나는 일반적인 대상 집단의 변화를 조사함
  - 동년배조사: 시간의 변화에 따른 특정 동류집단의 변화를 조사함

종단조사 유형	대상자 연령 (2000년)	대상자 연령 (2010년)	대상자 연령 (2020년)	동일인 여부
경향조사	20세	20세	20세	×
동년배조사	20세	30세	40세	×
패널조사	20세	30세	40세	○

● **조사대상에 따른 분류**

- 전수조사: 모집단 전체를 대상으로 하는 조사
- 표본조사: 모집단의 일부만을 추출하여 조사한 후 그 결과를 기초로 모집단의 특성을 추정하는 조사

● **자료수집의 성격에 따른 분류**

- 양적 조사: 대상의 속성을 계량화하여 전체 모집단에 일반화

• 질적 조사: 현지조사, 심층면접, 관찰을 통해 맥락 속에서 현상에 대한 깊이 있는 이해 도모

2. 조사연구 과정 23회 기출

문제형성 → 가설형성 → 조사설계 → 자료수집 → 자료분석 및 해석 → 보고서 작성

3. 분석단위 22회 기출 20회 기출

● 분석단위의 유형

• 개인: 클라이언트의 개인적 속성이나 지역사회 주민의 욕구조사를 하는 경우
• 집단: 부부, 또래, 동아리, 읍·면·동, 시·도, 국가 등을 조사하는 경우
• 공식적 사회조직: 지역사회복지관, 시설, 학교, 교회, 시민단체 등을 조사하는 경우
• 사회적 가공물: 신문의 사설, 도서, 그림, 대중음악, 인터넷 등 사회적 존재에 의해 가공된 행위나 결과를 조사하는 경우

● 분석단위와 관련된 오류

• 생태학적 오류: 집단을 분석단위로 한 조사결과에 기초해 개인(들)에 대한 결론을 내리는 오류
• 개인주의적 오류: 개인을 분석단위로 한 조사결과에 기초해 집단을 단위로 하는 해석(결론)을 내리는 오류
• 환원주의 오류: 인간과 사회에 대한 현상들의 원인으로 생각되는 개념이나 변수를 지나치게 제한하거나 한 가지로 환원시킴으로써 지나친 단순화로 잘못을 범하는 오류

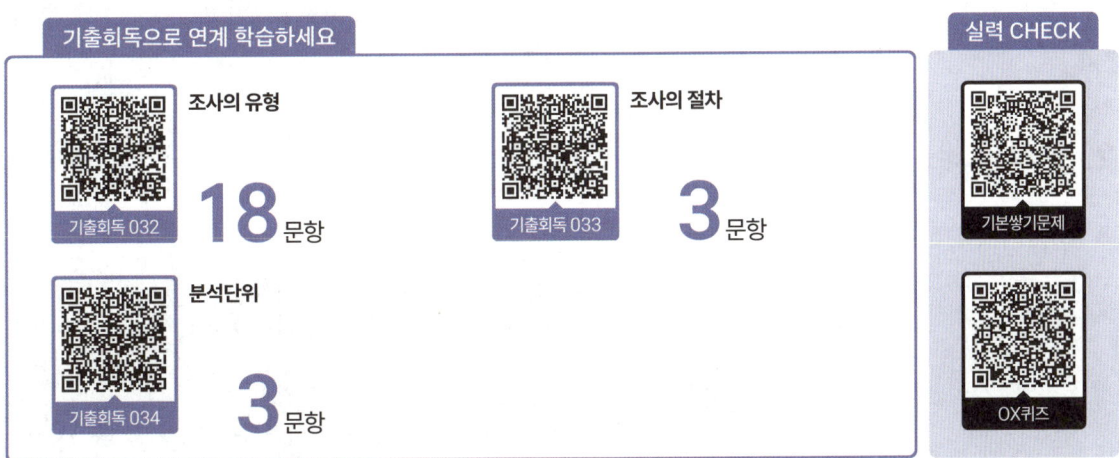

기출회독으로 연계 학습하세요

조사의 유형 기출회독 032 18문항
조사의 절차 기출회독 033 3문항
분석단위 기출회독 034 3문항

실력 CHECK
기본쌓기문제
OX퀴즈

3장 조사문제와 가설

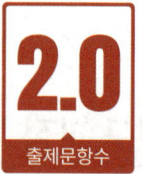

2.0
출제문항수

핵심특강

가설의 특징, 변수의 유형에 관한 문제는 매회 1문제 이상 출제되는 내용이다. 가설 관련 문제는 영가설의 특징, 통계적 가설검증 등 난이도가 높은 문제가 지속적으로 출제되고 있다. 변수의 유형에 관한 문제는 대부분 사례제시형 문제로 출제되므로 사례와 접목시켜서 유형별 특징을 정리해야 한다. 한동안 단독문제로는 출제되지 않았던 개념적 · 조작적 정의에 관한 문제도 최근 시험에서 단독문제로 출제되고 있다.

1. 개념적 정의와 조작적 정의 23회 기출 21회 기출

● **개념적 정의** ★

- 명목적 정의라고도 함. 연구대상인 사람, 사물의 속성, 사회적 현상 등의 변수를 개념적으로 정의하는 것
- 사전적 정의와 마찬가지로 특정 용어가 의미하는 바가 무엇인지를 말로 서술해 놓은 것임
- 어떤 변수에 대해 개념적 정의를 내리는 과정을 개념화(conceptualization)라 함
- 개념적 정의의 예: 빈곤(정신적, 물질적인 박탈상태), 학업스트레스(학업으로 인해 유발되는 긴장상태로 개개 인이 느끼는 불안과 갈등)

● **조작적 정의** ★

- 추상적인 개념을 실증적 · 경험적으로 측정 가능하도록 구체화하여 정의하는 것
- 어떤 변수를 측정할 수 있는 방법이 무엇인지를 제시해주는 것임
- 조작적 정의는 추상적 세계와 경험적 세계를 연결하는 중간다리 역할을 함
- 어떤 변수에 대해 조작적 정의를 내리는 과정을 조작화(operationali-zation)라 함
- 조작적 정의의 예: 사회경제적 지위[직업(종사상 지위), 학력(교육기간), 소득(월 가구소득)], 실업급여제도의 관대성(실업급여의 순소득 대체율), 과부담 의료비(가구 총 소비지출에서 식료 품비를 제외한 소비지출 중 의 료비 지출이 40%를 넘는 경우)

2. 조사문제

● **조사문제의 선정기준**

- 독창성: 기존의 것을 답습하지 않고 비교 분석 또는 재구성하거나 새로운 관점 혹은 견해를 제시하는 것
- 경험적 검증가능성: 사회복지조사는 과학적 조사이기 때문에 경험적 검증가능성이 중요함. 조사문제로 선정 되기 위해서는 그 문제에 대한 해답을 찾는 것이 가능하고 구체적인 가설이 도출될 수 있고 가설에서 사용된 조작적 정의를 통해 경험적으로 측정될 수 있어야 함
- 윤리적 배려: 사회복지조사는 사회복지윤리에 지배됨. 조사문제의 해답이 사회구성원의 행복을 증진시키는

데 기여해야 하고 정신적 · 신체적으로 피해를 주지 않아야 함
- 현실적 제한: 조사문제의 해답을 찾는 데 드는 시간적 · 비용적 노력, 조사인력, 장비 등과 같은 현실적인 상황을 고려해서 해답을 찾아야 함

● **조사문제의 해결가능성**
- 조사문제의 명확한 구조화: 의도가 모호하고 문제 범위가 명확하지 못한 조사문제를 제기할수록 조사문제의 해결가능성은 낮아짐
- 조사문제에 진술된 용어의 명확한 표현: 문제의 진술에 표현된 용어가 명확하게 정의되어 있지 않으면, 문제가 정확히 이해되지 않으므로 조사문제의 해결가능성은 낮아짐. 따라서 조사문제에 사용된 용어는 경험적이고 관찰 가능하고 측정 가능해야 함. 즉 개념의 조작적 정의를 통해 문제의 해결가능성을 높일 수 있음
- 연구의 경험적 검증가능성과 실현가능성: 만일 조사문제가 경험적 검증과정을 거쳐 수행될 수 없다면 조사문제에 대한 정확한 해답을 구하기 어려움

3. 가설 23회 기출 22회 기출 21회 기출 20회 기출

● **가설의 정의**
- 두 개 이상의 변수나 현상 간의 특별한 관계를 검증 가능한 형태로 서술하여 변수들 간의 관계를 가정/예측하는 진술이나 문장을 말함
- 이론에서 도출되며, 가설에 대한 검증을 통해 이론을 발전시켜 나감
- 검증될 수 있어야 함. 연구주제의 객관적인 검증을 위한 수단이 되므로 가설의 검증은 과학적 조사연구에서 핵심적인 요소가 됨
- 실증적인 확인을 위해 구체적이어야 하고, 현상과 관련성을 가져야 하며, 아직 진실여부가 확인되지 않은 사실임

● **가설의 특성** ⭐꼭!
- 문제해결성: 가설검증을 통해 연구문제해결에 도움을 줌
- 상호연관성: 변수는 2개 이상으로 구성되며 그것들 간의 관계를 나타내고 있어야 함
- 검증가능성: 경험적으로 검증하기 위해 변수의 조작적 정의가 필요함
- 명확성: 가설은 명확해야 함
- 추계성: 가설은 아직 진실 여부가 확인되지 않은 사실이므로 확률적으로 표현됨
- 구체성: 가설은 측정가능한 변수 간의 관계를 나타내므로 구체적이어야 함

● **가설의 유형** ⭐꼭!
- 연구가설: 영가설을 통해 간접적으로 검증됨. 이론으로부터 도출된 가설로서 검증될 때까지는 조사문제에 대한 잠정적 해답으로 간주되는 가설
- 영가설: 연구가설을 부정하거나 기각하기 위해(= 연구가설을 반증하기 위해) 설정하는 가설. 변수 간의 차이가 없다거나 관계가 없다는 내용으로 서술됨. 'A와 B는 관계가 없을 것이다.', 'A에 따라 B는 차이가 없을 것이다.'라는 형식으로 표현됨
- 대립가설: 영가설에 대립되는 가설. 영가설이 거짓일 때 채택하기 위해 설정되는 가설

● 제1종 오류와 제2종 오류
  - 제1종 오류(type I error: α오류): 영가설이 참인데도 이를 부정(기각)하는 결정을 하는 오류
  - 제2종 오류(type II error: β오류): 영가설이 거짓인데도 이를 긍정(채택)하는 결정을 하는 오류

4. 변수 23회 기출 🏆 22회 기출 🏆 20회 기출 🏆

● 변수의 의미
  - 개념: 정신적 이미지 또는 인식으로서 어떤 현상이나 사물의 의미를 추상적인 용어를 사용하여 관념적으로 구성한 것
  - 변수: 한 연속선상에서 둘 이상의 값을 가지는 개념으로서 연구대상의 속성에 계량적인 수치를 부여하여 경험적으로 측정 가능하게 하는 개념
  - 상수: 결코 변하지 않는 단 하나의 값을 갖는 것으로써 일부 변수들은 숫자에 의해서라기보다는 낱말부호로 지정된 범주를 가지고 있음

● 변수의 종류 ⭐꼭!
  - 독립변수: 인과관계에서 다른 변수의 변화를 일으키는 변수로서 인과에서 원인을 나타냄. 실험설계에서는 실험처치 또는 실험자극이 독립변수에 해당되며, 원인변수, 설명변수, 예측변수라고도 부름
  - 종속변수: 다른 변수에 영향을 받지만, 다른 변수에 영향을 미칠 수 없는 변수로서 인과관계에서 결과를 나타냄. 독립변수의 영향을 받아 일정한 결과를 나타내는 변수로서 실험설계에서는 관찰대상의 속성이 종속변수에 해당됨. 결과변수, 피설명변수, 피예측변수, 반응 변수, 가설적 변수라고도 부름
  - 매개변수: 독립변수의 결과인 동시에 종속변수의 원인이 되는 변수. 독립변수가 매개변수를 통해 종속변수에 간접적인 영향을 미치게 함. 종속변수에 이르는 시간적 전후 관계와 논리적 과정에 대한 이해를 가능케 함으로써 인과관계에 대해 정확히 규명할 수 있음
  - 조절변수: 독립변수가 종속변수에 미치는 영향력을 조절하는 변수를 말함. 독립변수와 종속변수 간의 관계를 강화시키거나 약화시키는 등 강도를 조절하거나 방향에 영향을 미치는 변수
  - 외생변수: 독립변수가 종속변수에 표면상으로는 영향을 미쳐 관계가 있는 것처럼 보이지만, 제3의 변수로 인해 그렇게 보이는 것일 뿐 실제로는 관계가 없는 경우, 두 변수는 가식적 관계에 있다고 하며, 이때의 제3의 변수를 외생변수라 함. 두 변수 사이의 관계가 가식적 관계인지 아닌지를 밝히기 위해서는 외생변수를 통제해야 함
  - 억압변수: 독립변수와 종속변수 중 하나의 변수와는 정적으로 상관되어 있고, 다른 하나의 변수와는 부적으로 상관되어 있어 독립변수와 종속변수 간에 마치 아무런 관계가 없는 것처럼 보이게 만드는 변수를 말함
  - 통제변수: 독립변수와 종속변수에 영향을 미칠 법한 외생변수, 매개변수, 조절변수, 억제변수 등 제3의 변수 중 조사설계에서 조사자가 통제하려는 변수를 말함

● 변수 속성에 따른 분류
  - 이산변수: 이산이란 각 값의 사이가 떨어져 있어서 그 사이의 값은 아무런 의미가 없다는 뜻으로서 이산변수는 사물의 속성을 분류할 목적으로 기호나 숫자를 부여하는 명목척도로 측정된 변수, 사물의 속성을 크기나 정도에 따라 순서를 비교하는 서열척도로 측정된 변수 등을 말함
  - 연속변수: 연속변수는 변수가 수평선상의 연속적인 모든 값의 의미를 가질 수 있음. 척도 간의 간격이 같아 수치 간에 가감(+ , –)이 가능한 등간척도에 의해 측정된 변수, 수치 간에 가감승제(+ , – , × , ÷)가 가능하고 절대 영점이 존재하는 비율척도에 의해 측정된 변수를 말함

구분		범주화	순위	등간격	절대 영(0)	특징
이산변수	명목변수	○	×	×	×	확인, 분류
	서열변수	○	○	×	×	순위비교
연속변수	등간변수	○	○	○	×	간격비교
	비율변수	○	○	○	○	절대력 크기비교

기출회독으로 연계 학습하세요

 **조사문제**
기출회독 035

5 문항

가설
기출회독 036

11 문항

 **변수**
기출회독 037

11 문항

실력 CHECK

기본쌓기문제

OX퀴즈

4장 조사설계와 인과관계

조사설계의 타당도에 관한 문제는 매회 1문제 이상 빠지지 않고 출제되고 있다. 사례를 제시하고 해당 사례에서 내적 타당도 또는 외적 타당도를 저해하는 요인이 무엇인지를 묻는 유형이 주로 출제되고 있으므로 사례와 접목시켜 개념을 이해해야 한다. 또한 내적 타당도와 외적 타당도를 높이는 방법도 함께 정리해야 한다. 인과관계의 성립에 관한 문제도 종종 출제되고 있다.

1. 내적 타당도와 외적 타당도 22회 기출 21회 기출 20회 기출

- 내적 타당도: 어떤 연구결과의 각 변수 사이의 인과관계를 추론해 보았을 때, 어느 한 쪽의 변수가 다른 쪽 변수의 원인이 되는지를 확신할 수 있는 정도를 말함. 조사설계에서는 내적 타당도와 외적 타당도 가운데 우선적으로 내적 타당도를 높이는 것이 중요하며, 연구의 내적 타당도는 그 연구가 내적 타당도의 다양한 저해요인을 얼마나 잘 통제했는지 여부에 따라 정해짐
- 외적 타당도: 어떤 연구결과에 기술된 인과관계가 그 연구의 조건을 넘어서서 일반화될 수 있는 정도를 의미함. 내적 타당도의 핵심이 '인과관계'라면, 외적 타당도의 핵심은 '일반화'임

2. 내적 타당도 저해요인 23회 기출 22회 기출 21회 기출 20회 기출

- 역사(우연한 사건): 사전-사후 검사 사이에 발생하는 통제 불가능한 사건
- 성장(성숙, 시간적 경과): 연구 기간 중에 발생하는 개인의 신체적·심리적 성숙
- 검사(측정, 테스트, 시험효과, 주시험효과): 사전검사가 사후검사에 영향을 미쳐 변수 간 변화 초래
- 도구요인(도구, 도구화): 검사효과를 제거하기 위해 사전-사후 검사 시 서로 다른 척도를 사용하거나 신뢰도가 낮은 척도를 사용할 경우 전후 차이가 진정한 변화인지 알 수 없음
- 통계적 회귀: 종속변수의 값이 지나치게 높거나 지나치게 낮은 사람들을 실험집단으로 선택했을 경우 다음 검사에는 독립변수의 효과가 없더라도 높은 집단은 낮아지고 낮은 집단은 높아지는 현상
- 피험자의 상실(실험대상의 변동, 탈락, 소멸): 실험과정에서 일부 실험대상자가 이사, 사망, 질병, 싫증 등의 사유로 탈락하는 경우 조사대상의 표본 수가 줄어들면서 잘못된 실험결과가 될 수 있음
- 선택과의 상호작용: 선택의 편의가 있을 때 잘못된 선택과 역사 또는 성장과 상호작용이 문제됨
- 인과관계 방향의 모호성: 독립변수와 종속변수 간에 어느 것이 원인인지 불확실해서 인과관계의 방향을 결정하기 어려운 경우가 있음
- 확산/모방: 실험집단의 효과가 통제집단에 전파되어 두 집단 간의 차이가 약해져 비교가 어려워지는 경우
- 선정상의 편견(편향된 선별, 선택적 편의): 조사대상을 실험집단과 통제집단으로 나눌 때 종속변수에 영향을 미칠 수 있는 요인이 어느 한 집단으로 편향되는 경우

3. 외적 타당도 저해요인 22회 기출 21회 기출 20회 기출

- 표본의 대표성: 연구결과를 실제 상황에 일반화할 수 있으려면 연구대상이 모집단을 대표해야 함

- 연구환경과 절차: 연구의 환경이나 절차들도 모집단의 일반적인 상황과 유사해야 함
- 실험조사에 대한 반응성: 조사대상자가 자신이 실험에 참여하고 있다는 것을 의식하지 않아야 함

4. 내적 타당도 저해요인과 외적 타당도 저해요인 통제방법 22회기출 21회기출 20회기출

● 내적 타당도 저해요인 통제방법 꼭!

- 무작위 할당: 연구대상자들을 실험집단과 통제집단에 유사한 속성으로 배치하는 방법
- 배합/짝짓기: 연구주제에 영향을 미칠 것이라고 여겨지는 속성을 실험집단과 통제집단에 동일하도록 만드는 방법
- 통계적 통제: 통제해야 할 변수들을 독립변수로 간주하여 실험설계에 포함시키고 실험을 실시한 후 결과를 분석함에 있어 통계적으로 그 영향을 통제하는 방법

● 외적 타당도 저해요인 통제방법 꼭!

- 표본의 대표성: 조사대상을 확률적 표집 또는 무작위 표집으로 선정하여 대표성을 높이는 방법
- 가실험 통제집단 설계: 가실험 통제집단을 설정하여 조사결과의 진위 여부를 파악하는 방법

5. 인과관계의 논리 22회기출

● 인과관계의 성립

공변성, 시간적 우선성, 개방체계 전제, 확률적 결론, 외생변수 통제, 원인의 조작화, 비대칭적 관계

● 인과관계를 추리하는 방법

일치법, 공변법, 차이법, 잔여법(잉여법), 일치차이병용법

기출회독으로 연계 학습하세요

조사설계의 타당도
기출회독 038
14 문항

인과관계의 논리
기출회독 039
2 문항

실력 CHECK

기본쌓기문제

OX퀴즈

5장 조사설계의 유형

2.0
출제문항수 핵심특강

1. 순수실험설계 23회 기출 22회 기출 21회 기출 20회 기출

● **순수실험설계의 특징**

실험의 기본 요소인 종속변수의 비교, 독립변수의 조작, 외생변수 통제, 실험대상의 무작위화 등을 모두 갖추고 있어 내적 타당도 저해요인들을 최대한 통제한 설계 유형임. 즉, 연구 대상을 무작위로 실험집단과 통제집단에 배치하고 실험집단에만 독립변수를 도입한 후 양 집단의 종속변수의 변화를 비교함

● **순수실험설계의 유형** ⭐

• **통제집단 사전사후검사 설계**: 연구대상을 실험집단과 통제집단에 무작위로 배치하고 실험집단에 독립변수를 실험처치하기 전에 양 집단에 사전검사를 실시함. 실험집단에 실험처치를 한 후 양 집단에 사후검사를 실시하고 두 결과 간의 차이를 비교함
• **통제집단 사후검사 설계**: 통제집단 사전사후검사 설계에서 사전검사를 실시하지 않음
• **솔로몬 4집단 설계**: 통제집단 사전사후검사 설계와 통제집단 사후검사 설계가 결합된 형태이며, 내적 타당도가 가장 높음
• **요인 설계**: 독립변수가 두 개 이상일 때 적용되는 설계임
• **가실험 통제집단 설계**: 통제집단 사후검사 설계에 가실험효과를 측정할 수 있는 집단을 추가적으로 결합해 만든 설계임

유형	무작위 할당	통제집단	사전검사	사후검사	특징
통제집단 사전사후검사 설계	○	○	○	○	사전검사를 실시하기 때문에 검사효과와 상호작용시험효과가 발생할 수 있음
통제집단 사후검사 설계	○	○	×	○	사전검사를 실시하지 않기 때문에 검사효과와 상호작용시험효과가 발생하지 않음
솔로몬 4집단 설계	○	○	○	○	• 4개 집단(실험집단 2, 통제집단 2)으로 구성 • 사전검사를 하지 않고 사후검사만 하는 집단은 2개, 사전검사와 사후검사를 모두 하는 집단은 2개

2. 유사실험설계 23회 기출 20회 기출

● **유사실험설계의 특징**

실험설계의 기본 요소인 무작위 할당, 통제집단, 독립변수의 조작, 사전-사후검사 중 한두 가지가 결여된 설계

임. 순수실험설계에 비해 내적 타당도는 떨어지지만 외적 타당도는 높은 경우가 많음

● **유사실험설계의 유형** ⭐!

- 단순시계열 설계: 독립변수를 노출시키기 전후에 일정 기간을 두고 정기적으로 몇 차례 종속변수를 측정함
- 복수시계열 설계: 단순시계열 설계에 통제집단을 추가한 설계임
- 비동일 통제집단 설계: 임의적인 방법으로 양 집단을 선정하고 사전사후검사를 실시하여 종속변수의 변화를 비교함

유형	무작위 할당	통제집단	사전검사	사후검사	특징
단순시계열 설계	×	×	○	○	실험처치 전후로 수차례의 사전검사와 사후검사를 실시
복수시계열 설계	×	○	○	○	통제집단이 존재, 무작위 할당 ×, 수차례의 사전검사와 사후검사를 실시
비동일 통제집단 설계	×	○	○	○	무작위 할당을 제외하고 통제집단 사전사후검사 설계와 유사

3. 전실험설계 22회 기출 🏆

● **전실험설계의 특징**

무작위 할당으로 연구대상자를 나누지 않고, 비교집단(통제집단)이 선정되지 않거나 선정되더라도 동질성이 없으며, 독립변수의 조작에 의한 변화 관찰이 한두 번 정도로 제한된 설계임. 내적 타당도와 외적 타당도 저해요인을 거의 통제하지 못함

● **전실험설계의 유형** ⭐!

- 1회사례 설계: 어떤 단일 집단에 실험처치를 하고, 그 후에 그 집단의 종속변수의 특성을 검사하여 결과를 평가하는 설계
- 단일집단 사전사후검사 설계: 조사대상자에 대해서 사전검사를 실시하고 독립변수를 도입한 후 사후검사를 실시하여 인과관계를 추정함
- 정태적 집단비교 설계: 통제집단 사후검사 설계에서 무작위 할당만 제외된 형태

기출회독으로 연계 학습하세요

 실험설계의 유형별 특징
기출회독 040
17문항

 실험설계의 특성
기출회독 041
1문항

6장 단일사례설계

1.0
출제문항수

핵심특강

이 장의
기출포인트

단일사례설계의 개념, 특징, 평가 등을 종합적으로 묻는 문제가 주로 출제되고 있으며, 단일사례설계의 유형(ABAB설계, BAB설계, ABCD설계 등)별 특징을 비교하는 문제도 자주 출제되고 있다. 특히 단일사례설계의 유형과 관련된 문제는 사례제시형으로도 출제된 바 있다. 최근 시험에서는 평균비교법과 경향선 접근법, 개입의 평가 기준, 개입의 유의성 분석 등과 같은 단일사례설계 개입의 평가에 관한 내용도 자주 출제되고 있다.

1. 단일사례설계의 특성 23회기출 22회기출

- 1차적인 목적은 가설의 검증에 있는 것이 아니라 어떤 표적행동에 대한 개입의 효과성을 분석하는 데 있음
- 하나의 대상 또는 사례를 가지고 반복적인 측정을 통해 개입의 효과를 평가함
- 조사연구의 과정이 실천 과정과 분리되지 않고 통합 가능함
- 개인의 효과성에 대한 즉각적인 피드백을 얻을 수 있음
- 단일사례연구만으로 인과관계를 확신하기는 어렵고, 조사연구의 대상이 하나의 사례에 국한되기 때문에 그 결과를 일반화하는 데 제약이 따름

2. 단일사례설계의 기본 구조

● 기초선단계

- 연구자가 개입하기 이전 단계로서 'A'로 표시함
- 개입 전의 문제상황, 표적행동을 반복 측정하여 경향을 알아내는 단계로서 통제집단과 유사한 역할을 수행함

● 개입단계

- 표적행동에 대한 개입이 이뤄지는 기간으로서 'B'로 표시함
- 이 기간 동안에는 표적행동의 상태에 대한 관찰을 병행해야 함

3. 단일사례설계의 유형별 특징 23회기출 21회기출

- AB설계: 기초선 설정 후 바로 개입하는 설계로서 가장 기본적인 단일사례설계 유형
- ABA설계: 기초선 → 개입 → 기초선. 개입효과를 평가하기 위해 개입을 중단하기 때문에 윤리적 문제가 제기될 수 있음
- ABAB설계(반전설계): 기초선 → 개입 → 기초선 → 개입. 개입과 철회를 반복함으로써 같은 결과가 나오면 인과관계를 명확히 파악할 수 있음
- BAB설계(선개입설계): 개입 → 기초선 → 개입. 위기개입이나 기초선을 측정할 수 없는 상황에 유용함
- ABCD설계(다중요소설계): 기초선 → 개입 → 각기 다른 C, D 개입. 도움이 되지 않는 개입을 수정하거나 실제로 표적문제에 변화를 가져오는지 설명하고자 할 때 유용함

- 복수기초선: 둘 이상의 클라이언트, 둘 이상의 문제에 대해 적용하는 설계로서 동시에 기초선을 측정하면서 각각 다른 시점에 개입함

4. 개입평가 기준

- 변화의 파동: 관찰된 표적행동의 특성이 시간의 경과에 따라 파동을 일으키며 변화되는 정도
- 변화의 경향: 기초선기간과 개입기간 동안 경향의 방향이 일치되면 개입영향을 판단하기 어렵고, 상반되면 개입영향의 판단이 쉬움
- 변화의 수준: 관찰된 행동 특성의 점수의 위치를 말하는 것으로 기초선 점수 수준과 개입기간 점수 수준 사이에 차이가 클수록 개입효과에 대한 확신이 높아짐

5. 개입의 유의성 분석 21회 기출

- 시각적 유의성: 기초선의 수준과 개입선의 변화들을 시각적으로 분석함
- 통계적 유의성: 개입단계 동안 관찰된 자료가 예상되는 변화의 파동과 어떻게 다른지를 통계적으로 분석함
  - 평균비교법: 기초선이 비교적 안정적이고 수치화하는 것이 가능할 경우에 기초선과 개입단계의 평균을 구하여 비교하는 방법
  - 경향선 접근법: 기초선이 다소 불안정한 경우에 기초선에 나타난 측정값들의 경향선을 활용하여 개입 전과 후의 차이를 평가하는 방법
- 실용적 유의성: 변화의 크기가 실천적 의미에서 정당성을 보장하는지 임상적인 기준에서 판단하는 것

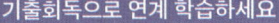

기출회독으로 연계 학습하세요

 단일사례설계의 특성

기출회독 042 **6**문항

 단일사례설계의 유형별 특징

기출회독 043 **3**문항

실력 CHECK

기본쌓기문제

OX퀴즈

7장 측정

4.0 출제문항수   핵심특강

측정수준에 관한 문제는 매회 1~2문제씩 빠지지 않고 출제되고 있으며, 측정수준별 사례와 함께 가능한 통계분석까지 묻는 등 난이도가 점점 높아지고 있다. 측정의 신뢰도와 타당도에 관한 문제는 대부분 사례제시형 문제로 출제되는데, 신뢰도와 타당도의 개념을 구분할 수 있어야 하며, 각각의 평가방법에 대한 특징도 비교하여 정리해야 한다. 측정오류에 관한 문제는 오류와 신뢰도 및 타당도와의 관계, 오류를 줄일 수 있는 방법 등을 중심으로 정리해야 한다.

1. 측정수준 23회 기출 🏆 22회 기출 🏆 21회 기출 🏆 20회 기출 🏆

- 비율수준으로 갈수록 측정수준이 높으며, 하위 측정수준의 속성을 내포함
- 상위수준의 측정은 하위수준으로 전환이 가능하지만, 하위수준에서 이루어진 측정은 상위수준으로 전환할 수 없음. 예를 들어, 비율수준에서 이루어진 측정은 서열수준으로 전환할 수 있지만 서열수준에서 이루어진 측정은 비율수준으로 전환할 수 없음

수준	특성	예
명목척도	• 측정대상의 특성을 분류할 목적으로 대상에 숫자를 부여하는 것 • 명목수준의 측정에서 사용되는 숫자는 양적인 크기를 갖지 못함 • 상호배타적이고 포괄적인 특성을 갖음	성별, 계절, 운동선수 등번호, 종교 분류, 장애 유형, 지하철 노선, 결혼 여부, 인종, 지역 등
서열척도	• 측정대상을 그 특징이나 속성에 따라 일정한 범주로 분류하고, 범주들 간의 상대적 순서관계를 밝히는 것 • 측정대상 간의 대소, 고저, 전후, 상하 등에 따라 서열화함 • 상호배타적인 특성과 함께 순서의 의미도 지님 • 서열 간 간격이 동일하지 않고 절대량의 크기를 나타내지 않음	노인장기요양등급, 정치성향(보수, 중도, 진보), 생활수준(상, 중, 하), 석차, 학점, 선호도 등
등간척도	• 어떤 대상의 속성에 대해 순위를 부여할 수 있을 뿐 아니라 각 순위(서열)범주 사이의 거리를 계산할 수 있고 범주 사이의 간격이 동일함 • 등간격이므로 산술적 계산(±)에 사용될 수 있음 • 절대 영점이 없기 때문에 곱하기, 나누기 같은 비율계산에는 사용할 수 없음	도덕지수(MQ), 지능지수(IQ), 섭씨온도, 화씨온도, 물가지수, 생산성 지수, 사회지표, 시험점수 등
비율척도	• 속성이 전혀 존재하지 않는 상태의 절대 영점이 존재함 • '0'이 실제적 의미를 가지고 있기 때문에 모든 사칙연산(±, ×, ÷)이 가능함 • 비율척도의 숫자는 속성의 실제 양을 나타냄	TV 시청률, 투표율, 길이, 높이, 서비스 횟수, 자녀수, 가격, 연령, 체중, 신장 등

수준	명목척도	서열척도	등간척도	비율척도
범주	○	○	○	○
순위	×	○	○	○
등간격	×	×	○	○
절대 영(0)	×	×	×	○
비교방법	확인, 분류	순위비교	간격비교	절대력, 크기비교
산술계산	=	=, >, <	=, >, <, ±	=, >, <, ±, ×, ÷
평균측정	최빈값	중앙값	산술평균	기하평균

2. 측정의 신뢰도 23회 기출 22회 기출 21회 기출 20회 기출

● 신뢰도의 개념 꼭!

측정값의 일관성을 의미함. 같은 대상에 대해 반복적으로 측정할 때 어느 정도 동일한 측정값을 산출하는지의 정도를 말함

● 신뢰도의 평가방법 꼭!

- 검사-재검사법: 한 번의 측정이 이뤄진 후에 동일한 상황에서 동일한 측정도구, 동일한 대상을 다시 한 번 측정하여 두 측정값이 어느 정도 일관되는지를 비교하는 방법
- 대안법: 서로 다른 유사한 양식의 두 가지 측정도구로 동일한 대상을 측정해서 상관관계를 검증하여 신뢰도를 측정하는 방법
- 내적 일관성 신뢰도법
  - 반분법: 측정도구를 반으로 나눠 같은 시간에 각각 독립된 두 개의 척도로 사용함으로써 신뢰도를 추정하는 방법
  - 크론바하의 알파계수: 반분법에서 산출한 모든 신뢰도계수들의 평균값으로 신뢰도를 계산하는 방법

● 신뢰도를 높이는 방법

- 측정항목의 모호성을 줄이고 되도록 구체화하여 일관된 측정이 가능케 해야 함
- 응답자가 무관심하거나 잘 모르는 내용은 측정하지 않는 것이 좋음
- 응답자의 수준에 적합한 내용을 측정해야 함
- 신뢰도를 떨어뜨리는 측정항목을 제외해야 함
- 측정항목(하위변수)을 늘리고 선택범위(값)를 넓혀야 함. 측정항목이 많거나 선택범위가 넓을수록 신뢰도는 증가하고, 반대로 항목 수가 적거나 선택범위가 좁을수록 신뢰도가 낮아지는 경향이 있음
- 신뢰도가 검증된 표준화된 측정도구를 활용하는 것이 유리함. 기존의 측정도구를 무조건 신뢰해서는 안 되며, 그 신뢰도에 대해 충분한 검토가 선행돼야 함

3. 측정의 타당도 23회 기출 22회 기출 21회 기출 20회 기출

● 타당도의 개념 꼭!

측정하고자 하는 개념을 얼마나 정확히 측정하였는가를 의미함. 측정한 값과 대상의 진정한 값과의 일치 정도를 말함

● 타당도의 평가방법 꼭!

- 내용타당도: 측정도구에 포함된 관찰내용들이 측정하려고 하는 속성이나 개념을 얼마나 대표성 있게 포함하고 있는가에 대해 논리적으로 판단하는 것
- 기준타당도
  - 예측타당도: 측정도구를 이용하여 측정한 결과가 미래의 사건이나 행위, 태도, 결과 등을 얼마나 잘 예측할 수 있는가를 통해서 타당도를 평가하는 방법
  - 동시타당도: 측정도구의 측정값을 외적인 기준과 동시적인 시점에서 비교하여 타당도를 평가하는 방법. 타당도를 평가하고자 하는 측정도구로 측정한 값이 기준이 되는 다른 측정도구의 측정값 혹은 이미 존재하고 있는 측정도구와 비교하여 그 결과가 얼마나 일치하는가를 따짐

- 구성타당도
  - 이해타당도: 측정도구가 특정 구성개념을 이론적 구성도에 따라 체계적 · 논리적 · 포괄적으로 이해하고 있는 정도를 의미함. 여러 개념을 체계적으로 이용한 이론이나 측정도구가 이해타당도가 높음
  - 집중(수렴)타당도: 동일한 개념이나 이론적으로 연관성이 높을 것으로 예상되는 개념들을 측정하는 서로 다른 측정도구의 측정결과 간의 상관관계가 높을 경우 집중타당도가 높다고 볼 수 있음
  - 판별타당도: A와 B라는 측정도구가 서로 다른 개념을 측정(혹은 이론적으로 연관성이 낮은 개념을 측정)하는 도구라면, 동일한 대상을 측정했을 때 얻은 측정값들 간의 상관관계가 낮아야 함을 의미함

4. 신뢰도와 타당도의 관계 23회 기출 22회 기출 20회 기출

- 타당도가 높으면 신뢰도도 반드시 높음
- 타당도가 낮으면 신뢰도는 높을 수도 있고, 낮을 수도 있음
- 신뢰도가 높으면 타당도는 높을 수도 있고, 낮을 수도 있음
- 신뢰도는 타당도의 필요조건이지만 충분조건은 아님. 즉, 신뢰도는 타당도 확보를 위한 기본적 전제 조건임
- 측정도구의 타당도가 확보되었다면 어느 정도 신뢰도가 있는 측정도구라고 볼 수 있지만, 신뢰도가 확보된 측정도구라 해도 타당도는 확보되지 않은 경우가 있을 수 있음

5. 측정오류 21회 기출 20회 기출

● 체계적 오류 꼭!

- 체계적 오류란 변수에 일정하게 체계적으로 영향을 주어 측정결과가 모두 높아지거나 모두 낮아지게 되는 편향된 경향을 보이는 오류를 말함
  - 인구통계학적, 사회경제적 특성으로 인한 오류: 성별, 학력, 소득, 종교, 직업, 인종, 사회적 지위, 문화 등과 같이 인구통계학적 또는 사회경제적인 특성으로 인해 일정 방향으로 오류가 나타나는 경향
  - 개인적 성향으로 인한 오류: 개인적 성향에 의한 것으로 무조건 긍정적이거나 부정적이거나 중립적인 개인적 성향에 따라 나타나는 오류
  - 측정하려는 개념이 태도인지 행동인지 모호할 때 발생하는 오류: 태도를 측정하면서 실제로는 행동을 예측한다거나, 반대로 행동을 측정하여 태도를 예측하는 것과 같은 경우 체계적인 측정오류가 발생할 수 있음
  - 편향에 따른 오류: 고정반응에 의한 편향, 사회적 적절성의 편향, 문화적 차이에 의한 편향 등이 발생할 수 있음
- 본질적으로 신뢰도와 타당도의 문제이며 타당도는 체계적 오류, 신뢰도는 비체계적 오류와 관련된 개념임

● 비체계적 오류(무작위적 오류) 꼭!

- 무작위적 오류라고도 함. 비체계적 오류는 오류의 값이 인위적이거나 편향된 것이 아니라 다양하게 분산되어 있어 무작위적으로 발생하는 오류를 말함
  - 측정자로 인한 오류: 측정자의 건강, 사명감, 기분, 관심사 등과 같은 신체적 · 정신적 요인으로 발생할 수 있음
  - 측정대상자로 인한 오류: 측정대상자의 긴장, 피로, 불안 등과 같은 신체적 · 정신적 요인으로 발생할 수 있음
  - 측정상황 요인으로 인한 오류: 측정장소, 측정시간, 좌석배열, 소음, 조명, 부모참석 등의 요인으로 발생할 수 있음
  - 측정도구로 인한 오류: 측정도구에 대한 사전 교육이 충분하지 않을 때 발생할 수 있음

- 비체계적인 오류를 줄이는 방법
  - 측정도구의 내용을 명확하게 해야 함
  - 측정항목 수를 가능한 범위 안에서 늘려야 함
  - 측정자들의 측정방식이나 태도에 일관성이 있어야 함
  - 조사대상자가 잘 모르거나 관심이 없는 내용에 대해서는 측정하지 않아야 함
  - 신뢰할 수 있는 측정도구를 사용해야 함
  - 측정자에게 측정도구에 대한 교육과 훈련을 통해 사전준비를 철저히 해야 함

기출회독으로 연계 학습하세요

측정수준

기출회독 044

11문항

측정의 신뢰도와 타당도

기출회독 045

23문항

측정의 오류

기출회독 046

6문항

실력 CHECK

기본쌓기문제

OX퀴즈

8장 척도

1.2
출제문항수 | 핵심특강

최근 시험에서 8장은 매회 1문제씩 꾸준히 출제되고 있다. 척도는 기본개념서 본문에 제시된 각 척도의 실제 형태와 사례를 보면서 특징 및 장단점을 정리해야 각각의 특성을 이해하기가 수월하다. 척도의 유형별 특징을 각각의 선택지로 구성하여 비교하는 문제, 하나의 특정 척도 유형에 대한 특징을 묻는 문제, 척도의 사례를 제시하고 해당하는 척도를 고르는 문제가 주로 출제되고 있다.

1. 명목척도화

- 명목적 수준이란 각 범주에 부여된 숫자가 단지 서로 다름만을 의미하는 수준을 말함. 명목적 수준에서 척도화는 각 범주가 동질적이면서 상호배타적이고 포괄적이도록 문항의 응답지를 구성하면 됨
- 응답범주들은 논리적 연관성을 가지고 있어야 함

2. 서열척도화 23회 기출 22회 기출 21회 기출 20회 기출

● **평정 척도**
- 평가자가 측정대상의 연속성을 전제로 하여, 일정한 등급법에 따라 평가함으로써 대상의 속성을 구별하는 척도
- 평정 척도는 대부분 서열척도이지만 항목 간 거의 비슷한 정도의 차이가 있다고 가정하면 등간척도로 간주할 수도 있음

● **총화평정 척도**
- 응답자가 응답하는 여러 질문 문항의 값들을 총합하여 계산하는 척도
- 척도 구성이 간단하고 점수 계산이 용이함

● **리커트 척도** ⭐꼭!
- 척도의 신뢰도와 타당도를 높이기 위해서 하나의 문항보다 일련의 문항들을 하나의 척도로 사용해야 한다는 논리에 기초하고 있음
- 서열척도에 해당하며, 실용적이기 때문에 사회과학에서 널리 사용됨
- 하나의 개념을 측정하기 위해 여러 문항들을 이용하는 척도로서, 각 문항들은 동일한 응답범주를 사용하며 모두 동등한 가치를 부여받음(각 문항에 가중치를 부여하지 않음)

● **거트만 척도** ⭐꼭!
- 누적척도이며, 단일차원적 척도의 대표적인 방법임
- 개별 항목들이 일정한 기준에 의해 일관성 있게 서열을 이루고 있음. 각 문항들 간에 서열이 매겨짐
- 예측성이 높으며, 복잡한 계량적 과정 없이 쉽게 서열적으로 척도화가 가능함
- 척도를 구성하는 질문문항의 내용을 강도에 따라 일관성 있게 누적적이게 되도록 작성하는 것이 쉽지 않음

● **의미분화 척도** ⭐꼭!
- 어떤 개념에 대한 생각이나 느낌을 다양한 차원에서 평가하기 위해 그에 대한 형용사를 정하고 양극단에 서로 상반되는 형용사를 배치하여 그 속성에 대한 평가를 내리도록 하는 척도
- 다차원적인 개념을 측정하는 데 유용하며, 가치와 태도와 같은 주관적인 개념 측정에 용이함
- 쉽게 만들 수 있고, 비교적 적은 수의 문항으로 신뢰도를 확보할 수 있음

● **사회적 거리 척도** ⭐꼭!
- 보가더스가 인종적 편견의 강도를 측정하기 위해 제시한 척도로서, 누적척도에 해당됨
- 응답자 자신과 다른 사회적 범주(국적, 인종)의 구성원 간에 인지되는 거리감을 측정함

3. 등간-비율척도화 🏆20회기출

● **써스톤 척도** ⭐꼭!
- 리커트 척도의 단점을 보완하는 등간-비율 척도임
- 어떤 사실에 대해 가장 우호적인 태도와 가장 비우호적인 태도를 나타내는 양 극단을 등간격으로 구분하여 여기에 수치를 부여함으로써 등간척도를 구성함
- 등간 성격을 갖는 척도를 만들기 위해 문항평가자들을 통해 사전평가 시행 후 결과를 분석하여 각 문항에 대한 중앙값을 척도치로 부여함

기출회독으로 연계 학습하세요

기출회독 047

척도화의 유형

7 문항

실력 CHECK

기본쌓기문제

OX퀴즈

9장   표집(표본추출)

3.2
출제문항수   핵심특강

표집방법에 관한 문제는 주로 사례제시형 문제로 출제되므로 표집방법별 주요 특징을 서로 비교하여 정리한 후 사례를 접목시켜 이해해야 한다. 표본의 크기와 표본오차에 관한 내용은 각각의 개념과 관계들을 이해하는 데 있어서 통계적인 기초지식도 어느 정도 필요하다. 또한 표집방법과 표본오차, 표집 관련 용어에 관한 내용이 한 문제에 함께 제시되는 종합적인 유형의 고난이도 문제가 출제되기도 한다.

1. 표집 관련 용어 22회 기출

- 모집단: 연구대상이 되는 집단 전체
- 표집틀: 표본을 추출하기 위한 모집단의 목록
- 표집단위: 표본이 추출되는 각 단계에서 표본으로 추출되는 요소들의 단위
- 관찰단위: 자료를 직접 수집하는 요소 또는 요소의 총합체를 말하는 것으로 자료수집단위라고도 함
- 모수: 모집단의 변수를 요약하여 기술한 수치, 모집단의 특성을 수치로 표현한 것, 모집단의 속성을 나타내는 값
- 통계치: 표본에서 변수의 특성을 요약하여 기술한 수치

2. 표집절차

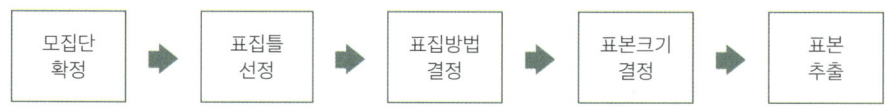

모집단
확정 ➡ 표집틀
선정 ➡ 표집방법
결정 ➡ 표본크기
결정 ➡ 표본
추출

- 모집단의 확정: 연구목적에 부합되는 자료를 얻기 위해서 가능한 한 정확한 모집단의 규정이 필요. 연구대상, 표집단위, 범위, 시간의 네 가지 요소를 명확히 해야 함
- 표집틀 선정: 모집단의 구성요소 모두를 포함하면서 어떠한 요소도 이중으로 포함되지 않는 목록을 선정
- 표집방법 결정: 어떤 방법으로 모집단을 대표할 수 있는 표본을 확보할 것인지 검토
- 표본의 크기 결정: 신뢰구간 접근법과 통계적 기법에 의해 결정될 수 있으나, 실제상으로는 표집방법, 모집단의 성격, 시간과 비용, 연구자 및 조사원의 능력 등을 고려하여 결정

3. 확률표집방법 23회 기출 22회 기출 21회 기출 20회 기출

● **확률표집방법의 개념** 꼭!

- 모집단의 각 표집단위가 모두 추출될 기회를 가지고 있고, 각 단위가 추출될 확률을 정확히 알고 무작위 방법에 기초하여 표집하면, 이를 확률표집이라고 하고 이 방법으로 추출된 표본을 확률표본이라고 함
- 확률표집방법은 통계치로부터 모수치를 정확히 추정하는 방법을 제시해줌

● 확률표집방법의 유형 ⭐꼭!

- 단순무작위표집법: 표집틀에서 각 사람이나 표집단위에 번호를 할당하여 조사자가 일정한 유형 없이 단순히 무작위로 추출하는 방법
- 체계적 표집법: 표집틀인 모집단 목록에서 일정한 순서에 따라 매 k번째 요소를 표본으로 추출하는 방법
- 층화표집법: 모집단을 먼저 서로 중복되지 않는 여러 개의 층으로 분류한 후, 각 층에서 단순무작위표집에 따라 표본을 추출하는 방법
- 군집표집법: 모집단을 여러 개의 집락 또는 집단들로 구분하여, 이들 집락이나 집단 중 일부를 선택하고, 선택된 집락 또는 집단 안에서만 표본을 무작위 추출하는 방법

4. 비확률표집방법 🏆23회기출 🏆22회기출 🏆21회기출 🏆20회기출

● 비확률표집방법의 개념 ⭐꼭!

- 모집단에 대한 지식·정보가 제한되어 있거나 모집단으로부터 선택될 확률이 미리 알려지지 않은 경우 사용함
- 표집절차가 복잡하지 않으며 비용이 훨씬 적게 들고 통계의 복잡성이 없음. 활용 가능한 응답자를 즉석에서 활용할 수 있음
- 각 단위가 표본에 포함될 확률을 알 수 없고 표본오차를 산정할 수 없음. 어떤 사람이 선택될 확률이 알려지지 않기 때문에 표본이 모집단을 대표하고 있다고 말할 수 없고, 따라서 연구의 일반화에도 제한점이 있음

● 비확률표집방법의 유형 ⭐꼭!

- 편의표집법: 표본 선정의 편리성에 기준을 두고 조사자 임의대로 확보하기 쉽고 편리한 표집단위를 표본으로 추출하는 방법
- 유의표집법: 전문가의 판단으로 조사의 목적과 의도에 맞는 대상을 표본으로 선정하는 방법
- 할당표집법: 모집단의 속성 중 조사내용에 영향을 주는 요소를 정해서 이를 기준으로 몇 개의 범주로 구분하고, 각 범주에 해당하는 표본을 모집단에서 차지하는 범주의 비율에 따라 할당하고 각 범주로부터 할당된 수의 표본을 임의적으로 추출하는 방법
- 눈덩이표집법: 연구에 필요한 특성을 갖춘 소수의 표본을 찾고, 그 표본을 통해서 다른 사람을 소개받아 점차 표본의 수를 늘려가는 방법

기준	확률표집방법	비확률표집방법
연구대상이 표본으로 추출될 확률	동등함, 알려져 있을 때	동등하지 않음, 알려져 있지 않음
표집(표본추출)	무작위 표집	인위 표집
모수치 추정 가능성	추정 가능	추정 불가능
오차 측정 가능성	측정 가능	측정 불가능
시간과 비용	많이 소요	절약
모집단의 규모와 성격	명확히 규정	불명확 또는 불가능
종류	단순무작위표집, 체계적 표집, 층화표집, 집락표집 등	편의표집, 유의표집, 눈덩이표집, 할당표집 등

5. 질적 연구의 표집방법 ^{22회기출}

- 기준표집: 연구자가 연구의 초점에 맞추어 미리 결정한 어떤 기준을 충족시키는 사례들을 선정하는 방법
- 최대변화량 표집: 적은 수의 표본이지만 다양한 속성을 가진 사례들을 골고루 확보하기 위한 방법
- 동질적 표집: 최대변화량 표집과 대조적이며, 동질적인 사례들로 표본을 선정하는 방법
- 결정적 사례: 어떤 상황이나 문제에 대한 구체적인 정보를 제공하는 결정적인 사례를 표집하는 방법
- 예외사례표집: 규칙적인 유형에 맞지 않는 극단적이거나 예외적인 사례를 검토하는 방법
- 극단적/일탈적 사례: 연구자가 관심을 보이고 있는 현상이 전형적으로 나타나는 사례와 매우 특이하고 예외적인 사례를 표집하여 주요 현상에 대한 이해를 넓히는 방법
- 준예외사례표집: 예외사례표집의 경우처럼 극단적인 사례나 예외적인 사례가 너무 특이해서 연구하는 현상을 왜곡할 가능성을 우려하여 일상적인 것보다는 약간 예외적이라고 할 수 있을 정도의 사례를 선정하는 방법

6. 표본오차와 비표본오차 ^{23회기출 22회기출 21회기출 20회기출}

● 표본의 크기

- 표본의 크기는 조사자가 선택하는 신뢰수준에 따라 달라지는데, 신뢰수준이 높으면 표본의 크기도 커져야 함
- 표본의 크기는 조사문제나 조사가설의 내용에 따라서도 달라지는데, 일반적으로 연구하고자 하는 주요 변인의 수가 많으면 표본의 크기도 커져야 함
- 모집단 요소들이 유사한 속성을 많이 가지고 있다면 표본의 크기는 작아도 되지만 모집단의 이질성이 크다면 표본의 크기는 커야 함
- 연구하고자 하는 변수의 수가 증가할수록 표본의 크기는 더욱 커져야 함
- 실험연구나 사례연구, 또는 다른 질적 연구의 경우 그들이 가지고 있는 속성상 사례 수가 적을 수밖에 없는 반면, 서베이조사에서는 표본의 크기가 대체로 큼
- 표본의 크기를 크게 하면 표본오차는 감소하지만, 비표본오차의 발생가능성은 높아짐

● 표본오차

- 표집오차라고도 하며, 모집단 값과 표본의 값 간의 차이를 말함
- 실질적인 의미에서는 모집단 전체의 값을 알 수 없기 때문에 표본으로부터 얻어진 값을 토대로 연구자가 정한 일정한 신뢰수준에서 나타날 수 있는 오차의 범위를 추정하게 됨
- 표본오차를 추정할 때 영향을 주는 요인은 표본의 크기, 신뢰구간 등이 있음

● 비표본오차

- 비표집오차라고도 함
- 표본추출과정에서 유발되는 오차가 아니라 설문지나 조사자료의 작성, 또는 인터뷰과정에서 비롯되는 오류, 분석된 자료의 그릇된 해석, 자료집계나 자료를 분석하는 도중에 발생하는 요인들, 응답자의 불성실한 태도 등에서 야기되는 오차

7. 자료분석의 기초

● 집중경향치

집중경향치는 어떤 변수의 범주 또는 값의 분포를 요약해서 나타내는 수치로, 최빈치, 중위수, 산술평균 등이 있음

● 산포도

- 어떤 변수값의 분포를 전반적으로 명확히 이해하기 위해서 집중경향치를 중심으로 변수값들이 얼마나 밀집, 분산되어 있는가를 알아보는 것
- 산포도를 파악 하기 위해 사용하는 통계로는 범위, 사분위 범위, 변량(분산), 표준편차 등이 있음
  - 범위: 어떤 한 변수의 최저값과 최대값의 차이
  - 사분위범위: 분포에서 하위 25%와 75%에 해당되는 값의 차이
  - 변량(분산): 변수의 각각의 값에서 평균을 뺀 값을 제곱하여 합한 것을 다시 사례수로 나눈 것
  - 표준편차: 변량(분산)의 제곱근으로 변량(분산)을 구하는 과정 중 제곱으로 인해 왜곡된 수치를 원래의 상태로 환원하여 평균에서 떨어진 거리의 개념을 명확히 함

● 정규분포곡선

- 정규분포곡선은 1) 좌우대칭형이고, 종모양이며, 2) 평균과 중앙값, 최빈치가 분포의 중앙에서 일치하며, 3) 정규분포곡선 면적의 합은 1이며, 4) 평균선은 종 모양의 분포를 완전히 절반으로 나눈다는 특징이 있음
- 정규분포곡선은 실제로는 나타나지 않는 이상적인 분포곡선이지만, 사회조사를 위해 적절한 크기의 표본을 확률표집으로 선정하면 정상분포 곡선에 가까운 분포를 보인다고 가정함

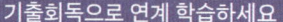

기출회독으로 연계 학습하세요

표집방법
기출회독 048
19문항

표본의 크기와 표본오차
기출회독 049
9문항

실력 CHECK

기본쌓기문제

OX퀴즈

10장 자료수집방법 Ⅰ: 서베이(설문조사)

1.6 출제문항수

핵심특강

이 장의 기출포인트

10장은 매회 비슷한 유형과 내용으로 어렵지 않게 출제되므로 반드시 득점해야 하는 장이다. 서베이 방법의 장단점, 설문지 작성과 관련해서는 거의 매회 출제되고 있으므로 설문지 작성과정, 질문의 어구구성, 질문문항의 배열 등의 내용을 중심으로 꼼꼼하게 살펴봐야 한다. 서베이의 유형과 관련해서는 우편조사, 면접조사 등 개별 유형의 장단점을 묻는 문제와 유형 간에 비교하는 문제가 출제되고 있다.

1. 서베이 방법의 특징 20회 기출

• 대규모 모집단의 특성을 기술하는 데 유용함
• 연구결과를 일반화하기가 상대적으로 용이함
• 표준화된 설문지를 사용함으로써 객관적으로 측정할 수 있음
• 외생변수의 통제가 불가능하기 때문에 변수들 간의 인과관계를 규명함에 있어 내적 타당도가 결여될 수 있음
• 한 시점에서 끝나는 경우가 많아 시계열적인 정보를 얻기 어려움

2. 설문지 질문의 구성 20회 기출

• 질문의 내용을 응답자가 정확하게 파악할 수 있도록 작성해야 함
• 응답자의 능력과 특성을 고려하여 적절하게 구성해야 함
• 추상적으로 질문하기보다는 구체적으로 질문해야 함
• 유도질문과 이중질문은 피해야 함
• 질문 내에 어떤 가정이나 암시는 피해야 함
• 편견을 내포하는 용어나 서술은 피해야 함
• 응답 범주에 애매하거나 막연한 내용이 포함되지 않도록 해야 함

3. 설문지 질문의 배열 20회 기출

• 흥미롭고 답하기 쉬운 질문을 먼저 배치해야 함
• 민감한 질문이나 개방형 질문은 뒷부분에 배치해야 함
• 질문을 논리적으로 배열해야 함
• 응답군이 조성되지 않도록 문항을 적절히 배치해야 함
• 신뢰도를 검사하는 질문은 서로 떨어지게 배치해야 함
• 일반적인 것을 먼저 묻고 특수한 것을 뒤에 물어야 함
• 질문지에는 표지, 응답지침 등을 포함해야 함

4. 서베이의 유형

23회 기출 22회 기출 21회 기출 20회 기출

구분	장점	단점
우편 조사	• 비용과 시간을 절약할 수 있음 • 익명성을 보장할 수 있으며, 면접자의 편견을 배제할 수 있음 • 지리적으로 널리 퍼져 있는 응답자들에게 모두 접근할 수 있음 • 응답자가 편할 때 설문지를 완성할 수 있음	• 응답의 융통성이 결여될 수 있음 • 응답률과 회수율이 낮음 • 언어적 행동만 조사가 가능함 • 응답자의 환경에 대한 통제가 불가능함 • 복잡한 질문지 구성체제를 사용할 수 없으며, 추가질의가 어려움
면접 조사	• 응답의 융통성이 있으며, 비교적 응답률이 높음 • 면접상황에 대한 통제가 가능함 • 비언어적 행위 등 추가적인 정보를 얻을 수 있음 • 읽고 쓰는 능력이 부족한 사람들을 대상으로 조사를 실시할 수 있음 • 복잡한 질문을 사용할 수 있으며, 질문의 순서를 통제할 수 있음	• 비용이 많이 들며, 면접자에 의한 오류가 발생할 수 있음 • 익명성 보장이 미약하므로 민감한 질문에 응답자가 꺼려할 수 있음 • 응답자가 여러 지역에 퍼져 있는 경우 접근성이 낮음 • 면접자가 응답자의 응답을 이해하지 못하거나 오기할 가능성이 있음
전화 조사	• 간편하고 신속함 • 비용이 적게 듦	• 응답자가 면접상황을 더 쉽게 통제 • 조사내용 분량 제한(상세 정보 획득 불가능) • 부수정보 수집 불가능
온라인 조사	• 비용(설문발송/회수비용이 들지 않음) • 자료입력 편리. 후속독촉 용이	• 표집대상이 제한적 • 응답률/회수율 보장 못함

기출회독으로 연계 학습하세요

기출회독 050

서베이 방법의 특징

8 문항

기출회독 051

서베이의 유형

8 문항

실력 CHECK

기본쌓기문제

OX퀴즈

11장 자료수집방법 Ⅱ: 관찰과 내용분석법

0.8
출제문항수 | 핵심특강

최근 시험에서 관찰법에 관한 문제는 출제비중이 높지는 않으며, 주로 관찰법의 장단점을 묻는 문제가 출제되었다. 내용분석법과 관련해서는 내용분석법의 특징 및 장단점을 묻는 것을 넘어 내용분석법의 분석방법, 범주와 분석단위, 표본추출방법 등을 묻는 난이도가 높은 문제 형태로도 출제된 바 있으므로 이에 대비해야 한다. 2차 자료분석, 비반응성 연구, 비관여적 연구 등의 특성을 묻는 형태로도 출제된 바 있다.

1. 관찰법 21회 기출

● **장점**
- 비언어적 행동에 관한 자료수집이 용이함
- 자연스러운 상황에서 장기간에 걸친 자료수집이 가능함
- 조사대상자의 행동이 발생하는 현장에서 즉각적으로 자료를 수집할 수 있음
- 연구 대상의 태도가 모호한 경우나 비협조적인 경우에 유용하며, 연구 대상의 무의식적 행동도 측정할 수 있음

● **단점**
- 자연적 환경에서 조사하기 때문에 외생변수를 통제하기가 현실적으로 어려움
- 계량화의 어려움이 있으며, 표본의 크기가 작고, 익명성이 결여됨
- 관찰자의 주관이나 편견이 개입될 수 있어 신뢰도와 타당도가 낮음

● **관찰법의 유형**
- 조직적 관찰과 비조직적 관찰: 관찰법의 통제 또는 구조화, 체계화 여부
- 자연적 관찰과 인위적 관찰: 상황이 인공적인지 여부
- 직접 관찰과 간접 관찰: 관찰시기가 행동발생과 일치하는지 여부
- 공개적 관찰과 비공개적 관찰: 응답자가 관찰 사실을 아는지 여부
- 인간 관찰과 기계 관찰: 관찰도구가 인간인가, 기계인가 여부

2. 내용분석법 23회 기출 22회 기출

● **내용분석법의 특징** ⭐꼭!
- 의사전달의 내용(메시지)이 분석대상임. 어떤 메시지를 누가, 언제, 무엇을, 왜, 어떻게 의사전달을 했느냐의 문제에 대해 답을 찾아가는 연구방법임
- 문헌연구의 일종임. 문헌이란 문자로 기록된 자료로서 방송, 영화, 그림, 사진, 만화 등도 내용분석의 대상이 될 수 있음
- 내용분석에서는 드러난 내용(눈에 보이는 내용, 표면적인 내용)과 숨은 내용(저변에 깔려 있는 의미)을 모두 코딩할 수 있음
- 객관성, 체계성, 일반성 등 과학적 연구방법의 요건을 갖춰야 함

- 내용분석은 양적인 분석방법과 질적인 분석방법 모두를 사용하고 있음

● **장점** 꼭!

- 직접적으로 자료를 수집하는 방법에 비해 상대적으로 시간과 비용이 절감됨
- 비관여적 연구방법이기 때문에 반응성이 생기지 않음
- 조사에 융통성이 있어 자료의 수정이나 반복이 가능하며, 장기간에 걸친 종단연구가 가능함
- 다른 연구방법과 함께 사용하는 것이 가능하며, 가치, 태도, 성향, 창의성, 인간성 등 다양한 심리적 변수를 효과적으로 측정할 수 있음

● **단점** 꼭!

- 기록된 의사전달 자료에만 의존하므로 기록으로 남아 있지 않은 것은 분석하기 어려움
- 이미 기록된 자료를 바탕으로 추상적 개념을 측정하고자 하기 때문에 타당도를 확보하기 어려움
- 분석하고 싶은 자료에 접근하거나 구하는 것 자체가 어려움

● **내용분석법의 분석단위**

- 단어: 가장 작은 분석단위로서, 경계가 명확해서 구분이 쉽지만 표본이 방대하면 양이 많아 다루기 어렵고 맥락에 따라 그 의미가 달라짐
- 주제: 문헌기록이 주장하는 내용이거나 도덕적 목적을 말하며, 대량의 자료를 다룰 때 유용한 분석단위가 될 수 있음
- 인물: 주로 희곡, 소설, 드라마, 영화 등의 자료를 다룰 때 사용됨
- 문단(문장)과 단락: 형태적으로 구분하기 쉽지만 하나 이상의 주제를 담은 문장이 있을 수 있기 때문에 어느 하나의 범주에 명확하게 속하기 어려움
- 사항(항목, 품목): 어떤 의사소통 전체의 단위로서, 책 한 권, 수필 한 편, 드라마 한 편, 논문 한 편 등으로 사용할 수 있음
- 공간 또는 시간: 인쇄물의 지면이나 방송의 시간 등의 자료를 다룰 때 사용됨

기출회독으로 연계 학습하세요

내용분석법
기출회독 052
8문항

관찰법
기출회독 053
2문항

실력 CHECK

기본쌓기문제

OX퀴즈

12장 욕구조사와 평가조사

0.8
출제문항수 | 핵심특강

욕구조사와 관련해서는 특정 욕구조사 방법의 특징을 묻는 문제, 한 문제에서 욕구조사의 유형별 특징을 비교하는 문제가 출제되고 있다. 따라서 욕구조사의 유형별 주요 특징을 꼼꼼하게 비교하여 정리해야 한다. 평가조사와 관련해서는 최근 시험에서 출제비중이 높지는 않지만, 평가조사의 유형별 특징, 평가의 기준 등에 관한 내용이 주로 출제되었다.

1. 욕구조사 23회 기출 21회 기출

● 직접적인 자료수집방법 꼭!

- 표적인구 조사방법: 프로그램 제공을 통해 문제해결의 대상으로 삼는 표적집단에 설문조사를 실시하여 욕구와 서비스 이용상태를 파악하는 기법
- 델파이기법: 전문가들에게 우편으로 의견이나 정보를 수집하여 분석한 결과를 다시 응답자들에게 보내 의견을 묻는 식으로 만족스러운 결과를 얻을 때까지 계속하는 방법
- 초점집단기법: 조사대상 집단 중에서 중요한 정보를 얻을 수 있는 사람을 추출하여 심층적으로 면접하는 방법
- 포럼(지역사회 공개토론회): 지역사회의 사람들이 함께 모여 자신들의 욕구에 대해 자유롭게 의견을 교환하고 상호작용을 할 수 있는 토론회를 통해 욕구를 조사하는 방법
- 주요 정보제공자 조사: 지역사정을 잘 알고 그들을 대변할 수 있는 주요 정보제공자들을 대상으로 하는 조사
- 명목집단기법: 소수의 그룹이 공동의 문제나 질문에 대해 우선 각자 나름대로 제안이나 해결책을 제시하고 나중에 그들의 제안을 공유하는 기법

● 간접적인 자료수집방법

- 사회지표분석: 정부기관이나 연구기관의 관련 전문가가 정기적 또는 비정기적으로 발표한 자료를 활용하여 지역사회의 욕구를 파악하는 방법
- 행정자료 조사: 지역사회의 사회복지기관이나 협회, 연구소 등 사회단체에서 행정 및 관리를 위해 수집한 자료를 분석하여 욕구를 파악하는 방법

2. 평가조사 20회 기출

● 평가목적에 따른 분류

- 형성평가: 프로그램 도중에 평가. 서비스 전달체계 향상과 서비스의 효율성 증진 도모
- 총괄평가: 프로그램의 종료 후 실시. 프로그램의 지속/중단/확대에 관한 의사결정
- 통합평가: 형성평가와 총괄평가 혼합

● 평가규범에 따른 분류

- 효과성평가: 프로그램의 목적달성 정도의 평가
- 효율성평가: 투입과 산출을 비교 평가, 즉 비용최소화와 산출극대화를 평가

- 공평성평가: 프로그램의 효과와 비용이 사회집단 간에 공평하게 배분되었는지 평가

● 평가 주체에 따른 분류

- 자체평가: 프로그램 담당자 스스로 행하는 평가
- 내부평가: 프로그램을 직접 담당하지 않는 기관의 내부자에 의해 이루어지는 평가
- 외부평가: 프로그램을 담당하는 기관의 외부자에 의해 이루어지는 평가

● 평가 기준과 요소

- 노력성: 프로그램 활동의 양
- 효과성: 프로그램 목표의 달성 정도
- 효율성: 투입 대비 산출 정도. 비용과 성과 모두 화폐 단위로 나타내는 비용편익분석과 성과의 화폐화를 포기하고 비용 측정만 금전적 가치로 분석하고 편익에 대해서는 화폐 단위 환산을 하지 않는 비용효과분석이 있음
- 서비스의 질: 프로그램의 전문성
- 과정: 프로그램 결과의 경로
- 영향: 사회문제나 이용자 변화에 미친 영향
- 형평성: 프로그램 배분의 공평성

기출회독으로 연계 학습하세요

욕구조사

기출회독 054

6문항

평가조사

기출회독 055

2문항

실력 CHECK

기본쌓기문제

OX퀴즈

13장 질적 연구방법론

2.0
출제문항수 | 핵심특강

**이 장의
기출포인트**

13장은 최근 시험에서 질적 연구방법론과 관련된 모든 내용이 두루 출제되는 경향을 보이고 있다. 질적 연구의 주요 특징, 혼합연구방법론, 양적 연구방법과의 비교, 질적 연구에 관한 쟁점, 질적 연구의 조사도구, 질적 연구의 다양한 유형(근거이론, 문화기술지, 현상학, 참여행동연구 등), 근거이론의 코딩 방법, 참여 관찰자의 유형 등 모든 내용이 두루 출제되고 있다.

1. 질적 연구의 특징 22회 기출 21회 기출

- 귀납적 방법을 주로 활용하지만, 연역적 방법을 배제하는 것은 아님
- 양적 연구에 비해 자료수집 및 분석과정이 유연하고 융통성이 있음
- 연구자 자신을 자료수집의 중요한 도구로 활용함
- 조사대상자의 삶의 현장에서 이루어지는 구체적인 일상의 삶에 대한 심층적인 이해와 파악을 추구함
- 조사대상이 되는 표본의 수가 양적 연구에 비해 적은 편임
- 자료수집방법에 융통성이 있고, 연구설계와 연구절차에 있어서 유연성이 있음
- 엄격한 인과관계를 규명하기보다는 복합적인 상호작용의 규명에 초점을 둠
- 정밀한 표본추출과 표준화된 측정에 기초한 연구보다 일반화 가능성이 적음

2. 질적 연구의 유형 23회 기출 22회 기출 21회 기출 20회 기출

- 근거이론(현실기반이론): 조사과정을 통해 체계적으로 수정되고 분석된 자료를 상호 비교함으로써 이론을 추출해내는 방법. 기존에 이론적 기반이 갖추어지지 않은 분야를 연구하는 데 적합함
  - 개방코딩: 확보된 자료를 전사한 후, 각 의미 단위마다 속성과 차원에 따라 '명명'하는 과정
  - 축코딩: 개방코딩을 통하여 도출된 각 범주와 하위 범주들 간의 관계를 연결시키고, 범주를 속성과 차원의 수준으로 계속 발전시키며, 범주의 관련성을 패러다임 모형으로 파악하는 것
  - 선택코딩: 코딩의 마지막 단계로서 모든 범주의 유형을 통합시키고 정교화하여 이후 새로운 이론을 생성하고, 이를 도식화하기 위한 과정
- 민속지학(문화기술지): 어떤 문화 속에서 생활하는 사람들의 관점에서 문화를 연구하는 방법. 연구자가 오랜 기간 대상자와 함께 생활하면서 관찰대상자의 관점으로 문화를 이해함
- 현상학적 연구: 어떤 경험이 그 경험을 한 사람에게 주는 의미가 무엇인지를 탐구하는 방법. 사물이나 현상의 본질보다는 경험이 드러내는 본질을 탐구함
- 참여행동연구: 대상자들에게 연구의 목적과 절차에 대한 통제권이 주어진 사회조사의 한 접근 방법. 연구자는 대상자가 자신의 이익을 위해 효과적으로 일할 수 있는 기회를 제공함
- 내러티브 탐구: 한 명 이상의 개인을 면접하거나 관련 문서들을 활용하여 자료를 수집하고 개인의 인생 이야기에 대한 내러티브를 전개해 나가는 질적 탐구전략

3. 질적 연구의 방법 22회 기출

● 참여관찰

- 자료가 연구자에 의해 직접 구해지므로 연구대상자의 보고능력이나 의지에 방해받지 않음
- 어린이와 같이 언어구사력이 떨어지는 집단에 효과적임
- 조사연구설계를 수정할 수 있어서 연구에 유연성이 있음
- 비용적인 측면에서 경제적임
- 관찰자의 선입견이 개입될 수 있으며, 관찰자 효과가 나타날 수 있음
- 연구대상이 소수의 개인이나 집단 등으로 제한되며, 대규모 집단은 어려움
- 유형: 완전 참여자, 관찰 참여자, 참여 관찰자, 완전 관찰자

● 심층면접

- 응답의 이유, 의견, 가치, 동기, 경험 등 언어적인 표현뿐만 아니라 몸짓, 표정 등 비언어적 반응까지 관찰이 가능
- 개인면접과 달리 면접시간이 많이 걸리고 내용도 깊어져 매우 상세한 정보를 얻을 수 있음
- 무작위 표집방법을 사용하지 않고 표본의 수도 작기 때문에 면접의 결과를 일반화시키는 데 무리가 있고, 조사과정에서 면접원의 편견의 개입 등이 문제가 됨
- 유형: 비공식 대화면접, 면접지침 접근법, 표준화 개방형 면접

4. 혼합연구방법론(mixed methodology)

- 질적 연구와 양적 연구를 결합하거나 연합하여 탐구하는 접근방법임
- 양적 연구의 결과에서 질적 연구가 시작될 수도 있고, 질적 연구의 결과에서 양적 연구가 시작될 수도 있음. 연구자에 따라 어떤 연구방법에 더 비중을 두는 가에는 차이가 있을 수 있음
- 양적 연구는 주로 실증주의 패러다임에 토대를 두고, 질적 연구는 주로 해석주의 패러다임에 토대를 두는데, 혼합연구방법은 다양한 연구 패러다임을 수용할 수 있어야 함

기출회독으로 연계 학습하세요

기출회독 056

질적 연구의 특성

9문항

기출회독 057

질적 연구의 유형과 방법

12문항

실력 CHECK

기본쌓기문제

OX퀴즈

14장 조사계획서 및 조사보고서

0.0
출제문항수

핵심특강

6회 시험 이후 한 문제도 출제되지 않았다. 이후에도 출제될 가능성은 매우 낮아 보이므로 간략하게 정리하고 넘어가도 무방하다. 조사보고서의 작성 요령을 개략적으로 이해한 후 표제, 목차, 개요, 서론, 본문, 결론 및 제언, 참고문헌, 부록에 이르는 조사보고서의 기본 구조를 잘 정리하자.

1. 조사계획 절차

조사목적 설정 → 조사내용 소개 → 조사대상 선정 계획 → 자료수집 방법과 조사도구 계획 → 조사담당자 내정 → 분석방법 결정 → 조사보고서 작성 → 조사일정과 예산

2. 조사보고서의 유형

● **탐색적 조사보고서**
- 조사문제를 규명하거나 가설을 설립하는 데 도움을 주는 보고서
- 향후 논리적이고 정교한 조사를 실시하도록 하기 위해 수행된 조사의 결과를 보고하는 문서
- 보고가 탐색적 목적을 가지고 있으며, 결론은 단정적인 것이 아니라 잠정적인 것임을 밝혀야 함

● **기술적 조사보고서**
- 조사문제와 관련된 사회적 현상의 특성과 변수 간의 상호관계성을 서술하기 위해서 수행된 조사의 결과보고서
- 기술하는 내용이 모집단 전체에 관한 것인지, 표본에 한정된 것인지 제시해야 함
- 변수 간의 관계를 기술함에 있어 통계적 오차의 범위에 관해서도 기술해야 함

● **설명적 조사보고서**
- 변수 간의 인과관계를 밝히기 위한 조사의 결과보고서
- 보고의 목적이 설명적인 것임을 밝혀야 하고, 인과관계의 신뢰성에 대한 근거도 제시해야 함
- 활용한 추리통계분석 결과를 간략히 정리하고, 세부적인 결과는 부록에 참고하는 것이 바람직함

● **제안적 조사보고서**
- 자료분석결과에 따라 특정 정책이나 개입방안을 창안하여 제안하는 문서
- 보고의 목적이 제안임을 밝혀야 하고, 제안내용의 근거를 논리적으로 제시해야 함

3. 조사보고서의 작성요령

- 보고대상에 적합하도록 작성해야 함. 보고의 대상이 누구인지 확인하고 보고 받을 대상의 수준을 고려하여 작성해야 함
- 문장표현에 주의해야 함. 정확하고 간결하게 표현해야 하며, 시제는 기존의 연구결과를 인용할 때는 과거를, 자신의 조사결과를 언급할 경우에는 현재를 사용함
- 통계자료분석 결과는 가능한 도표 등을 사용하여 제시함. 도표나 수표는 일정한 양식을 사용하는 것이 좋으며, 보고 대상자가 도표를 이해할 수 있도록 적절한 해석과 설명이 있어야 함
- 정확성·명료성·간결성을 갖춰야 함. 문법적으로 정확하고 논리적으로 질서정연해야 하며, 문장배열이 간결하고 필요한 내용만 선별적으로 기록해야 함

4. 조사보고서의 기본 구조

- 표제: 조사제목, 조사자, 기관의 이름, 작성일자 등이 표기됨
- 목차: 보고서의 내용을 나타내는 세부 제목들을 순서에 따라 나열
- 개요: 조사보고서의 중요한 부분을 요약 정리하여 짧은 시간에 조사보고서 전체의 내용을 파악할 수 있도록 함. 조사목적, 조사배경, 조사문제, 가설, 조사내용, 조사방법, 주요 조사결과 및 발견사항, 결론 등이 포함됨
- 서론: 조사의 취지, 필요성, 목적, 조사범위, 기존의 연구와 비교, 용어의 설명 등이 서술됨
- 본문: 조사목적, 문제와 가설, 이론적 배경, 하위 조사목표(조사설계, 자료수집방법, 표본추출, 통계적 자료분석방법, 조사결과) 등이 포함됨
- 결론 및 제언: 전체적으로 조사목적, 조사과정, 조사방법, 조사내용 등을 간략히 정리하고 조사결과를 토대로 결론을 내림. 연구의 함의 뿐 아니라 조사상의 제한점과 오류발생 가능성을 정직하게 제시함. 신뢰성 여부를 판단할 수 있도록 기술해야 하고, 일반화의 가능성을 알려줘야 함
- 참고문헌: 조사과정에 사용한 참고자료의 출처를 밝힘
- 부록: 통계분포, 사회지표, 프로그램 소개, 이용자 현황, 설문지 원본 등 부수적인 자료를 첨부함

기출회독으로 연계 학습하세요

실력 CHECK

기본쌓기문제

OX퀴즈

※ 14장 조사계획서 및 조사보고서는 6회 시험 이후 출제되지 않아 기출회독 키워드에서 제외되었습니다.

사회복지 실천론

사회복지실천론은 다른 영역들에 비해 난이도가 낮고 흥미롭게 학습할 수 있다. 통합방법론, 관계론, 면접론, 사례관리, 가치와 윤리 영역은 시험에서 기출빈도가 높을 뿐만 아니라 현장 사회복지사에게 실전의 필수지식인 만큼 충실하게 정리해야 한다. 앞서 언급한 것처럼 비교적 난이도가 낮은 영역이기 때문에 총점 확보를 위한 전략 영역으로 사회복지실천론을 활용한다면 보다 효율적으로 전체 득점을 상승시킬 수 있을 것이다.

강의로 쌓는 기본개념 **사회복지실천론**

5년간 데이터로 찾아낸 합격비책

여기에서 **80.8%**(20문항) 출제

순위	장	장명	출제문항수	평균문항수	23회 기출	체크
1	5장	사회복지실천의 주요 관점 및 이론	21	4.2	🏆	✅
2	7장	관계형성에 대한 이해	19	3.8	🏆	✅
3	6장	사례관리	15	3.0	🏆	✅
4	2장	사회복지실천의 가치와 윤리	13	2.6	🏆	✅
5	3장	사회복지실천의 역사적 발달과정	10	2.0	🏆	✅
6	8장	면접의 방법과 기술	9	1.8	🏆	✅
7	1장	사회복지실천의 개념 및 정의	7	1.4	🏆	✅
8	4장	사회복지실천현장에 대한 이해	7	1.4	🏆	✅

강의로 복습하는 기출회독 **사회복지실천론**

10년간 데이터로 찾아낸 핵심키워드

여기에서 **84.4%**(21문항) 출제

순위	장		기출회독 빈출키워드 No.	출제문항수	23회 기출	체크
1	5장	071	강점관점 및 역량강화모델	16	🏆	✅
2	8장	084	다양한 면접 기술 및 유의할 점	15	🏆	✅
3	3장	066	서구 사회복지실천의 역사	14	🏆	✅
4	6장	077	사례관리의 등장배경 및 주요 특징	13	🏆	✅
5	4장	068	실천현장의 분류	11	🏆	✅
6	7장	080	관계형성의 7대 원칙(Biestek)	11	🏆	✅
7	12장	092	다양한 개입기법	11	🏆	✅
8	7장	081	전문적 관계형성의 요소	10	🏆	✅
9	2장	062	한국사회복지사 윤리강령	9	🏆	✅
10	5장	072	4체계모델 및 6체계모델	9	🏆	✅
11	6장	078	사례관리의 과정	9	🏆	✅
12	10장	088	사정도구	9	🏆	✅
13	5장	070	통합적 접근의 등장배경 및 특징	8	🏆	✅
14	9장	086	접수단계의 주요 과업	8	🏆	✅
15	6장	079	사례관리자의 역할	7	🏆	✅
16	2장	065	사회복지실천의 가치 기반	6	🏆	✅
17	7장	082	전문적 관계의 특징	6		✅
18	7장	083	관계형성의 장애요인 및 사회복지사의 대처	6		✅
19	9장	087	자료수집	6		✅
20	13장	094	종결단계에서 사회복지사의 과업	6		✅
21	1장	061	사회복지실천의 이념과 철학적 배경	5	🏆	✅
22	1장	058	사회복지 전문직의 정체성 논란	4		✅
23	2장	063	사회복지실천현장에서의 갈등	4		✅
24	2장	064	윤리원칙의 우선순위	4		✅
25	3장	067	우리나라 사회복지실천의 역사	4		✅

1장 사회복지실천의 개념 및 정의

1.4
출제문항수

핵심특강

이 장의
기출포인트

사회복지실천의 이념과 철학적 배경은 사회복지실천에 어떤 영향을 주었는지를 중심으로 정리해야 한다. 미시/중시/거시 실천분류는 많은 수험생들이 헷갈려하는 내용으로서 문제에 제시되는 사례에 따라 정답률 편차가 크게 나타나므로 개념을 잘 잡아두어야 한다. 플렉스너의 비판과 그린우드의 전문직 속성은 단독문제로 출제되기도 하지만 3장에서 공부할 역사 문제에서도 함께 출제되기도 한다.

1. 사회복지실천의 목적과 기능

● **사회복지실천의 궁극적 목적: '인간의 삶의 질 향상'**

사회복지실천의 목적인 '인간의 삶의 질 향상'은 시대나 사회가 변해도 달라지지 않지만, 사회복지실천의 세부적인 목적은 사회나 문화, 시대적 분위기와 기대 등을 반영하기 때문에 달라질 수 있음

● **사회복지실천의 기능**

사회적 기능 증진, 사회정의 향상

2. 사회복지실천의 이념과 철학 23회 기출 22회 기출 21회 기출

- 상부상조/상호부조: 사회복지 발생 이전의 빈곤문제에 대처하는 가장 원초적 제도(품앗이, 두레)
- 자선, 사랑 등 종교적 윤리: 교회와 수도원을 중심으로 하는 구빈활동
- 인도주의와 박애사상: 비이기적이고 직접적인 도움의 행위
- 사회진화론: 사회적합계층은 살아남고, 사회부적합계층은 소멸된다는 이론, 사회통제적 측면
- 민주주의: 모든 인간은 평등하다는 관점을 바탕으로 수혜자인 클라이언트의 자기결정권을 인정
- 개인주의: 개인의 특성을 존중하여 '개별화의 원칙', 개인의 권리를 강조하여 '자기결정의 원칙', 개인의 책임과 의무를 강조하여 '최소한 수혜자격의 원칙', '열등처우의 원칙' 등에 영향을 미침

3. 사회복지실천의 분류 21회 기출

● **클라이언트체계의 크기 또는 규모에 따른 분류**

- 미시 수준: 개인의 가장 친밀한 상호작용 과정에 개입
- 중범위 수준: 자조집단이나 치료집단 등의 조직, 클라이언트의 가족이나 또래집단 등
- 거시 수준: 옹호활동, 법제도 개선을 위한 활동 등

● **클라이언트의 접촉유무에 따른 분류**

- 직접 실천: 클라이언트를 직접 변화시킴으로써 문제해결을 도모
- 간접 실천: 지역사회를 중심으로 클라이언트를 둘러싼 환경체계에 개입, 의뢰, 옹호, 홍보 등

4. 사회복지실천의 전문적 기반

과학성과 예술성이 실천의 효과성을 제고하기 위해서는 이 두 가지가 적절히 조화를 이룰 수 있도록 해야 한다.

● 과학성
- 이론이나 지식을 사회복지실천에 적용하는 것을 의미
- 자료의 수집 및 분석, 새로운 기법, 새로운 정책 개발 등과 관련

● 예술성
- 사회복지사의 개인적 특성이나 창의력, 직관적 능력 등을 활용하는 것을 의미
- 클라이언트와의 관계형성, 감정이입, 의사소통, 창의적 사고, 판단력 등

5. 사회복지 전문직의 정체성

● 플렉스너 비판과 이후 사회복지계 반응
- 플렉스너의 비판(1915년): 사회과학적 기초 결여, 독자적이고 명확한 지식체계 및 전수할 만한 전문기술이 결여, 정부의 책임 아래 실시되는 교육 및 전문적 자격제도가 없음, 전문적 조직체가 없음, 전문적 실천에 대한 강령이 없음
- 플렉스너의 비판 이후에 미국 사회복지계 내부에서 지속적인 논쟁이 되어 왔고, 사회복지직을 하나의 전문직으로 정립하기 위한 노력이 다양한 형태로 표출됨 – 전문가 조직의 건설, 사회복지교육의 강화, 사회사업가 자격조건의 엄격화, 사회복지 지식과 기술의 정교화 등

● 그린우드가 제시한 전문직의 속성 꼭!
- 체계적인 이론(체계화된 지식기반과 기술)
- 전문적인 권위
- 사회적인 승인(재가)
- 윤리강령
- 전문직 문화(공유된 전문적 가치와 규범)

기출회독으로 연계 학습하세요

사회복지 전문직의 정체성 논란 기출회독 058	**4**문항
사회복지실천방법의 분류 기출회독 059	**3**문항
사회복지실천의 목적 및 기능 기출회독 060	**3**문항
사회복지실천의 이념과 철학적 배경 기출회독 061	**5**문항

실력 CHECK

기본쌓기문제

OX퀴즈

2장 사회복지실천의 가치와 윤리

2.6
출제문항수

핵심특강

매회 평균 2~3문제가 출제되고 있다. 우리나라 사회복지사 윤리강령, 로웬버그와 돌고프의 윤리원칙 우선순위, 레비가 제시한 3가지 가치, 사회복지실천의 가치 및 윤리, 실천현장에서 발생할 수 있는 갈등 등을 비롯해 최근에는 인권 관련 내용까지 이 장에서 학습하는 거의 모든 내용이 출제된 바 있기 때문에 전반적인 모든 사항을 꼼꼼히 살펴봐야 한다.

1. 가치와 윤리의 개념 차이

가치	윤리
• 믿음, 신념 같은 것 • 무엇이 좋고 바람직한가 • 방향 제시 • 구체적인 실천을 지시하기보다 일반적으로 선호하는 더 폭 넓은 사회의 가치를 반영	• 마땅히 따라야 할 규범 • 어떤 행동의 옳고 그름에 대한 판단 • 행동의 원칙이나 지침 제공 • 윤리는 가치에서 나오기 때문에 가치와 조화를 이루어야 함

2. 사회복지실천의 가치 _{21회 기출}

● 주요 가치

인간의 존엄성, 인간의 자율성, 기회의 균등성, 사회적 책임성, 개인의 가치와 존엄성, 개인에 대한 존경, 개인의 변화가능성, 클라이언트의 자기결정권, 비밀보장, 사생활보장, 적절한 자원과 서비스 제공, 역량강화, 동등한 기회보장, 비차별성, 다양성 존중 등

● 상대적 중요성에 따른 가치체계(펌프리)

- 궁극적 가치: 자유, 인간의 존엄성, 사회정의 등 가장 추상적인 수준의 가치
- 차등적 가치: 낙태, 동성애 등과 같이 사회문화적 차이에 따라 찬반이 가능한 가치
- 수단적 가치: 자기결정, 비밀보장 등 궁극적 가치를 달성하기 위한 수단이 되는 가치

● 사회복지 전문직의 가치(레비)

- 사람우선 가치: 인간존엄성, 기본적 욕구, 개별성 등에 대한 존중 및 인정
- 결과우선 가치: 결과의 성취, 문제의 해결과 예방에 대한 사회적 책임
- 수단우선 가치: 클라이언트를 대하는 태도, 서비스 제공의 도구 및 방법 등

3. 인권과 사회복지실천  23회 기출 22회 기출 20회 기출

● 인권의 특징 ꞏꞏꞏꞏꞏꞏꞏꞏꞏꞏꞏ★ ꞏꞏ

- 보편적 권리, 천부적 권리
- 불가분적 권리(모든 인권은 서로 연결되어 있어 총체적으로 고려되어야 함), 불가양적 권리(인권은 타인에게 일부 혹은 전부를 양도할 수 없음)
- 상호의존적 권리, 공동체적 권리

● 사회복지실천에서의 인권 가치

- 인간의 존엄성
- 자유
- 평등
- 사회적 연대

4. 사회복지실천윤리

- 레비(Levy)의 정의: 사회복지실천윤리는 다양한 배경을 지닌 사회복지사들이 복잡한 실천분야에서 직면할 수 있는 다양한 윤리적 쟁점에 대하여 올바른 판단을 내릴 수 있도록 하는 체계적인 준거틀임
- 로웬버그와 돌고프(Loewenberg & Dolgoff)의 정의: 사회복지실천윤리란 사회복지 실무자가 무엇이 윤리적으로 올바른 실천방법인지 인식할 수 있게 도와주며 전문적인 사회복지실천 상황에서 초래되는 윤리적 측면과 관련된 올바른 실천행위를 결정하고 행동에 옮길 수 있는 방법임

5. 사회복지사 윤리강령 23회 기출 22회 기출 20회 기출

● 윤리강령의 특징

- 실천현장에서 윤리적 갈등이 발생했을 때 지침이 됨
- 사회복지사의 자기규제를 통한 클라이언트 보호
- 법률은 아니므로 법적 책임이나 제재가 있는 것은 아님

● 한국사회복지사 윤리강령 ꞏꞏꞏꞏ★

1) 전문
사회복지사는 인본주의 · 평등주의 사상에 기초하여, 모든 인간의 존엄성과 가치를 존중하고 천부의 자유권과 생존권의 보장 활동에 헌신한다. 특히 사회적 · 경제적 약자들의 편에 서서 사회정의와 평등 · 자유와 민주주의 가치를 실현하는 데 앞장선다. 또한, 도움을 필요로 하는 사람들의 사회적 지위와 기능을 향상시키기 위해 저들과 함께 일하며, 사회제도 개선과 관련된 제반 활동에 주도적으로 참여한다. 사회복지사는 개인의 주체성과 자기결정권을 보장하는 데 최선을 다하고, 어떠한 여건에서도 개인이 부당하게 희생되는 일이 없도록 한다. 이러한 사명을 실천하기 위하여 전문적 지식과 기술을 개발하고, 사회적 가치를 실현하는 전문가로서의 능력과 품위를 유지하기 위해 노력한다. 이에 우리는 클라이언트 · 동료 · 기관 그리고, 지역사회 및 전체사회와 관련된 사회복지사의 행위와 활동을 판단 · 평가하며 인도하는 윤리기준을 다음과 같이 선언하고 이를 준수할 것을 다짐한다.

2) 목적

1. 윤리강령은 사회복지 전문직의 사명과 사회복지실천의 기반이 되는 핵심가치를 제시한다.
2. 윤리강령은 사회복지 전문직의 핵심가치를 실현하기 위한 윤리적 원칙을 제시하고, 사회복지실천의 지침으로 사용될 윤리기준을 제시한다.
3. 윤리강령은 사회복지 실천현장에서 발생하는 윤리적 갈등 상황에서 의사결정에 필요한 사항을 확인하고 판단하는 데 필요한 윤리기준을 제시한다.
4. 윤리강령은 사회복지사가 전문가로서 품위와 자질을 유지하고, 자기관리를 통해 클라이언트를 보호할 수 있도록 안내한다.
5. 윤리강령은 사회복지의 전문성을 확보하고 외부 통제로부터 전문직을 보호할 수 있는 기준을 제공한다.
6. 윤리강령은 시민에게 전문가로서 사회복지사의 역할과 태도를 알리는 수단으로 작용한다.

3) 가치와 원칙

① 핵심가치 1. 인간 존엄성
윤리적 원칙: 사회복지사는 인간의 존엄성과 가치를 인정하고 존중한다.
- 사회복지사는 개인적 · 사회적 · 문화적 · 정치적 · 종교적 다양성을 고려하며 개인의 인권을 보호하고 존중한다.
- 사회복지사는 클라이언트의 자율성을 존중하고, 자기결정을 지원한다.
- 사회복지사는 클라이언트가 역량을 강화하고, 자신과 환경을 변화시킬 수 있도록 지원한다.
- 사회복지사는 사회복지 실천과정에서 클라이언트의 개입과 참여를 보장한다.

② 핵심가치 2. 사회정의
윤리적 원칙: 사회복지사는 사회정의 실현을 위해 앞장선다.
- 사회복지사는 개인적 · 집단적 · 사회적 · 문화적 · 정치적 · 종교적 차별에 도전하여 사회정의를 촉진한다.
- 사회복지사는 개인, 가족, 집단, 지역사회의 다양성을 존중하는 포용적 지역사회를 만들기 위해 노력한다.
- 사회복지사는 부적절하고 억압적이며 불공정한 사회제도와 관행을 변화시키기 위해 사회의 다양한 구성원들과 협력한다.
- 사회복지사는 포용적이고 책임 있는 사회를 만들어 가기 위해 연대 활동을 한다.

4) 사회복지사의 윤리기준

(1) 기본적 윤리기준

① 전문가로서의 자세	② 전문성 개발을 위한 노력	③ 전문가로서의 실천
㉠ 인간 존엄성 존중 • 인간 존엄, 자유, 평등에 헌신, 사회적 약자 옹호 · 대변 • 인간의 존엄성과 가치에 대한 인정 및 존중 • 차별 금지 • 다양한 문화 인식 및 존중, 문화적 역량 기반 실천 • 문화적 민감성 및 자기인식 ㉡ 사회정의 실현 • 사회정의 실현 및 복지 증진에 헌신, 환경변화 노력 • 자원에 대한 평등한 접근과 공평한 분배 노력 • 차별 · 억압 인식 및 해결 · 예방에 대한 노력	㉠ 직무 능력 개발 • 지식 · 기술 개발 및 이를 공유 • 사회적 다양성의 특징, 차별 · 억압 등 이해 • 사회복지기술의 향상, 교육 · 훈련 · 슈퍼비전 등 • 정보통신 지식 · 기술 습득, 윤리적 문제 인식 ㉡ 지식기반의 실천 증진 • 실천평가와 연구조사 실시, 지식기반 형성 • 연구 참여자 안내 및 자발적인 동의 • 연구 과정에서의 정보에 대한 비밀 보장 • 연구 참여자 보호 및 연구윤리 준수	㉠ 품위와 자질 유지 • 전문가로서의 품위와 자질 유지, 업무 책임 • 전문직의 가치와 권위 훼손 금지 • 성실하고 공정한 업무 수행 • 부정행위, 범죄행위, 사기, 기만행위, 차별, 학대, 따돌림, 괴롭힘 등의 행동 및 묵인 금지 • 자신의 소속, 전문자격이나 역량 등 고지 • 클라이언트 및 동료 등과 성적 관계 금지, 성폭력, 성적 · 인격적 수치심을 주는 행위 금지 • 전문가 단체의 활동에 적극 참여 ㉡ 자기 관리 • 정신적 · 신체적 건강 문제, 법적 문제 등 조치 • 자신의 정신적 · 신체적 건강, 안전 유지 · 보호 ㉢ 이해 충돌에 대한 대처 • 클라이언트 이익 우선, 아동 · 소수자 등 우선 • 개인적 신념과 직업적 의무가 충돌할 때 동료, 슈퍼바이저와 논의, 부득이한 경우 의뢰 • 기관 내외로부터 부당한 간섭, 압력에 대응 ㉣ 경제적 이득에 대한 실천 • 지불 능력에 상관없이 서비스 제공 및 차별금지 • 서비스 이용료 책정 가능 • 업무 관련 경제적 이득을 취득 금지

(2) 클라이언트에 대한 윤리기준

① 클라이언트의 권익옹호
클라이언트의 이익을 최우선의 가치로 삼고 이를 실천하며, 클라이언트 권리 존중 · 옹호

② 클라이언트의 자기결정권 존중
- 클라이언트의 자기결정 존중, 클라이언트를 사회복지실천의 주체로 인식
- 의사결정이 어려운 클라이언트에 대한 조치

③ 클라이언트의 사생활 보호 및 비밀보장
사생활 존중 · 보호 및 관련 정보에 대한 비밀 유지, 비밀보장의 예외: 클라이언트 자신과 타인에게 해를 입히거나 범죄행위와 관련된 경우

④ 정보에 입각한 동의
알 권리를 인정하고 동의를 얻음, 서비스의 목적 · 내용 및 권리 등 정보 제공

⑤ 기록 · 정보 관리
- 기록은 윤리적 실천의 근거이자 평가 · 점검의 도구, 중립적 · 객관적 작성
- 클라이언트의 요구 시 기록 공개
- 클라이언트에 대한 정보 보호
- 제3자에게 정보나 기록 공개 시 안내 및 동의 필요

⑥ 직업적 경계 유지
- 전문적 관계를 개인적 이익에 이용 금지
- 업무 외의 목적으로 정보통신기술을 사용한 의사소통 금지
- 사적 금전 거래, 성적 관계 등 금지
- 동료의 클라이언트를 의뢰받을 때는 기관 및 슈퍼바이저와 논의 및 클라이언트 동의 필요
- 정보처리기술 이용에 따른 권리침해 위험성을 인식, 직업적 범위 안에서 활용

⑦ 서비스의 종결
- 서비스가 클라이언트의 이해나 욕구에 부합하지 않으면 업무상 관계와 서비스를 종결
- 사회복지사의 개인적/직업적 이유로 중단/종결될 때에는 사전에 설명 및 의뢰 등의 조치
- 고의적 · 악의적 · 상습적 민원 제기에 대해 기관, 슈퍼바이저, 전문가 자문 등의 논의 과정을 거쳐 서비스 중단 및 거부권 행사 가능

(3) 사회복지사의 동료에 대한 윤리기준

① 동료
- 동료에 대한 존중과 신뢰, 전문가로서의 지위와 인격
- 동료 및 다른 전문직 동료와 협력 · 협업
- 동료의 윤리적 · 전문적 행위 촉진, 동료가 일으킨 문제에 대해 윤리강령 및 제반 법령에 따라 대처
- 다른 전문직 동료의 비윤리적 행위에 대해 윤리강령 및 제반 법령에 따라 대처
- 동료의 직무 가치와 내용 인정, 상호 간 민주적 관계 형성
- 동료들에게 정보통신기술을 사용한 비윤리적 행위 금지
- 동료가 당한 부당한 조치에 대해 변호 · 원조
- 동료에게 행해지는 차별, 학대, 따돌림, 괴롭힘, 부적절한 성적 행동에 가담 또는 용인 금지
- 동료와의 성적 행위, 성적 접촉, 성적 관계에 관여 금지

② 슈퍼바이저
- 슈퍼바이지에 대한 업무수행 지원, 슈퍼바이저의 지도와 조언 존중
- 전문적 기준에 따라 슈퍼비전 수행, 평가 및 평가결과 공유
- 개인적 이익을 위해 자신의 지위 이용 금지
- 수련생과 실습생에게 인격적 · 성적 수치심을 주는 행위 금지

(4) 기관에 대한 윤리기준

- 기관의 사명과 비전 확인, 정책과 사업 목표 달성 노력
- 소속 기관의 활동에 적극 참여, 기관의 성장과 발전을 위해 노력
- 기관의 부당한 정책이나 요구에 대해 전문직의 가치와 지식을 근거로 대응, 제반 법령과 규정에 따른 해결 노력

(5) 사회에 대한 윤리기준

- 자신이 일하는 지역사회를 이해하고, 클라이언트가 지역사회에서 서로 도우며 함께 살아가도록 지원
- 사회정의 실현을 위한 사회정책의 수립과 법령 제 · 개정을 지원 · 옹호
- 사회재난과 국가 위급 상황에서 적극적으로 활동
- 지역사회, 국가, 나아가 전 세계와 그 구성원의 복지 증진, 삶의 질 향상을 위한 노력
- 인간과 자연환경, 생명 등 생태에 미칠 영향을 생각하며 실천해야 함

※ 알림: 이 표는 한국사회복지사 윤리강령의 내용 중 키워드를 추려 요약정리한 것으로, 나눔의집 기본개념서 사회복지실천론 46~54쪽 및 한국사회복지사협회 홈페이지에서 전체 규정을 확인하시기 바랍니다.

6. 사회복지실천에 있어서의 갈등 ^{22회기출} 🏆

● 사회복지실천과 가치갈등 ⭐^{꼭!}

- 가치 상충: 두 개 또는 그 이상의 가치가 상충함에 따라 겪게 되는 갈등
- 의무 상충: 기관에 대한 의무와 클라이언트에 대한 의무 사이에서 겪게 되는 갈등
- 클라이언트체계의 다중성: 클라이언트가 여러 명일 때 누구의 이익을 최우선적으로 고려해야 하는가에 대한 갈등
- 결과의 모호성: 개입의 결과가 불투명할 때 어떤 결정을 내려야 하는가에 대한 갈등
- 힘 또는 권력의 불균형: 사회복지사와 클라이언트의 관계가 권력적으로 평등하지 않기 때문에 생기는 갈등

● 윤리적 갈등(윤리적 딜레마)

사회복지사가 전문가로서 지켜야 하는 윤리적 의무와 책무가 서로 충돌하고 있어 어떠한 실천행동을 선택하는 것이 윤리적으로 올바른 것인지 판단하기 힘든 상태

● 실천에서의 윤리적 쟁점들

- 클라이언트의 자기결정권 vs 온정주의
  - 클라이언트의 자기결정권: 사회복지사는 자신의 생각이나 판단을 클라이언트에게 강요해서는 안 되며 클라이언트의 결정을 존중해야 함
  - 온정주의: 클라이언트를 보호한다는 명목으로 클라이언트의 행동을 제한하는 것
- 비밀보장
  - 클라이언트가 자신 또는 타인을 해칠 위험이 있을 경우, 아동이나 노인 학대가 일어났을 경우 등 비밀보장에 대한 갈등을 경험할 수 있음
  - 슈퍼비전이나 사례회의 등에서의 정보공개는 클라이언트의 사전동의를 받아야 함
- 기타 윤리적 갈등이 발생할 수 있는 상황들
  - 제한된 자원의 공정한 분배
  - 상충되는 의무와 기대
  - 클라이언트의 이익과 사회복지사의 이익
  - 전문적 동료관계
  - 규칙과 정책 준수
  - 개인적 가치와 전문적 가치
  - 전문적 관계 유지

7. 로웬버그와 돌고프의 윤리적 원칙 ^{22회 기출} 🏆 ^{20회기출} 🏆

● 윤리원칙 준거틀 ⭐^{꼭!}

여러 가지 원칙이 충돌하는 경우 상위의 원칙이 더 우선 적용

예 생명보호의 원칙(1)과 비밀보장의 원칙 사이(6)에서 윤리적으로 갈등하는 경우에 원칙 1인 생명보호의 원칙이 우선함

윤리원칙 1	생명보호의 원칙	인간의 생명보호가 모든 다른 것에 우선한다.
윤리원칙 2	평등과 불평등의 원칙	능력이나 권력이 같은 사람들은 '똑같이 취급받을 권리'가 있고, 능력이나 권력이 다른 사람들은 '다르게 취급받을 권리'가 있다.
윤리원칙 3	자율과 자유의 원칙 (자기결정의 원칙)	클라이언트의 자율성과 독립성 그리고 자유는 중시되나 무제한적인 것은 아니라는 것으로서 자신이나 타인의 생명을 위협하거나 학대할 권리 등은 없다.
윤리원칙 4	최소 해악의 원칙 (최소 손실의 원칙)	선택 가능한 대안이 다 유해할 때 가장 최소한으로 유해한 것을 선택해야 한다.
윤리원칙 5	삶의 질 향상의 원칙	지역사회는 물론이고 개인과 모든 사람의 삶의 질을 좀 더 증진시킬 수 있는 것을 선택해야 한다.
윤리원칙 6	사생활 보호와 비밀보장의 원칙	사회복지사가 클라이언트에 대해서 알게 된 사실을 다른 사람에게 공개해서는 안 된다.
윤리원칙 7	성실의 원칙 (진실성과 정보공개의 원칙)	클라이언트와 여타의 관련된 당사자에게 오직 진실만을 이야기하며 모든 관련 정보를 완전히 공개해야 한다.

● 윤리적 의사결정모델

- 1단계: 문제가 무엇인지, 문제를 야기하는 요인은 무엇인지를 확인
- 2단계: 누가 클라이언트이고 피해자인지를 비롯해 해당 문제와 관련된 사람과 집단을 확인
- 3단계: 2단계에서 확인된 다양한 주체들이 주어진 문제와 관련해서 어떤 가치가 있는지 확인
- 4단계: 문제의 해결 혹은 경감 등을 위한 개입목표의 명확화
- 5단계: 개입 대상 및 수단 확인
- 6단계: 확정된 목표에 따라 설정된 각각의 개입 방안의 효과성과 효율성을 평가
- 7단계: 누가 의사결정에 참여할 것인가를 결정
- 8단계: 개입방법 선택
- 9단계: 선택된 개입방법의 수행
- 10단계: 수행에 대한 점검
- 11단계: 수행에 따른 결과 평가 및 추가 문제 확인

기출회독으로 연계 학습하세요

한국사회복지사 윤리강령
기출회독 062
9문항

사회복지실천현장에서의 갈등
기출회독 063
4문항

윤리원칙의 우선순위
기출회독 064
4문항

사회복지실천의 가치 기반
기출회독 065
6문항

실력 CHECK

기본쌓기문제

OX퀴즈

3장 사회복지실천의 역사적 발달과정

2.0
출제문항수

핵심특강

주로 서구 사회복지실천의 역사적 발달과정에 관한 내용이 출제되고 있으며, 문제의 유형은 역사의 흐름을 순서대로 나열하는 형태로 출제되고 있다. 최근 시험에서는 우리나라와 서구의 역사적 발달과정을 한 문제에서 종합적으로 묻는 형태로도 출제된 바 있다. 자선조직협회와 인보관운동의 차이점, 진단주의와 기능주의의 차이, 3대 방법론 이후 통합적 접근 등장 등은 단독문제로 출제되기도 한다.

● 사회복지실천의 역사적 발달과정 5단계

시기	구체적 내용
19세기 중반~20세기 초	1단계: 전문적 사회복지실천 태동기 • 자선조직협회(영: 1869, 미: 1877) • 인보관운동(영: 1884, 미: 1886-근린길드, 1889-헐하우스)
1900년대 전후~1920년 전후	2단계: 전문직 확립기 • 보수체계 정립(1900년대 전후, 자선조직협회에서 유급 우애방문원 고용) • 교육 및 훈련제도 채택 • 사회복지 전문직에 대한 플렉스너의 비판(1915) • 기초이론 구축, 「사회진단」(1917) 발간 • 전문가 협회 설립
1920년 전후~1950년 전후	3단계: 전문직 분화기 • 개별사회사업, 집단사회사업, 지역사회조직론 등 3대 방법론 분화 • 진단주의와 기능주의 대립 • 사회복지실천의 공통요소 정리 시도(밀포드회의, 1929)
1950년 전후~1970년 전후	4단계: 사회복지실천 통합기 • 사회복지실천의 공통기반 강조 • 통합적 방법론 발달 • 펄만의 문제해결모델, 4체계모델, 6체계모델 등
1970년 전후~ 현재	5단계: 다양화 · 확장기 • 새로운 모델과 다양한 관점 등장 • 과제중심모델, 역량강화모델, 강점관점 등

1. 전문적 사회복지실천 태동기(1900년대 전후) 🏆 22회 기출 🏆 20회 기출

- 18세기 중엽 영국 산업혁명 후 도시화와 공업화로 인한 도시빈민의 사회문제와 빈곤문제 해결을 위함
- 자선조직협회 설립: 우애방문원 활동, 효과적이고 체계적인 서비스 제공과 서비스기관의 조정으로 서비스의 중복과 누락 방지
- 인보관운동: 자선조직협회 활동의 한계와 빈곤이 사회구조적 책임이라는 인식의 대두, 대학생과 지식인층이 주축, 빈민과 함께 거주, 주택 개선, 공중보건 향상, 고용주의 빈민 착취를 방지하기 위한 활동 등 사회문제 해결에 주력

● **자선조직협회와 인보관운동**

	자선조직협회	인보관운동
설립	영국: 1869년 런던 미국: 1877년 버펄로 시	영국: 1884년 런던 토인비홀 미국: 1886년 뉴욕 근린길드 1889년 시카고 헐 하우스
이념 및 이론	사회진화론	사회교육, 사회개혁, 기독교 사회주의
주요활동가	중산층부인 중심의 자원봉사자(우애방문원)	젊은 대학생, 교수 등 지식인
도덕성에 대한 관점	기독교적 도덕성 강조, 빈자의 나태함 비난	도덕성의 다양한 관점 인정
실천 장소	가정방문	빈곤지역에 거주
영향	개별사회사업, 지역사회복지, 사회복지조사	집단사회사업, 지역사회복지

2. 전문직 확립기(~1920) 🏆 23회 기출

- 교육 및 훈련제도 채택: 우애방문원 교육, 플렉스너 비판 이후 17개의 전문사회복지학교 설립
- 보수체계 정립: 무급 자원봉사자인 우애방문원에게 보수 지급
- 전문직협회 설립
- 사회복지실천 기초이론 구축, 『사회진단』 발간

3. 전문직 분화기(~1950) 🏆 23회 기출 🏆 22회 기출 🏆 21회 기출 🏆 20회 기출

● **3대 방법론 확립:** 개별사회사업, 집단사회사업, 지역사회조직

● **진단주의와 기능주의 대립**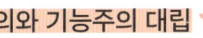

- 진단주의
  - 프로이트의 정신분석학에 근거하여 등장
  - 클라이언트의 과거와 무의식을 통해 현재 행동을 분석
  - 치료자 중심: 치료자가 문제진단, 계획, 실행
  - 행동분석 및 심리적 통찰을 통해 클라이언트의 자아를 강화하고 사회환경에 대한 적응력을 키움
- 기능주의
  - 진단주의 학파에 반대하며 1930년대 후반에 등장

- 인간에 대한 창의적, 의지적 관점
- 치료 대신 원조과정으로 표현
- 사회복지사와 클라이언트는 함께 문제를 해결해가는 관계라고 봄
- 긴급한 문제에 시간제한적으로 개입
- '지금-여기'라는 현실 상황 속에서 원조

	진단주의	기능주의
등장	• 1920년대 전후 등장 • 프로이트의 정신분석학에 의존	• 진단주의 학파에 반대하며 1930년대에 등장 • 오토 랭크(Otto Rank)의 인격론에 근거
인간 관점	인간을 기계적, 결정론적 관점에서 봄	인간을 창의적, 의지적, 낙관적 존재로 봄
사회복지사	• 문제에 대한 진단 및 치료 • 가설 수립 및 검증	• 전문적 관계 형성 • 기관의 기능 수행
클라이언트	치료 대상	• 서비스 요청자 • 함께 일하는 사람
개입 초점	• 과거중심적인 분석과 해석 • 자아의 강화 • 사회환경에 대한 성격의 적응력 강화	• 현재, 지금-여기 상황에 초점 • 클라이언트가 스스로 자아를 전개하도록 원조
주요 용어	• 질병의 심리학 • 조사, 진단, 치료	• 성장의 심리학 • 원조

● **1929년 밀포드회의**

사회복지실천을 전문직으로 하는 사회복지사가 갖추어야 할 기본적인 지식 및 방법론에 대한 공통 요소 정리
- 사회에서 받아들여지는 규범적 행동으로부터 벗어난 행동에 관한 지식
- 인간관계 규범의 활용도
- 클라이언트 사회력의 중요성
- 클라이언트 치료를 위한 방법론
- 사회치료(social treatment)에 지역사회 자원 활용
- 개별사회복지실천이 요구하는 과학적 지식과 경험 적용
- 개별사회복지실천의 목적, 윤리, 의무를 결정하는 철학적 배경 이해
- 이상 모든 것을 사회치료에 융합

4. 통합기(1950~1970) 23회 기출 🏆

- 기존의 전통적 3대 방법론의 한계 대두, 사회복지실천의 공통기반 강조함
- 통합방법론: 펄만의 문제해결모델, 4체계모델, 6체계모델, 생활모델, 단일화모델 등

5. 다양화, 확장기(1970년대 이후)

- 다양한 사회복지실천 모델과 관점이 등장
- 과제중심모델, 역량강화, 강점관점 등
- 개인의 강점에 초점을 두고 클라이언트의 상황에 맞는 역할 및 개입전략의 다양성을 중시

6. 우리나라 사회복지실천의 역사적 발달과정

- 1921년: 태화여자관(현재 태화기독교사회복지관) 설립
- 1952년: 한국외원단체협의회 KAVA 결성(1970년대 우리나라 경제성장으로 철수 시작)
- 1959년: 국립의료원, 원주기독병원 등에서 의료사회사업 시작
- 1967년: 한국사회사업가협회 창립 → 1985년 한국사회복지사협회로 개칭
- 1983년: 사회복지사업법 개정으로 사회복지사 명칭 사용 시작
- 1987년: 사회복지전문요원(현재 사회복지전담공무원)이 공공영역에 배치
- 1989년: 저소득층 영구임대아파트 건립 시 일정 규모의 사회복지관 건립 의무화
- 1996년: 정신보건법 시행
- 1997년: 한국학교사회복지학회 창립
- 1999년: 기존 사회복지전문요원(별정직)을 사회복지전담공무원(일반직)으로 전직 시행(2000년 신규자부터 사회복지전담공무원으로 임용됨)
- 2000년: 한국학교사회사업실천가협회 창립
- 2003년: 제1회 사회복지사 1급 자격시험 제도 시행
- 2004년: 건강가정지원센터 시범사업 운영, 2005년 정식 사업 시작
- 2005년: 제1회 학교사회복지사 자격시험 실시
- 2016년: 정신보건법을 「정신건강증진 및 정신질환자 복지서비스 지원에 관한 법률」로 개정(2017년 시행)
- 2020년: 2018년 개정에 따라 학교사회복지사, 의료사회복지사, 정신건강사회복지사 등이 사회복지사업법에 따른 법정 자격이 됨

기출회독으로 연계 학습하세요

서구 사회복지실천의 역사
기출회독 066
14문항

우리나라 사회복지실천의 역사
기출회독 067
4문항

실력 CHECK

기본쌓기문제

OX퀴즈

4장 사회복지실천현장에 대한 이해

1.4
출제문항수

핵심특강

이 장의 기출포인트

4장에서 실천현장의 분류와 관련된 내용은 많은 수험생들이 헷갈려하는 부분이다. 실제 기관들을 생활시설/이용시설, 1차 현장/2차 현장으로 구분할 수 있어야 하기 때문에 기관에 대한 이해가 없으면 답을 찾기 어려울 수 있다. 사회복지사의 역할과 관련된 내용은 단독문제로 출제되는 비율은 높지 않지만, 사례관리자의 역할, 지역사회복지에서의 역할, 집단 사회복지사의 역할 등의 바탕이 되므로 반드시 정리해야 한다.

1. 사회복지실천현장 분류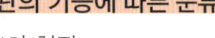

23회 기출 22회 기출 21회 기출 20회 기출

● **기관의 기능에 따른 분류**

- 1차 현장
  사회복지서비스 제공이 기관의 주된 기능
  예 사회복지관, 노인복지관 등
- 2차 현장
  기관의 일차적인 기능은 따로 있으며, 필요에 의해 사회복지서비스를 제공하는 곳
  예 행정복지센터, 학교, 병원, 요양시설, 보건소, 어린이집, 교정시설 등

● **주거서비스 제공 여부**

- 생활시설
  주거서비스를 포함한 사회복지서비스를 제공하는 기관
  예 장애인거주시설, 아동양육시설, 청소년쉼터, 노인요양센터, 그룹홈
- 이용시설
  주거서비스를 제공하지 않음
  예 사회복지관, 장애인복지관, 청소년상담센터, 지역아동센터, 노인주간보호센터

● **기관 설립주체 및 재원조달방식**

- 공공기관: 정부의 지원에 의해 운영, 행정체계와 집행체계로 나뉨
- 민간기관: 사회복지 관련 사업을 목적으로 하는 기관. 기부금이나 후원금·재단 전입금, 기타 서비스 이용료를 재원으로 함(사회복지법인이나 재단, 사단법인, 종교단체, 시민단체)

● **서비스 제공방식**

- 행정기관: 간접서비스 제공. 중앙정부의 사회복지행정기관(보건복지부, 교육부, 문화체육관광부)
- 서비스 기관: 직접서비스 제공. 아동상담소, 지역사회복지관, 어린이집 등

2. 사회복지사의 역할 _{23회 기출} _{21회 기출}

● 사회복지사의 다양한 역할

- 중개자: 도움을 필요로 하는 클라이언트와 자원 및 서비스를 연결하는 역할
- 중재자: 양자 간의 논쟁에 개입하여 타협, 차이점 조정 혹은 상호 간 만족스러운 합의점을 도출해내는 역할
- 옹호자: 사회정의를 지키고 유지하려는 목적으로 표적집단에 대해 개인, 집단, 지역사회의 입장을 직접적으로 대변 · 보호 · 개입 · 지지
- 조력자: 클라이언트가 스스로 문제를 해결할 수 있도록 역량을 강화하고 자원을 찾을 수 있도록 돕는 역할
- 교사(교육자): 전문적 지식이나 기술, 정확한 정보를 제공
- 행동가(활동가): 사회적 불평등, 차별 등에 맞서 기본적인 제도 변화를 추구
- 협상가: 갈등 상황에 있는 양자 사이에서 합의를 이끌어내는 역할(중재자가 중립적 입장이라면 협상가는 피해집단 등 어느 한편에 선다는 차이가 있음)
- 조정자: 주로 사례관리자로서의 역할로 흩어져 있는 혹은 산발적으로 주어지는 서비스들을 조직적인 형태로 정리하여 중복이나 누락을 막는 역할
- 계획가: 클라이언트나 주민의 욕구에 맞는 서비스 및 프로그램 개발, 정책 개발
- 창시자: 이전에 관심을 끌지 못한 문제에 관심을 집중시키는 역할

● 기능에 따른 사회복지사의 역할(헵워스)

- 직접적 서비스 제공: 클라이언트에게 직접 서비스 제공(상담가, 가족치료사, 집단지도자 등)
- 체계와 연결: 클라이언트를 다른 체계와 연결하는 역할(중개자, 사례관리자, 중재자, 클라이언트 옹호자 등)
- 연구 및 조사: 개입방법을 선택하고 그에 대한 효과성을 평가하기 위해 연구 및 조사 수행하는 역할(프로그램 평가자, 조사자 등)
- 체계 유지 및 강화: 서비스 전달 시 효율성을 떨어뜨리는 기관의 정책 · 기능적 관계를 평가(조직분석가, 촉진자, 팀성원, 자문가 등)
- 체계 개발: 기관의 서비스를 확대 및 개선하기 위해 체계 개발에 관련된 역할 수행(프로그램 개발자, 기획가 등)

기출회독으로 연계 학습하세요

실천현장의 분류
기출회독 068
11문항

사회복지사의 역할
기출회독 069
4문항

실력 CHECK

기본쌓기문제

OX퀴즈

5장 사회복지실천의
주요 관점 및 이론

4.2
출제문항수

핵심특강

5장은 매회 평균 4문제 이상 출제되는 중요한 장이며, 사회복지실천의 다양한 관점과 이론을 다루고 있는 만큼 정리
해야 할 내용이 많다. 통합적 접근의 등장배경 및 주요 특징, 강점관점의 특징, 역량강화모델의 단계, 4체계와 6체계
모델 등이 주로 출제되고 있으며, 체계이론의 개념, 생태체계 개념, 펄만의 4P, 다문화 실천을 위한 역량 등도 간헐적으
로 등장하고 있다.

1. 통합적 접근의 특징 23회기출 22회기출 21회기출 20회기출

● **등장 배경: 전통적 방법론의 한계**
- 전통적 방법론에 따른 접근은 주로 특정 문제를 중심으로 개입
- 전통적인 방법은 지나친 분화와 전문화로 서비스의 파편화를 초래

● **통합적 방법론의 특징**
- 사회복지실천 과정에서 개인, 집단, 지역사회를 대상으로 개입할 때 적용할 수 있는 원리나 개념 등 공통된 기
반이 있음을 전제로 함
- 인간이나 환경 중심의 접근으로 이분화하는 것이 아니라 이 두 체계 간의 공유영역에 개입함
- 광범위하고 포괄적으로 문제를 규명함
- 일반주의 접근, 순환적 원인론 적용, 경험적으로 검증된 개입방법 선호

2. 통합적 접근의 주요 이론 및 관점 23회기출 22회기출 20회기출

● **'환경 속의 인간' 관점**
- 개인과 환경 간 상호작용 증진의 책임을 개인, 환경 모두에게 두는 것을 의미, 인간이 경험하는 각종 사회복지
적 문제를 개인 또는 환경 중 어느 한쪽의 결함으로 보기보다는 개인적 요소와 환경적 요소가 서로 어우러져
나타난 결과로 보는 관점
- 리치몬드 「사회진단」을 시작으로 사회복지실천의 기본 개념틀인 '환경 속의 인간' 관점이 중요하게 부각됨

● **일반체계이론**
- 유기체와 환경 간의 체계적인 상호작용, 상호관련성에 대해 전체성, 상호성, 개방성의 개념으로 설명하고 분
석하려는 이론
- 개념
  - 체계: 상호의존적이고 상호작용하는 부분들로 구성된, 전체와 부분 간에 관계를 맺는 일련의 단위
  - 경계: 다른 체계와 구분할 수 있는 각 체계의 테두리, 건전한 체계는 반투과성 경계를 유지함
  - 개방체계: 안정상태, 항상성, 네겐트로피
  - 폐쇄체계: 엔트로피
  - 위계

- 홀론: 특정체계는 체계를 구성하는 작은 체계보다 큰 상위체계이고, 그 체계를 둘러싼 더 큰 체계의 하위체계가 된다는 현상
- 균형(평형상태): 체계의 구조 변화가 거의 일어나지 않는 상태로, 주로 폐쇄체계에서 일어남
- 항상성: 비교적 안정된 구조를 유지하려는 체계의 속성으로, 개방체계에서 나타나는 균형상태
- 안정상태: 환경과의 상호과정에서 체계의 내부구조를 성공적으로 변화시켜감으로써 얻어지는 균형상태로, 항상성보다 더 개방적이고 역동적임

● **사회체계이론**

인간을 외부체계와 끊임없이 상호작용하며 상호의존적인 역동적 사회체계의 일부분으로 봄

● **생태체계관점**

- 유기체들의 상호적응 상태와 인간과 주변환경 간의 상호작용, 상호의존성, 역동적 교류와 적응을 설명함
- 상황 속에서 인간의 다양한 변화 가능성을 제시
- 생태체계의 구성: 개인 < 미시체계 < 중간체계 < 외부체계 < 거시체계
- 특정한 개입방법이 없으며 통합적 방법을 권장함
- 주위 사람, 사물, 장소, 조직, 정보 등을 포함하는 생태체계의 여러 요인 간의 상호작용의 결과로 문제가 발생한다고 봄

3. 통합적 접근모델 23회 기출 22회 기출 21회 기출 20회 기출

● **문제해결모델(펄만)** 꼭!

- 절충주의: 개인의 심리역동적인 측면을 중시하는 진단주의 입장과 클라이언트의 창조적 자아능력을 강조한 기능주의 견해를 수용한 절충주의적 방식
- 개입목적: 문제의 해결이 아니라 현재의 문제에 대처하는 개인의 능력(클라이언트의 문제해결 능력)을 향상시키는 것
- 4P이론: 문제(problem)가 있는 사람(person)이 자기문제를 해결하고자 어떤 장소(place)에 와서 도움을 청했을 때, 사회복지사가 그 문제를 해결하는 데 필요한 자원을 보완해주는 과정(process)이 바로 문제해결 과정

● **4체계 모델과 6체계 모델** 꼭!

- 4체계(핀커스와 미나한)
  - 변화매개체계: 사회복지사, 사회복지조직 등
  - 클라이언트체계: 서비스나 도움을 필요로 하는 사람
  - 표적체계: 실제 변화시킬 필요가 있는 사람(클라이언트체계와 표적체계는 중복될 수 있음)
  - 행동체계: 변화매개인이 변화노력 과정에서 상호작용하게 되는 이웃, 가족, 전문가들
- 6체계(콤튼과 갤러웨이)
  4체계모델에 전문체계와 의뢰 – 응답체계를 추가한 모델
  - 전문체계: 전문가를 육성하는 교육체계, 전문가 단체 등
  - 의뢰 – 응답체계: 서비스를 요청하는 의뢰체계 & 의뢰체계에 의해 강제로 사회복지기관에 오게 되는 응답체계

● 생활모델
- 저메인과 기터만이 생태체계이론을 사회복지실천분야에 도입하여 개발한 모델
- 생활과정에서 사람의 강점, 건강을 향한 선천적인 지향, 지속적인 성장, 잠재력의 방출과 환경의 수정 및 최대한의 안녕을 유지하고 촉진시키는 것
- 개인 · 가족 · 집단 · 지역사회에서의 인간과 환경과의 조화 수준 증대 등에 역점을 둠
- 인간생활상의 문제해결, 인간의 적응능력의 지지 및 강화
- 스트레스 경감, 대처를 위한 사회자원의 동원

● 단일화 모델
- 골드스타인이 체계화한 통합적 모델
- 유기체로서의 개인과 역동적인 사회관계 및 양자 간의 상호관계에 초점을 둠

4. 강점관점과 역량강화모델 ^{23회 기출 22회 기출 21회 기출 20회 기출}

● **강점관점** 꼭!
- 모든 인간은 성장하고 변화할 능력을 이미 내면에 가지고 있고, 문제가 생겼을 때 문제를 해결할 능력과 힘을 갖고 있다고 보는 관점
- 클라이언트가 가진 문제가 아닌 클라이언트가 가진 가능성에 초점을 두어 개입
- 더 나은 미래에 초점을 두어 현재 할 수 있는 것과 이용가능한 자원을 찾고 활용하는 것을 강조

● **병리적 관점과 강점관점 비교** 꼭!

병리적 관점(Pathology)	강점관점(Strengths)
개인은 '사례'로 정의된다. 증상이 진단에 추가된다.	개인은 고유한 특성, 재능, 자원과 강점을 가진 독특한 존재로 규정된다.
문제에 치료의 초점을 둔다.	가능성에 초점을 둔다.
개인적 이야기는 전문가의 해석을 통해 진단을 환기시키는 데 도움을 준다.	개인적 이야기는 그 사람을 알고 평가하기 위한 과정에 있어 필수적인 요소이다.
실천가는 개인의 이야기에 회의적이다.	실천가는 그 내면으로부터 개인을 알아간다.
아동기의 외상은 성인 병리의 전조 증상이거나 예측 요인이다.	아동기의 외상은 성인 병리를 예측하지 않는다. 그것은 개인을 약하게도 하고 강하게도 할 수 있다.
치료작업의 중심은 실천가에 의해 고안된 치료계획이다.	치료작업의 중심은 가족, 개인, 혹은 지역사회의 열망이다.
실천가는 클라이언트 삶의 전문가이다.	개인, 가족, 혹은 지역사회가 전문가이다.
선택, 통제, 헌신, 개인적 발달의 가능성은 병리에 의해 제한된다.	선택, 통제, 헌신, 개인적 발달의 가능성은 열려 있다.
실천을 위한 자원은 전문가의 지식과 기술이다.	실천을 위한 자원은 개인, 가족, 혹은 지역사회의 강점 능력과 적응기술이다.
치료 목적은 증상과 행동, 감정과 사고, 관계의 개별적 · 사회적 결과에서 부정적인 영향을 줄이는 데 초점을 둔다.	원조는 삶에 대한 확신을 가지게 하며, 가치와 헌신을 발달시키고, 또는 지역사회의 멤버십을 만들거나 지역공동체를 발견하는 데 초점을 둔다.

● **역량강화모델의 주요 특징** ⭐꼭!

- 생태체계관점과 강점관점을 기반으로 함
- 클라이언트의 문제를 자원의 부족 내지는 자원을 이용할 수 있는 능력의 부족으로 봄
- 역량강화를 통해 스스로 삶을 통제할 수 있도록 하는 데 초점을 둠

● **역량강화모델의 과정** ⭐꼭!

대화단계	파트너십 형성, 현재 상황의 명확화, 방향 설정
발견단계	강점의 확인, 자원 역량 사정, 해결방안 수립
발전단계	자원 활성화, 기회의 확대, 성공의 확인, 성과의 집대성

5. 다문화 사회복지실천

- 동화주의는 해당하지 않음
- 사람들 사이에 존재하는 다양성과 차이점을 존중하고 원조관계에서 작용하는 문화적 요소를 인식하는 실천
- 문화적 다양성, 문화상대주의, 문화다원주의, 다문화주의
  - 문화적 다양성: 다양한 민족집단이 자기 고유의 문화적 정체성을 보유하면서 사회와 공존하거나, 모든 사회 구성원이 공유하는 문화를 보전하면서 다양한 민족집단의 상호작용을 표방하는 것
  - 문화상대주의: 세계 문화의 다양성을 인정하며, 각 문화는 그 문화의 독특한 환경과 역사적·사회적 상황과 맥락에서 이해해야 한다는 관점
  - 문화다원주의: 주류 사회의 특성을 인정하면서도 문화적 다원성을 수용하는 관점
  - 다문화주의: 주류 사회 및 그 외의 소수 사회를 모두 동등한 자격으로 인정하는 관점
- 문화적 역량: 다양한 문화적 배경을 지닌 사람들과 함께하게 되는 전문가들에게 요구되는 가치로, 기존의 문화적 민감성, 문화적 다양성 등의 개념에서 한발 더 나아간 보다 포괄적이고 복합적인 개념임. 문화적 역량을 키우기 위해서는 문화적 인식, 문화적 지식, 문화적 기술 등을 갖추어야 함

기출회독으로 연계 학습하세요

기출회독 070

통합적 접근의 등장배경 및 특징

8문항

기출회독 071

강점관점 및 역량강화모델

16문항

기출회독 072

4체계모델 및 6체계모델

9문항

기출회독 073

체계이론 및 사회체계이론

2문항

실력 CHECK

기본쌓기문제

OX퀴즈

6장 사례관리

3.0
출제문항수 | 핵심특강

6장은 매회 평균 3문제 정도가 출제되고 있는데, 출제비중은 높지만 문제의 난이도가 높은 편은 아니기 때문에 반드시 실제 시험에서 득점해야 하는 장이다. 사례관리의 등장배경 및 주요 특징, 사례관리의 원칙, 사례관리의 과정, 사례관리자의 역할까지 대부분의 내용이 출제되고 있다.

1. 사례관리의 등장배경 23회 기출 21회 기출

● **탈시설화의 영향** ⭐꼭!
• 정상화 이념에 기초한 탈시설화 운동이 전개되면서 시설에 거주하던 클라이언트들이 지역사회에 거주하게 됨
• 탈시설 클라이언트들이 여러 종류의 서비스에 접근함에 있어 어려움을 겪으면서 지역사회의 통합 서비스 관리체계의 필요성이 제기됨

● **민영화 및 지방분권화의 영향** ⭐꼭!
• 서비스 전달체계가 공공부문에서 민간부문으로 이양되면서 다양한 서비스를 조정할 기능적 장치의 필요성이 제기됨
• 1980년대 미국은 민영화 정책으로 사회서비스가 지방정부로 이동하게 되었고 이 과정에서 서비스 통합 장치의 부재가 문제제기됨

● **기타**
• 클라이언트와 그 가족에게 부과되는 과도한 책임에 대한 원조 및 자원연결
• 복합적인 문제와 욕구를 가진 클라이언트의 증가: 비용효과가 높은 재가서비스 확대 및 서비스 중복 해소
• 사회적 지원체계와 지원망의 중요성에 대한 인식 증가
• 클라이언트에게 통합적이고 체계적인 서비스를 제공하고자 하는 필요성
• 지역사회 중심의 재가복지서비스 활성화의 영향

2. 사례관리의 주요 특징

● **개별사회사업과 지역사회복지의 혼합** ⭐꼭!
• 전통적인 개별사회사업에 기초하지만 기관의 범위를 넘어 지역사회 차원에서의 서비스 제공을 추진
• 네트워크 및 자원개발 강조

● **욕구 맞춤형 장기 서비스** ⭐꼭!
• 욕구충족에 초점을 두어 맞춤형 서비스를 제공
• 대체로 장기적인 서비스가 요구되는 수급자를 대상으로 함

● **환경 속 인간 관점을 바탕으로 한 역량강화**
  - 클라이언트의 욕구를 환경체계와 연결
  - 공식적, 비공식적 자원 모두 활용

● **사례관리팀을 통한 전문적 서비스**
  - 사례관리자를 중심으로 각 분야별 전문가들로 사례관리팀 구성
  - 사례관리팀은 그 자체로 서비스 전달체계로서의 기능을 수행

● **다차원적 접근** 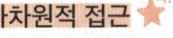 꼭!
  - 간접적 실천이면서 직접적 실천
  - 미시적 접근인 동시에 거시적 접근
  - 수평적이면서 수직적: 현재 클라이언트의 욕구에 초점을 두면서도 장기적으로 변화하는 욕구에 반응

3. 사례관리의 목적 20회 기출 🏆

  - 보호의 연속성
    – 횡단적 차원의 연속성: 특정 시점에서 클라이언트의 다양한 욕구를 충족시키기 위해 포괄적 서비스를 제공
    – 종단적 차원의 연속성: 장기간에 걸쳐 변화하는 개인의 욕구에 대해 반응적 서비스를 지속적으로 제공
  - 서비스의 통합성 확보
  - 서비스에 대한 접근성 제고
  - 사회적 책임성 보장

4. 사례관리의 원칙 22회 기출 🏆 20회 기출 🏆

● **서비스 개별화**
  - 클라이언트 개개인과 그가 갖고 있는 욕구를 적절하게 개발하여 서비스를 제공함
  - 클라이언트마다 다른 욕구와 강점이 있으므로 서비스 계획도 이에 맞춰 수립해야 함

● **서비스 제공의 포괄성**
  - 클라이언트의 다양한 욕구가 모든 분야에 걸쳐 충족될 수 있도록 포괄적인 서비스를 제공함
  - 클라이언트의 다양한 욕구를 충족시키기 위해 광범위한 지지를 연결하고 조정, 점검함

● **클라이언트의 자율성 극대화**
  - 클라이언트가 선택할 자유를 최대화하고, 지나치게 보호하지 않으며, 클라이언트의 자기결정권을 보장함
  - 클라이언트가 가능한 한 자립할 수 있도록 돕는 데 초점을 두고, 클라이언트가 자신의 서비스와 관련된 판단을 하는 데 있어서 자기결정 능력을 최대화하도록 함

● **서비스 지속성(연속성)**
  클라이언트의 욕구를 점검하여 일회적이거나 단편적인 서비스가 제공되지 않고 지속적으로 서비스가 제공되게 함

● 서비스 연계성

복잡하고 분리되어 있는 서비스전달체계를 연결한다. 지역사회에 분산되어 있는 서비스 정보를 제공하고 서비스들을 서로 연결하여 서비스의 효과성을 높임

● 서비스의 접근성

- 프로그램 내용이나 자격조건이 까다로울 때, 사례관리자는 서비스 제공자와 접촉, 중개를 통해 서비스 접근성을 높임
- 클라이언트가 서비스를 이용하는 데 있어 장애가 되는 심리적 조건이나 물리적 요소 혹은 사회문화적 · 경제적 요소들이 존재하는지 살피며, 이를 최소화함

● 서비스의 체계성

- 서비스 간 중복을 줄이고 서비스의 비용을 효율적으로 관리하기 위해 서비스와 자원들 간에 조정을 함
- 사례관리자는 서비스를 제공하는 공식적 지원체계 간의 조정뿐만 아니라 가족이나 친구, 혹은 친지 같은 비공식적 지원체계를 통합하고 기능적으로 연결하여 다양하고 체계적인 지지망을 구축함

5. 사례관리의 과정 23회 기출 21회 기출

- 사례발굴
- 사정
  - 클라이언트의 주위 환경을 포함하여 클라이언트의 상황을 이해하는 집중적이고 체계적인 과정
  - 욕구와 문제 사정, 자원 사정, 장애물 사정
- 계획
  - 1단계: 상호 목적수립하기 → 2단계: 우선순위 정하기 → 3단계: 전략 수립하기 → 4단계: 전략 선택하기 → 5단계: 전략 실행하기
- 개입
  - 직접적 개입: 사례관리자가 클라이언트의 기술과 능력을 향상시키거나 문제를 경감시키기 위한 활동(실행자, 안내자, 교육자, 정보제공자, 지원자 등으로서의 역할)
  - 간접적 개입: 클라이언트 주변체계나 클라이언트와 체계 간의 관계를 변화시키기 위한 활동(중개자, 연결자, 옹호자 등으로서의 역할)
- 점검
  - 서비스가 계획대로 이루어지고 있는지, 서비스 제공에 따라 목표를 성취해가고 있는지, 클라이언트의 욕구가 변화했는지, 서비스 계획을 바꿔야 하는지 등을 검토
- 평가

6. 사례관리자의 역할별 활동 내용 23회 기출 22회 기출 21회 기출 20회 기출

● 사정자

사례관리자는 클라이언트의 문제나 약점, 역기능, 질병, 증상과 같은 부정적 요소보다는 강점, 능력, 가능성, 자원, 잠재력과 같은 긍정적 요소에 초점을 두고 클라이언트의 욕구를 수집하고 분석하며 종합하는 활동을 함

● **계획자**

클라이언트의 욕구를 충족시키기 위해서 사례관리자는 사례계획, 치료, 서비스 통합, 기관 간 협력 및 서비스 네트워크를 계획하고 조직함

● **상담자**

클라이언트가 새로운 지식이나 기술이 필요하고 문제해결 능력 및 대처능력 향상이 필요할 때 이를 획득할 수 있도록 가르치고 기능 향상을 위해 원조함

● **중개자**

클라이언트가 필요로 하는 자원을 사회기관으로부터 제공받지 못하거나 지식이나 능력이 부족하여 유용한 자원을 활용하지 못할 때 사례관리자는 자원과 클라이언트를 연결함

● **조정자**

클라이언트의 문제를 사정하고 원조자들로부터 도움이 필요한 욕구를 사정하며, 원조활동을 해나가는 과정에서 클라이언트의 욕구와 자원과의 관계, 클라이언트와 원조자들 간의 관계에서 필요한 활동을 조정함

● **평가자**

프로그램의 효과성, 효율성을 평가하여 사례관리과정 전반에 대한 정보를 수집하고 분석함

● **옹호자**

자신 스스로가 자신을 대변하고 옹호하는 능력이 부족한 클라이언트를 대변하여 클라이언트의 요구사항을 구체화시키고 가능한 한 자원이 클라이언트에게 적절히 공급될 수 있도록 지원활동을 함

기출회독으로 연계 학습하세요

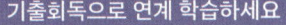 사례관리의 등장배경 및 주요 특징

기출회독 077 **13**문항

 사례관리의 과정

기출회독 078 **9**문항

 사례관리자의 역할

기출회독 079 **7**문항

실력 CHECK

기본쌓기문제

OX퀴즈

7장 관계형성에 대한 이해

3.8
출제문항수   핵심특강

7장은 매회 평균 3~4문제가 출제되는 중요한 장이다. 비스텍의 관계형성 7대 원칙, 관계형성의 요소 등은 매회 1문제 이상 반드시 출제되므로 꼼꼼하게 정리해두어야 하며, 전문적 관계의 특징, 원조관계의 요소 등도 자주 출제되므로 잘 살펴보아야 한다. 2장에서 배운 갈등 상황 등과 함께 묶어 사회복지사의 태도 등과 같은 단순 암기를 넘어선 문제들도 종종 출제되기도 한다.

1. 전문적 관계의 특징 22회기출 21회기출 20회기출

● **의도적인 목적성** ★꼭!
- 클라이언트의 문제와 욕구에 따라 클라이언트와 사회복지사가 서로 합의한 목적이 있음
- 목적을 분명히 함으로써 사회복지사와 클라이언트가 해야 할 것이 명확해짐

● **시간제한적** ★꼭!
- 시작 및 종결에 따라 한정된 기간을 갖고 관계를 맺음
- 목적이 달성되면 특별한 관계는 끝을 맺게 되며, 또한 목적을 달성할 수 없을 때에도 관계는 종료됨

● **클라이언트에 대한 헌신** ★꼭!
사회복지사는 클라이언트의 이익을 위해 자신을 헌신함

● **권위성** ★꼭!
- 사회복지사는 특화된 지식 및 기술 그리고 전문직 윤리강령에서 비롯되는 권위를 지님
- 이는 곧 전문성을 의미하며, 전문적 판단에 대한 책임이 수반됨을 포함함

● **통제적 관계** ★꼭!
- 사회복지사는 개입을 진행함에 있어 객관성을 유지하면서 자기 자신의 감정, 반응, 충동을 자각하고 그 책임을 짐
- 통제적 관계란 클라이언트에 대한 통제가 아닌 사회복지사 자신과 원조방식에 대한 통제를 의미함

2. 전문적 관계형성의 요소 23회기출 22회기출 21회기출

● **타인에 대한 관심과 원조의지**
- 클라이언트에 대한 관심이란 책임감, 타인에 대한 이해 등을 포함하고 클라이언트의 삶과 욕구에 대한 조건없는 긍정적 인정을 의미함
- 원조의지는 원조관계에서 필수적인 자질인데, 클라이언트가 자신의 삶을 스스로 선택하고 통제할 수 있는 능력을 향상시킬 수 있도록 도우려는 자세나 태도임

● **헌신과 의무** ⭐

- 원조과정에서의 책임감을 의미하는 것으로 신뢰성, 일관성을 포함하는 개념
- 전문적 관계에서 관계의 목적을 달성하기 위해서는 사회복지사뿐 아니라 클라이언트도 관계에 대한 헌신과 의무를 가져야 함

● **권위와 권한**

- 기관 내에서 사회복지사가 갖는 위치와 지위에 따라 권위와 권한이 부여됨
- 클라이언트가 전문가인 사회복지사에게 심리적으로 권위를 부여하게 됨

● **진실성과 일치성** ⭐

- 진실성: 클라이언트와의 관계 속에서 실제적이고 순수해질 수 있는 능력을 의미하는 것으로서 담보할 수 없는 약속을 하지 않으며 최대한 진실해지는 것
- 일치성: 사회복지사가 클라이언트와 관계형성 시 일관성 있고 정직한 개방성을 유지하며, 대화의 내용과 행동이 항상 일치하면서도 전문가로서의 자아와 가치체계에 부합하여야 함을 의미함

● **전문적 구체성**

클라이언트가 자신의 행동, 사고, 감정을 자신의 독자적인 방법으로 표현할 수 있도록 도와주는 능력. 사회복지사는 클라이언트가 구체적인 답변을 할 수 있도록 질문해주어야 함

● **명확한 의사소통**

사회복지사가 클라이언트에게 보내는 메시지는 클라이언트가 충분히 이해할 수 있어야 함. 사회복지사는 이를 위한 의사소통 능력을 갖추어야 함

● **사회복지사의 자기노출(자기개방)**

사회복지사가 원조과정에서 적절하다고 생각되는 자신의 경험을 클라이언트와 함께 나누는 것

● **감정이입**

사회복지사는 클라이언트에게 감정이입을 하면서도 문제 자체와 그 해결 가능성을 객관적으로 분석하고 이성적으로 행동해야 함

● **전문가로서의 사회복지사의 자질** ⭐

성숙함, 창조성, 자기인식, 용기, 민감성 등

3. 관계형성의 7대 원칙

23회 기출 22회 기출 21회 기출 20회 기출

클라이언트의 욕구	7대 원칙	내용
1. 개별적인 인간으로 대우받고 싶은 욕구	**1. 개별화**	각 클라이언트가 개별적인, 독특한 특성을 가지고 있다는 것을 인정하고 이해하여 개별 클라이언트를 원조하는 내용과 방법, 과정에서 개별적으로 다루어져야 한다는 원칙
2. 감정을 표명하고 싶은 욕구	**2. 의도적 감정표현**	클라이언트가 감정을 표현하고 싶은 욕구를 인식하여 클라이언트가 자신의 감정을 자유롭게 표현하도록 도와주는 것
3. 문제에 대해 공감적 반응을 얻고 싶은 욕구	**3. 통제된 정서적 관여**	클라이언트의 감정에 민감성을 가지며, 그것의 의미에 대해 이해하고, 클라이언트의 감정에 대한 의도적이고 적절한 반응을 하는 것
4. 가치적인 인간으로서 인정받고 싶은 욕구	**4. 수용**	클라이언트를 있는 그대로 이해하는 것
5. 심판받지 않으려는 욕구	**5. 비심판적 태도**	문제의 원인이 클라이언트의 잘못 때문인지 아닌지, 어느 정도 클라이언트에게 책임이 있는지 등을 심판하지 않으며, 클라이언트의 특성 및 가치관을 비난하지 않는 것
6. 스스로 선택하고 결정을 내리고 싶은 욕구	**6. 자기결정**	클라이언트가 모든 의사결정 과정에 참여하여 스스로 선택하고 결정하는 자유를 누리게 하는 것
7. 자신의 비밀을 지켜 주기를 바라는 욕구	**7. 비밀보장**	클라이언트가 전문적 관계에서 노출한 정보를 사회복지사가 전문적 치료 목적 외에 타인에게 알려서는 안 된다는 원칙

● 개별화

- 인간은 모두 독립적인 개체이며, 불특정한 인간이 아니라 개별적 차이를 지닌 특정한 인간으로 처우되어야 함
- 클라이언트 개개인의 독특한 자질을 알고 이해하는 것, 좀 더 적응을 잘 하도록 원조함에 있어 각자에게 부합하는 원리나 방법을 활용해야 함

● 의도적인 감정표현 ★꼭!

- 클라이언트가 자신의 감정을 자유롭게 표현하도록 도움
- 클라이언트의 감정표현을 진지하게 경청하는 것 자체가 클라이언트에게 심리적 지지가 됨
- 외적인 문제보다 문제에 대한 부정적 감정이 진정한 문제일 수 있음

● 통제된 정서적 관여 ★꼭!

- 클라이언트의 감정에 대한 사회복지사의 민감성, 이에 대한 감정이입적 이해, 적절한 반응으로 이루어짐
- 사회복지사의 감정적 반응은 원조 목적에 맞게 통제되고 조절되어야 함

● 수용 ★꼭!

- 클라이언트의 장점, 약점, 단점 등을 포함하여 있는 그대로의 모습을 이해하는 것
- 수용의 대상은 잘하거나 잘못한 것이 아니라 사실 그 자체이며, 있는 그대로의 개인으로 받아들이는 것

● 비심판적 태도 ★꼭!

- 정서적으로 불안정한 클라이언트는 사회복지사가 심판적 태도를 보일 경우 관계형성이 어려워짐
- 클라이언트의 불법적인, 비도덕적인, 학대적인 행동을 인정하고 용서한다는 것은 아님
- 클라이언트의 행동, 태도, 가치표준 등을 객관적으로 평가하며, 이는 그를 판단하기 위한 것이 아니라 이해하기 위한 것

● 클라이언트의 자기결정

- 클라이언트 스스로 자기가 나아갈 방향을 결정하려는 것을 존중하며 그 욕구를 결정하는 잠재적 힘을 자극하여 활동하게 할 수 있도록 도움
- 클라이언트의 자기결정권은 클라이언트의 능력, 법률 · 도덕적 테두리 등에 따라 제한됨

● 비밀보장

- 사회복지실천의 가장 기본원칙이며, 사회복지사의 윤리적 의무
- 예외 상황 존재

4. 관계형성의 장애요인과 사회복지사의 대처 22회기출 🏆 21회기출 🏆

클라이언트가 보이는 침묵, 양가감정, 전이 등을 저항 행동으로 단정해서는 안 됨. 침묵은 클라이언트가 생각을 정리하는 시간일 수 있고, 양가감정은 변화를 원하면서도 두려워하는 자연스런 감정이며, 전이는 해석을 통해 치료에 활용할 수 있음. 다만, 이러한 것들이 개입과 변화를 방해하고 있는지를 살펴보면서 적절히 대응해나가야 함

관계형성의 장애요인	사회복지사의 대처
사회복지사에 대한 클라이언트의 불신	여유를 가지고 인내하면서 신뢰관계 형성에 노력
전이	클라이언트의 반응이 비현실적임을 지적하고 사회복지사에 대한 현실적인 관점을 갖도록 도움
역전이	역전이로 인해 관계를 지속할 수 없을 경우에는 클라이언트에게 사회복지사 자신의 문제로 인해 관계를 지속할 수 없음을 알리고 다른 사회복지사에게 의뢰
저항	• 저항의 원인: 양가감정, 서비스 개입에 대한 오해와 선입견 • 저항이 변화로의 진전을 심각하게 방해할 경우에만 다룸 • 저항의 저변에 있는 현재의 감정에 초점을 둠
침묵	침묵의 의미를 파악, 섣불리 침묵을 깨지 않음
클라이언트의 양가감정	클라이언트가 양가감정을 수용하고 자유롭게 표현할 수 있도록 도움

기출회독으로 연계 학습하세요

관계형성의 7대 원칙 (Biestek)
기출회독 080
11문항

전문적 관계형성의 요소
기출회독 081
10문항

전문적 관계의 특징
기출회독 082
6문항

관계형성의 장애요인 및 사회복지사의 대처
기출회독 083
6문항

실력 CHECK

기본쌓기문제

OX퀴즈

8장 면접의 방법과 기술

1.8
출제문항수 핵심특강

주로 면접기술과 관련된 내용이 출제되고 있다. 대체로 정답률이 높게 나타나는 편이지만, 해석, 환언, 초점화, 명료화, 반영 등 혼란스러운 개념들을 잘 정리하는 것이 필요하며, 질문 기술에서는 질문의 유형을 사례와 연결할 수 있어야 한다. 그 밖에 면접의 특징이나 목적, 기록 등도 종종 출제되고 있다.

1. 면접의 개념 및 특징 20회 기출

● 개념
- 전문적 관계에 바탕을 두고 정보수집, 과업수행, 클라이언트의 문제나 욕구해결 등과 같은 목적을 수행하는 시간제한적인 의사소통
- 인간의 행동과 반응에 대한 전문적 지식과 인간관계의 기술을 갖춘 사회복지사가 클라이언트와 그의 문제를 이해하고 원조한다는 목적을 가지고 의도적으로 이끌어 나가는 전문적 대화

● 특징
- 면접을 하기 위한 세팅과 맥락: 특정 클라이언트에게 서비스를 제공하는 기관(세팅)이 있고, 면접 내용은 특정 상황(맥락)에 한정되어 있음
- 목적과 방향: 면접은 목적지향적인 활동임
- 상호합의 및 계약: 사회복지사와 클라이언트가 목적 달성을 위해 함께 활동하며, 상호 합의한 상태에서 진행됨
- 특정한 역할관계: 면접자(사회복지사)와 피면접자(클라이언트)는 각각 특정한 역할관계를 규정하고 그 역할에 따라 상호작용함
- 공식적인 활동: 개인적이거나 사적인 차원에서 이루어지는 것이 아니라 공식적이고 의도적인 활동임

● 목적
- 문제해결을 위한 정보수집
- 이해와 원조

2. 면접의 유형 22회 기출

● 구조화에 따른 유형
- 구조화된 면접
  - 면접자가 표준화된 면접조사표나 질문들을 만들어서 면접상황에 관계없이 모든 피면접자에게 동일한 절차와 방법으로 면접을 수행
  - 미리 정해진 면접계획과 내용에 따라 순서를 기계적으로 진행

- 반구조화된 면접
  - 지침이 있는 면접
  - 특정 질문을 미리 만들지는 않으며, 피면접자의 반응에 따라 적절한 시점에서 개방형의 질문을 함
- 비구조화된 면접
  - 개방형 면접
  - 구조화된 면접에서 사용하는 표준화된 질문목록을 사용하지 않음
  - 피면접자의 세계에 대해 심층적이며 자세한 묘사와 이해를 얻고자 할 때 적용

● **목적에 따른 유형**

- 정보수집면접: 클라이언트의 개인적·사회적 문제와 관련하여 성장과정이나 사회적 배경에 관한 정보를 얻기 위한 면접
- 사정면접: 자료와 정보를 분석하여 실천방향을 결정하기 위해 진행되는 면접
- 치료면접: 클라이언트의 자신감과 자기효율성을 강화하고, 필요한 기술을 훈련하거나 문제해결 능력을 키울 수 있도록 하는 데에 목적

3. 면접 기록

● **과정기록**

- 특징: 사회복지사와 클라이언트 간에 있었던 일을 있는 그대로 기록하는 방식
- 장점: 슈퍼비전이나 교육적 도구로 매우 유용함

● **요약기록**

- 특징: 사회복지기관에서 흔히 사용되는 기록형태
- 장점: 장기사례에 유용함
- 단점: 클라이언트의 언어적 표현이나 비언어적 표현 등이 사실적으로 전달되기 어려움

● **문제중심(문제지향적)기록**

- 특징: 문제해결 접근방법을 반영함
- 장점: 다양한 전문직 간 의사소통 및 정보교환이 용이. 간결한 기록
- 단점: 클라이언트의 강점보다 문제에 중점을 둠. 클라이언트의 능력을 덜 중요시함
- SOAP 형식 활용
  - S: 주관적 정보
  - O: 객관적 정보
  - A: 사정
  - P: 계획

● **녹음 및 녹화기록**

- 음성녹음과 화면녹화를 이용하여 면접과정을 관찰하고 재조사하며 분석하는 것
- 기록보관의 보충적 역할
- 교육용 자료로 유용
- 클라이언트의 사전 동의 필수

관찰	• 클라이언트의 언어적, 비언어적 표현에 주목 • 시작하는 말, 종결하는 말 • 대화 중 화제 바꾸기 • 반복적인 언급 • 진술의 불일치 • 감춰진 의미 • 침묵
경청	• 클라이언트의 감정과 사고를 이해하기 위한 것 • 공감과 적절한 반응으로 신뢰관계 형성
질문	• 개방형 질문: 클라이언트가 중요하다고 생각하는 것은 무엇이든지 말할 수 있게 하며 다양하게 대답할 수 있도록 질문 • 폐쇄형 질문: 사실 확인을 위해 예/아니요, 혹은 단답형 대답이 가능한 질문 • 피해야 할 질문 　– 폭탄형 질문(중첩 질문): 여러 질문을 동시에 하면 안 됨 　– 유도형 질문: 정해진 답을 이끄는 질문은 안 됨 　– 왜? 질문: 이유를 따져 묻는 질문은 안 됨 　– 모호한 질문: 뭘 물어보는지 모르겠는 질문은 안 됨
명료화	• 클라이언트가 자신의 처지에 대해 좀 더 분명하고 객관적인 인식을 갖도록 도와주는 언급, 클라이언트가 사용한 것과 동일한 단어를 사용하여 언급함 • 진술에 일관성이 없거나 모호할 때 사용
초점화	클라이언트가 두서없이 말을 장황하게 하거나 어떤 주제를 회피하고자 할 때 사회복지사가 간단한 질문을 하거나 언급함으로써 초점을 맞추는 것
직면하기	• 클라이언트의 말과 행위 사이의 불일치, 표현한 가치와 실행 사이의 모순에 대해 클라이언트가 주목하도록 하는 기술 • 말과 행동의 불일치, 자기인식과 경험 사이의 불일치 등을 인식하도록 함
도전하기	클라이언트가 문제를 회피, 부정, 왜곡할 때 자신의 상황을 인식할 수 있도록 함
해석하기	• 클라이언트의 표현과 행동상황 저변의 단서를 발견하고 그 결정적 요인들을 이해하여 클라이언트가 깨닫도록 도와주는 기술 • 다양한 해석이 있거나 잘못된 해석이 될 수 있음에 유의
환언하기 (바꿔 말하기)	클라이언트가 말한 것을 사회복지사가 자신의 언어로 바꾸어서 다시 한 번 말해 주는 것 혹은 클라이언트의 말에 덧붙여 말하는 것
요약하기	• 클라이언트의 생각, 행동, 감정들을 사회복지사의 언어로 정리하는 것 • 시작 전 이전 시간에 나눈 이야기를 정리, 새로운 주제로 전환하기 전에 요점 정리, 회기를 마무리할 때 나눈 이야기를 정리
반영하기	• 내용 반영: 클라이언트가 말한 내용을 경청하고 이해했음을 전달하기 위해 재진술 • 감정 반영: 클라이언트의 말 속에 내포된 감정을 표면으로 이끌어냄
감정이입	다른 사람 입장에서 생각하거나 다른 사람의 감정·욕구·사고·행위들을 이해하는 능력이나 태도를 이해하는 것
관심 보여주기: 클라이언트에게 집중하기	클라이언트의 언어적·비언어적 메시지를 주의 깊게 듣고 알아차리는 능력이 필요함 (SOLER 기법: Sit squarely, Open posture, Lean, Eye contact, Relax)
지금-여기에 초점맞추기	초점을 과거에서 현재로, 즉 지금 여기로 옮기는 반응

지지하기	클라이언트에 대한 사회복지사의 신뢰나 존중, 돕고자 하는 태도 등을 직접적인 표현으로 전달하며, 클라이언트가 문제해결 능력이 있다는 확신을 표현하는 것 • 재보증(안심): 클라이언트의 능력에 대해 사회복지사가 신뢰를 표현함으로써 클라이언트에게 불안과 불확실성을 제거하고 위안을 주는 것 • 격려: 클라이언트가 특정 행동이나 경험 혹은 생각에서 벗어나도록 하고, 행동을 취할 수 있도록 도움을 주는 것
환기	클라이언트로 하여금 문제와 상황에 관련된 감정을 표출하도록 함
정보·제안·조언	• 정보주기: 어떤 결정을 하거나 문제를 해결하는 데에 필요한 정보를 제공 • 제안하기: 클라이언트에게 아이디어를 제공하여 다양한 접근방법을 생각해볼 수 있게 함 • 조언하기: 클라이언트가 해야 할 것을 추천하고 예상되는 결과를 설명함으로써 클라이언트의 결정을 도움

기출회독으로 연계 학습하세요

다양한 면접 기술
및 유의할 점

기출회독 084

15문항

면접의 특징 및 유형

기출회독 085

4문항

실력 CHECK

기본쌓기문제

OX퀴즈

9장 접수 및 자료수집 과정

1.4
출제문항수

핵심특강

접수단계에 관한 문제는 쉽게 정답을 찾을 수 있는 수준의 문제들이 출제되고 있으며, 자료의 영역이나 내용에 관한 문제도 크게 어렵지 않아 정답률이 높게 나타나고 있다. 접수단계의 주요 과업, 초기면접지에 포함될 내용, 자료의 출처 등이 주로 출제되고 있으며, 간혹 의뢰에 관해 구체적으로 묻는 문제가 출제되기도 한다.

● **사회복지실천과정**

사회복지실천과정을 학자에 따라 달리 구분하는데 3단계 구분, 4단계 구분, 혹은 5단계 구분이 존재한다. 각 과정은 명확하게 구분되기보다는 내용이나 과제가 중복되기도 하고 순환되기도 한다.
- 3단계 구분: 초기 – 중간 – 종결
- 4단계 구분: 접수 및 자료수집 – 사정 및 계획 – 개입 – 종결 및 평가
- 5단계 구분: 접수 및 자료수집 – 사정 – 계획수립 – 개입 – 평가와 종결단계

5단계의 구분도 학자마다 다른데, 우리 교재에서는 다음의 구분에 따라 구성하고 있다.

1. 접수 및 자료수집	• 접수: 클라이언트의 문제확인, 적격 여부 판단 및 의뢰, 참여 유도, 초기면접지 작성 • 자료수집: 클라이언트의 문제를 이해하기 위한 자료를 모으는 과정	자료수집과 사정은 뚜렷한 구분 없이 거의 동시에 진행되기도 하며, 개입의 전 과정에서 반복적으로 진행되기도 한다.
2. 사정	• 문제발견 → 정보수집 → 문제규정(문제형성) • 주요 사정도구: 사회적 관계망 격자, 가계도, 생태도, 가족조각, 생활력표, 생활주기표, 소시오그램 등	
3. 계획	• 목표설정: 표적문제 선정, 목적 및 목표 설정 • 계약: 개입 과정 및 내용 등에 대한 공식화	
4. 개입	• 변화전략 수립, 점검, 변화창출 • 직접 개입 　– 의사소통기술: 재보증, 일반화, 환기, 재명명, 초점화, 직면 등 　– 행동기술: 모델링, 행동조성, 시연 등 　– 문제해결기술 　– 사회기술훈련 　– 자기주장훈련 　– 이완훈련 • 간접 개입: 사례관리, 의뢰, 옹호 등	
5. 종결 및 평가	• 종결: 종결 시점 정하기, 종결에 대한 감정적 반응 다루기, 사후관리 계획 • 평가: 개입의 효율성, 효과성 등을 검토	

1. 접수단계의 과제 23회 기출 20회 기출

- 문제확인
- 사례의 적격 여부 판단 및 의뢰
- 참여유도: 관계형성, 동기화, 양가감정 수용과 저항감 해소
- 초기면접지 작성: 클라이언트의 이름, 나이, 성별 등 기본정보, 클라이언트가 생각하는 주요 문제, 방문 동기 혹은 의뢰 이유, 서비스를 받은 경험 등을 기록

2. 자료수집 22회 기출 21회 기출 20회 기출

- 현재의 상황, 생활력 등에 대한 자료, 클라이언트, 가족, 기타 객관적인 자료 등을 통해 자료를 수집
- 자료의 영역: 접수단계에서 파악한 클라이언트에 대한 기본적인 정보, 문제에 대한 깊이 있는 정보, 개인력, 가족력, 클라이언트의 기능, 클라이언트의 자원, 클라이언트의 강점·한계

기출회독으로 연계 학습하세요

 접수단계의 주요 과업
기출회독 086  **8**문항

 자료수집
기출회독 087  **6**문항

실력 CHECK

 기본쌓기문제

 OX퀴즈

10장 사정과정

1.2
출제문항수

핵심특강

10장에서 사정도구와 관련된 내용은 <사회복지실천기술론>에서도 출제되므로 반드시 꼼꼼하게 정리해야 한다. 가계도와 생태도의 차이점을 비교하는 문제가 가장 많이 출제되었고, 간혹 가계도와 생태도의 작성법을 확인하는 문제가 출제되기도 했다. 사정의 특성, 문제형성의 개념, 사정단계의 과업 등을 묻는 문제도 출제된 바 있다.

1. 사정 23회 기출 22회 기출

● 사정의 특징 꼭!

- 수집 정리된 자료를 분석하고 심사숙고하여 문제를 규정해내는 작업
- 지속적 과정, 클라이언트와의 상호작용, 이중초점, 수평적·수직적 탐색, 전문적 지식을 바탕으로 판단, 생활 상황에서의 이해
- 클라이언트를 완전히 이해할 수 없다는 한계 인식
- 자료수집과 사정은 거의 동시에 반복적으로 진행되며, 개입의 전 과정 동안 지속되기도 함

● 사정단계의 과제 꼭!

- 문제발견: 클라이언트가 제시한 문제에 초점을 두되, 본질적인 문제를 탐색
- 정보/자료수집: 자료수집과 사정은 동시적이며 순환적 과정으로 사정과정에서도 지속적으로 자료를 수집
- 문제형성(문제규정): 수집된 정보들을 분석하여 문제에 대해 전문적 판단을 하는 과정으로, 클라이언트가 제시한 문제를 충족되지 못한 욕구로 바꾸어 진술해야 함

● 사정단계의 내용 꼭!

- 사정 영역: 클라이언트의 정서·심리상태, 역할 수행상의 문제, 생활력, 자기방어기제, 클라이언트의 강점과 대처방안, 가족구조와 가족기능, 사회적 지지와 관계망 등
- 사정 대상: 문제 표명, 강점·자원, 장애물, 상호작용 방법, 문제행동의 현장·빈도·지속기간 등
- 사정 정보의 출처: 언어, 몸짓이나 행동 등 비언어, 상호작용 관찰, 클라이언트의 자기모니터링, 이차적 정보 출처, 각종 기록, 클라이언트에 대한 사회복지사의 주관적 경험

2. 사정도구 23회 기출 21회 기출 20회 기출

● 사회적 관계망 격자 꼭!

- 개인이나 가족의 사회적 지지체계를 사정하는 도구
- 클라이언트의 관계망을 전체적으로 볼 수 있게 해줌. 중요한 인물, 지지를 받는 생활영역, 지지의 유형, 지지 정도의 중요도, 지지의 성격(상호적·일방적), 친밀감 정도, 접촉빈도, 관계기간 등

● **가계도** ⭐꼭!

- 3세대 이상에 걸친 가족관계를 도식화하여 작성
- 가족 간 관계를 비롯해 각 성원의 인구사회학적 특성을 기록하여 세대에 걸쳐 반복적인 특징을 파악

● **생태도** ⭐꼭!

- 환경 속 인간 관점, 생태체계적 관점의 가족사정도구
- 클라이언트 및 현재 가족원를 둘러싼 환경체계와의 관계를 파악

● **가족조각**

- 공간 속에서 가족구성원의 몸을 이용해 상호작용 양상을 표현함으로써 가족에 대한 이해를 돕는 기법
- 한 명이 다른 구성원들을 위치시킨 후 자신도 자리를 잡음

● **생활력도표**

클라이언트의 생애 동안 발생한 사건이나 문제의 발전과정을 사정

● **생활주기표**

클라이언트의 생활주기와 발달단계의 과업 및 가족구성원의 발달단계와 과업을 하나의 표로 나타낸 것

● **소시오그램**

집단성원 간 선호도와 무관심, 배척하는 정도와 유형을 파악할 수 있으며 하위집단 형성 여부를 알 수 있음

● **의의차별척도**

- 두 개의 상반된 입장 중에서 하나를 선택하도록 요청하는 척도
- 동료성원에 대한 평가, 동료성원의 잠재력에 대한 인식, 성원의 활동력에 대한 인식 등 집단성원이 동료집단 성원을 사정하는 데 활용됨

기출회독으로 연계 학습하세요

 사정도구
기출회독 088
9문항

 사정의 특징 및 내용
기출회독 089
4문항

실력 CHECK

기본쌓기문제

OX퀴즈

11장 계획수립과정

0.4 출제문항수

핵심특강

1. 계획단계의 과정

- 1단계: 클라이언트와 함께하기
- 2단계: 문제의 우선순위 정하기(= 표적문제 선정)
- 3단계: 목적 설정하기
- 4단계: 목적을 목표로 구체화하기
- 5단계: 계약의 공식화

2. 표적문제 선정 및 개입목표 설정 ^{22회 기출}

● 표적문제
- 복잡한 여러 개의 문제 중에서 가장 중요하고 시급히 해결해야 할 문제 2~3가지를 선정
- 개입목표를 설정하기 위해서 우선 표적문제를 찾아내야 함
※ 표적문제 선정의 지침
- 클라이언트가 중요하게 생각하고, 시급히 해결되기를 원하며 문제상황을 대표하는 문제로 선정
- 해결가능성이 비교적 뚜렷한 문제를 선정
- 사회복지사와 클라이언트 간 합의가 중요

● 목표설정 지침
- 클라이언트가 원하는 결과와 관련, 명시적이며, 측정 가능한 형태, 성취 가능한 것
- 사회복지사의 지식과 기술에 상응, 성장을 강조하는 긍정적인 표현으로 기술
- 사회복지사는 목표가 자신의 가치나 권리에 맞지 않는다면 동의하지 말아야 함
- 기관 기능으로 달성할 수 있는 목표여야 함
- SMART 지침: 구체성, 측정가능성, 성취가능성, 현실성, 시기적절성 및 시간제한성

● 개입목표 우선순위 기준
- 클라이언트에게 가장 시급한 문제
- 단기간에 달성할 수 있어 성취감을 느낄 수 있는 것
- 클라이언트에게 다른 목표에 도전할 수 있는 동기를 부여하는 것
- 사회복지사의 능력과 기관의 기능상 무리 없이 달성할 수 있는 것

3. 계약  20회 기출

- 계약에 포함될 내용: 서비스의 종류 및 기간, 사회복지사의 역할, 클라이언트의 역할 및 서명, 수행할 목표, 클라이언트의 기대, 계약변경 조건, 개입기법, 평가기법 등
- 공식적인 서면계약이 이루어지지만 서면계약이 어려운 경우 구두계약이 이루어지기도 함. 암묵적인 합의로 계약을 대신하는 경우 오해의 가능성이 있으므로 주의가 필요

기출회독으로 연계 학습하세요

표적문제 선정
및 개입목표 설정

기출회독 090

2문항

계획수립의 과정 및 과업

기출회독 091

4문항

실력 CHECK

기본쌓기문제

OX퀴즈

12장 개입과정

1.4
출제문항수

핵심특강

개입단계에서의 사회복지사의 역할 또는 과업은 기본적으로 정리해두어야 한다. 시험에서는 주로 사회복지사가 활용하게 될 다양한 개입기술들을 비교하는 문제가 출제되고 있다. 직접적 개입기술과 간접적 개입기술을 구분하는 간단한 문제가 출제되기도 하지만, 인지적 차원, 정서적 차원, 행동적 차원의 기술을 구분하는 문제에서는 정답률이 낮게 나타나기도 하므로 이에 대비해야 한다.

1. 직접적 개입 23회기출 22회기출 21회기출 20회기출

의사소통기술 (정서, 인지에 개입하는 기술)	**〈정서적 안정을 돕는 방법〉** ① 격려: 클라이언트의 문제해결 능력을 향상시키려는 기법, 클라이언트의 행동이나 태도를 인정하고 칭찬해주는 것 ② 재보증(안심): 클라이언트의 능력이나 자질에 대해 사회복지사가 신뢰를 표현함으로써 클라이언트의 불안과 불확실성을 제거하고 위안을 주는 것 ③ 일반화: 클라이언트의 생각, 느낌, 행동 등이 그와 비슷한 상황에 있는 다른 사람과 같다고 말해줌으로써 이질감이나 소외감, 일탈감을 해소하고 자신에 대한 신뢰감과 자신감을 회복시키는 기법 ④ 환기법: 클라이언트의 문제 또는 상황과 관련된 감정(분노, 증오, 슬픔, 죄의식, 불안)을 표출하도록 하여 감정의 강도를 약화시키거나 해소시키려는 기법 **〈인지구조를 변화시키는 방법〉** ① 재구조화(재명명): 어떤 문제에 대해 클라이언트가 부여하는 의미를 수정함으로써 클라이언트의 시각을 긍정적으로 변화시키는 방법 ② 초점화: 클라이언트가 자기 문제를 언어로 표현할 때 산만한 것을 점검해주고 말속에 숨겨진 선입견, 가정, 혼란을 드러내어 자신의 사고과정을 명확히 볼 수 있도록 함 ③ 직면: 클라이언트의 말과 행위 사이의 불일치, 표현한 가치와 실행 사이의 모순을 클라이언트 자신이 주목할 수 있게 해주는 기술 **〈상황인식 능력을 향상시키는 방법〉** ① 정보 제공: 클라이언트에게 의사결정이나 과업 수행에 필요한 정보를 제공 ② 조언: 클라이언트가 해야 할 것을 추천하거나 제안하는 것
행동변화기술	**〈행동 수정 및 습득을 위한 방법〉** ① 모델링: 다른 사람의 행동을 모방하여 행동습득 ② 타임아웃: 강화물이 많은 상태에서 적거나 없는 상태로 옮겨 안 좋은 행동을 못하게 함 ③ 행동조성: 작은 단위의 행동부터 시작해 특정 수준의 행동까지 만들어감 ④ 시연: 습득한 행동기술을 사회복지사 앞에서 미리 리허설 하는 것 ⑤ 기타 토큰강화, 행동계약, 역할교환 등
문제해결기술	문제의 자세한 언급, 현재에 초점 두기, 한 번에 한 가지 문제에만 초점 두기, 경청, 긍정적이고 건설적인 방식으로 문제 공유하기
사회기술훈련	예방과 교정을 위한 폭넓고 다양한 기술을 가르치는 것으로서 클라이언트에게 현재 환경과 삶의 주기 또는 역할관계에서 효과적으로 기능하는 데 필요한 기술을 습득할 기회를 제공
스트레스 관리	긴장완화훈련은 다양한 스트레스로 인한 신체적 증상이 있는 클라이언트를 돕는 데 유용

2. 간접적 개입  23회 기출 21회 기출

- 클라이언트를 둘러싼 환경을 변화시킴으로써 클라이언트의 문제를 해결
- 사회적 지지체계 개발
- 서비스 조정에 관련된 활동
- 프로그램 계획과 개발
- 환경조정, 옹호, 자원개발, 의뢰 등

3. 개입단계에서 사회복지사의 과업

- 문제해결을 위한 구체적 변화전략 수립
- 교육, 동기유발, 자원연결, 행동변화 등을 통해 클라이언트의 변화 창출
- 지속적인 점검을 통해 변화를 유지하고 평가

기출회독으로 연계 학습하세요

 다양한 개입기법
기출회독 092
11 문항

 개입단계에서 사회복지사의 과업
기출회독 093
1 문항

실력 CHECK

 기본쌓기문제

 OX퀴즈

13장 종결 및 평가

0.4
출제문항수

핵심특강

13장은 출제비중이 낮다. 주로 종결단계의 과업을 묻는 문제가 출제되었으며, 사후관리에 관한 내용이 단독문제로 출제된 바 있다. 전반적으로 어려운 내용은 없지만, 종결시점을 결정하는 것부터 종결단계가 진행된다는 것을 기억해야 하며, 종결 및 평가 과정에서의 사회복지사의 과업을 정리해두어야 한다.

1. 종결 20회 기출 🏆

● 종결단계의 시작 ⭐꼭!

종결일을 결정하는 때부터 종결단계임. 즉 종결 시점 정하기는 종결단계의 과업임

● 종결시기를 판단할 때 고려해야 하는 사항

• 개입목표의 달성 정도
• 서비스 시간 내 제공완료 여부
• 클라이언트의 문제상황의 해결 정도
• 사회복지사와 기관의 투자노력
• 이득체감(더 이상의 만남이 큰 도움이 되지 않으리라는 것)에 대한 합의
• 클라이언트의 의존성
• 클라이언트에 대한 새로운 서비스의 필요성 및 적합성

● 정서적 반응다루기 ⭐꼭!

• 목적이 달성 안 된 경우: 실망, 사회복지사에 대한 분노, 버림받는다는 느낌 등을 받으므로 사회복지사는 클라이언트의 감정을 수용하면서 부정적 감정을 표현할 수 있게 함
※부정적인 종결반응: 치료 및 사회복지사에게 집착, 과거문제 재발, 새로운 문제 호소, 사회복지사의 대리인 발견
• 사회복지사가 떠날 때의 정서적 반응 다루기
 – 사회복지사가 떠나도 변화를 위한 노력을 계속해 나가기를 바란다는 언급을 하고 지지와 격려 제공
 – 사회복지사는 클라이언트의 부정적 · 긍정적인 모든 감정표현을 허용하고 다른 사회복지사에게 의뢰하는 것을 수용하도록 도와야 함

● 의뢰

• 종결 후 클라이언트에게 새로운 서비스가 더 필요하거나 해결되지 않은 문제가 있는 경우 의뢰 고려
• 의뢰는 반드시 클라이언트의 동의가 있어야 함

2. 평가

● 평가의 중요성

사회복지실천의 효과성·효율성 측정, 자원의 사용에 대한 책임성 입증, 클라이언트에 대한 책임성 이행, 실천과정에 대한 모니터, 사회복지사의 능력 향상

● 평가의 종류

- 과정평가: 계획에 따라 진행되었는지, 과정상 문제는 없었는지 등에 초점
- 결과평가: 설정했던 목표들이 얼마나 달성되었는가를 평가하는 것
- 형성평가: 개입과정을 부분적으로 수정 및 개선하는 데 필요한 정보를 얻기 위해 주기적으로 진전상황을 평가하는 것(모니터링)
- 총괄평가: 사회복지실천활동이 종료되었을 때 활동의 결과로 산출된 효과와 효율성에 대해 종합적인 판단을 하는 평가

3. 사후관리

- 종결 후 1~6개월이 지났을 때 클라이언트의 변화를 평가하고 유지하기 위한 목적으로 실시함
- 사후관리에 대한 구체적인 계획은 종결과정에서 이루어짐
- 사회복지사가 지속적으로 관심을 갖고 있다는 것을 보여줌으로써 클라이언트가 종결의 충격을 최소화할 수 있다는 이점이 있으며, 이를 통해 변화의 지속성을 파악할 수 있음
- 사회복지사에게 클라이언트가 기능적으로 퇴보하는 것을 막도록 적절한 원조를 계획하거나 종결 이후 발생한 문제나 잔여문제를 다룰 수 있는 기회를 제공함

기출회독으로 연계 학습하세요

기출회독 094

종결단계에서
사회복지사의 과업

6문항

실력 CHECK

기본쌓기문제

OX퀴즈

2과목 4영역

사회복지
실천기술론

사회복지실천기술론은 결코 가볍게 생각해서는 안 되는 영역이다. 6개 이상의 실천모델들과 다양한 가족치료모델, 그리고 집단의 유형분류·역동이해, 치료효과·발달단계 등 학습내용이 방대하며, 모델들 간의 비교 및 심화문제들이 증가하고 있다. 따라서 사회복지실천기술론은 단순 암기를 넘어 개념에 대한 충분한 이해력, 방대한 내용에 대한 변별력, 모델 간의 비교력을 요하기 때문에 잘 조직화된 학습을 위한 시간투자가 반드시 필요하다.

강의로 쌓는 기본개념 **사회복지실천기술론**

5년간 데이터로 찾아낸 합격비책

여기에서 **81.6%**(20문항) 출제

순위	장	장명	출제문항수	평균문항수	23회 기출	체크
1	9장	가족 대상 실천기법	27	5.4	🏆	✓
2	10장	집단 대상 실천기법	16	3.2	🏆	✓
3	11장	집단발달단계	14	2.8	🏆	✓
4	1장	사회복지사의 전문성	11	2.2	🏆	✓
5	4장	인지행동모델	11	2.2	🏆	✓
6	6장	기타 실천모델	11	2.2	🏆	✓
7	7장	가족에 대한 이해	6	1.2	🏆	✓
8	8장	가족문제 사정	6	1.2	🏆	✓

강의로 복습하는 기출회독 사회복지실천기술론

10년간 데이터로 찾아낸 핵심키워드

여기에서 **85.6%**(21문항) 출제

순위	장		기출회독 빈출키워드 No.	출제문항수	23회 기출	체크
1	7장	108	가족 관련 개념 및 특성	14	🏆	✓
2	9장	115	해결중심 가족치료	14	🏆	✓
3	6장	107	위기개입모델	13	🏆	✓
4	1장	095	사회복지실천기술에 대한 이해	12	🏆	✓
5	4장	102	인지행동모델의 개입기법	12	🏆	✓
6	9장	112	구조적 가족치료	11	🏆	✓
7	3장	099	심리사회모델의 개입기법	9	🏆	✓
8	8장	109	가족사정도구	9		✓
9	10장	117	집단의 유형	9	🏆	✓
10	9장	113	경험적 가족치료	8	🏆	✓
11	9장	114	전략적 가족치료	8	🏆	✓
12	10장	118	집단역동성(집단역학)	8	🏆	✓
13	11장	121	집단 준비단계(계획단계)	8		✓
14	13장	128	단일사례설계	8	🏆	✓
15	1장	096	사회복지실천의 전문적 기반	7	🏆	✓
16	4장	101	인지행동모델의 주요 특징	7		✓
17	5장	104	과제중심모델의 주요 특징 및 개념	7	🏆	✓
18	8장	110	가족사정의 요소들	7	🏆	✓
19	11장	122	집단 사정단계	7	🏆	✓
20	6장	106	역량강화모델	6	🏆	✓
21	9장	111	다세대 가족치료	6	🏆	✓
22	10장	119	집단의 치료적 효과	6	🏆	✓
23	10장	120	집단 지도자의 역할 및 기술	6		✓
24	11장	125	집단 종결단계	6	🏆	✓
25	12장	127	기록의 특징, 목적 및 용도	6	🏆	✓

1장 사회복지사의 전문성

2.2
출제문항수

핵심특강

1장의 내용은 <사회복지실천론>에서 학습한 내용과 중복되는 부분이 많다. 다만, <사회복지실천기술론>에서는 사회복지실천의 기술이나 과정 등이 사례제시형 문제 형태로 출제되기 때문에 정답률이 낮게 나타나고 있다. 주로 실천기술에 관련한 내용이 출제되고 있으며, 그 밖에 과학성과 예술성, 실천지식의 구성수준 등도 출제된 바 있다.

1. 과학적 기반과 예술적 기반 20회 기출

- 과학성: 효과적인 개입을 위해서 사회현상, 사회적 조건과 문제, 사회정책과 프로그램, 사회복지 전문직, 다양한 실천이론과 관련된 지식에 바탕을 두고 이를 적용, 활용하는 것
- 예술성: 전문적 관계형성, 동정심, 용기, 감정이입, 온화함, 진실성, 상상력과 창의적 사고, 융통성, 인내심, 희망, 에너지, 건전한 판단력, 적절한 가치 기준, 직관적 능력 등

2. 사회복지실천지식의 차원 23회 기출 21회 기출

- 패러다임: 가장 추상적인 개념적 틀
- 관점(시각): 패러다임보다 조금 더 구체적인 수준에서 사회복지실천에 영향을 줌
- 이론: 특정 현상을 설명하기 위한 가설이나 개념, 의미의 집합체
- 모델: 실천활동의 원칙과 방식을 구조화시킨 것으로서 기술적 적용방법을 제시
- 실천지혜: 실천현장에서 경험적, 귀납적으로 만들어진 지식

● **사회복지 지식의 구성수준**

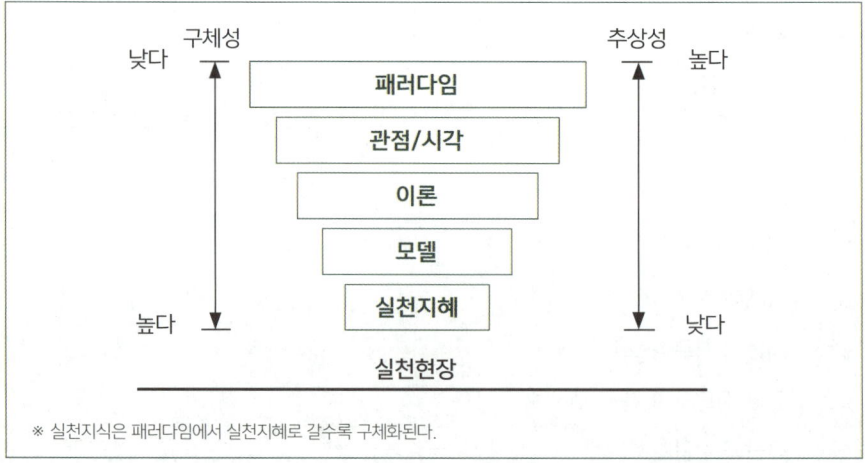

※ 실천지식은 패러다임에서 실천지혜로 갈수록 구체화된다.

3. 주요 실천기술 22회 기출 21회 기출

- 질문
  - 개방형 질문: 클라이언트의 생각, 감정 등을 자유롭게 표현할 수 있도록 하는 질문
  - 폐쇄형 질문: '예', '아니요' 대답만 요구하거나, 간단한 단답형 대답만 요구할 때
  - 폭탄형, 유도형, 왜? 질문 등은 피해야 함
- 초점화: 클라이언트의 말이 두서가 없을 때 다시 본래 주제로 돌아오게 하는 기술
- 명료화: 클라이언트가 자신의 처지에 대해 좀 더 분명하고 객관적인 인식을 갖도록 도움
- 해석: 클라이언트의 표현과 행동 상황 등을 토대로 사회복지사가 이를 분석하여 설명함
- 재명명(재구성): 문제를 다른 시각에서 볼 수 있도록 도움
- 환언: 클라이언트의 말을 사회복지사의 언어로 다시 표현
- 재보증(안심): 클라이언트가 자신의 능력에 대해 불안해할 때 위안을 줌
- 옹호: 클라이언트가 권리를 누릴 수 있도록 표적체계에 대해 클라이언트의 입장을 대변

4. 사회복지실천 과정별 주요 과업 23회 기출

- 접수 및 자료수집: 클라이언트의 문제확인, 적격 여부 판단 및 의뢰, 참여 유도, 초기면접지 작성, 개입 가능성 판단 및 자료 마련
- 사정: 문제발견, 정보수집, 문제형성(문제규정)
- 계획: 표적문제 선정, 개입목표 설정, 계약
- 개입: 문제해결을 위한 구체적 전략 수립, 직 · 간접적 개입, 클라이언트의 변화 창출, 점검 및 환류
- 종결 및 평가: 종결에 대한 감정적 반응 다루기, 사후관리 계획, 개입의 효율성 · 효과성 검토
- 환류하기: 평가 내용을 기반으로 한 클라이언트의 욕구 재확인으로 서비스 계획이나 개입전략 수정

기출회독으로 연계 학습하세요

기출회독 095

사회복지실천기술에 대한 이해

12문항

기출회독 096

사회복지실천의 전문적 기반

7문항

실력 CHECK

기본쌓기문제

OX퀴즈

2장 정신역동모델

정신역동모델의 주요 특징을 묻는 문제나 개입기법을 확인하는 문제가 출제되고 있다. 정신역동모델의 주요 특징은 단독문제로 출제되지 않더라도 여러 모델을 한 문제에서 다루는 종합형 문제에서 선택지로 등장할 가능성이 높다. 개입기법은 단순히 종류만 외울 것이 아니라, 모델의 특징을 바탕으로 각각의 기법이 어떻게, 왜 사용되는지를 생각하면서 파악해두는 것이 필요하다. 정신역동모델의 개입과정을 파악하는 문제도 최근 출제되었다.

1. 정신역동모델의 주요 특징

● 기본 가정

- 심리결정론(정신결정론): 인간의 모든 정신활동에는 목적이 있으며 이는 과거의 발달과정에서 경험한 것에 의하여 결정된다고 보는 것
- 무의식을 가정함, 무의식적 동기 중 본능적 에너지인 성적 욕구가 중요함
- 생애 초기의 경험 중시

● 개입 목표

- 클라이언트가 과거의 경험에서 갖게 된 불안한 감정이나 무의식적 갈등을 의식화하여 이러한 것들이 어떻게 현재 자신의 행동에 영향을 주고 있는지를 통찰하도록 돕는 것
- 클라이언트가 자신을 좀 더 잘 이해하도록 하는 것, 즉 통찰의 획득

2. 정신역동모델의 개입과정 22회기출

- 관계형성단계: 사회복지사와 클라이언트가 신뢰관계를 형성
- 동일시를 통한 자아구축단계: 클라이언트는 자신을 사회복지사와 동일시하기 시작하여 사회복지사의 생각과 태도를 받아들임
- 클라이언트가 독립된 정체감을 형성하도록 원조하는 단계: 사회복지사로부터 독립된 정체감을 확립하는 것이 필요하지만 어렵기 때문에 퇴행이 나타나기도 함
- 클라이언트의 자기이해를 원조하는 단계: 클라이언트가 자신의 방어기제에 대해 의식하며, 유치한 정서적 행동에 빠지지 않으면서 좌절과 실패에 대응하는 방법을 생각할 수 있게 함

3. 정신역동모델의 개입기법 23회기출 21회기출

- 전이의 해석: 전이는 클라이언트가 사회복지사를 자신의 과거 속 중요한 인물로 느끼는 것을 말함. 사회복지사는 이러한 전이 반응을 분석하고 해석하여 클라이언트가 자신의 반응형태를 통찰해볼 수 있도록 돕고, 새로운 반응형태를 모색하고 습득할 수 있도록 도움
- 자유연상: 클라이언트의 마음속에 떠오르는 것을 자유롭게 말하게 함

- 훈습: 클라이언트가 문제에 대한 통찰수준을 높여 경험적 확신을 갖도록 클라이언트에게 반복적으로 설명하고 분석해주는 기법
- 꿈의 분석: 꿈에 나타나는 무의식적인 소망과 욕구, 두려움을 해석함으로써 무의식적으로 억압했던 것들을 풀어내고 새로운 통찰력을 갖게 함
- 직면: 클라이언트의 말과 행위 사이의 불일치, 표현한 가치와 실행 사이의 모순, 회피 등을 클라이언트 자신이 주목할 수 있도록 하는 기법

기출회독으로 연계 학습하세요

정신역동모델의 주요 특징

기출회독 097

4문항

정신역동모델의 개입기법

기출회독 098

4문항

실력 CHECK

기본쌓기문제

OX퀴즈

3장   심리사회모델

1.0
출제문항수

핵심특강

이 장의 기출포인트

심리사회모델은 주요 특징보다 개입기술에 관한 문제의 출제비중이 더 높다. 6가지 직접적 개입방법과 관련해서 개입 기법과 제시된 설명이 바르게 연결되었는지를 확인하는 문제, 제시된 특징이 어떤 기법인지를 찾는 문제 등 다양한 유 형으로 출제되고 있기 때문에 각 기법을 정확하게 이해하고 정리해두어야 한다. 직접적 개입방법 외에 간접적 개입방 법도 놓치지 말고 함께 정리해야 한다.

1. 심리사회모델의 주요 특징

- 목표는 클라이언트가 경험한 과거의 사건이나 경험들 혹은 현재의 경험들과 관련된 심리 내적인 갈등과 어려 움을 클라이언트가 이해하고 통찰할 수 있도록 원조하는 것
- 인간을 단순히 심리적인 측면으로만 보는 것이 아니라 심리적인 측면과 사회적인 측면, 그리고 양자의 상호작 용에 의한 결과도 동시에 고려함('상황 속 인간' 관점)
- 사회복지사와 클라이언트 간의 치료적 관계에 주목함
- '수용', '개별화', '자기결정', '클라이언트의 현재 상황에서 출발'과 같은 실천원칙을 강조
- 현재 행동을 이해하기 위해 과거 경험을 탐색하면서도 무의식이 행동을 결정짓는 요인은 아니라고 봄

2. 직접적 개입기법(6가지) 23회 기출 22회 기출 21회 기출 20회 기출

● 지지하기 꼭!

클라이언트에 대한 사회복지사의 신뢰나 존중, 돕고자 하는 태도, 클라이언트의 문제해결 능력에 대한 확신 등 을 표현함. 재보증(안심), 격려, 경청

● 직접적 영향 주기 꼭!

조언하기, 정보 제공 등

● 탐색 – 기술(묘사) – 환기: 클라이언트의 감정을 탐색, 기술, 환기 꼭!

- 탐색과 기술(묘사): 클라이언트가 자신의 상황과 자신과 주변 사회환경과의 상호작용에 대한 사실을 그대로 말할 수 있도록 도와주는 의사소통, 즉 단순히 자신이 보는 그대로의 사실을 제공하는 것
- 환기: 사실과 관련된 감정을 끌어내는 것, 클라이언트는 이러한 과정에서 자연히 자신의 감정을 표현하고, 환 기를 경험하는 것 자체로도 문제가 해결되는 경우도 있음

● 개인 – 환경 간의 관계에 관한 반성적 고찰 꼭!

- 클라이언트를 상황 속의 인간이라는 관점에서 고려하기
- 클라이언트를 둘러싼 현재 혹은 최근 사건에 대해 고찰하는 것으로 심리사회요법의 핵심

● **유형 – 역동성 고찰**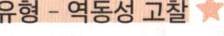

　클라이언트의 성격과 행동, 심리 내적 역동에 대해 고찰하기

● **발달적 고찰**

　클라이언트의 사회적 기능 수행에 영향을 주는 과거와 현재의 경험을 고찰하기(과거에 초점을 둠)

3. 간접적 개입기법

● **환경 조정하기**

- 클라이언트를 둘러싼 인적 · 물적 환경에 관계된 문제를 해결하는 것이 목표
- 환경에 관련된 사람과의 관계에 개입하거나 사회환경적인 변화를 추구하는 활동
- 클라이언트가 필요로 하는 자원을 발굴하여 제공하며 클라이언트에 대한 옹호 및 중재 활동을 함
- 클라이언트 스스로가 주변을 변화시킬 수 있도록 원조함

기출회독으로 연계 학습하세요

기출회독 099

심리사회모델의 개입기법

9문항

기출회독 100

심리사회모델의 주요 특징

0문항

실력 CHECK

기본쌓기문제

OX퀴즈

130점 목표 필수 학습

4장 인지행동모델

2.2
출제문항수

핵심특강

이 장의 기출포인트

4장은 비교적 정리해야 할 내용이 많고, 최근 시험에서 세부적인 내용들을 묻는 문제가 출제되고 있다. 인지행동모델의 이론적 배경이 되는 행동주의이론의 특징 및 기법, 인지행동모델의 주요 특징을 비롯해 벡의 인지적 오류, 엘리스의 기법, 다양한 개입기법 등을 모두 꼼꼼하게 학습해야 한다. 특히 개입기법과 관련해서는 사례제시형 문제로도 출제되므로 반드시 사례와 연결시켜 정리해야 한다.

1. 이론적 기반 ^{22회 기출}

● 인지이론

- 인간의 경험과 사회적 상호작용의 결과로 인지능력이 발달한다고 보는 이론
- 환경에 대한 인간의 사고, 인식, 해석이 정서와 행동의 결정요인이라고 봄

● 행동주의이론 꼭!

- 인간은 과거의 경험이나 심리 내적 역동보다는 외부 환경이나 자극에 의해 학습된다고 보는 이론
- 클라이언트가 잘못된 혹은 부정적인 행동을 모방하거나 학습한 결과로 역기능적 행동을 보인다고 주장
- 인간의 행동은 고전적 조건화, 조작적 조건화, 대리적 조건화에 의해 학습된다고 봄
- 행동주의모델의 개입기술: 선행조건의 회피, 선행조건의 압축, 선행조건의 재인식, 행동연쇄의 변화, 멈춤, 언어적 지시, 사고 중단, 소거, 행동형성(조성), 대체행동, 모델링 등

2. 인지행동모델의 특성 ^{21회 기출}

● 인지행동모델의 특징 꼭!

클라이언트의 주관적 경험의 독특성 중시, 클라이언트와 사회복지사의 협조적인 노력, 구조화되고 방향적(직접적)인 접근, 클라이언트의 능동적인(적극적인) 참여, 교육적 접근(교육모델), 소크라테스식 문답법, 경험적인 초점, 시간제한적인 개입, 문제재발의 방지, 문제 중심, 목표지향적, 현재 중심, 다양한 개입방법

● 인지행동모델의 개입목표 꼭!

- 문제의 원인이 되는 비합리적 신념이나 왜곡된 사고를 확인 및 점검하고 재평가해서 수정할 수 있도록 원조
- 문제를 일으키는 잘못된 가정과 사고의 유형을 확인, 점검하고, 재평가해서 수정하도록 격려하고 원조

3. ABCDE 모델(엘리스) ^{20회 기출}

- A(Accident, 실재하는 사건): 인간의 정서를 유발하는 어떤 사건이나 현상 또는 행위
- B(Belief, 신념체계): A에 대해서 가지고 있는 신념, 생각
- C(Consequence, 정서적·행동적 결과): 개인의 믿음, 인식 등으로 인해 초래된 감정이나 행동

- D(Dispute, 논의, 논박): 비합리적 신념체계를 논박, 치료의 논박과정
- E(Effect, 효과): D를 통하여 합리적인 신념으로 재구조화된 이후에 갖게 되는 태도와 감정의 결과, 효과

4. 인지적 왜곡(오류)의 유형(벡) 23회기출 21회기출 🏆 🏆

- 임의적 유추: 충분하고 적절한 증거가 없는데도 결론에 도달하는 것
- 선택적 요약: 상황에 대한 보다 현저한 특성을 무시하고 맥락에서 벗어난 세부내용에 초점을 두는 것
- 과잉일반화: 단일 사건에 기초하여 극단적인 신념을 가지고 그것들과 유사하지 않은 사건들이나 장면에 부적절하게 적용
- 극대화와 극소화: 사건의 의미나 크기를 왜곡하는 것
- 개인화: 관련된 적절한 원인없이 부정적 사건이나 상황을 개인에게 연결시키는 것
- 이분법적 사고: 실패나 성공 등 극단적인 흑과 백으로 구분하려는 경향

5. 다양한 인지행동 개입기법 22회기출 21회기출 20회기출 🏆 🏆 🏆

- 인지재구조화: 클라이언트의 역기능적 사고와 관념을 인식해서 이를 현실적인 사고와 관념으로 대치하고 순기능적일 수 있도록 원조하는 기법
- 경험적 학습: 클라이언트에게 자기 자신의 인지적 오류에 부합하지 않는 특정한 행동을 하도록 함으로써 클라이언트가 자신의 인지적 오류를 발견하고 수정하도록 하는 기법
- 체계적 둔감법: 클라이언트에게 가장 덜 위협적인 상황에서 가장 위협적인 상황까지 순서대로 제시하면서 불안자극과 불안반응 간의 연결이 없어질 때까지 반복적으로 이완상태와 짝짓는 기법
- 모델링: 다른 사람이 행동하는 것을 봄으로써 새로운 행동을 학습할 수 있게 하는 기법
- 사회기술훈련: 대인관계에서 불편함을 느끼거나 지나치게 부끄러워하는 사람들 혹은 공격적인 사람들 및 자기중심적이며 다른 사람들에게는 관심이 없어 원만한 사회적 관계를 맺기 어려운 사람들을 대상으로 사회기술을 향상시키기 위해 실시하는 훈련. 주로 집단프로그램으로 실시되며, 다양한 행동주의적 기법을 활용
- 시연(행동시연): 클라이언트가 습득한 행동기술을 현실세계에서 직접 실행하기 전에 사회복지사 앞에서 기술을 반복적으로 연습하는 것

기출회독으로 연계 학습하세요

인지행동모델의 주요 특징

기출회독 101

7 문항

인지행동모델의 개입기법

기출회독 102

12 문항

행동주의이론, 행동수정모델

기출회독 103

5 문항

실력 CHECK

기본쌓기문제

OX퀴즈

5장 과제중심모델

0.8
출제문항수

핵심특강

1. 과제중심모델의 특징 23회 기출 22회 기출

- 시간제한적인 단기개입: 주 1~2회 면접을 전체 8~12회 정도로 구성하여 대개 4개월 이내에 사례를 종료하는 계획된 단기접근
- 클라이언트가 인식한 문제 중심
- 과제 중심
- 경험적 기초: 이론보다는 조사에 근거한 경험적 자료가 모델 형성의 기초를 이룸
- 협조적 관계: 사회복지사는 클라이언트가 제한된 기간 내에 가능한 한 건설적으로 자신의 문제를 완화시킬 수 있는 활동을 할 수 있도록 원조하며, 클라이언트를 광범위하게 참여시킴
- 자기결정의 원리
- 통합적 접근(절충적): 특정한 한 가지 이론이나 모델을 고집하지 않으며 다양한 접근방법을 선택적으로 사용
- 구조화되고 체계적인 접근
- 클라이언트의 환경에 대한 개입 강조
- 개입의 책무성 강조

2. 주요 개념 20회 기출

● 표적문제

- 클라이언트가 해결하고자 하는 문제
- 사회복지사와 클라이언트가 개입의 초점으로 동의한 문제
- 우선순위를 고려하여 최대 3개까지 선정, 단기개입

● 과제

- 문제를 해결하기 위해 클라이언트와 사회복지사가 수행해야 하는 활동
- 클라이언트와 사회복지사가 동의하여 계획한 특정 유형의 문제해결 활동으로, 세션 내에서뿐만 아니라 세션 밖에서도 실행하는 활동
- 과제는 표적문제를 명확히 한 후 세우며, 사례가 진행되는 동안 해결되지 않으면 과제를 변경하는 융통성이 필요함
- 클라이언트의 과제: 문제해결을 위해 혹은 문제해결에 도움이 되는 활동으로서 클라이언트가 수행하는 활동
- 사회복지사의 과제: 클라이언트가 과제를 수행할 수 있도록 원조하고 지지하기 위한 활동

3. 개입과정

시작단계	면접 ─ 자발적, 독립적으로 지원한 클라이언트: 바로 문제규명단계로 넘어감 └ 의뢰된 클라이언트: 의뢰 이유와 목표 확인, 지원 가능한 자원 확인
초기단계	문제규명: 문제 탐색하기, 표적문제 정하기(최대 3개), 우선순위 정하기, 신속한 초기 사정
	계약하기: 주요 표적문제, 구체적인 목표(사회복지사가 동의한 것), 클라이언트의 과제, 사회복지사의 과제, 개입 지속기간, 개입 일정, 면접 일정, 참여자, 장소 등
중간단계	문제해결(개입, 실행): 후속사정 수행, 대안모색, 다른 사람 및 기관과 지지적이고 협조적인 활동에 대해 협상하기, 의사결정(목표와 개입), 과제개발하기, 과제수행 지지하기, 과제수행, 과제점검, 모니터링, 개입전략 수정하기
종결단계	종결 혹은 연장, 성취에 대한 점검, 사후지도(follow-up)

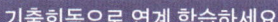

기출회독으로 연계 학습하세요

기출회독 104

과제중심모델의
주요 특징 및 개념

7 문항

기출회독 105

과제중심모델의 개입과정

1 문항

실력 CHECK

기본쌓기문제

OX퀴즈

6장 기타 실천모델

2.2
출제문항수 핵심특강

역량강화모델은 <사회복지실천기술론>에서 출제되지 않으면 <사회복지실천론>에서라도 반드시 출제되기 때문에 꼼꼼하게 정리해야 한다. 주로 강점관점, 주요 특징, 개입단계 등과 관련한 내용이 출제되고 있다. 위기개입모델은 비교적 출제범위가 넓은 편이어서 적당히 특징만 파악해서는 답을 찾기 어려울 수 있다. 위기개입의 주요 특징, 목표, 위기발달단계 등 전반적인 모든 내용을 정리해야 한다.

1. 역량강화모델 23회 기출 21회 기출

● 강점관점

모든 인간은 성장하고 변화할 능력을 이미 내부에 가지고 있고, 문제가 생겼을 때 문제를 해결할 능력과 힘이 있다고 보는 관점

● 사회복지실천의 역량강화의 개념

- 클라이언트 스스로 자기 삶에 대해 결정하고 행동함에 있어서 힘을 가지도록 돕는 것
- 클라이언트의 욕구, 복지, 만족감을 강화하는 데 환경과 상호작용할 수 있는 능력을 회복 또는 획득하도록 하는 것
- 자신이 처한 상황을 스스로 개선하기 위한 행동을 취할 수 있도록 개인적 · 대인적 · 정치적 측면에서 힘을 키워나가는 과정

● 역량강화모델의 개입과정

대화단계: 역량강화 관계 수립	발견단계: 사정, 분석, 계획	발전단계(발달단계): 실행 및 변화 안정화
• 파트너십 형성: 동반자 관계 형성 • 현재 상황의 명확화: 도전들을 설명 • 방향 설정	• 강점 확인 • 자원의 역량사정 • 해결방안 수립	• 자원 활성화 • 기회의 확대 • 성공의 확인 • 성과의 집대성

2. 위기개입모델 23회 기출 22회 기출 21회 기출 20회 기출

● 위기발달단계(N. Golan) 꼭!

사회적 위험(특정한 스트레스 사건) → 취약단계(최초의 쇼크에 대한 반응 단계) → 위기촉진요인 발생(취약단계를 불균형의 상태로 전환시키는 일련의 연쇄적인 스트레스 유발 사건들) → 실제 위기단계('위기개입이 필요한 단계'로서 개인의 항상성 기제가 무너지면 긴장이 최고조에 달하고 불균형 상태가 시작됨) → 재통합(긴장과 불안이 점차 가라앉고 개인의 기능이 다소 재구성되는 단계이지만 사실상 위기단계의 연장)

● **위기개입모델의 특징과 목표**

- 위기상황에 즉각적으로 개입하여 단기 전문 원조를 제공하는 모델(4~6주 안에 적용)
- 위기로 인한 증상을 제거
- 위기 이전의 상태로 기능을 회복
- 불균형 상태에 기여하는 촉진적 요인을 이해
- 클라이언트와 그의 가족 및 지역사회의 자원을 통하여 가능한 치료방법 모색
- 현재의 스트레스를 과거의 경험, 갈등과 연결
- 새로운 인식, 사고, 정서 양식을 개발하고, 새로운 적응적 대처기제 개발

3. 클라이언트중심모델과 동기강화모델 ^{23회 기출}

● **클라이언트중심모델**

칼 로저스가 제시한 비지시적 인간중심모델로서 대표적 개입기법은 공감, 무조건적인 긍정적 관심, 진실성 등이며, 전문가 중심의 해석이나 불필요한 탐색을 거부함

● **동기강화모델**

밀러가 제시한 모델로서 다양한 유형의 중독자 치료를 위한 실천기반으로 발전하였으며, 클라이언트가 변화에 대해 갖는 양가감정을 탐색하고 해결해가는 과정에서 변화동기를 강화해 가는 데에 목적을 둠. 개입의 원리이자 대표기법은 공감하기, 불일치감 만들기, 저항과 함께 구르기, 자기효능감 지지하기 등이 있음

기출회독으로 연계 학습하세요

 역량강화모델
기출회독 106
6 문항

 위기개입모델
기출회독 107
13 문항

실력 CHECK

기본쌓기문제

OX퀴즈

7장 가족에 대한 이해

1.2
출제문항수   핵심특강

가족체계와 관련된 다양한 개념, 현대가족 개념의 변화, 가족의 기능, 가족생활주기 등의 내용이 단독문제로 출제되기도 하고, 한 문제에서 각각의 선택지로 구성하여 묻는 종합형 문제 형태로 출제되기도 한다. 가족은 하위체계이면서 상위체계라는 점, 단선적 인과론이 아닌 순환적 인과론의 관점에서 가족문제를 살펴봐야 한다는 점을 반드시 기억해야 한다.

1. 가족체계의 주요 개념 23회기출 22회기출 21회기출 20회기출

● 가족항상성

- 가족이 구조와 기능에 있어 균형을 유지하려는 속성
- 위기상황 이후에 원래의 기능으로 되돌아가려는 경향 → 사회복지사는 가족의 새로운 균형상태를 원조

● 가족 내부경계

- 경직된 경계: 가족 간의 경계가 단절되어 필요한 상호작용과 의사소통이 이루어지지 않음
- 명확한 경계: 유연하고 융통성 있는 경계로 적절히 상호작용하면서 개인의 자율성을 인정함
- 혼돈된 경계: 가족 간의 경계가 지나치게 밀착되어 개개인의 자율성과 독립성이 결여됨

● 가족 외부경계

- 폐쇄형: 외부와의 경계가 엄격하게 제한되어 외부와 상호작용하지 않음
- 개방형: 가족규칙의 범위 내에서 외부와 유동적으로 상호작용함
- 방임형: 외부와의 경계가 모호하여 상호작용에 제한이 없으며, 가족 경계선의 방어가 없음

● 하위체계

- 부부 하위체계, 부모 하위체계, 부모-자녀 하위체계, 형제자매 하위체계 등
- 건강한 가족은 하위체계 간 경계가 혼돈되지 않고 분명함

● 순환적 인과성

- 모든 행위는 다른 행위의 한 원인이 되면서 동시에 결과가 됨
- 문제의 원인이나 근원보다는 문제를 유지하는 가족의 상호작용에 초점을 둠
- "무엇"을 하느냐에 초점: 문제의 원인(왜?)보다는 문제를 유지시키는 가족의 상호작용(무엇을)에 초점을 둠

● 환류고리

- 정적 환류(변화로 나아감)와 부적 환류(변화를 거부함)로 나뉨
- 가족은 기존 가족규범에서 벗어나려는 행동에 대해 부적 환류 과정을 통해 변화를 거부하고 가족항상성을 유지하고자 함

2. 현대사회와 가족 ^{22회 기출} 🏆

● **가족개념의 변화**

혈연이나 혼인에 의한 관계를 강조하기보다는 다양성을 인정하는 개념으로 변화

● **현대가족의 구조 및 기능상의 변화**

다양한 형태의 가족 유형 증가, 가족구조의 단순화 및 가족규모의 축소, 가족생활주기의 변화, 가족 기능상의 변화, 기혼여성의 사회활동 참여 증가

3. 가족생활주기

- 가족생활주기의 각 단계는 길이나 내용이 가족마다 달라지며 부부의 결혼 연령과 자녀출산 시기, 자녀 수, 독립기간, 부부의 은퇴나 사망 등의 영향을 받음
- 각 단계마다 일정한 발달과업이 수반되며, 새로운 단계로 전환할 때는 일종의 위기를 경험함

기출회독으로 연계 학습하세요

가족 관련 개념 및 특성

기출회독 108   **14**문항

실력 CHECK

기본쌓기문제

OX퀴즈

8장 가족문제 사정

1.2
출제문항수

핵심특강

8장에서 가장 출제비중이 높은 부분은 가족사정도구에 관련한 내용이다. 특히, 가계도와 생태도는 <사회복지실천론>에서도 자주 출제되고 있다. 그 밖에 가족사정의 기능 및 특징을 살펴보는 문제, 가족사정에서 살펴봐야 할 요소들과 관련한 문제 등이 출제되었으며, 앞서 7장에서 배운 가족체계의 개념과 연결한 문제들도 출제된 바 있다.

1. 기능적 가족과 역기능적 가족의 특징 23회 기출

기능적 가족	역기능적인 가족
• 분명한 경계와 자율성 • 서로에 대해 깊은 신뢰감 • 가족발달에 맞게 변화하는 유연성 있는 가족규칙 • 가족의 발달단계에서 요구되는 과업수행 시 융통성을 발휘함 • 환경체계와 분명히 구분되는 동시에 개방적이고 융통적이며 적응적인 경계	• 가족체계가 외부와 폐쇄적 • 가족규칙은 융통성이 없어 경직되고 위협적 • 서로 지나치게 집착하거나 지나치게 무관심 • 가족역할은 정형화됨 • 의사소통은 혼란스럽고 모호함 • 가족 간 의사소통의 불일치

2. 가족경계 사정 23회 기출 21회 기출

- 내부경계의 유형: 경직된(유리된) 경계, 명확한(유연한) 경계, 혼돈된(밀착된) 경계
- 외부경계의 유형: 폐쇄형 가족체계, 개방형 가족체계, 방임형(임의형) 가족체계

3. 가족 의사소통

- 기능적 가족: 나 전달법(I-message)
- 역기능적 가족: 너 전달법(You-message), 이중구속 메시지, 위장(신비화 혹은 거짓꾸밈)

4. 가족사정 요소들

가족경계, 가족원 의사소통, 가족규범, 가족역할(부모화, 희생양), 가족생활주기, 가족 권력구조, 가족신화, 가족의 강점, 가족회복탄력성 등

5. 가족사정도구 20회기출

● 가계도 ★ 꼭!

- 3세대 이상에 걸친 가족관계를 도표화하여 작성
- 개인 인적 사항 및 사회적 정보 표시, 각 구성원 간의 관계 표시
- 세대에 걸쳐 반복적으로 나타나는 문제나 양상을 파악할 수 있음
- 다세대 가족치료에서는 가계도 작성을 치료에 활용하기도 함
- 환경체계를 알 수는 없음

● 생태도 ★ 꼭!

- 클라이언트 및 클라이언트와 관련된 사람, 환경의 영향과 그 상호작용의 변화를 묘사하기 위해 사용
- 환경 속 인간 관점을 바탕으로 함
- 현재 거주를 같이 하는 가족을 중심으로 그 가족 및 가족원과 관계된 환경체계와의 양상을 도식화함

● 가족조각 ★ 꼭!

- 한 명의 구성원이 다른 가족원들의 위치를 배치하고 동작이나 행위를 조각하여 가족 간 상호작용 양상을 표현
- 가족조각을 완성한 후 사회복지사와 함께 이야기를 나누면서 기존의 가족연합을 수정

● 생활력도표

- 한 클라이언트의 중요한 사건이나 시기를 중심으로 연대기적으로 작성
- 작성된 사건들 속에서 가족과 관련된 문제를 짚어볼 수 있음

● 생활주기표

- 가족구성원의 발달단계와 주요 과업을 하나의 표로 작성한 것
- 각각의 구성원이 현재 어느 단계에 위치해 있는지를 한눈에 볼 수 있음

● 사회적 관계망표

- 사회적 관계망을 그림이나 표로 보여줌으로써 개인 또는 가족의 관계망을 파악
- 지지의 유형 및 지지의 방향, 개인적 친밀감 정도, 접촉 빈도, 관계된 기간 등을 표로 작성

기출회독으로 연계 학습하세요

 가족사정도구
기출회독 109 **9**문항

 가족사정의 요소들
기출회독 110 **7**문항

실력 CHECK

기본쌓기문제

OX퀴즈

9장 가족 대상 실천기법

5.4
출제문항수 | 핵심특강

9장에서 다뤄지는 가족치료모델들은 각각 매회 1문제씩 출제되는 경향을 보이고 있다. 각 모델의 주요 특징과 개념들을 정리하고, 이를 바탕으로 사례에 따라 어떤 모델의 어떤 기법을 적용할 수 있는지를 판단할 수 있어야 한다. 또한 특정 모델이 구체적으로 출제되지 않더라도 여러 모델을 한 문제에서 종합적으로 다루는 문제가 출제되기 때문에 학자-모델-특징-개념-기법을 짝지을 수 있어야 한다.

1. 다세대 가족치료(보웬) 23회 기출 22회 기출 20회 기출

● **특징**

- 인간은 부모에 대한 해결되지 않은 정서적인 반응을 가지고 있으며 새로운 깊은 관계를 형성할 때 과거의 유형을 반복하게 된다고 봄
- 건강한 인격을 형성하기 위해서는 가족에 대한 해결되지 않은 정서적 애착을 적극적으로 해결해야 함을 강조
- 개입목표
  - 미분화된 가족자아 덩어리로부터 벗어나도록 돕는 것
  - 불안을 경감시켜 자아분화를 촉진하는 것

● **주요 개념** ★꼭!

- 정서적 삼각관계: 두 사람 사이에서 스트레스나 긴장관계가 발생했을 때 제3자를 두 사람의 상호작용체계로 끌어들여 긴장의 수준을 완화하려는 것
- 자아분화: 사고와 감정을 분리하여 자신과 타인을 구분할 수 있는 능력, 한 가족의 정서적 혼란으로부터 자신이 자유로워지는 과정
- 핵가족 정서과정: 해소되지 못한 불안들이 개인에게서 가족에게로 투사되는 것
- 가족투사과정: 부모가 자신들의 문제를 자녀에게 전달하는 과정
- 다세대 전수과정: 가족정서과정(분화수준, 삼각관계, 융합 등)이 대를 이어 전개되는 것
- 출생순위: 형제 순위에 따라, 출생 전후에 가족에게 발생한 사건이나 상황에 따라 제각기 다른 환경을 경험함
- 정서적 단절: 세대 간의 불안을 처리하는 방법으로서 해결되지 못한 정서적 애착으로부터 도피하는 것을 의미 (극심한 정서적 분리)
- 사회적 퇴행: 가족의 정서과정을 사회적 정서과정으로 확장한 것. 사회의 불안이 증가하면 사회의 분화수준이 낮아져 사회적 역기능이 발생함

● **개입기법** ★꼭!

- 탈삼각화: 가족 내에 형성되어 있는 삼각관계를 벗어남으로써 가족원들이 자아분화되도록 돕는 기술
- 가계도: 사회복지사가 가족과 함께 가계도를 그려가는 과정을 치료적 차원으로 활용

2. 구조적 가족치료(미누친) 23회 기출 22회 기출 20회 기출

● 특징

• 가족구조의 불균형(경계가 불분명하거나 지나치게 밀착되어 있는 것, 위계질서의 모호함, 체계 간 경직성 등)의 결과로서 가족문제가 발생한다고 보고 가족구조의 변화, 즉 가족의 재구조화를 목표로 함
• 가족 역기능의 주요 원인: 하위체계 간의 불건전한 동맹과 분절, 지나친 경직과 불분명한 경계선 등

● 주요 개념

• 경계: 가족의 상호작용 과정에 구성원의 누군가가 어떠한 방법으로 참가할 수 있는가에 대한 규약. 명확한 경계, 경직된 경계, 밀착된 경계 등
• 하위체계: 가족이라는 하나의 체계 내에 부부하위체계, 부모-자녀하위체계, 형제하위체계 등이 존재

● 개입기법 ⭐꼭!

• 경계 만들기: 가족성원 각자가 체계 내에서 적절한 위치에 있도록 가족 내 세대 간 경계를 분명히 유지하게 함
  – 밀착된 가족에 대해서는 하위체계 간의 경계선을 강화시키고 각 개인의 독립성을 키워줌
  – 분리된 가족에 대해서는 하위체계 간의 교류를 촉진시키고 경직된 경계선을 완화시킴
• 균형 깨뜨리기: 가족 내 하위체계들 간의 역기능적인 균형을 깨뜨리는 것. 지나치게 권위주의적인 남편에 대해 자기주장을 전혀 하지 않았던 부인 사이에서 사회복지사가 부인의 편을 듦으로써 역기능적 균형을 깰 수 있음
• 긴장 고조시키기: 기존에 이루어져 온 가족 간 의사소통 통로를 차단하거나 가족 간 의견 차이를 강조하는 방식으로, 이를 통해 가족들이 문제에 대해 의논해볼 수 있는 기회를 제공
• 증상 활용: 개인의 증상을 다룸으로써 가족의 변화를 꾀함
• 실연(enactment): 가족갈등을 치료상황으로 가져와 가족성원들이 어떻게 대응하는지 보고 그 상호작용을 수정하고 재구조화하는 기법
• 과제부여: 가족 상호교류에서 자연스럽게 발전될 수 없는 행위를 실연해 보도록 한 후, 가족이 해야 할 분야를 개발시키기 위하여 과제를 주는 것
• 합류하기(joining): 사회복지사가 가족의 분위기를 파악하여 그에 맞추어 행동을 하거나 감정표현을 하는 것. 가족과 사회복지사의 거리를 좁혀주는 역할. 초기단계에서 유용

3. 경험적 가족치료(성장모델, 사티어) 23회 기출 22회 기출 21회 기출 20회 기출

● 특징 ⭐꼭!

• 변화와 그 변화를 확장해 가면서 성장할 수 있는 인간의 능력에 바탕을 두고 있으며 개인과 가족의 잠재력 개발과 자아실현에 초점을 둔 가족치료
• 건강한 가족은 서로의 성장을 돕는다고 보며, 가족에게 성장의 경험을 제공하고자 함
• 가족의 병리적 측면보다 긍정적 측면에 초점을 둠

● 주요 개념 및 개입기법

• 자아존중감: 부모-자녀 관계에서 자녀가 자아존중감을 발전시킬 기회을 갖지 못한 경우나 부모가 역기능적 의사소통을 보인 경우 자녀의 자아존중감을 손상됨
• 가족조각, 역할연습, 가족그림, 빙산기법 등을 활용

● **사티어의 의사소통 유형** ⭐꼭!

유형	자신	타인	상황	특징
일치형	○	○	○	• 언어적 메시지와 비언어적 메시지가 일치 • 메시지가 분명하고 직접적 • 진솔한 의사소통. 자신과 타인, 상황 모두를 고려함
비난형	○	×	○	• 상대방보다 강하게 보이기 위해 타인의 결점을 발견하고 잘못을 남의 탓으로 돌림 • 타인의 말이나 행동을 비난하고 통제하며 명령
회유형 (아첨형)	×	○	○	• 자신의 내적 감정이나 생각을 무시하고 타인의 비위에 맞추려 함 • "다 내 잘못이야", "난 신경쓰지마", "당신이 원하는 게 뭐예요?"
초이성형 (계산형)	×	×	○	• 매사에 비판적이고 분석적이며 평가하는 반응 • 자신의 감정을 잘 표현하지 않으며 실수하지 않으려고 노력함
혼란형 (산만형)	×	×	×	• 타인의 말이나 행동과는 상관없는 의사소통을 함 • 상황을 제대로 파악하여 적절하게 반응하지 못하고, 의사표현에 초점이 없고 요점이 없음

4. 전략적 가족치료 🏆23회기출 🏆22회기출 🏆20회기출

● **특징**

- 인간의 행동이 왜 일어났는지보다는 행동의 변화에 관심을 가짐
- 특정 문제를 해결하기 위해 다양한 전략을 시도함
- 정교하게 계획된 전략적 개입을 통해 역기능적 상호작용의 변화를 꾀함

● **역설적 지시** ⭐꼭!

- 문제를 유지하는 연쇄를 변화시키기 위해서 가족이 역설적이라고 생각하는 행동, 즉 문제행동을 유지하거나 강화하는 행동을 수행하도록 지시하는 기법
- 치료적 이중구속: '변하지 말라'는 메시지를 따르면 그 증상을 통제할 수 있게 되고, '변하라'는 메시지를 따르면 증상을 포기하게 됨
  - 제지기법: 변화의 속도가 지나치게 빠르다고 지적하고 가족원에게 천천히 진행하라고 경고하거나 개선이 생길 때 퇴보에 대해 걱정하는 기법
  - 증상처방: 클라이언트에게 증상행동을 계속하도록 격려하는 지시나 과제를 주는 기법
  - 시련기법: 클라이언트가 가진 증상보다 더 고된 체험을 하도록 과제를 주어 증상을 포기하도록 함

● **순환적 질문**

가족성원들이 문제에 대해 제한적이고 단선적인 시각에서 벗어나 문제의 순환성을 깨달을 수 있도록 연속으로 질문하는 기법

● **문제의 재구성(재명명, 재규정)**

- 가족성원들에게 문제를 다른 시각에서 보도록 혹은 이해하도록 돕는 방법
- 부정적인 생각 → 긍정적인 시각으로 변화하도록 돕는 것

5. 해결중심 단기가족치료
23회기출 22회기출 21회기출 20회기출

● 특징 ★ 꼭!

- 탈이론적이고 비규범적인 모델, 사회구성주의의 영향을 받음
- 클라이언트의 강점, 자원, 기술, 개성 등을 발견하여 치료에 활용
- 현재와 문제가 해결될 미래에 초점
- 문제의 내용보다는 해결에 초점을 둠
- '반복적으로 잘못 다룬 것'을 문제로 보며, 개인과 가족의 역기능에 초점을 두지 않음
- 예외 상황 및 변화 상황을 문제해결에 활용
- 한 성원이 가족에게 미치는 파문 효과를 활용
- 목표설정이 문제해결의 시작이라고 봄
- 가족들 스스로 문제해결의 방안을 찾아내고 사용할 수 있도록 원조

● 다양한 질문 기법 ★ 꼭!

- 치료면담 전의 변화에 대한 질문: 첫 면담시간에 치료자가 클라이언트에게 문제의 심각한 정도가 어떻게 완화되었는지를 클라이언트 스스로 파악할 수 있도록 하는 질문
- 예외질문: 문제시되는 실패 경험보다는 성공했던 경험을 찾아내어 그것을 의도적으로 계속 실시하여 성공의 경험을 확장하고 강화하는 질문
- 기적질문: 기적이 일어나서 문제가 해결되었다고 상상하게 함으로써 문제 자체보다는 문제와 별개로 해결책을 생각해보게 하여 기적이 일어났을 때 달라질 수 있는 일들을 실제 행동으로 해보게 하는 것
- 척도질문: 구체적인 숫자를 이용하여 문제의 정도, 변화정도, 변화에 대한 의지 등을 표현해보게 하는 것
- 대처/극복질문: 문제상황에 있는 클라이언트에게 경험을 활용하도록 하고 새로운 힘을 갖게 하며, 자신의 자원과 강점을 발견하도록 하는 데 도움이 되는 질문
- 관계성질문: 클라이언트와 중요한 관계에 있는 사람들의 시각에서 클라이언트를 보게 하는 질문

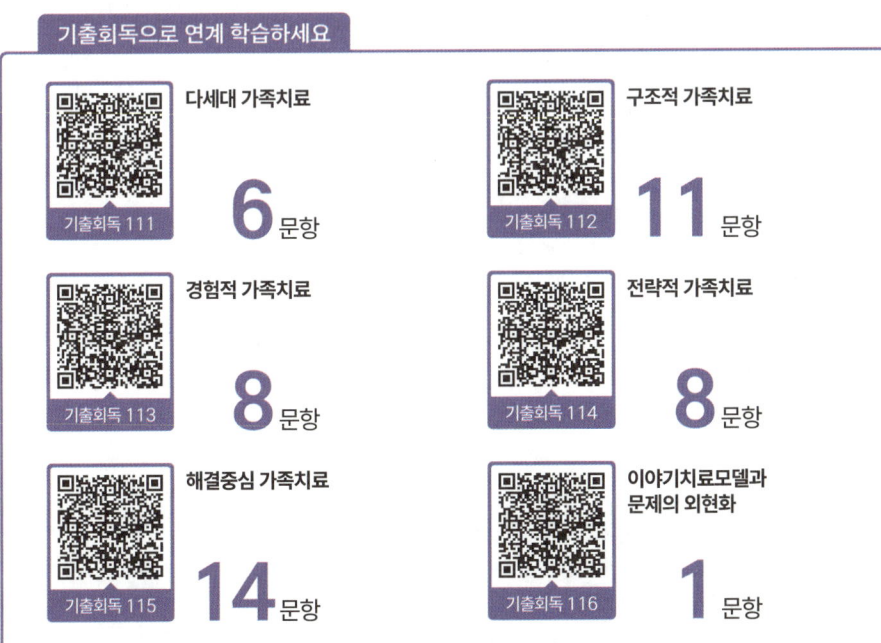

기출회독으로 연계 학습하세요

다세대 가족치료	기출회독 111	6 문항
구조적 가족치료	기출회독 112	11 문항
경험적 가족치료	기출회독 113	8 문항
전략적 가족치료	기출회독 114	8 문항
해결중심 가족치료	기출회독 115	14 문항
이야기치료모델과 문제의 외현화	기출회독 116	1 문항

실력 CHECK

기본쌓기문제

OX퀴즈

10장 집단 대상 실천기법

3.2
출제문항수

핵심특강

10장은 매회 평균 3문제 이상 출제되는 등 출제비중이 높은 중요한 장이며, 그만큼 정리해야 할 내용이 많다. 집단의 유형별 특징, 집단규칙ㆍ응집력 등 집단역학에 관한 요소, 집단의 장점(치료적 효과), 집단 지도자의 역할 및 기술, 집단 실천모델 등 이 장의 전반적인 모든 내용이 출제되고 있다.

1. 집단의 유형 ^{23회 기출} 🏆 ^{22회 기출} 🏆 ^{20회 기출} 🏆

● 치료집단 ⭐꼭!

- 지지집단
  - 목적: 생활 사건에 대처하고 이후에 효과적으로 대처할 수 있는 능력 향상
  - 유대감 형성이 용이하며, 자기개방 수준이 높음
  - 이혼한 부부의 자녀로 구성된 집단, 자녀 양육의 어려움에 대해 공유하는 한부모집단 등
- 교육집단
  - 목적: 성원들이 그들 자신과 사회에 대해 배우는 것이 주요 목적인 집단
  - 정보의 전달과 교육을 목적으로 하기 때문에 강의 형태를 띰. 성원 간 자기노출이 낮음
  - 청소년 성교육 집단, 부모역할 훈련집단, 위탁부모집단 등
- 성장집단
  - 목적: 능력과 자의식을 넓히고 개인적 변화를 끌어낼 수 있는 기회 제공. 자아 향상
  - 질병의 치료보다는 사회정서적 건강 증진이 중요. 성원 간 자기노출의 정도 높음
  - 부부의 결혼생활 향상집단, 참만남집단, 잠재력 개발 집단 등
- 치유(치료)집단
  - 목적: 성원 스스로 행동을 변화하고 개인적인 문제의 완화나 제거(치료 중심)
  - 외래환자 대상의 정신치료집단, 금연집단, 약물중독자 집단 등
- 사회화집단
  - 목적: 사회적 기술을 습득하고 사회생활에 효과적으로 기능할 수 있도록 원조
  - 과잉행동주의력 결핍아동 대상의 집단, 퇴원한 정신장애인을 위한 사교집단 등

● 과업집단

- 과업 달성을 위해, 성과물을 산출내기 위해, 명령을 수행하기 위해 만들어진 집단
- 팀, 처리위원회, 위원회나 자문위원회, 이사회, 사회행동집단, 연합체, 대표위원회 등

● 자조집단 ⭐꼭!

- 비슷한 관심사를 공유하는 사람들로 구성된다는 점에서 지지집단과 유사하지만, 구성원들이 서로 도움을 주고받으며 주도적으로 집단을 이끌어감
- 사회복지사는 지지와 상담, 필요한 자원의 의뢰 및 연결 등 최소한의 역할을 함
※ 자조집단을 지지집단의 하위유형으로 보기도 하고 지지집단과는 다른 별개의 집단으로 구분하기도 함

2. 집단사회복지 실천모델 ^{21회기출} 🏆

	사회적 목표모델	상호작용모델	치료모델
집단의 목적	• 민주주의와 지역사회 정의유지 및 개발, 구성원의 사회의식과 사회적 책임 향상 • 지역사회 내 범죄, 빈곤과 같은 문제를 다루기 위해 형성됨	• 집단지도자와 성원의 상호작용을 통해 목표 형성 • 개인과 집단 간의 상호 또는 공생적 관계	집단을 통한 개인의 치료
활동의 초점	개인의 성숙과 민주시민의 역량개발	성원 간의 자조, 상호원조체계개발	개인적인 역기능 변화
집단지도자의 역할	역할모델, 교사, 조력자	중재자, 조력자	상당한 권위를 가진 변화매개인, 전문가, 조력자, 중개자 등
집단성원의 이미지	시민이나 이웃	공동의 목표를 달성하기 위해 협력하는 구성원	문제해결을 원하는 자
참여	개방적	지도자와 성원 간 합의로 자유롭게 가입	지도자의 통제
활동의 장	인보관, 지역복지관, 시민조직	사회복지관, 임상기관	사회복지관, 사회복지시설, 병원 등
대표적 집단/조직	청소년 유해환경 감시단, 지역사회환경 감시단	지지집단, 가정폭력피해자 집단	치유집단, 정신치료를 위한 집단

3. 집단사회복지사의 기술(토스랜드와 리바스)

● 집단과정 촉진기술

- 집단성원의 참여를 촉진하기
- 사회복지사의 자기노출
- 집단성원에게 집중하기
- 표현기술: 성원들이 자신의 느낌을 편안하게 표현하도록 도우며, 이 과정에서 사회복지사가 자기개방을 실시하기도 함
- 반응기술: 사회복지사는 성원의 특정 행동에 의도적으로 반응하여 그 행동을 강화할 수도 있으며, 의도적으로 반응하지 않음으로써 그 행동이 중지될 수 있도록 함
- 집단 의사소통의 초점 유지하기
- 집단과정을 명확하게 하기
- 내용 명료화하기
- 집단 상호작용 지도

● 자료수집과 사정 기술

확인 및 묘사, 정보를 요청하고 질문하고 탐색하기, 요약 및 세분화하기, 언어적·비언어적 의사소통 통합하기, 정보분석하기

● 행동기술

지지하기, 재구성하기, 성원들의 의사소통 연결하기, 지시하기, 조언·제안, 직면하기, 모델링, 역할극 등

4. 공동지도력의 장점과 단점

- 지도자는 지지적 자원을 얻고 환류를 얻고, 공동의 목적을 나눔으로써 지도자의 능력을 배가시킴
- 경험이 없는 지도자들이 훈련 받을 수 있고 성원들은 논쟁의 해결, 상호작용, 의사소통 기술 등에 대한 학습 가능. 지도자의 소진을 예방할 수 있음
- 역할에 대한 토론이 부족하면 의사소통에서 문제가 발생, 비용이 많이 듦

5. 집단역동성 23회 기출 🏆 22회 기출 🏆 20회 기출 🏆

● 집단역동성의 개념과 중요성

- 집단성원 간 혹은 집단성원과 집단지도자가 함께 만들어내는 역동적 상호작용으로서 집단과정이라고도 함
- 집단역동을 적절히 활용하면 긍정적 영향을 미치지만, 집단역동이 집단 발전에 역기능적 역량을 미치기도 하기 때문에 집단의 리더가 집단역동을 인지하는 것은 매우 중요함

● 집단역동성의 구성요소

- 집단목적
  - 사회복지사는 집단의 목적을 설정하고 이를 고려하여 집단크기, 선발기준, 활동내용 등을 구성함
  - 집단의 목적과 개인의 목적이 일치하지 않을 수 있으며 집단의 목적과 개인의 목적이 연결될 수 있도록 해야 함
- 집단응집력
  - 성원들이 집단에 대해 느끼는 매력이 클수록 응집력은 높아짐
  - 집단응집력이 높을수록 성원들의 자기개방이나 공동체 의식, 친밀감 형성에 용이하며, 갈등해결이 빠르고, 목표달성에 효과적임
  - 대체로 집단의 규모가 크면 집단응집력이 약화될 확률이 높음
- 하위집단
  - 하위집단의 형성은 자연스러운 현상이지만 갈등을 일으킬 수도 있음
  - 하위집단의 형성 여부는 소시오그램을 통해 파악 가능
- 집단문화
  - 집단문화는 성원들이 공유하는 가치, 신념, 관습 등을 의미
  - 구성원들이 동질적일수록 집단문화는 빠르게 형성되며, 한번 수립되면 바꾸기 어려움
- 집단규칙
  - 집단 내에서 허용되는 행동과 허용되지 않는 행동이 규정되는 것
  - 활동과정에서 암묵적으로 생성되기도 하며, 사회복지사는 집단규칙이 역기능적인지를 살펴봐야 함
- 지위와 역할
  - 사회복지사는 개별 성원이 집단 내에서 어떤 역할을 하는지, 역할이 어떻게 변화하고 있는지 등을 살펴야 함
  - 성원들 사이에 특정 성원에게 부여된 특정 역할이 고정화되지 않도록 해야 함
- 긴장과 갈등
  - 집단에 항상 부정적인 영향을 미치는 것은 아님
  - 긴장과 갈등을 적절한 방법과 건설적인 방법으로 해결할 때 집단은 더욱 성장할 수 있음

6. 집단의 치료적 효과 23회기출 22회기출 21회기출

- 희망주기: 희망 자체가 치료적 효과
- 보편성: 비슷한 문제의 집단성원을 통하여 위로받기
- 정보전달: 사회복지사의 교육 및 지도, 집단성원 간의 정보교환이 치료적 효과
- 이타심: 서로의 문제를 위로하고 도움으로써 자존감 획득
- 사회기술 발달: 성원 간 피드백 교환, 역할극
- 모방행동: 사회복지사 및 성원들의 행동 관찰
- 대인관계 학습: 상호작용을 통해 자신의 대인관계를 통찰, 새로운 대인관계 방식 적용 및 시험
- 집단응집력: 집단의 소속감 · 친밀감이 클라이언트에게 큰 위로가 됨
- 감정의 정화(카타르시스): 그동안 억압된 감정의 자유로운 표현
- 실존적 요인들: 자기 자신을 인생의 궁극적인 책임자로 인식
- 1차 가족집단의 교정적 반복(재현): 집단의 가족적 성격으로 인해 클라이언트는 자신의 가족갈등을 탐색할 수 있음

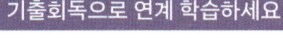

기출회독으로 연계 학습하세요

기출회독 117
집단의 유형
9문항

집단역동성(집단역학)

기출회독 118
8문항

기출회독 119
집단의 치료적 효과
6문항

집단 지도자의 역할 및 기술
기출회독 120
6문항

실력 CHECK

기본쌓기문제

OX퀴즈

11장 집단발달단계

2.8
출제문항수

핵심특강

11장에서는 집단을 구성하는 단계에서 동질성과 이질성, 개방집단과 폐쇄집단 등을 어떻게 고려할 것인가에 관한 문제가 주로 출제되고 있다. 집단 사정과 관련해서는 소시오그램이 자주 출제되고 있다. 최근에는 초기단계, 중간단계, 종결단계에 대한 내용도 자주 출제되고 있기 때문에 각 단계별 과업을 반드시 정리해두어야 한다.

1. 준비단계 22회 기출 21회 기출

- 집단의 목적, 잠재적 성원의 모집과 사정, 집단의 구성, 집단의 지속기간과 회합 빈도, 물리적 환경, 기관의 승인 등을 고려하여 집단을 계획하는 단계
- 집단 구성에서 고려할 사항
  - 회합빈도 및 지속기간: 성원의 특성과 활동의 특성을 고려하여 정해야 함
  - 동질성과 이질성: 동질성은 의사소통을 원활하게 하며, 이질성은 새로운 배움을 얻기에 좋음
  - 개방집단 혹은 폐쇄집단: 폐쇄집단은 자기개방과 응집력에 유리하지만, 병원, 쉼터 등은 개방집단이 됨
  - 집단의 크기: 성원 간 원활한 상호작용이 일어날 수 있도록 구성
  - 인구사회학적 특성 및 다양성: 연령, 성별, 사회문화적 요소 등

2. 초기(시작)단계 21회 기출 20회 기출

성원소개, 오리엔테이션, 집단목적의 명확화, 비밀보장의 한계 정하기, 성원들의 집단소속감을 위해 원조, 개별목표설정, 계약하기, 집단참여에 대한 동기부여, 장애물 예측

3. 사정 23회 기출 22회 기출 20회 기출

● 집단발달단계별 사정의 특징
- 초기: 집단 및 성원의 기능 수행에 대한 체계적 사정
- 중기: 초기사정 내용에 대한 타당성을 검토하여 그 성공 여부에 기반하여 개입계획 수정
- 말기: 집단 및 성원의 기능 달성 정도를 사정, 추가적인 개입이 필요한 영역에 주목

● 집단사정도구
- 의의차별척도(의미분화척도): 두 개의 상반된 입장 중에서 하나를 선택하도록 요청하는 척도로서 5개 혹은 7개의 응답범주를 가지고 있음. 동료에 대한 평가, 인식 등을 사정하는 데 활용
- 소시오그램: 상징을 사용해서 집단 내 성원 간 상호작용을 표현한 그림으로서 대인관계에 끌리는 정도를 측정함. 집단성원 간 선호도와 무관심, 배척하는 정도와 유형을 파악하며, 하위집단 형성 여부 및 삼각관계 형성 여부, 결속의 강도를 알 수 있음

- 상호작용차트: 집단성원들 사이의 상호작용 또는 집단성원과 사회복지사 사이에 일어나는 상호작용의 빈도를 기록함

4. 중간단계 22회 기출 20회 기출

- 집단 모임(회합) 준비
- 집단구조화(집단과 성원들이 목표를 향하여 변화하도록 돕기 위해 계획적이고 체계적이며 시간제한적으로 개입하는 것)
- 성원의 목적달성 원조
- 성원의 참여유도와 능력고취
- 저항하는 집단성원 다루기
- 집단진행과정 점검 및 평가

5. 종결단계 23회 기출 22회 기출 21회 기출

- 계획되지 않은 종결: 종결되기 전에 성원들이 참여를 중단하는 경우, 집단지도자의 사정에 따른 종결
- 계획된 종결
  - 성공적인 종결: 집단과 성원들이 대체적으로 목표 성취, 만족감과 자존감 높아짐, 이별에 대한 상실감 경험, 종결에 대한 감정적 반응을 다룸
  - 성공적이지 않은 종결: 집단과 성원의 목표의 대부분 또는 모두를 이루지 못한 경우, 결과에 대해 분노, 좌절, 실망, 절망, 죄책감, 책임전가, 비난 등 발생
- 종결단계의 과제: 변화의 유지 및 일반화, 개별성원의 독립적인 기능 촉진, 의존성 감소, 종결에 대한 감정다루기, 의뢰하기, 평가하기

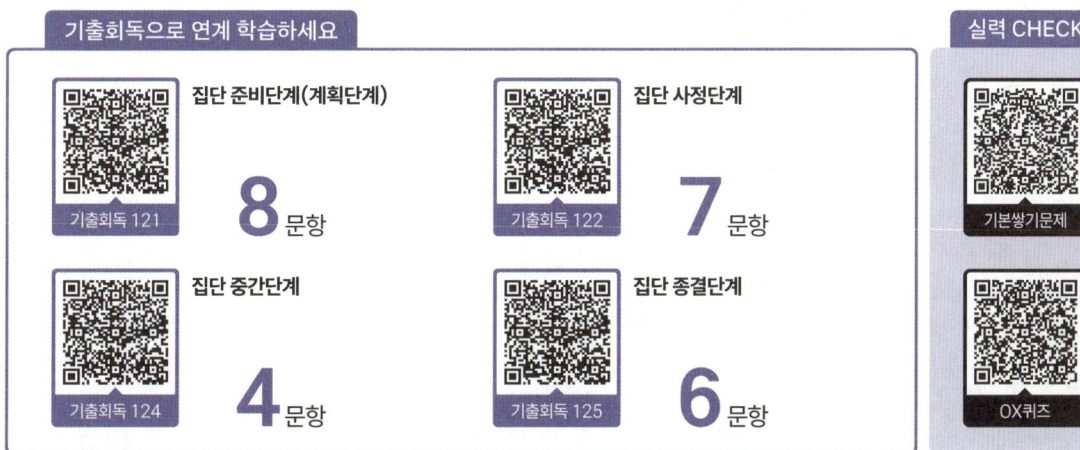

기출회독으로 연계 학습하세요

집단 준비단계(계획단계)
기출회독 121
8문항

집단 사정단계
기출회독 122
7문항

집단 중간단계
기출회독 124
4문항

집단 종결단계
기출회독 125
6문항

실력 CHECK

기본쌓기문제

OX퀴즈

12장 사회복지실천 기록

1.0
출제문항수

핵심특강

12장은 매회 평균 1문제가 출제되고 있다. 기록의 목적 및 용도, 좋은 기록을 위한 유의사항, 다양한 유형의 기록 방식 등을 중심으로 정리해야 한다. 과정기록과 요약기록의 특징 및 장단점, 문제중심기록에서 SOAP 방법에 관한 문제도 출제된 바 있다.

1. 기록의 목적 및 용도

책임성, 정보 제공, 과정 점검 및 평가, 클라이언트에 대한 이해, 지도 감독 및 교육활성화, 근거자료, 효과적인 사례관리, 전문직 간 의사소통, 자료화

2. 기록에 포함되는 요소 23회 기출 22회 기출

클라이언트에 대한 기본적인 정보(나이, 연령, 성별, 직업, 교육수준 등), 클라이언트의 사회력, 개입의 필요성 및 서비스를 제공하는 이유, 사회복지사의 면접 및 사정 내용, 서비스 제공 목적 및 계획, 서비스 과정, 종결 및 평가에 대한 내용, 사후관리 등

3. 기록의 유형 21회 기출 20회 기출

● **과정기록** ★꼭!

• 클라이언트와 면담하면서 이야기한 내용, 클라이언트의 행동, 사회복지사가 관찰한 것과 판단한 것 등 클라이언트와 사회복지사의 상호작용을 있는 그대로 세밀하게 기록
• 사회복지실습이나 교육방법으로 유용
• 기록하는 데에 시간이 너무 많이 소요됨

● **요약기록**

• 일시와 클라이언트에 대해 간단한 내용을 적은 후 서비스나 개입 내용, 클라이언트의 변화에 대해 짧게 요약함
• 지나치게 요약될 경우 단순화되어 초점이 분명하지 않을 수 있음

● **문제중심기록** ★꼭!

• 문제를 중심으로 구성. 각 문제를 해결하기 위한 개입계획 기록
• 다양한 전문직 간의 의사소통 및 정보교환: 동일한 기록지에 기록
• 구성: 기초 정보 구축 → 문제목록 작성 → 계획 및 목표설정 → 진행 및 결과 기록
• SOAP 형식(S: 주관적 정보, O: 객관적 정보, A: 사정, P: 계획)
  – S(Subjective Information): 클라이언트나 가족으로부터 얻는 주관적 정보, 기본적 자료, 클라이언트가 느

끼는 자신의 상황에 대한 인식과 감정 등
- O(Objective Information): 검사와 관찰로부터 얻는 객관적 정보, 전문가의 관찰, 검사 결과 등
- A(Assessment): 사정, 주관적 정보와 객관적 정보를 검토해서 추론된 전문가의 해석이나 결론
- P(Plans): 계획, 문제를 해결하기 위한 방법이나 계획

4. 클라이언트 개인정보 보호를 위한 실천 23회 기출 🏆

- 개인정보보호법에 따른 보호조치 준수 및 기록과 관련된 사회복지사 윤리원칙 준수
- 클라이언트에 대한 문서정보, 전자정보, 기타 민감한 개인정보 보호조치 준수
- 클라이언트 개인정보 수집과 활용 시 사전 동의
- 관계자 외 정보 접근권한 철저관리 및 업무상 목적 외 개인정보 사용금지
- 정확한 정보기록 및 부정확한 내용 확인 시 즉각 수정 및 삭제
- 전산화된 기록 접근권한 제한을 위한 암호화 등 전자적 정보보호 준수
- 사례기록 등 문서보관 철저 및 방치 금지
- 중립적이고 객관적인 기록 및 클라이언트의 사생활 보호를 위한 용어와 표현 사용
- 클라이언트 기록이나 데이터 폐기 시 폐기절차 원칙준수 등

기출회독으로 연계 학습하세요

기록의 유형
기출회독 126
4 문항

기록의 특징, 목적 및 용도
기출회독 127
6 문항

실력 CHECK

기본쌓기문제

OX퀴즈

**200점 목표
고득점 학습**

13장 사회복지실천 평가

0.8
출제문항수 핵심특강

**이 장의
기출포인트**

13장에서는 대부분 단일사례설계에 관한 문제가 출제되고 있다. 단일사례설계의 전반적인 특징, 단일사례설계의 유형 (AB설계, ABAB설계, BAB설계 등)별 특징을 정리해야 한다. 단일사례설계는 <사회복지조사론>에서도 매회 1문제 이상 출제되고 있으므로 연계하여 정리하는 것도 효율적인 방법이 될 수 있다.

1. 사회복지실천 평가의 목적

- 개별 클라이언트에 대한 개입의 효과성을 확인하여 클라이언트에게 최대한 도움이 되기 위함
- 서로 다른 문제, 특성, 환경을 가진 클라이언트들에게 상대적으로 효과적인 개입방법을 선정하기 위함
- 기관, 클라이언트, 전문가 그리고 지역사회에 대한 책무성을 향상시키기 위함

2. 단일사례설계의 특징 ^{23회 기출} 🏆

- 가설의 검증이 아닌 개입의 효과성 분석에 목적을 둠
- 하나의 대상 또는 사례를 대상으로 함
- 반복적인 관찰: 하나의 사례를 반복적으로 측정하여 효과를 파악
- 즉각적인 환류: 수집된 자료가 개입의 수정으로 반영됨
- 통제집단 없음: 클라이언트는 스스로 통제집단이 됨
- 개입 전후 비교

● 단일사례(연구)설계와 집단연구설계의 비교

	단일사례(연구)설계	집단연구설계
연구대상	개인, 가족, 소집단	모집단으로부터 무작위 표본추출
연구목적	표적행동에 대한 개입의 효과성 규명	가설의 검증
실험처치	하나의 사례를 반복 측정함으로써 실험집단과 통제집단과 같은 집단비교의 효과를 갖는다.	실험집단과 통제집단으로 나누어 사전·사후 검사값을 비교하여 실험처치의 효과를 평가한다.

3. 단일사례설계 유형 ^{22회 기출} 🏆 ^{21회 기출} 🏆 ^{20회 기출} 🏆

● **AB설계: 기본단일설계(기초선 → 개입단계)**
- 기초선(A) 설정 후 개입(B)이 뒤따르는 설계
- 개입으로 인한 효과인지 인과관계 확인 어려움

● **ABA설계(기초선 → 개입단계 → 제2기초선)**
- AB설계에 개입 이후 또 하나의 기초선(A)을 추가한 설계
- AB설계에 일정 기간 개입하고 나서 개입 중단 후 표적행동을 관찰
- 개입의 효과를 평가하기 위한 목적으로 인해 개입을 중단하는 것은 윤리적인 문제를 야기

● **ABAB설계(기초선 → 개입단계 → 제2기초선 → 개입국면)**
- ABAB설계는 외생변수를 좀 더 효과적으로 통제하기 위해 제2기초선(A)과 제2개입단계(B)를 추가
- 두 번째(A)에서는 개입을 철회
- 개입과 철회를 반복함으로써 같은 결과가 나오면 인과관계를 명확히 할 수 있음

● **BAB설계(개입단계 → 기초선 단계 → 개입단계)**
- 기초선 측정 없이 바로 개입할 때 사용하는 설계
- 클라이언트가 위기에 처해 있거나 기초선을 측정할 수 없는 상황에서 바로 개입
- 클라이언트 상황이 어느 정도 안정되면 개입을 중지하고 기초선 단계 자료를 수집
- 개입이 이루어지기 전에 기초선을 측정하지 못했기 때문에 개입의 효과성을 알기 어렵고 개입 이후에 기초선을 측정하더라도 이미 개입이 이루어졌기 때문에, 기초선에는 개입의 효과가 어느 정도 반영되어 있음

● **다중요소설계(기초선 단계 → 서로 다른 개입방법 사용)**
- ABCD, ABAC, ABACA 설계 등
- 하나의 기초선 자료에 대해 여러 개의 각기 다른 개입방법을 연속적으로 도입
- A는 기초선이고 B, C, D는 각기 다른 개입방법

● **복수기초선(multiple baseline)**
- 둘 이상의 클라이언트, 둘 이상의 문제에 대해 적용하는 설계로서 동시에 기초선을 측정하면서 각각 다른 시점에 개입
- 둘 이상의 기초선을 사용하는 설계
- 개입을 중단하는 대신에 동시에 개입을 시작하므로 윤리적 · 실천적 문제를 피할 수 있음

기출회독으로 연계 학습하세요

단일사례설계

기출회독 128

8문항

실력 CHECK

기본쌓기문제

OX퀴즈

지역사회 복지론

강의로 쌓는 기본개념 지역사회복지론

5년간 데이터로 찾아낸 합격비책

여기에서 **74.4%** (19문항) 출제

순위	장	장명	출제문항수	평균문항수	23회 기출	체크
1	12장	지역사회복지실천의 추진체계 Ⅱ	16	3.2	🏆	✅
2	5장	지역사회복지 실천모델의 이해	14	2.8	🏆	✅
3	8장	지역사회복지 실천기술 Ⅰ	11	2.2	🏆	✅
4	10장	지역사회보장계획	11	2.2	🏆	✅
5	11장	지역사회복지실천의 추진체계 Ⅰ	11	2.2	🏆	✅
6	3장	지역사회복지의 역사	10	2.0	🏆	✅
7	4장	지역사회복지의 주요 이론	10	2.0	🏆	✅
8	6장	지역사회복지 실천과정	10	2.0	🏆	✅

강의로 복습하는 기출회독 **지역사회복지론**

10년간 데이터로 찾아낸 핵심키워드

여기에서 **90.0%**(23문항) 출제

순위	장	기출회독 빈출키워드 No.		출제문항수	23회 기출	체크
1	4장	138	지역사회복지실천 이론들	19	🏆	✅
2	1장	129	지역사회의 개념 등	16	🏆	✅
3	3장	134	우리나라 지역사회복지의 발달	14	🏆	✅
4	6장	142	사정 단계	11	🏆	✅
5	10장	152	지역사회보장계획	11	🏆	✅
6	12장	157	사회복지관	11	🏆	✅
7	7장	146	사회복지사의 역할	10	🏆	✅
8	8장	148	네트워크 기술	10		✅
9	11장	155	지방분권화	10	🏆	✅
10	5장	139	로스만의 모델	9		✅
11	10장	153	지역사회보장협의체	9	🏆	✅
12	11장	156	지역사회복지 관련 동향 및 향후 과제	9		✅
13	12장	158	사회적 경제의 주체	9	🏆	✅
14	3장	135	영국 지역사회복지의 발달	8	🏆	✅
15	5장	140	웨일과 갬블의 모델	8	🏆	✅
16	8장	147	조직화 기술	8	🏆	✅
17	2장	130	지역사회복지실천의 원칙 및 가치 등	7		✅
18	13장	161	주민참여 8단계	7		✅
19	13장	162	지역사회복지운동	7	🏆	✅
20	6장	144	계획 및 실행 단계	6		✅
21	8장	149	자원동원 기술	6	🏆	✅
22	5장	141	테일러와 로버츠의 모델	5	🏆	✅
23	9장	150	옹호 기술	5		✅
24	10장	154	사회복지협의회	5		✅
25	12장	159	사회복지공동모금	5		✅

1장　지역사회의 개념과 유형

1.6 출제문항수　핵심특강

이 장의 기출포인트

지리적 지역사회와 기능적 지역사회의 개념 차이, 공동사회와 이익사회, 지역사회의 유형화, 지역사회의 기능과 제도, 지역사회 기능의 비교 척도 등이 단독문제로 출제되기도 하고, 한 문제에서 종합적으로 물어보는 형태로 출제되기도 한다. 간헐적으로 좋은 지역사회를 위한 요건이 출제되기도 했으며, 지역사회 상실이론/보존이론/개방이론은 4장에서 공부할 이론들과 함께 출제되기도 했다.

1. 지역사회의 개념

- 지리적 의미의 지역사회: 지리적, 공간적 속성에 근거한 집단
- 기능적 의미의 지역사회: 공통의 이해관계나 특성에 따라 모인 집단
- 지리적 의미의 지역사회에서 기능적 지역사회 개념으로 변화
- 시간과 공간을 뛰어 넘는 사이버공동체, 가상공동체(virtual community) 등 새로운 형태의 지역사회 출현

2. 관련 이론

● 지역사회를 바라보는 이론적 관점
- 지역사회 상실이론: 도시화로 인한 전통적 공동체 쇠퇴. 지역사회를 잃어버린 것으로 간주
- 지역사회 보존이론: 상실이론에 대한 반론으로 제기된 이론. 도시에도 전통적 농촌사회와 같이 혈연, 이웃, 친구 등을 통해 사회적 지지를 받음
- 지역사회 개방이론: 기존의 지역성이라는 한정된 범주를 넘어 기능적 의미를 포괄. 사회적 지지망의 관점에서 비공식적 연계를 강조

● 공동사회와 이익사회(퇴니스)
서구 사회의 역사적 발전을 '공동사회 연합체 → 공동사회 협의체 → 이익사회 협의체 → 이익사회 연합체'의 순서로 설명
- 공동사회 연합체: 가족, 혈연, 이웃이나 친구를 통한 관계. 가족중심의 비공식복지
- 공동사회 협의체: 공동의 노동이나 직업적 소명에 기초한 관계. 교회나 길드 등에 의한 초기 형태의 공식복지
- 이익사회 협의체: 합리성 및 이해타산에 기초한 관계. 민간에 의한 자선적 조직 강조. 아직은 미약한 공식복지
- 이익사회 연합체: 산업화로 피폐해진 인간관계의 회복과 사회적 연대의 가치를 강조. 공식적·제도적 복지의 발전

3. 좋은 지역사회의 특징(워렌)

- 구성원 사이의 인격적인 관계 형성
- 권력의 폭넓은 분산과 배분

- 다양한 소득집단, 인종집단, 종교집단, 이익집단을 포용
- 높은 수준의 지역적 통제
- 의사결정 과정에서 협력의 극대화, 갈등의 최소화
- 주민들의 자율성 보장

4. 지역사회의 유형화(던햄) [23회 기출]

- 인구 크기: 대도시, 중소도시
- 경제적 기반: 어촌, 산촌
- 정부 행정구역: 특별시, 광역시, 시 · 군 · 구
- 인구구성의 사회적 특수성: 장애인 밀집 지역, 할렘가, 영구임대 아파트 지역

5. 지역사회의 기능(길버트와 스펙트) [23회 기출] [22회 기출] [21회 기출] [20회 기출]

- 생산 · 분배 · 소비: 일상생활을 위해 필요한 재화를 생산, 분배, 소비하는 과정과 관련된 기능 → 경제제도
- 사회화: 지역사회 구성원들이 지식, 가치, 행동유형을 터득하는 과정과 관련된 기능 → 가족제도
- 사회통제: 지역사회가 그 구성원들에게 사회의 규범(법, 도덕, 규칙 등)에 순응하게 하는 기능 → 정치제도
- 사회통합: 지역사회 구성원들의 상호 간 협력, 결속력 등을 강조하는 기능 → 종교제도
- 상부상조: 지역사회 구성원들이 서로에게 도움을 주는 것과 관련된 기능 → 사회복지제도

6. 지역사회 기능의 비교척도(워렌) [20회 기출]

- 지역적 자치성: 지역사회의 기능을 수행하는 데 있어 타 지역에 의존하는 정도
- 서비스 영역의 일치성: 서비스 영역이 동일지역 내에서 이루어지고 있는 정도
- 지역에 대한 주민들의 심리적 동일시: 지역주민들이 가지는 소속감의 정도
- 수평적 유형: 지역사회 내의 상이한 단위조직들의 상호 관련성

기출회독으로 연계 학습하세요

지역사회의 개념 등

기출회독 129

16 문항

실력 CHECK

기본쌓기문제

OX퀴즈

2장 지역사회복지와
지역사회복지실천

1.4
출제문항수   핵심특강

1장에서 학습한 지역사회의 개념을 바탕으로 지역사회복지가 추구하는 가치, 목적, 이념 등을 비롯해 지역사회복지를
실천함에 있어 고려해야 할 원칙들을 학습하는 장이다. 주로 지역사회복지실천의 원칙 및 가치에 관한 문제가 출제되고
있으며, 지역사회 관련 개념 및 이념, 지역사회복지실천의 개념 및 특성과 관련된 문제도 간헐적으로 출제되고 있다.

1. 지역사회복지의 개념

- 시설보호와 대치되는 개념
- 목표: 지역주민의 삶의 질 향상
- 지역사회 문제의 예방, 문제적 제도의 변화를 꾀함
- 지역사회 및 지역주민의 역량강화
- 지역 내 복지 향상을 위한 전문적, 비전문적 활동
- 특정 대상 중심의 활동이 아닌 지역성이 강조되는 활동(일정한 지역 내에서 이루어지지만 지역성과 기능성을
  모두 포함)

2. 지역사회복지의 이념 23회 기출 21회 기출

● 정상화 ⭐꼭!

- 지역사회 내에서의 통합된 생활을 강조하는 개념
- 덴마크에서는 1951년부터 기존의 격리보호주의에 대한 반대하는 움직임이 일면서, 1959년 정신지체인법에
  서 '정상화'라는 용어가 처음으로 등장

● 사회통합

- 계층의 격차를 줄이고 사회의 전반적인 불평등을 줄이는 것을 추구
- 지역사회의 갈등 및 갈등의 가능성을 줄여나가는 것
- 사회적 약자가 평등하게 지역사회에서 살아가도록 하는 것

● 탈시설화 ⭐꼭!

- 소규모 시설 및 지역사회 내에서의 통합된 삶을 추구
- 지역사회와 분리된 폐쇄적인 대규모 수용시설의 문제를 지적하면서 해체를 주장
- 시설의 사회화를 내포함

● 주민참여

- 지역사회의 문제를 해결하는 데 있어 지역주민들이 직접 문제의 해결과정에 참여하고 권한을 행사함으로써
  주체가 되어야 함을 강조

- 지자체와 주민 간 파트너십 형성, 자원봉사 활성화 등

● 네트워크
- 지역 내 복지자원의 연계와 지역주민의 조직화 등을 추구
- 서비스 공급자간 연계망 구축, 포괄적 서비스 제공

3. 지역사회복지의 특성

● 예방성
- 지역사회 내 문제를 조기에 발견하여 대응

● 통합성
- one-stop service, 서비스의 패키지화 등
- 서비스 제공기관 간 네트워크 구축을 통해 종합적 서비스 제공
- 서비스 공급자 관점

● 포괄성
- 지역사회 주민들의 복잡하고 다양한 욕구충족과 문제해결을 위해 보건 · 복지 · 의료 · 교육 등 전반적인 영역을 다각도로 포괄
- 서비스 이용자 관점

● 연대성 · 공동성
- 주민들이 연대를 형성하고 공동의 행동을 통하여 해결
- 주민운동

● 지역성
- 주민의 생활권역을 기초로 전개
- 물리적인 거리뿐만 아니라 심리적인 거리까지 포함

4. 지역사회복지의 관련 개념 22회 기출 🏆

● 시설보호
- 주거 개념 포함, 직원이 함께 거주
- 폐쇄성, 규율과 절차가 있어 자유와 선택 제한

● 시설의 사회화 ★꼭!
- 시설 자원을 지역사회에 제공, 사회복지에 대한 주민교육과 체험을 돕는 활동
- 시설과 서비스의 개방, 시설 운영의 개방
- 시설생활자의 지역사회 참여, 시설의 지역사회활동의 참여 및 지원

● **지역사회보호** ★꼭!
- 시설보호의 문제점을 해결하기 위한 대안으로 제기된 개념
- 지역사회에서 일상적 삶을 유지하면서 살아갈 수 있도록 사회복지서비스를 제공, 가정이나 유사한 지역사회 내의 환경에서 서비스 제공

● **지역사회조직**
- 전통적인 전문사회복지실천의 한 방법으로서 공공과 민간 사회복지기관의 전문사회복지사에 의해 수행
- 조직적이고 의도적 · 계획적이며 과학적인 지식과 기술을 사용

● **재가보호**
- 보호를 필요로 하는 사람들이 자신의 가정에서 보호를 받음
- 방문서비스, 단기보호서비스 등

● **기타**
지역사회개발, 지역사회계획, 지역사회교육, 지역사회행동 등

5. 지역사회복지실천의 개념 및 목적

● **개념**
- 지역사회를 대상으로 하는 사회복지실천
- 이때 지역사회는 대상인 동시에 수단이 됨

● **목적**
- 지역사회 참여 · 통합 강화
- 문제대처능력 향상
- 사회조건 · 서비스 향상
- 불이익집단의 이익 증대

6. 지역사회복지실천의 원칙 22회 기출 🏆 21회 기출 🏆 20회 기출 🏆

- 지역사회는 있는 그대로 이해하고 수용
- 일차적인 클라이언트는 지역사회
- 지역사회의 개별화 존중 원칙
- 문제해결에 있어 다양성을 존중해야 함
- 주민참여, 이용자의 주체적 참여 강조
- 지역사회 내 다양한 계층의 적극적 참여
- 지역사회의 네트워크화
- 기관 간 협력 및 분담
- 민 · 관 협동
- 욕구의 가변성에 대한 이해

- 지역사회복지실천은 목적이 아니라 수단(궁극적 목적은 인간의 복지와 성장)
- 지역사회는 자기결정의 권리를 가지며, 강요에 의한 사업 추진은 거부
- 기관의 이익보다 지역주민의 욕구 우선
- 민주적 태도 견지
- 특정 계층이나 특정 집단이 아닌 광범위한 집단의 이익을 고려

7. 지역사회복지실천의 가치 22회 기출

- 다양성 및 문화의 이해: 다양한 문화가 인간행동과 사회에 미치는 영향, 기능을 파악하는 것
- 임파워먼트: 지역사회주민의 참여를 강조. 주민의 주체성을 키우고 부정적 자아상을 불식시키는 것
- 사회정의와 균등한 자원배분: 억압적이거나 정의롭지 못한 사회현실을 개혁하기 위한 노력
- 상호학습: 사회변화의 과정에서 실천가와 지역사회주민이 동등한 파트너와 교육자로서 적극적 학습자가 되는 것
- 비판의식 개발: 억압을 조장하는 사회의 메커니즘을 이해하고 그러한 사회 구조 및 의사결정 과정에 주의를 집중하는 것

기출회독으로 연계 학습하세요

기출회독 130 — 지역사회복지실천의 원칙 및 가치 등 — **7**문항

기출회독 131 — 지역사회복지 관련 개념 — **2**문항

기출회독 132 — 지역사회복지의 이념 — **3**문항

기출회독 133 — 지역사회복지실천의 개념 및 특성 — **1**문항

실력 CHECK

기본쌓기문제

OX퀴즈

3장 지역사회복지의 역사

2.0
출제문항수

핵심특강

예전에는 대부분 우리나라 지역사회복지의 발달에 관한 문제가 출제되었지만, 최근 시험에서는 영국 지역사회복지의 역사에 관한 내용도 지속적으로 다뤄지고 있으며, 자선조직협회와 인보관 운동의 경우 미국의 역사나 영국의 역사에서 함께 출제되기도 한다. 특정 제도나 사건이 어떤 역사적 흐름에서 나타나게 되었는지를 연결하여 살펴보면서 그 제도의 특징을 파악해두어야 한다.

1. COS와 인보관 22회 기출 🏆 21회 기출 🏆

구분	COS	인보관
사회문제의 근원	개인적인 속성	환경적인 요소
참여자 유형	사회의 상류층 또는 이들과 가까이 지내는 사람들	대학생, 성직자
사회문제의 접근방법	빈자를 개조하거나 상황의 역기능적인 면을 수정하고자 함	빈자와 같이 거주하면서 환경을 개량하고, 기존의 사회질서를 비판
서비스 제공시 역점을 둔 내용	우애방문원이 멘토의 역할을 하면서 빈민에 대한 생활지도 등의 서비스를 제공하기도 했지만, COS의 중점 사업은 기관들 간의 서비스 조정이었다.	유치원, 아동을 위한 클럽, 오락 프로그램, 야간성인학교, 공중목욕탕, 전시회 등 다양한 사회문화적·교육적 서비스를 직접 제공했다.
활동 성격 / 내용	• 우애방문원의 가정방문 • 자선기관들과 협력적 계획 모색 • 새로운 복지기관 설립, 낡은 기관 개혁 • 빈민구호와 관련된 입법 활동 전개 • 지역사회계획전문기관 탄생 • 사회조사 기술 발전 • 사례관리의 모태가 됨	• 주민과 함께 생활하면서 환경과 제도를 개혁하고자 함 • 입법·행정적 혁신까지 포함 • 기존 서비스의 향상 및 새로운 서비스 강구 • 잠재능력을 발휘하도록 하는 교육에 역점을 둠 • 아동노동 반대 • 참여와 민주주의 강조
주요 이념	사회진화론, 적자생존 논리	자유주의, 급진주의, 계몽주의

※ 자선과 인보활동의 차이
인보관 개혁주의자들은, 자선이란 어떠한 대상을 상정하고 행하는 활동이라면, 인보활동이란 그 대상과 함께하는 사회사업이라고 주장한다. 또한 자선사업이 빈곤에 처한 개인을 돕는, 즉 그 개인에게 대처방안을 마련해주는 데 초점을 맞춘다면, 인보사업은 공공의 영역에서 사람들을 아우르고, 개인보다는 사회개혁에 초점을 맞춘다고 주장한다.

● COS ⭐꼭!

• 영국 – 1869년 런던(러스킨), 미국 – 1877년 뉴욕(거틴)
• 이전의 무분별한 자선활동을 조직화하여 체계적, 효율적 자선활동 진행
• 사회진화론, 적자생존의 논리를 따라 빈곤을 개인의 나태 탓으로 봄
• 가치있는 빈민과 가치없는 빈민을 구분하여 선별적 구호활동 진행
• 상류층, 부유층 등을 중심으로 우애방문원을 조직. 우애방문원을 통한 개별방문지도(case work)
• 서비스의 조정에 초점

● **인보관** ⭐

- 영국 – 1884년 런던 '토인비홀'(바넷), 미국 – 1886년 뉴욕 Neighborhood Guild(코이트), 1889년 시카고 '헐하우스'(제인 애덤스)
- 빈곤을 산업화, 도시화에 따른 사회적 산물로 봄
- 빈곤해결 자체, 제도적 변화에 관심
- 빈민과 함께 거주하며 동료애, 우정을 바탕으로 관계 형성(group work)
- 자유주의, 급진주의, 계몽주의
- 대학생 등 지식인층을 중심으로 주민의 조직화, 환경개선, 의식화 교육, 문화활동, 사회개혁 운동 진행
- 서비스의 제공에 초점

2. 영국 지역사회복지의 역사 23회 기출 🏆 22회 기출 🏆 21회 기출 🏆 20회 기출 🏆

● **근대 지역사회복지의 시작(1800년대 후반~1950년대 초)**

- 1601년 이후 구빈법에 따른 수용과 구제 중심의 지역사회복지를 시행
- 1869년 런던, 자선조직협회 설립
- 1884년 런던, 인보관 토인비홀 설립

● **지역사회복지 태동기(1950년대~1960년대 후반)**

- 폐쇄적 시설에 대한 인권 문제 및 지방정부의 재정 부담 등이 제기되면서 새로운 보호의 장으로서 지역사회를 인식하기 시작
- 1959년 정신보건법(Mental Health Act) 제정으로 재가복지서비스 중심의 지역사회보호 정책 기틀 마련

● **지역사회보호 형성기(1960년대 후반~1980년대 후반)**

- 1968년 시봄 보고서
  - 지역사회보호로 전환되는 계기가 된 보고서
  - 지역사회를 사회서비스 제공자로 인식(비공식 서비스의 필요성 인식)하여 지역사회 기반의 서비스 제공 강조
  - 서비스의 협력적, 통합적 제공을 위한 행정개편을 주장하며 사회서비스 부서 창설 및 지역별 전담사무소 설치 제안
- 1971년 하버트 보고서
  - 가족과 근린 지역사회의 비공식 서비스를 통한 긴급한 욕구충족을 강조
  - 공공 및 민간 사회서비스의 주요 과업은 비공식 서비스를 지원하는 것에 있음을 역설
- 1982년 바클레이 보고서
  - 대부분의 지역사회보호는 지역주민들 사이의 비공식 돌봄망을 통해 이루어짐을 인식
  - 비공식 서비스와 공식 서비스 간의 파트너십 개발을 강조

● **지역사회보호 발전기(1980년대 후반~)** ⭐

- 1988년 그리피스 보고서
  - 신보수주의 경향 하에서 케어의 혼합경제, 복지다원주의 논리를 따름
  - 지역사회보호의 일차적 책임은 지방정부에 있으며 계획은 지자체에서 수립

3. 미국 지역사회복지의 역사

- 지역사회복지의 태동기(1890~1910년대): 산업화 및 남북전쟁으로 인한 사회문제 해결을 위한 활동으로 영국의 영향을 받아 자선조직협회와 인보관운동이 추진됨. 이념적으로는 사회진화론, 실용주의, 자유주의 등의 영향이 크게 작용
- 지역사회복지의 형성기(1920~1950년대): 현대적 공동모금회 및 지역사회복지 기관 간의 협의회 등이 형성, 지역사회조직화의 발달
- 지역사회복지의 정착기(1960년대 이후): 빈곤과의 전쟁으로 연방정부의 책임 확대, 1970년대 이후 신보수주의의 세력화 과정에서 사회복지에 대한 정부지원 축소

4. 한국 지역사회복지의 역사 23회기출 22회기출 21회기출 20회기출

● 전통적인 인보상조 관행 및 국가제도

- 촌락단위 관행
  - 계: 큰 지출에 대비하기 위한 경제적 상부상조
  - 두레: 농사일 협력을 위한 마을 전체의 공동노력
  - 품앗이: 대체로 개인간 또는 소규모로 구성되어 노동력 상시 교환
  - 향약: 마을 단위로 실시된 향촌의 자치규약. 현재의 조례와 유사
  - 사창: 흉년에 대비하여 미리 향민에게 곡식을 징수·기증받아 저장해 두는 촌락단위의 구휼제도
- 국가제도
  - 오가작통법: 5가구를 한 통으로 묶어 연대책임을 지움. 지방자치적 성격
  - 의창: 흉년이 든 해에 기민을 구제하기 위하여 양곡을 저장·보관해두는 제도
  - 상평창: 평상시 빈민에 대해 곡물을 대여함. 상환의 의무가 있음
  - 진휼청: 조선시대 흉년에 곡물(진휼미)을 풀어 빈민을 구제하고 곡가를 조절하는 국가 기관
  - 동서대비원: 치료를 목적으로 하는 의료구호 기관
  - 혜민국: 의약, 의복제공 기관

● 일제강점기의 지역사회복지

- 1944년 공공부조의 기본법이 된 조선구호령 실시
- 식민정책의 일부로 시혜적, 자선적 복지 진행
- 전통적 자생 복지활동 위축·해체

● 해방 이후의 지역사회복지

- 외국 민간원조단체 한국연합회(KAVA)에 의해 지역사회복지사업 실시
- 새마을운동
  - 1958년 지역사회개발위원회 규정 공포, 이후 1970년대 새마을운동으로 전환
  - 지역사회개발 사업으로 추진
  - 농촌의 생활환경개선 사업에서 시작해 소득증대 사업으로 확대
  - 기본이념: 근면, 자조, 협동

● 1990년대 이후의 주요 변화 ⭐️

- 지방자치제도 실시(1995년 지방자치단체장 직선)
- 1992년 재가복지봉사센터 설립(2010년 재가복지봉사센터가 종합사회복지관으로 흡수·통합됨)
- 1997년 사회복지공동모금법 제정(1999년 사회복지공동모금회법으로 개정)
- 1999년 1기 사회복지 시설평가 시작
- 2000년 국민기초생활보장법 시행으로 지역사회 중심의 자활지원 사업 시작
- 2003년 사회복지사업법 개정으로 4년마다 지역사회복지계획 수립 의무화(2005년 지역사회복지협의체 개소, 2007년 1기 계획 시작, 현재 지역사회보장계획)
- 2004년 아동복지법 개정으로 지역아동센터 법제화
- 2007년 지역사회서비스투자사업 실시, 전자바우처 사회서비스 사업 시행
- 2010년 사회복지통합관리망 행복e음 개설
- 2012년 시·군·구 희망복지지원단 설치
- 2013년 사회보장정보시스템 개통
- 2014년 사회보장급여의 이용·제공 및 수급권자 발굴에 관한 법률 제정, 2015년 시행
- 2016년 행정복지센터를 통한 '읍·면·동 복지허브화' 사업 실시
- 2017년 주민자치형 공공서비스 실시, 읍·면·동 찾아가는 보건복지팀 설치
- 2019년 공공 체계를 통해 돌봄 서비스를 직접 제공하기 위한 사회서비스원 개소
- 2022년 차세대 사회보장정보시스템(희망이음) 개통
- 2023년 제5기 지역사회보장계획 시행(2023~2026년)

기출회독으로 연계 학습하세요

우리나라 지역사회복지의 발달
기출회독 134
14문항

영국 지역사회복지의 발달
기출회독 135
8문항

자선조직협회와 인보관 운동
기출회독 136
1문항

미국 지역사회복지의 발달
기출회독 137
1문항

실력 CHECK

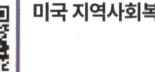
기본쌓기문제

OX퀴즈

4장 지역사회복지의 주요 이론

출제문항수
2.0

핵심특강

이 장의
기출포인트

4장은 지역사회복지와 관련된 다양한 이론들을 비교하며 살펴봐야 하기 때문에 정리해야 할 내용이 많다. 각 이론의 주요 특징들을 살펴보고 지역사회복지실천에 있어 어떻게 적용할 수 있는지도 파악해야 한다. 예전에는 교환이론이나 갈등이론이 주로 출제되었지만, 최근 시험에서는 다양한 이론들이 번갈아 출제되고 있다. 여러 이론이 한 문제에 다뤄지기도 하고, 사례제시형 문제 형태로도 출제되고 있다.

1. 주요 이론 23회 기출 22회 기출 21회 기출 20회 기출

● **구조기능이론**
  - 지역사회는 여러 부분으로 구성되어 있고, 각 부분은 전체가 잘 기능을 발휘할 수 있도록 기여
  - 지역사회의 균형과 안정을 강조

● **갈등이론** 꼭!
  - 권력과 자원 등의 불평등한 관계에서 발생하는 갈등을 사회변화를 가능하게 하는 중요한 기제로 간주
  - 한 집단이 다른 집단을 완전히 지배하면 일시적인 안정이 일어날 뿐 사회는 본질적으로 분열되어 있다는 입장
  - 알린스키(Alinsky)는 갈등이론을 지역사회조직화에 적용한 대표적인 사람으로 모든 사람이 재화와 서비스에 평등하게 접근할 수 있어야 하며, 지역사회조직의 목표는 권력과 힘을 가진 지배집단과 피지배집단이 동등한 혜택을 받는 것이라고 주장

● **사회체계이론**
  - 다양한 체계들 간의 상호작용을 강조
  - 지역사회의 각 구성요소들이 상호 긴밀하게 연결되어 집단이 형성되고, 여러 집단이 서로 결합되어 제도를 이루고, 여러 제도들이 서로 결합되어 지역사회를 이룬다고 봄

● **생태이론** 꼭!
  - 사회 속에서 일어나는 경쟁, 지배, 집중화, 계승, 분리 등의 개념을 통해 사회환경의 변천과정을 설명
  - 환경과의 적합성, 상호교류, 적응을 지지하거나 방해하는 요소를 중요하게 고려

● **자원동원이론**
  - 사회운동의 성패는 조직원 충원, 자금조달, 적절한 조직구조를 개발할 수 있는 능력에 달려 있다고 봄(즉, 조직의 활성화를 위해 자원이 필요하며 자원의 유무에 따라 사회운동의 성패가 결정된다고 봄)
  - 자원에는 돈, 정보, 사람, 조직원 간의 연대성, 사회운동의 목적과 방법에 대한 정당성 등이 포함됨

● **교환이론** 꼭!
  - 사회적 · 물질적 자원의 교환을 인간 상호작용의 근본 형태로 파악
  - 지역사회복지실천도 교환의 장에서 이루어짐

- 교환자원: 상담, 지역중심 서비스, 기부금, 재정지원, 정보, 정치적 권력, 의미, 힘 등
- 교환관계의 단절, 불균형, 교환자원의 부족, 고갈 등으로 인해 지역사회문제가 발생할 수 있음

※ 하드캐슬의 권력균형전략
- 경쟁: 교환에 참여하는 대신 다른 자원을 찾는 전략
- 재평가: 특정 자원에 대한 관심이 낮아질 때 해당 자원에 대한 재평가를 통해 종속관계를 벗어나고자 하는 전략
- 호혜성: 서로 주고받을 수 있는 자원을 통해 쌍방적인 동등한 관계로 개선하고자 하는 전략
- 연합: 또 다른 종속관계에 놓인 집단과 연합하여 대항하는 전략
- 강제(강압): 물리적인 힘으로 자원을 장악하는 전략(폭력적, 비윤리적일 수 있으므로 사회복지사가 쉽게 선택해서는 안 되는 전략임)

● 엘리트주의

소수의 지배 엘리트 집단(정치와 경제 등에서 중요한 정책을 결정할 때 우월한 지위에서 영향을 미치는 사람 또는 집단)이 국가의 정책을 좌우하는 권력을 장악하고 있다고 봄

● 다원주의 ★

- 지역사회 권력은 특정 집단에 집중되는 것이 아니라 전문성 등에 기반을 둔 다양한 사람들, 집단들의 참여와 함께 다원화되는 경향이 크다고 설명함
- 이익집단들 간의 갈등과 타협의 산물로 정책이 마련됨
- 정책결정은 이익집단들 간 영향력 정도에 따라 이루어짐

● 사회구성론

- 개인이 처한 사회나 문화 속 맥락에 따라 현실의 문제나 상황을 구성 또는 재구성할 수 있다는 관점
- 지역사회구성원이나 클라이언트와 공유하는 언어, 몸짓 등 상징을 적절히 사용
- 다양한 문화를 가진 클라이언트와의 지속적이고 집중적인 대화과정을 강조함

● 권력의존이론 ★

- 소유한 자원의 크기에 따라 권력이 발생하며 권력이 작은 집단은 권력이 큰 집단에 의존하게 된다는 관점
- 지역주민(집단 혹은 조직)이 힘(물리적, 정치적, 경제적 힘을 모두 포함)을 갖고 있는지의 여부가 지역사회 발전에 큰 영향을 미친다고 봄
- 지역사회 내 집단들 사이에 힘의 획득, 분산 등 권력구조를 파악하기 위한 이론적 토대가 됨

기출회독으로 연계 학습하세요

기출회독 138

지역사회복지실천 이론들

19문항

실력 CHECK

기본쌓기문제

OX퀴즈

5장 지역사회복지 실천모델의 이해

2.8
출제문항수

핵심특강

5장은 기본적으로 학자-모델-특징을 잘 연계시켜 정리해야 한다. 다양한 지역사회복지 실천모델의 특징을 잘 구분할 수 있어야 하며, 각 모델마다 사회복지사가 어떤 역할을 하게 되는지도 정리해야 한다. 로스만의 모델, 웨일과 갬블의 모델, 테일러와 로버츠의 모델은 매회 꾸준히 출제되고 있다. 최근 시험에서는 지역사회 통합돌봄 이후 포플의 모델이 연속적으로 출제되었다.

1. 지역사회복지 실천모델의 목표

로스만은 과업중심 및 과정중심의 목표를 제시, 던햄은 과업중심 및 과정중심 목표에 관계중심의 목표를 추가
- 과업중심의 목표: 지역사회의 광범위한 욕구충족, 구체적인 과업의 완수에 역점을 두는 것
- 과정중심의 목표: 지역사회 주민들이 문제를 해결할 수 있는 능력을 갖도록 해주는 것
- 관계중심의 목표: 지역사회 구성요소 간의 사회관계에 있어 변화를 시도하는 데 역점

2. 로스만의 모델 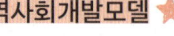 23회 기출 🏆 22회 기출 🏆 21회 기출 🏆 20회 기출 🏆

● **지역사회개발모델** ⭐꼭!
- 지역사회의 변화를 위한 주민참여 강조
- 과업지향적 소집단 활용
- 자조정신, 자발적 협동
- 민주적 절차
- 교육, 토착 지도자 개발에 초점
- 과정중심 목표

● **사회계획모델** ⭐꼭!
- 사회문제 해결에 초점
- 전문가에 의한 조사ㆍ분석, 대안모색
- 합리적ㆍ체계적 계획 수립 및 실행
- 과업중심 목표

● **사회행동모델** ⭐꼭!
- 지역사회에 존재하는 권력관계와 불평등에 초점
- 공정한 자원 분배의 요구
- 사회정의와 민주주의에 입각하여 기존 구조의 변화를 모색
- 피지배집단 내지는 억압받는 집단의 조직화 강조
- 과정중심 목표, 과업중심 목표 모두 강조(하지만, 과업달성을 더 중요시하는 편)

● 혼합모델

- 지역개발/사회행동 모델: 과정에서는 지역개발모델을, 목적에서는 사회행동모델을 따름
- 사회행동/사회계획 모델: 다양한 형태의 사회행동과 함께 문제해결을 위한 과학적 조사와 연구를 병행
- 사회계획/지역개발 모델: 새로운 계획 과정에 주민참여를 강조하는 형태

	지역사회개발모델	사회계획모델	사회행동모델
문제상황에 대한 전제	지역사회가 문제해결 기술 및 역량 부족으로 어려움을 겪고 있다.	지역사회에는 수많은 사회문제가 산재되어 있다.	지역사회에는 권력의 위계가 존재하며, 무력한 주민들이 부조리와 착취를 당한다.
변화 전략	함께 모여서 이야기해보자!	진상을 파악해서 논리적인 조치를 강구하자!	우리들의 억압자를 분쇄하기 위해 규합하자!
변화 전술	• 합의 • 의견 교환과 토의	• 문제확인, 사정, 목표개발, 실행, 평가 • 사실발견과 분석 • 상황에 따라 갈등이나 합의를 사용하기도 함	• 갈등, 대결 • 항의, 시위, 보이콧, 피케팅 등 다수의 대중 규합
사회복지사의 역할	• 조력자 • 조정자 • 교육자 • 능력부여자 • 촉진자	• 전문가 • 계획가 • 사실발견수집가 • 분석가 • 프로그램 기획 · 평가자	• 옹호자, 대변가 • 행동가 • 중재자 • 조직가
변화 매개체	과업지향적 소집단 활용	관료조직, 공식조직	대중조직, 정치과정
목표	• 과정중심 목표: 지역사회 통합과 협동적 문제해결 능력의 향상	• 과업중심 목표: 주요 사회 문제의 해결	• 과업중심 목표: 특정 입법이나 복지혜택 추구, 공공기관의 정책 변경 등 • 과정중심 목표: 구성원의 정치적 영향력 증대

3. 웨일과 갬블의 모델 ^{23회기출 22회기출 20회기출} 🏆 🏆 🏆

● 근린 지역사회조직모델

- 지리적 의미의 지역사회 내에서 지역사회개발을 통한 지역주민의 삶의 질 향상을 목표로 함
- 지역사회 구성원들의 능력개발을 강조

● 기능적 지역사회조직모델

- 지리적인 의미의 지역사회가 아닌 동일한 정체성이나 관심사, 이해관계를 기초로 한 기능적 지역사회의 조직에 초점
- 이 모델의 구성원들은 지리적으로 흩어져 있기 때문에 사회복지사는 이들 사이의 원활한 소통을 위한 정보전달자로서의 역할을 수행하게 됨

● 지역사회의 사회 · 경제 개발모델

- 지역사회의 전반적인 개발을 위해서 사회적 개발과 경제적 개발이 동시에 진행되어야 함을 강조
- 방글라데시의 그라민 뱅크가 대표적인 예

● **사회계획모델**

- 객관성, 합리성에 기반을 두고 지역사회 문제를 해결하려는 모델
- 전문가의 지식과 기술, 객관적 조사와 자료분석 등을 기초로 함

● **프로그램 개발과 지역사회 연계모델**

- 사회계획모델을 바탕으로 함
- 지역의 욕구를 충족하기 위해서는 지역사회와의 연계 및 주민의 참여가 중요함을 강조하는 모델

● **정치 · 사회 행동모델**

- 지역주민의 정치적 권력의 강화와 기존 제도의 변화를 추구
- 정치적 캠페인, 옹호, 집단소송, 로비활동 등을 진행

● **연대활동(연합)모델**

- 한 집단의 노력으로는 문제해결이 어렵다는 점에서 분리된 개별 조직을 집합적인 활동에 동참시키는 모델
- 다양한 개별 집단, 조직들이 독립성을 유지하면서 새로운 조직을 구성하거나 연대하여 사회변화 행동을 진행

● **사회운동모델**

- 사회운동을 통해 바람직한 사회변화를 추구하는 것을 강조하는 모델
- 사회정의 실현을 위한 사회전체의 변화에 초점
- 인권운동, 여성운동, 반전운동 등

● **로스만 모델과 웨일과 갬블 모델 비교**

로스만의 모델	지역사회개발모델	사회계획모델	사회행동모델
웨일과 갬블의 모델	근린지역사회조직모델 기능적 지역사회조직모델 지역사회의 사회 · 경제개발모델	사회계획모델 프로그램 개발과 지역사회연계모델	사회운동모델 정치 · 사회행동모델 연합모델

4. 테일러와 로버츠의 모델 23회 기출 21회 기출 20회 기출

- 프로그램 개발 및 조정 모델: 후원자 중심의 모델
- 계획모델: 대상자의 영향력은 미약하고 후원자의 영향력이 강한 모델
- 지역사회연계모델: 대상자와 후원자의 영향력이 동등한 모델
- 지역사회개발모델: 대상자에게 거의 대부분의 결정권한이 있는 모델
- 정치적 역량 강화모델: 대상자에게 100% 결정권한이 있는 모델

	프로그램 개발 및 조정 모델	계획모델	지역사회연계 모델	지역사회개발 모델	정치적 역량강화 모델
권한	후원자의 권한이 강함 ◄──────────────────────────────────────► 클라이언트의 권한이 강함				
특징	공공기관 중심 프로그램 개발	조사·연구·분석 강조, 과정지향적 실천	클라이언트의 문제를 지역사회에 연계	역량개발·문제해결 과정 지원	소외집단의 사회적 참여·권리 강화

5. 포플의 모델 23회 기출 🏆 22회 기출 🏆

- 지역사회보호: 커뮤니티케어. 사회적 관계망과 자발적 서비스 증진, 자조개념의 개발
- 지역사회조직: 타 복지기관 간 협력 증진
- 지역사회개발: 삶의 질 향상을 위해 기술과 신뢰 습득을 원조
- 사회·지역계획: 사회상황 분석, 목표와 우선순위 선정, 프로그램 실행
- 지역사회교육: 교육과 지역사회 간의 밀접하고 동등한 관계 설정을 시도
- 지역사회행동: 지역사회 차원에서 직접적 행동을 통해 불균등한 권력에 대응
- 여권주의적 지역사회사업
- 인종차별철폐 지역사회사업

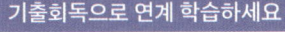

기출회독으로 연계 학습하세요

로스만의 모델
기출회독 139
9문항

웨일과 갬블의 모델
기출회독 140
8문항

테일러와 로버츠의 모델
기출회독 141
5문항

실력 CHECK

기본쌓기문제

OX퀴즈

6장   지역사회복지 실천과정

2.0
출제문항수

핵심특강

문제확인부터 평가에 이르는 지역사회복지 실천과정의 각 단계별 과업을 파악하는 문제가 주로 출제된다. 실천과정 중에서 특히 사정의 유형이나 방법에 관한 내용이 자주 다뤄지고 있다. 단순히 실천과정을 나열하는 문제, 제시된 상황의 전후 단계에서 진행되어야 할 과업을 파악하는 문제, 각 단계별 주요 과업을 살펴보는 문제 등 다양한 유형으로 출제되고 있다.

1. 실천과정 23회 기출 🏆 22회 기출 🏆

문제확인 → 지역사회 사정 → 계획 및 실행 → 평가

2. 문제확인 20회 기출 🏆

- 이미 발생한 문제 외에 잠재적 문제도 파악
- 지역사회의 문제를 탐색함에 있어서는 개방적인 태도를 가져야 함
- 객관적 자료 확보, 관련 당사자ㆍ전문가 등과 인터뷰 등 다양한 조사방법 활용
- 문제를 둘러싼 지역사회의 관련 상황 파악
- 문제로 인해 이익을 보는 집단과 손해를 보는 집단을 분석
- 문제의 원인 및 지속 요인 확인
- 여러 문제들에 대한 우선순위 선정
- 표적집단은 문제를 겪는 동시에 변화가 필요한 집단으로 시간과 자원의 한계에 따라 표적집단을 파악

3. 지역사회 사정 23회 기출 🏆 22회 기출 🏆 21회 기출 🏆 20회 기출 🏆

● 사정의 개념 및 범위 등 ⭐꼭!

- 현재의 상황을 진단하기 위한 체계적 과정이자, 지역사회의 제반 요소를 확인하는 과정인 동시에 지역사회의 욕구와 인적ㆍ물적 자원을 파악하는 과정
- 문제확인 단계에서 파악된 문제를 해결하기 위한 서비스나 프로그램을 개발하기 위한 준비단계
- 사정의 주요 원칙: 사정의 목표와 초점의 명확화, 제한된 자원과 역량을 고려, 구체적 쟁점이나 문제에 초점, 지역주민의 참여
- 사정의 유형: 포괄적 사정, 문제중심 사정, 하위체계 사정, 자원 사정, 협력 사정
- 고려할 사항: 지역사회의 발전 과정, 정치적ㆍ사회적 구조, 경제적 상황, 사회문화적 특징 등을 파악

● 지역사회 욕구사정을 위한 자료수집 방법 ⭐꼭!

- 명목집단기법: 의견을 무기명으로 적어 제출, 사회자가 취합하여 발표한 후 투표를 통해 우선순위를 결정
- 델파이기법: 전문 지식을 갖고 있는 참여자들에게 이메일이나 우편 등으로 설문지를 발송하여 의견을 취합

- 초점집단기법: 소집단으로 구성하여 참여자들의 토론 및 질의응답을 통해 문제에 대한 의견을 듣는 방법(전문가도 참여하지만 수혜자, 잠정적 수혜자, 지역주민 등이 참여하는 직접적 욕구조사 방법)
- 주요정보제공자기법: 주요정보제공자를 통해 대상집단 및 욕구를 파악하는 방법(주로 서비스 제공자, 관련 단체의 대표자 등 전문가들이 참여하는 간접적 욕구조사 방법)
- 공청회: 정부의 프로그램이나 계획에 대해 의견을 개진할 수 있는 기회를 제공. 공청회에 참석한 참석자들의 견해가 전체 지역주민을 대표하는지를 확신하기 어려우며, 통제가 어렵다는 한계가 있음
- 지역사회포럼: 지역주민의 욕구나 문제에 대한 지역주민의 인식을 알 수 있음. 모든 사람에게 공개. 다양한 의견이 제시되어 문제의 본질이나 욕구파악이 어려울 수 있음. 통제가 어려움
- 참여관찰: 지역주민의 일상적인 삶에 참여함으로써 주민들이 겪는 문제를 직접 체험하는 방법

4. 계획 및 실행 🏆21회 기출 🏆20회 기출

● 준비/계획단계

- 지역사회 사정과 욕구 파악을 마친 후에, 문제해결을 위한 우선순위를 정함. 우선순위로 선택된 문제에 관한 대책, 활동계획을 수립
- 우선순위 결정과 구체적인 실천계획 수립 전에는 주민에게 알려 관심을 환기시키고 주민들이 참여할 수 있도록 홍보활동을 전개

● 실행단계

- 지역사회복지실천의 다양한 개입 전략과 전술을 고려하여 선택. 계획에 맞춰 실행

5. 평가

- 지역사회복지실천 과정에서 가장 나중에 수행하는 것
- 지역사회 변화를 위해 활용된 개입의 과정과 결과를 평가
- 평가단계는 일반적으로 설정된 목표가 어느 정도 달성되었는가를 알아보기 위한 과정이며, 개입에 대한 가치와 의의를 판단하는 사회적 과정이라 할 수 있음

기출회독으로 연계 학습하세요

사정 단계	기출회독 142	11 문항
문제확인 단계	기출회독 143	1 문항
계획 및 실행 단계	기출회독 144	6 문항
평가 단계	기출회독 145	3 문항

실력 CHECK

기본쌓기문제

OX퀴즈

7장 지역사회복지실천에서의 사회복지사의 역할

1.0
출제문항수

핵심특강

● 모델별 주요 역할

지역사회개발모델		사회계획모델		사회행동모델	
로스 (Ross)	리피트 (Lippitt)	모리스(Morris)와 빈스톡(Binstock)	샌더스 (Sanders)	그로서 (Grosser)	그로스만 (Grossman)
안내자(guide) 조력가(enabler) 전문가(expert) 치료자(therapist)	촉매자(catalyst) 전문가(expert) 실천가 (implementer) 조사(researcher)	계획가 (planner)	전문가 (professional) 분석가(analyst) 계획가(planner) 조직가(organizer) 행정가(program administrator)	조력가(enabler) 중개자(broker) 옹호자(advocate) 행동가(activist)	조직가 (organizer)

1. 지역사회개발모델에서 사회복지사의 역할 ^{23회 기출} 🏆 ^{22회 기출} 🏆

- 안내자: 가장 1차적인 역할. 문제해결 과정에서 주도능력 발휘, 지역의 사회·문화에 대한 충분한 지식, 잠재능력 파악
- 조력가: 불만 집약, 조직화 격려, 좋은 인간관계 조성, 공동목표 강조
- 전문가: 자료 제공, 직접적 충고, 지역사회 진단, 조사, 타 지역사회에 대한 정보 및 방법에 관한 조언, 기술상의 정보 제공, 평가
- 사회치료자: 지역사회에 대한 적절한 진단, 주민 이해

2. 사회계획모델에서 사회복지사의 역할 ^{22회 기출} 🏆

- 계획가: 목표 설정, 수단 검토, 계획
- 분석가: 사회문제와 영향요인 조사, 프로그램 과정 분석, 계획 수립의 과정 분석, 평가
- 조직가: 주민들의 참여의식 고취, 사기진작, 능력 격려
- 행정가: 계획 수립, 프로그램 실제 운영, 인적·물적 자원 관리, 프로그램 운영과정에서 융통성 발휘

3. 사회행동모델에서 사회복지사의 역할

● 그로서의 역할 유형: 조력가 < 중개자 < 옹호자 < 행동가 순으로 적극성이 강함
  • 조력가: 취약계층의 복지 증진을 위해 그들 편에 서서 활동 전개, 간접적 개입 · 중립적 입장
  • 중개자: 사회복지사는 클라이언트와 지역사회의 자원을 연결하는 역할을 수행, 지역주민이 필요로 하는 자원이 어디 있는지 가르쳐줌으로써 이에 접근할 수 있게 해줌
  • 대변자: 주민들 입장의 정당성 주장, 클라이언트 편에서 클라이언트의 역할을 대신함
  • 행동가: 수동적이거나 중립적 자세를 취하지 않고 클라이언트와 함께 행동

● 그로스만의 역할 유형: 조직가
  사회행동의 성취를 위한 기술상의 과업과 이데올로기적 성격의 과업을 제시

4. 사례로 보는 사회복지사의 역할 21회 기출 🏆

  • 계획가의 역할: A지역에서 일하는 사회복지사 B는 공부방을 세우려고, 시청에서 근무하는 분들을 만나 예산을 확보하기 위해 노력하고 있다.
  • 중개자의 역할: 사회복지사는 중증장애아동을 양육하고 있는 부모의 양육스트레스를 경감시키고자 장애인 주간보호서비스에 대한 정보를 제공하였다. 장애인의 부모는 사회복지사의 정보를 활용하여 주간보호서비스를 이용하게 되었다.
  • 옹호자의 역할: 연내 신용카드 소득공제 폐지가 가시화되자 사회복지사는 소득공제 폐지를 반대하는 이들의 서명 명부를 기획재정부에 제출, 납세자의 민의를 전달하였다.
  • 조직가의 역할: 사회복지사는 지역 내 환경문제를 해결하기 위해 주부들을 모집하여 환경봉사단을 결성하고, 교육 · 훈련프로그램에 참여하도록 하여 지역사회의 환경문제를 스스로 해결해 나갈 수 있도록 원조하였다.
  ※사회복지사는 다양한 역할을 동시에 수행해야 할 때가 많은데, 이로 인해 어떤 역할을 더 우선시해야 하는가와 관련해 역할갈등을 느낄 수 있음

기출회독으로 연계 학습하세요

사회복지사의 역할

기출회독 146

10문항

실력 CHECK

기본쌓기문제

OX퀴즈

8장 지역사회복지 실천기술 Ⅰ

2.2
출제문항수

핵심특강

각 기술의 주요 특징을 파악하는 문제가 주로 출제되고 있으며, 조직화 기술, 네트워크 기술, 자원동원 기술 등 해당 실천기술에 대한 기본적인 이해와 함께 사회복지사가 어떤 역할을 수행하는지도 정리해야 한다. 특히, 네트워크 기술에서는 사회자본에 대한 개념도 함께 정리해야 하는데, 이 내용은 사회자본이론으로서 4장의 이론들과 함께 출제되기도 한다.

● 실천기술별 주요 특징

조직화	• 주체는 주민(일부 계층이 아닌 지역사회 전체) • 지역사회 내 갈등과 대립의 의도적 활용 • 토착 지도자, 주민 대표 발굴 강조 • 시급한 쟁점을 중심으로 주민조직 규합
네트워크	• 인적 · 물적 자원의 효율적 관리 • 서비스 중복 및 누락 방지, 클라이언트 중심의 통합적 서비스 제공 • 클라이언트에게 필요한 자원 및 서비스 연결 • 네트워크 내 수평적 관계 강조, 상호 신뢰 및 호혜성 기반 • 주민참여 확대 및 지역사회의 사회자본 확대
자원동원	• 자원봉사자, 후원자 등 자원의 새로운 발굴을 강조 • 기존의 네트워크 활용도 포함
옹호	• 지역주민이나 지역사회의 입장에서 직접적으로 대변 · 보호 · 개입 · 지지 • 권리확보를 위한 실질적인 사회행동
역량강화	• 궁극적인 목적은 주민들의 삶의 질 향상 • 지역구성원들이 가진 능력에 대한 믿음을 전제로 함 • 고양하기, 자기주장, 공공의제 만들기, 권력 키우기, 역량 건설, 지역사회 사회자본 확장 등

1. 조직화 기술 ^{23회 기출} 🏆 ^{20회 기출} 🏆

- 지역사회가 처한 상황, 문제의 해결을 위해 목표를 세우고 모임을 만들고 지역사회의 욕구나 문제를 해결해나가도록 돕는 기술
- 지역주민의 욕구를 파악하며, 동기를 부여
- 지역주민들이 다양한 지역사회 활동에 참여하도록 유도
- 조직화는 쟁점을 중심으로 이루어짐. 쟁점은 시급한 문제로 표현되어야 하며, 구체적이며 실현가능한 내용이 포함되어야 함
- 조직화에 있어서 대인관계기술과 경청하는 기술, 중요한 쟁점을 파악하는 능력이 필요

2. 네트워크(연계) 기술 22회 기출 🏆 21회 기출 🏆

● 네트워크 기술의 주요 특징 ⭐꼭!

- 지역사회 또는 지역주민에게 필요한 자원이나 서비스를 연결하는 것을 돕는 기술
- 서비스의 중복과 누락을 피하기 위해 서비스의 패키지화 또는 one-stop-service가 이루어지도록 함
- 다양한 집단이 독립성을 유지하면서 상호신뢰를 바탕으로 공동의 목적을 달성하기 위해 네트워크를 구축, 지속하는 과정에 활용
- 상호 신뢰와 호혜성에 기반을 두며, 긴밀한 상호의존 관계를 가지면서도 수평적인 관계 강조

● 사회자본 ⭐꼭!

- 사회자본은 사회공동체 구성원 사이의 협조, 협동을 가능하게 해주는 네트워크, 규범, 신뢰를 통해 구성됨
- 네트워크의 형성을 통해 사회자본이 동원될 수 있기 때문에 네트워크는 사회자본을 위한 필요조건임
- 사회자본의 특징
  - 네트워크의 밀도가 높아야 사회자본의 총량이 증가함
  - 한 번 획득되었다고 해서 유지되지 않기 때문에 유지를 위한 노력이 지속되어야 함
  - 네트워크 안에 있다고 해서 모든 구성원들에게 그 이익(혜택)이 돌아가지 않음

3. 자원개발/동원 기술 23회 기출 🏆 21회 기출 🏆

- 지역사회주민의 욕구충족과 문제해결을 위해 자원이 필요한 경우 자원을 발굴하고 동원하는 기술
- 기부 능력이 있는 잠재적 기부자를 발굴하고, 기부할 수 있는 동기를 부여. 또한 홍보를 통하여 기관의 목적과 사업을 적극적으로 알리고 기관에 대한 신뢰성을 높임
- DM 발송, 이벤트, 인터넷, 대중매체 활용, 공익연계마케팅(CRM) 등 다양한 방법 활용
- 자원개발/동원기술은 크게 3가지 방식으로 구분: 지역사회의 조직/구조를 활용하거나 강화하는 방식, 지역주민을 개인 차원에서 설득하는 방식, 지역주민들의 집단적 참여를 통한 방식

기출회독으로 연계 학습하세요

조직화 기술
기출회독 147
8문항

네트워크 기술
기출회독 148
10문항

자원동원 기술
기출회독 149
6문항

실력 CHECK

기본쌓기문제

OX퀴즈

9장 지역사회복지 실천기술 Ⅱ

0.8
출제문항수

핵심특강

앞서 학습한 8장과 마찬가지로 각 실천기술에 대한 기본적인 이해와 함께 세부 전술에 관한 내용까지 정리해야 한다. 옹호의 의미와 유형, 옹호를 위해 사용되는 전략 등에 대한 내용이 가장 많이 출제되고 있으며, 최근에는 지역사회복지실천에서의 역량강화 기술도 비중있게 다뤄지고 있다. 협상 기술, 협력 전략, 비폭력 전술 등도 간헐적으로 출제되고 있다.

1. 옹호(대변) 기술 [20회 기출]

- 사회정의를 지키고 유지하려는 목적으로 지역주민이나 지역사회의 입장에서 직접적으로 대변, 보호, 개입, 지지하는 일련의 행동을 의미
- 옹호의 유형: 옹호를 필요로 하는 지역주민이 스스로를 대변하는 자기옹호, 집단의 공통 문제를 해결하기 위한 집단옹호, 입법·행정·사법영역 등 다양한 영역에서 사회정의와 복지를 증진하기 위해서 진행하는 정치옹호(정책옹호) 등
- 옹호의 기술: 설득, 대변, 주민의 불만이나 고충을 처리하는 고충처리, 행정기관 등의 처우에 이의가 있을 경우 행정상의 절차에 따라 진행하는 이의신청, 표적 집단에 대하여 강력한 영향력이나 압력을 행사하는 것을 포함
- 효과적인 옹호를 위해서는 적극적이고 단호한 태도를 견지할 필요가 있음

2. 역량강화 기술 [22회 기출]

● 주요 특징

- 지역주민의 강점을 인정하고 주민들이 스스로 삶을 결정할 수 있도록 역량을 강화
- 지역구성원들이 가진 능력에 대한 믿음을 전제로 함
- 궁극적인 목적은 주민들의 삶의 질 향상
- 생태학적 관점과 강점관점에 근거
- 개인의 심리적 적응과 회복뿐만 아니라 가족, 집단, 지역사회를 비롯해 사회구조적 차원의 개입 등 다체계적 수준의 개입

● 임파워먼트를 위한 방법

- 문제의 원인이 되는 사회구조적 요인에 대한 비판의식을 갖도록 원조
- 사회구조적 문제에 대한 지역주민들의 자기주장 원조
- 공공의제로 만들기
- 지역주민들의 권력 키우기
- 지역주민들의 조직화 및 캠페인 활동 등을 통한 역량 건설
- 지역주민의 역량강화를 위한 협력과 연대 등의 사회자본 창출을 원조

3. 기타 실천기술

● 지역사회교육기술

- 지역사회와 지역주민들에게 정보를 제공하며 기술을 가르치는 것으로, 상담 · 행사 · 교육 프로그램 등을 진행
- 사회복지사는 다양하고 정확한 정보와 지식을 함양하고 이를 명확히 전달하기 위한 의사소통 기술을 갖춰야 함

● 협상기술

- 협상에 시한을 두어야 함
- 요구하는 입장을 확고히 해야 함
- 언제, 어떻게 양보해야 할지를 배워야 함
- 상대방의 제안에 신중하게 대응해야 함
- 협상이 끊기지 않고 계속 진행되도록 함
- 중재자의 개입 여부를 고려해야 함

● 협력전략

협조 < 연합 < 동맹의 순서로 협력의 강도가 강함
- 협조: 필요에 따라 일시적으로 협력하는 관계로 언제든지 한 쪽에 의해 중단될 수 있음
- 연합: 운영위원회 같은 조직을 구성하여 참여 조직들 간에 이슈와 전략을 합동으로 선택
- 동맹: 유사한 목적을 지닌 조직들이 영구적이고 전문적인 대규모의 조직관계망을 형성하여 중앙위원회 혹은 사무국 등의 별도 조직을 통해 회원 조직들의 단체행동, 캠페인 등의 사업을 진행

기출회독으로 연계 학습하세요

옹호 기술
기출회독 150
5문항

역량강화 기술
기출회독 151
3문항

실력 CHECK

기본쌓기문제

OX퀴즈

10장 지역사회보장계획

2.2
출제문항수

핵심특강

이 장의
기출포인트

지역사회보장계획의 연혁, 목적 및 특징, 원칙, 수립내용, 수립절차 등 세부적인 사항들을 어느 정도 암기하고 있어야 답을 찾을 수 있는 문제가 출제되고 있다. 특히, 지역사회보장협의체와 지역사회복지협의회를 헷갈리지 않도록 유의해야 한다. <사회복지법제론>의 사회보장급여의 이용·제공 및 수급권자 발굴에 관한 법률과 함께 정리하면 보다 효율적으로 학습할 수 있을 것이다.

1. 지역사회보장계획의 연혁

- 2003년 사회복지사업법 개정을 통해 2005년 7월 31일부터 시·도지사 또는 시·군·구청장은 4년마다 지역사회복지계획과 연차별 시행계획을 수립하도록 의무화함
- 2007~2010년 제1기 계획이 진행됨
- 2014년 제정, 2015년 7월 시행된 「사회보장급여의 이용·제공 및 수급권자 발굴에 관한 법률」에 따라 '지역사회보장계획'으로 변화됨

2. 지역사회보장계획의 수립 23회 기출 22회 기출 21회 기출

● 주요 특징 꼭!

- 4년마다 수립 + 연차별 시행계획 수립
- 사회보장기본법에 따른 사회보장에 관한 기본계획과 연계
- 지역보건법에 따른 지역보건의료계획과 연계
- 수립원칙
  - 지역성: 지역 고유의 특성 반영
  - 과학성: 욕구조사 등 객관적인 분석
  - 연속성: 연차별 시행계획의 성과 등을 바탕으로 사업의 연속성 확보 및 연계 법률과 사회보장의 연속성 확보
  - 실천성: 행정적, 재정적 계획을 통한 실천가능성 확보
  - 자율성: 지역별 욕구에 따라 자율성 보장
  - 참여성: 주민참여 및 민간 주체들의 참여 강조

● 수립 절차 꼭!

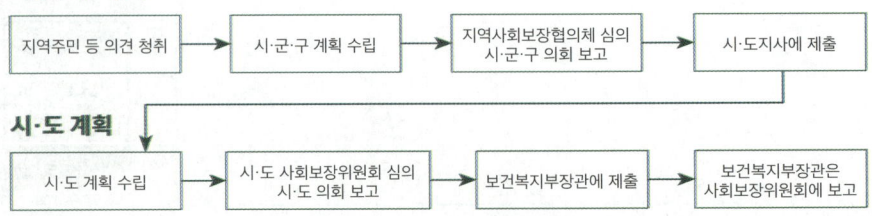

- 시 · 군 · 구 지역사회보장계획
  - 시장 · 군수 · 구청장은 지역주민 등 이해관계인의 의견을 들은 후 연차별 시행계획을 포함하여 해당 시 · 군 · 구 지역사회보장계획을 수립함
  - 지역사회보장협의체의 심의와 해당 시 · 군 · 구 의회의 보고를 거침
  - 시 · 도지사에게 제출해야 함(시 · 군 · 구 지역사회보장계획은 시행연도의 전년도 9월 30일까지, 그 연차별 시행계획은 시행연도의 전년도 11월 30일까지 각각 제출)
- 시 · 도 지역사회보장계획
  - 시 · 도지사는 제출받은 시 · 군 · 구 지역사회보장계획을 지원하는 내용 등을 포함한 시 · 도 지역사회보장계획을 수립함
  - 시 · 도 사회보장위원회의 심의와 해당 시 · 도 의회의 보고를 거침
  - 보건복지부장관에게 제출해야 함(시 · 도 지역사회보장계획은 시행연도의 전년도 11월 30일까지, 그 연차별 시행계획은 시행연도의 1월 31일까지 각각 제출)
  - 보건복지부장관은 제출된 계획을 사회보장위원회에 보고하여야 함

3. 지역사회보장계획의 심의기관 23회 기출 🏆 21회 기출 🏆 20회 기출 🏆

● 시 · 군 · 구 지역사회보장협의체 ★ 꼭!

- 시장 · 군수 · 구청장은 지역의 사회보장을 증진하고, 사회보장과 관련된 서비스를 제공하는 관계 기관 · 법인 · 단체 · 시설과 연계 · 협력을 강화하기 위하여 해당 시 · 군 · 구에 지역사회보장협의체를 둠
- 다음 사항에 대해 심의 · 자문함
  - 시 · 군 · 구의 지역사회보장계획 수립 · 시행 및 평가에 관한 사항
  - 시 · 군 · 구의 지역사회보장조사 및 지역사회보장지표에 관한 사항
  - 시 · 군 · 구의 사회보장급여 제공에 관한 사항
  - 시 · 군 · 구의 사회보장 추진에 관한 사항
  - 읍 · 면 · 동 단위 지역사회보장협의체의 구성 및 운영에 관한 사항
  - 그 밖에 위원장이 필요하다고 인정하는 사항

● 시 · 도 사회보장위원회

- 시 · 도지사는 시 · 도의 사회보장 증진을 위하여 시 · 도사회보장위원회를 둠
- 다음 사항에 대해 심의 · 자문함
  - 시 · 도의 지역사회보장계획 수립 · 시행 및 평가에 관한 사항
  - 시 · 도의 지역사회보장조사 및 지역사회보장지표에 관한 사항
  - 시 · 도의 사회보장급여 제공에 관한 사항
  - 시 · 도의 사회보장 추진과 관련한 중요 사항
  - 읍 · 면 · 동 단위 지역사회보장협의체의 구성 및 운영에 관한 사항(특별자치시에 한정)
  - 사회보장과 관련된 서비스를 제공하는 관계 기관 · 법인 · 단체 · 시설과의 연계 · 협력 강화에 관한 사항(특별자치시에 한정)
  - 그 밖에 위원장이 필요하다고 인정되는 사항

4. 지역사회보장계획의 내용 ^{23회 기출} ^{20회 기출}

● 시·군·구 계획의 내용 ★ 꼭!

- 지역사회보장 수요의 측정, 목표 및 추진전략
- 지역사회보장의 목표를 점검할 수 있는 지표(지역사회보장지표)의 설정 및 목표
- 지역사회보장의 분야별 추진전략, 중점 추진사업 및 연계협력 방안
- 지역사회보장 전달체계의 조직과 운영
- 사회보장급여의 사각지대 발굴 및 지원 방안
- 지역사회보장에 필요한 재원의 규모와 조달 방안
- 지역사회보장에 관련한 통계 수집 및 관리 방안
- 지역 내 부정수급 발생 현황 및 방지대책
- 그 밖에 대통령령으로 정하는 사항

● 시·도·특별자치도 계획의 내용

- 시·군·구의 사회보장이 균형적이고 효과적으로 추진될 수 있도록 지원하기 위한 목표 및 전략
- 지역사회보장지표의 설정 및 목표
- 시·군·구에서 사회보장급여가 효과적으로 이용 및 제공될 수 있는 기반 구축 방안
- 시·군·구 사회보장급여 담당 인력의 양성 및 전문성 제고 방안
- 지역사회보장에 관한 통계자료의 수집 및 관리 방안
- 시·군·구의 부정수급 방지대책을 지원하기 위한 방안
- 그 밖에 지역사회보장 추진에 필요한 사항

● 특별자치시 계획의 내용

- 시·군·구 계획의 내용
- 사회보장급여가 효과적으로 이용 및 제공될 수 있는 기반 구축 방안
- 사회보장급여 담당 인력의 양성 및 전문성 제고 방안
- 그 밖에 지역사회보장 추진에 필요한 사항

5. 지역사회보장계획의 시행 및 평가

● 시행

- 시·도지사 또는 시장·군수·구청장은 지역사회보장계획을 시행하여야 함
- 시·도지사 또는 시장·군수·구청장은 지역사회보장계획을 시행할 때 필요하다고 인정하는 경우에는 사회보장 관련 민간 법인·단체·시설에 인력, 기술, 재정 등의 지원을 할 수 있음
- 시·도지사 또는 시장·군수·구청장은 사회보장의 환경 변화, 사회보장에 관한 기본계획의 변경 등이 있는 경우에는 지역사회보장계획을 변경할 수 있음

● 평가

- 보건복지부장관은 시·도 지역사회보장계획의 시행결과를, 시·도지사는 시·군·구 지역사회보장계획의 시행결과를 각각 보건복지부령으로 정하는 바에 따라 평가할 수 있음
- 시·도지사는 평가를 시행한 경우 그 결과를 보건복지부장관에게 제출하여야 함

• 보건복지부장관은 이를 종합 · 검토하여 사회보장위원회에 보고하여야 함

6. 사회복지협의회 ^{20회 기출} 🏆

● 연혁

- 한국사회복지협의회
  - 1952년 사단법인 한국사회사업연합회로 설립
  - 1961년 한국사회복지사업 연합회로 개칭
  - 1970년 사회복지법인 한국사회복지협의회로 개칭
  - 1983년 사회복지사업법 개정으로 법정단체가 됨
  - 2009년 기타 공공기관으로 지정
- 시 · 도 사회복지협의회
  - 1984년부터 일부 지역에 조직되기 시작
  - 1998년 사회복지사업법 개정으로 별도의 법인이 됨
- 시 · 군 · 구 사회복지협의회
  - 1995년 원주시에 조직
  - 2003년 사회복지사업법 개정을 통해 법적 근거가 마련됨
- 시 · 도 및 시 · 군 · 구 협의회는 2024년 개정으로 설치 의무화됨

● 법인격

중앙협의회, 시 · 도협의회, 시 · 군 · 구협의회는 모두 사회복지사업법에 따른 사회복지법인임

● 업무

- 사회복지에 관한 조사 · 연구 및 정책 건의
- 사회복지 관련 기관 · 단체 간의 연계 · 협력 · 조정
- 사회복지 소외계층 발굴 및 민간사회복지자원과의 연계 · 협력
- 대통령령으로 정하는 사회복지사업의 조성 등

기출회독으로 연계 학습하세요

지역사회보장계획
기출회독 152
11문항

지역사회보장협의체
기출회독 153
9문항

사회복지협의회
기출회독 154
5문항

실력 CHECK

기본쌓기문제

OX퀴즈

11장 지역사회복지실천의 추진체계 Ⅰ

2.2
출제문항수

핵심특강

지역사회복지와 관련하여 지방분권화가 갖는 의의와 사회복지계에 미치는 영향, 공공 사회복지 전달체계의 변화에 관한 내용을 중심으로 정리해야 한다. 지방분권화의 긍정적·부정적 측면을 살펴보는 문제, 공공 사회복지 전달체계의 개편에 관한 문제, 전달체계의 변화와 동향을 파악하는 문제 등이 출제되고 있으며, 최근 시험에서는 지방자치제도의 도입 및 특징에 관한 문제가 지속적으로 출제되고 있다.

1. 지방분권화 23회 기출 22회 기출

● 개념
- 중앙정부의 권한이 지방정부로 이양되어 지방의 권한이 강화되는 것을 의미함
- 지방자치는 지방자치단체가 그 지방의 행정사무를 자율적으로 처리하는 것을 말함. 지방자치단체의 자치와 지역주민의 자치가 결합된 것으로, 지역주민들의 자치라는 점에서 풀뿌리 민주주의로 불림

● 의의
- 지방정부의 자율성 및 책임성 강화
- 지역의 특성에 맞는 정책 수립
- 경쟁에 따른 지역 간 균형 발전을 꾀함
- 지방의 발전을 통한 중앙의 발전 도모
- 지역주민의 참여 기회 확대를 통한 권력의 분산
- 지방자치제를 통한 정치적 민주주의 정신 함양

2. 사회복지 부문에서의 지방분권화 23회 기출 21회 기출 20회 기출

● 사회복지 지방분권 과정
- 2003년 지역사회복지계획 수립 의무화
- 2005년 국고보조 사업의 지방이양, 2005~2014년까지 한시적 분권교부세 시행
- 2015년 장애인거주시설, 노인시설(양로), 정신요양시설 등 중앙정부 사업으로 환원

● 긍정적 영향 ★꼭!
- 지방정부의 자율성을 확대시킬 수 있으며, 지역주민의 새로운 욕구나 변화된 욕구에 민감하게 반응하여 지역의 특성에 맞는 복지정책의 수립을 가능하게 함
- 지방정부의 권한과 책임성을 강화시켜 지방정부가 지역주민의 욕구에 보다 적극적으로 대응하게 함
- 지역사회주민들에게 밀착된 서비스, 즉 주민들의 욕구에 적합한 서비스를 제공하는 데 효과적일 수 있음

● **부정적 영향** ★꼭!

- 중앙정부의 사회복지 책임성 약화나 사회복지서비스 공급 축소에 대한 우려가 있음
- 지방정부가 개발정책에 우선순위를 두고 복지정책에 대해서는 상대적으로 소홀히 한다면 복지예산이 감소될 가능성도 있음
- 지방분권화를 통해 기존의 재정력 격차가 확대되면 재정이 취약한 지방정부의 경우 복지예산의 감축이 이루어질 수도 있으며, 이는 지역 간 복지수준의 격차와 불평등을 심화시킴
- 지방자치단체 간의 경쟁심화로 지역 이기주의가 증대될 수도 있음

3. 사회복지 전달체계 개편 🏆22회기출 🏆21회기출 🏆20회기출

- 보건복지사무소 시범사업(1995. 7.~1999. 12.), 사회복지사무소 시범사업(2004. 7.~2006. 6.)을 거쳐 2006년 7월부터 8대 서비스를 포괄하는 주민생활지원서비스 전달체계 확립
- 2010년 사회복지통합관리망(행복e음) 구축 이후 2013년 사회보장정보시스템 완전 개통
- 2012년 시 · 군 · 구 '희망복지지원단' 운영으로 통합사례관리 시행
- 2016년 읍 · 면 · 동 복지허브화 사업 발표
- 2017년 주민자치형 공공서비스 구축을 위한 시범사업 실시 → 2018년 추진계획 발표 이후 전국 확대, 모든 읍면동에 찾아가는 복지팀 설치
- 2018년 지역사회 통합돌봄 기본계획 발표 → 2026년 이후 보편화 추진
- 2020년 서울 · 경기 · 대구 · 경남 · 세종 · 광주 등 사회서비스원 확대운영(→ 2022년 전국으로 확대)

4. 사회복지전담공무원

- 1987년 사회복지전문요원이라는 이름으로 최초 배치
- 1992년 사회복지사업법의 개정을 통해 사회복지전담공무원에 대한 법적 근거 마련(현재는 「사회보장급여의 이용 · 제공 및 수급권자 발굴에 관한 법률」에서 규정)
- 1999년 사회복지전문요원의 일반직 전환 지침을 마련하여 2000년부터 실제 사회복지전문요원의 직렬이 별정직에서 일반직으로 전환됨

기출회독으로 연계 학습하세요

 지방분권화
기출회독 155 **10**문항

 지역사회복지 관련 동향 및 향후 과제
기출회독 156 **9**문항

실력 CHECK

기본쌓기문제

OX퀴즈

12장 지역사회복지실천의 추진체계 II

3.2
출제문항수

핵심특강

사회복지관이나 사회복지공동모금회 및 최근 출제율이 높은 사회적 경제 주체 등에 관한 내용은 특히 꼼꼼하게 정리해야 한다. 예전에는 사회복지관이나 사회복지공동모금회의 기본적인 특징을 파악하는 문제가 주로 출제되었지만, 최근에는 좀 더 세부적인 사항을 묻는 문제가 출제되고 있으며, 사회적 경제 주체에 관한 문제나 다양한 기관들에 대해 종합적으로 묻는 난이도가 높은 문제도 출제되고 있다.

1. 지역사회복지관 23회기출 22회기출 21회기출 20회기출

● **설치 · 운영**

- 시 · 도지사 및 시 · 군 · 구청장이 사회복지관을 설치하고자 할 때에는 저소득층 밀집지역에 우선 설치하되, 사회복지관이 일부 지역에 편중되지 않도록 해야 함
- 국가나 지방자치단체가 직접 설치 · 운영할 수 있으며, 사업의 전문성 제고를 위해 사회복지법인 및 비영리법인에 위탁하여 운영할 수도 있음
- 지방자치단체 외의 자도 시 · 군 · 구청장에 신고하여 설치 · 운영할 수 있음

● **사업의 대상** 꼭!⭐

- 사회복지서비스 욕구를 가지고 있는 모든 지역주민
- 우선 사업대상
  - 국민기초생활보장 수급자, 차상위계층
  - 장애인, 노인, 한부모가정, 다문화가정
  - 직업 및 취업 알선이 필요한 주민
  - 보호와 교육이 필요한 유아 · 아동 및 청소년
  - 그 밖에 사회복지관의 사회복지서비스를 우선 제공할 필요가 있다고 인정되는 주민

● **운영 원칙**

지역성, 투명성, 자율성, 통합성, 자원 활용, 중립성, 전문성, 책임성

● **사업** 꼭!⭐

- 지역사회의 특성과 지역주민의 복지욕구를 고려한 서비스 제공 사업
- 국가 · 지방자치단체 및 민간 부문의 사회복지서비스를 연계 · 제공하는 사례관리 사업
- 지역사회 복지공동체 활성화를 위한 복지자원 관리, 주민교육 및 조직화 사업
- 그 밖에 복지증진을 위한 사업으로서 지역사회에서 요청하는 사업

● 기능 및 사업분야 ⭐꼭!

사례관리 기능	사례발굴	지역 내 보호가 필요한 대상자 및 위기 개입대상자를 발굴하여 개입계획 수립	
	사례개입	지역 내 보호가 필요한 대상자 및 위기 개입대상자의 문제와 욕구에 대한 맞춤 형 서비스가 제공될 수 있도록 사례개입	
	서비스 연계	사례개입에 필요한 지역 내 민간 및 공공의 가용자원과 서비스에 대한 정보 제공 및 연계, 의뢰	
서비스 제공 기능	가족기능 강화	• 가족관계증진사업 • 가정문제해결 · 치료사업 • 다문화가정, 북한이탈주민 등 지역 내 이용자 특성을 반영한 사업	• 가족기능보완사업 • 부양가족지원사업
	지역사회 보호	• 급식서비스 • 경제적 지원 • 정서서비스 • 재가복지봉사서비스	• 보건의료서비스 • 일상생활 지원 • 일시보호서비스
	교육문화	• 아동 · 청소년 사회교육 • 노인 여가 · 문화	• 성인기능교실 • 문화복지사업
	자활지원 등 기타	• 직업기능훈련 • 직업능력개발	• 취업알선 • 그 밖의 특화사업
지역 조직화 기능	복지 네트워크 구축	지역사회연계사업, 지역욕구조사, 실습지도	
	주민 조직화	주민복지증진사업, 주민조직화 사업, 주민교육	
	자원 개발 및 관리	자원봉사자 개발 · 관리, 후원자 개발 · 관리	

2. 사회적 경제의 주체 🏆23회 기출 🏆22회 기출 🏆21회 기출 🏆20회 기출

● 사회적 기업

- 사회서비스 제공 또는 취약계층 일자리 제공 등 지역사회에 공헌함으로써 지역주민의 삶의 질을 높이는 등의 사회적 목적을 추구하면서 재화 및 서비스의 생산 · 판매 등 영업활동을 하는 기업
- 「사회적기업 육성법」(고용노동부 관할)에 따라 고용노동부 장관의 인증을 받은 기관
- 영리기업과 비영리기업의 중간 형태의 기업으로 영리 추구와 함께 사회적 목적을 추구

● 협동조합

- 재화 또는 용역의 구매 · 생산 · 판매 · 제공 등을 협동으로 영위함으로써 조합원의 권익을 향상하고 지역사회에 공헌하고자 하는 사업조직
- 「협동조합 기본법」(기획재정부 관할)에 따라 설립
- 사회적협동조합: 지역주민들의 권익 · 복리 증진과 관련된 사업을 수행하거나 취약계층에게 사회서비스 또는 일자리를 제공하며 영리를 목적으로 하지 않는 협동조합(비영리법인)
- 5인 이상의 조합원 자격을 가진 자가 발기인이 되어 정관을 작성하고 창립총회의 의결을 거친 후 주된 사무소의 소재지를 관할하는 시 · 도지사에 신고함으로써 설립

● 자활기업

- 2인 이상의 수급자 또는 차상위자가 상호협력하여, 조합 또는 사업자의 형태로 탈빈곤을 위한 자활사업을 운영하는 업체
- 「국민기초생활 보장법」에 의한 자활기업 요건을 갖추고 보장기관으로부터 인정을 받아 설립

● 마을기업
- 지역공동체 이익을 효과적으로 실현하기 위해 설립 · 운영하는 마을단위의 기업
- 마을기업 육성사업 시행지침(행정안전부)에 따라 해당 시 · 군에 접수하여 시 · 도의 심사를 거쳐 행정안전부의 지정을 받아 설립
- 각종 사업을 통해 수익을 추구하는 기업으로 비영리 사회단체는 부적합

3. 사회복지공동모금회 22회기출 20회기출

● 설립 및 구성
- 전국공동모금회와 시 · 도지회로 구성(지회는 독립된 법인이 아님)
- 보건복지부장관의 인가를 받아 등기함으로써 설립되며, 사회복지법인임

● 모금방법
- 연중모금캠페인과 연말집중모금으로 구분(연말집중모금이 큰 비중을 차지함)
- 개인모금, 기업을 통한 모금, 방송을 통한 모금
- 기업모금이 전체 모금에서 가장 많은 비중을 차지하고 있음
- 복권기금

● 배분
- 배분사업
  - 신청사업: 사회복지 증진을 위하여 자유주제 공모형태로 복지사업을 신청 받아 배분하는 사업
  - 기획사업: 배분대상자로부터 제안 받은 내용 중 선정하여 배분하는 사업 또는 모금회가 그 주제를 정하여 배분하는 사업
  - 긴급지원사업: 재난구호 및 긴급구호, 저소득층 응급지원 등 긴급히 지원해야 할 필요가 있는 경우에 배분하는 사업
  - 지정기탁사업: 기부자가 기부금품의 배분 지역, 대상자, 사용용도를 지정한 경우 그 지정취지에 따라 배분
  - 복권기금사업: 복권 발행을 통해 조성된 기금으로 배분하는 사업
- 배분대상
  - 사회복지사업 기타 사회복지활동을 행하는 비영리 법인 · 기관 · 단체 및 시설(개인신고시설 포함)
  - 사회복지서비스를 필요로 하는 개인
- 배분제외대상
  - 동일한 사업으로 국가 · 지방자치단체 또는 다른 기관으로부터 지원을 받았거나 받기로 확정된 사업
  - 법령상 금지된 행위에 사용되는 비용
  - 정치 · 종교적 목적에 이용될 수 있는 경우
  - 수익을 주된 목적으로 하는 사업
  - 공직선거법에 위반되는 경우
  - 모금회의 제재조치에 따른 배분대상 제외기간에 배분신청한 경우
  - 모금회 배분분과실행위원회의 심의결과 배분대상 제외 필요성이 인정되는 사업 또는 비용

4. 기타 23회 기출 21회 기출

● **지역자활센터(시ㆍ군ㆍ구)**
- 보장기관에 신청하여 지역자활센터로 지정 받음
- 기초수급자 및 차상위계층의 자활 촉진에 필요한 사업을 수행

● **광역자활센터(시ㆍ도)**
- 보장기관에 신청하여 시ㆍ도 단위 광역자활센터로 지정을 받아 설립
- 광역 단위 자활사업의 활성화 및 효과성 제고

● **자원봉사센터**
- 국가기관 및 지자체는 자원봉사센터를 설치할 수 있으며, 법인으로 운영하거나 비영리법인에 위탁하여 운영해야 함(단, 국가기관 및 지자체 직접 운영 가능)
- 시ㆍ도 센터: 지역 내 기관ㆍ단체 간 상시협력체계 구축, 자원봉사 관리자 및 지도자 교육훈련, 자원봉사 프로그램의 개발 및 보급, 자원봉사 조사 및 연구, 자원봉사 정보자료실 운영, 시ㆍ군ㆍ구 센터 간 협력ㆍ조정ㆍ지원 등
- 시ㆍ군ㆍ구 센터: 지역 내 기관ㆍ단체 간 상시협력체계 구축, 자원봉사자의 모집 및 교육ㆍ홍보, 자원봉사 수요기관 및 단체에 자원봉사자 배치, 자원봉사 프로그램의 개발ㆍ보급 및 시범운영, 자원봉사 관련 정보의 수집 및 제공, 그 밖에 시ㆍ군ㆍ구 지역의 자원봉사 진흥에 기여할 수 있는 사업 등

● **자원봉사활동의 진흥에 관한 국가기본계획 및 자원봉사진흥위원회**
- 행정안전부장관은 관계 중앙행정기관의 장과 협의하여 자원봉사활동의 진흥을 위한 국가기본계획을 5년마다 수립하여야 함
- 자원봉사활동에 관한 주요 정책을 심의하기 위하여 행정안전부장관 소속으로 관계 공무원 및 민간 전문가로 구성된 자원봉사진흥위원회를 둠

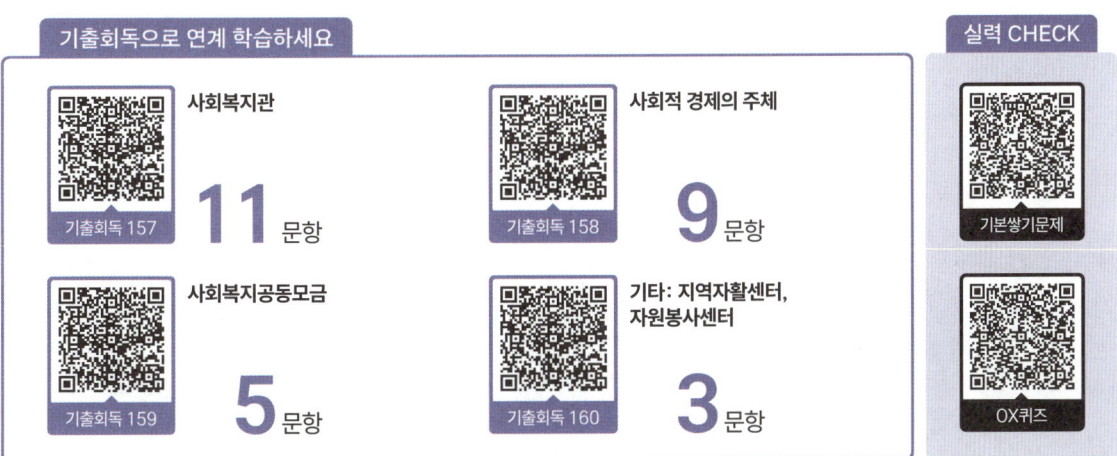

기출회독으로 연계 학습하세요

사회복지관 기출회독 157	**11**문항
사회적 경제의 주체 기출회독 158	**9**문항
사회복지공동모금 기출회독 159	**5**문항
기타: 지역자활센터, 자원봉사센터 기출회독 160	**3**문항

실력 CHECK

기본쌓기문제

OX퀴즈

160점 목표 안정권 학습

13장 지역사회복지운동

1.6
출제문항수

핵심특강

이 장의 기출포인트

13장은 지역주민들의 주체성, 권리확보 등과 관련하여 지역사회복지운동 및 주민참여 등에 대해 학습하는 장이다. 지역사회복지운동은 한동안 출제되지 않다가 최근 출제비중이 다시 높아지고 있다. 주민참여 8단계에 관한 내용은 대부분 어떤 단계에 해당하는지를 확인하는 단답형 문제로 출제되어 왔으나, 최근 시험에서는 단계별 내용을 응용한 문제도 등장하였으므로 이에 대비해야 한다.

1. 지역사회복지운동 23회기출 🏆 21회기출 🏆 20회기출 🏆

● 개념
- 지역사회의 내적 정체성을 실현·고양시키고 지역사회의 변화를 추구하기 위해 전개되는 조직적인 운동
- 주체: 지역주민, 사회복지 전문가 및 실무자, 지역사회 활동가, 클라이언트 등을 모두 포함
- 목표: 지역사회 역량강화, 지역공동체 형성, 사회연대의식 고취 등을 통해 지역사회 문제를 해결
- 필요성: 사회복지정책 결정에 영향을 미침, 지역사회조직의 활성화, 주민의 권리의식 제고

● 의의 및 특징 ⭐꼭!
- 지역주민의 주체성과 역량을 강화하고, 지역사회의 변화를 주도
- 주민참여의 활성화에 의해 복지권리의식과 시민의식을 배양하는 사회권 확립 운동
- 지역사회복지의 확산과 발전을 위한 생활운동
- 지역사회의 다양한 자원 활용 및 관련 조직 간의 유기적인 협력이 이루어지는 동원운동
- 주민들의 주체적인 참여와 행동을 통하여 지역사회의 변화목표와 사회복지를 달성하기 위해 의도적으로 추진하는 사회운동
- 시민운동과 마찬가지로 시민사회의 성장을 추구하며, 사회변화, 사회정의에 관심을 둠
- 노동운동, 민중운동 등과 같이 제한적인 계층이 아닌 지역주민 전체를 기반으로 함

● 활동 내용
- 서비스 제공: 직접 서비스 제공, 사회복지 관련 이벤트성 사업, 사회복지 및 의식 제고를 위한 교육, 지역운동단체 간 네트워크 형성
- 옹호 활동: 특정 사회문제와 관련된 단체 간 연대활동
- 주민조직화
- 지역사회에 대한 조사·연구, 정책개발 등

● 지역사회복지운동의 유형
- 지역사회 중심의 사회복지운동(주민운동): 지역 내에 생활근거지가 있는 주민들이 주체가 되어 일상생활적인 요구와 이의 궁극적 해결을 위하여 전개하는 대중운동
- 문제 또는 이슈 중심의 지역사회복지운동: 특정 사회복지 문제나 사회복지와 관련된 이슈 중심으로 시민운동 차원에서 접근하는 지역사회복지운동

2. 주민참여 <small>22회 기출 21회 기출 20회 기출</small>

● 아른스테인(Arnstein)의 주민참여 8단계

단계		내용	
8	주민통제 (citizen control)	주민 스스로 입안하고, 결정에서 집행 그리고 평가단계에까지 주민이 통제하는 단계	주민권력 (degree of citizen power)
7	권한위임 (delegated ower)	주민들이 특정한 계획에 관해서 우월한 결정권을 행사하고 집행단계에 있어서도 강력한 권한을 행사함	
6	협동관계 (partnership)	행정기관이 최종결정권을 가지고 있지만 주민들이 필요한 경우 그들의 주장을 협상으로 유도할 수 있음	
5	회유 (placation)	각종 위원회 등을 통해 주민의 참여범위가 확대되지만 최종적인 판단은 행정기관이 한다는 점에서 제한적임	형식적 참여 (degree of tokenism)
4	상담 (consultation)	공청회나 집회 등의 방법으로 행정에 참여하기를 유도하고 있으나 형식적인 단계에 그침	
3	정보제공 (informing)	행정이 주민에게 일방적으로 정보를 제공하며 환류는 잘 일어나지 않음	
2	치료 (therapy)	주민의 욕구불만을 일정한 사업에 분출시켜서 치료하는 단계로서 행정의 일방적인 지도에 그침	비참여 (non- participation)
1	조작 (manipulation)	행정과 주민이 서로 간의 관계를 확인한다는 것에서 의의를 찾을 수 있으며, 공무원이 일방적으로 교육, 설득시키고 주민은 단순히 참석하는 수준	

※ 자료: Arnstein, 1969.

● 주민참여의 효과

- 긍정적 측면: 지방정부 의사결정의 효율성 제고, 지방행정의 불평등 완화, 지방정부와 공공기관 간의 갈등 중재 또는 해결
- 부정적 측면: 행정비용 증가, 계획입안 및 집행 시 시간상의 지연, 주민들 간의 갈등 유발, 참여자들의 대표성 여부 문제

기출회독으로 연계 학습하세요

기출회독 161

주민참여 8단계

7 문항

기출회독 162

지역사회복지운동

7 문항

3과목 6영역

사회복지 정책론

강의로 쌓는 기본개념 사회복지정책론

5년간 데이터로 찾아낸 합격비책

여기에서 **92.8%**(23문항) 출제

순위	장	장명	출제문항수	평균문항수	23회 기출	체크
1	5장	사회복지정책의 분석틀	31	6.2	🏆	✅
2	11장	빈곤과 공공부조제도	18	3.6	🏆	✅
3	1장	사회복지정책 개요	17	3.4	🏆	✅
4	6장	사회보장론 일반	17	3.4	🏆	✅
5	3장	사회복지정책 관련 이론과 사상	15	3.0	🏆	✅
6	2장	사회복지정책의 역사적 전개	7	1.4	🏆	✅
7	8장	국민건강보장제도의 이해	6	1.2	🏆	✅
8	4장	사회복지정책 형성과정	5	1.0	🏆	✅

강의로 복습하는 기출회독 **사회복지정책론**

10년간 데이터로 찾아낸 핵심키워드

여기에서 **97.2%** (24문항) 출제

순위	장		기출회독 빈출키워드 No.	출제문항수	23회 기출	체크
1	6장	179	사회보장의 특징	28	🏆	✅
2	11장	188	공공부조제도	22		✅
3	5장	178	사회복지정책의 전달체계	16	🏆	✅
4	1장	164	사회복지정책의 특성	15	🏆	✅
5	11장	187	빈곤과 소득불평등	15	🏆	✅
6	5장	177	사회복지정책의 재원	13	🏆	✅
7	1장	163	사회복지정책의 가치	12	🏆	✅
8	5장	176	사회복지정책의 급여	12	🏆	✅
9	2장	166	영국 사회복지정책의 역사	10	🏆	✅
10	5장	175	사회복지정책의 대상	10	🏆	✅
11	3장	170	복지국가 유형화이론	9		✅
12	3장	171	사회복지정책 이데올로기	9		✅
13	9장	185	산업재해보상보험제도	8	🏆	✅
14	1장	165	사회복지의 국가 개입	7	🏆	✅
15	3장	169	사회복지정책 발달이론 및 복지국가 분석이론	7		✅
16	8장	183	국민건강보험제도	7	🏆	✅
17	4장	172	사회복지정책의 평가	6		✅
18	4장	173	정책결정 이론모형	6	🏆	✅
19	5장	174	사회복지정책의 분석틀	6		✅
20	7장	181	국민연금제도	6	🏆	✅
21	8장	184	노인장기요양보험제도	6	🏆	✅
22	7장	180	공적 연금의 특징	4		✅
23	10장	186	고용보험제도	4		✅
24	2장	168	복지국가의 전개	3	🏆	✅
25	2장	167	독일과 미국 사회복지정책의 역사	2		✅

1장 사회복지정책 개요

3.4
출제문항수 | 핵심특강

사회복지정책의 가치에 관한 문제는 가치에 적용된 실제 제도를 적용시켜 개념을 정리해야 한다. 최근 시험에서는 시장 실패 및 국가 개입의 근거에 관한 내용이 매회 빠짐 없이 출제되고 있으며, 사회복지정책의 전반적인 특징(원칙, 기능, 경제적 효과 등)에 관한 내용도 자주 출제되고 있다. 특히, 최근 시험에서는 교재로 학습할 수 없는 현재 사회복지정책과 관련된 이슈와 관련된 내용들이 출제되고 있으므로 이에 대비해야 한다.

1. 사회복지정책의 정의

- 사회생활을 영위해 나가는 데 필요한 인간의 기본적 욕구를 충족시키거나 사회문제를 해결하기 위한 목적으로 사회복지제도 및 프로그램을 만들고, 가치를 권위적으로 배분하는 활동을 의미
- 사회문제의 해결 또는 사회적 욕구충족과 같은 주요한 기능들을 수행하는 사회제도로서의 사회복지를 달성하기 위한(프로그램, 서비스, 제도 등의) 원칙, 지침, 일정한 계획, 조직화된 노력
- 국민복지라는 사회적 과제를 달성하기 위한 목적으로 이루어지는 국가의 정책

2. 사회복지정책의 가치 21회 기출 20회 기출

● 평등 꼭!

- 수량적 평등, 결과의 평등: 모든 사람을 똑같이 취급하여 사람들의 욕구나 능력의 차이와 상관없이 사회적 자원을 똑같이 분배하는 것. 사회구성원의 기본적이고 공통된 욕구를 충족시키는 것을 중요하게 고려하며, 재분배를 통한 불평등 완화, 복지국가의 확대라는 전략으로 나타나기도 함
- 비례적 평등, 공평, 형평성: 개인의 욕구, 노력, 능력 및 기여에 따라 사회적 자원을 상이하게 배분하는 것. 비례적 평등의 가치를 실현하기 위해서는 자원배분의 기준이 우선 정해져야 함. 공공부조제도의 급여 수준과 관련한 열등처우의 원칙은 비례적 평등의 가치를 반영하고 있음. 또한 사회보험의 보험수리 원칙은 보험료 납부수준(소득수준에 비례)에 비례하여 급여를 받는다는 것으로써 개인의 능력과 노력, 기여에 따라 분배가 이루어지는 비례적 평등의 가치를 반영하고 있음
- 기회의 평등: 개인을 동등한 출발선에 서도록 하지만 개인들 사이의 능력, 노력의 차이로 생겨난 결과에 대해서는 불평등이 정당화될 수 있다고 봄. 기업의 신입사원 채용이나 학교 입학 등에 있어서 인종이나 성별에 따른 차별을 시정하기 위한 조치인 적극적 차별시정조치(Affirmative Action)는 일반적으로 기회의 평등 가치를 반영하고 있다고 볼 수 있음. 또한 아동기의 빈곤이 이후 전 생애의 빈곤으로 이어지는 빈곤의 대물림을 방지하고 아동의 공평한 출발 기회를 보장하기 위해 실시되고 있는 드림스타트 프로그램 역시 기회의 평등 가치가 반영된 정책이라고 할 수 있음

● 효율성

- 수단으로서의 효율성(일차적인 목표가 아니라 목표를 달성 하기 위한 수단): 목표효율성(대상효율성. 정책이 목표로 하는 대상자들에게 자원이 얼마나 집중적으로 할당되는지의 여부. 빈곤감소라는 측면에서 공공부조가 사회보험에 비해 상대적으로 목표효율성이 높음), 운영효율성(전체 자원 중에서 행정비용이 차지하는 비

율로 측정. 행정비용이 많이 소요될수록 실제 대상자에게 전달되는 자원의 비중이 줄어들 수 있음. 행정비용의 비중이 높을수록 운영효율성이 낮아지고, 행정비용의 비중이 낮아질수록 운영효율성은 높아짐)

- 배분적 효율성(사회 전체의 효용을 높일 수 있도록 사회적 자원을 배분하는 것): 파레토 최적(사회적 자원이 가장 효율적으로 배분된 상태), 파레토 개선(다른 사람의 효용을 줄이지 않으면서 특정 사람의 효용을 높이는 것), 자유지상주의자들은 완전경쟁시장에서 파레토 개선과 파레토 최적이 가능하다고 주장, 정부 개입을 옹호하는 사람들은 정부가 시장실패를 교정하기 위해 개입할 때 사회적 자원이 적절하게 분배될 수 있다고 주장

● 사회적 적절성

- 인간다운 생활을 할 수 있도록 적절한 수준의 급여를 제공하는 것을 의미
- 사회적 적절성과 비례적 평등의 가치는 상충할 수도 있음

● 자유 ★꼭!

- 소극적 자유: 강제가 없을 때 경험하는 자유를 의미함. 즉, 타인이나 사회 또는 국가로부터 간섭을 받지 않을 수 있는 자유를 의미함(무엇으로부터의 자유). 국가의 역할과 개입을 최소한의 상태로 억제하는 것을 강조하며, 신자유주의자들이 강조하는 개념임
- 적극적 자유: 스스로 원하는 혹은 바람직하다고 생각하는 어떤 목적이나 행위를 추구할 수 있을 때 경험하는 자유를 의미함(무엇을 할 수 있는 자유). 복지국가의 발전은 적극적 자유의 개념을 확장시킬 수 있는 기회가 되기도 했음. 적극적 자유를 강조하는 사람들은 소극적 자유 개념과 같이 개인주의적 차원에서 자유를 바라보는 것을 비판하면서 사회적, 집단적 측면에서 자유를 바라볼 것을 주장하기도 함. 또한 적극적 자유를 실현하기 위해 국가의 적극적인 개입을 요구하기도 함

3. 사회복지에 대한 국가 개입의 필요성 🏆23회기출 🏆22회기출 🏆21회기출 🏆20회기출

● 시장실패

- 공공재 공급의 실패: 공공재의 경우에는 시장을 통해서 적절한 수준의 공급이 이루어지지 않는 경우가 많이 발생. 따라서 사회 전체적으로 필요한 공공재 공급에 있어서 국가가 개입할 필요성이 존재
- 외부효과: 특정 재화나 서비스가 제3자에게 의도하지 않은 혜택이나 손해를 가져다주면서도 이에 대한 대가를 받지도 지불하지도 않는 상태. 긍정적 외부효과(다른 사람에게 의도하지 않은 혜택을 주면서 이에 대한 보상을 받지 못하는 경우)와 부정적 외부효과(다른 사람에게 의도하지 않은 손해를 입히고도 이에 대한 대가를 지불하지 않는 경우)로 구분
- 정보의 비대칭성과 역 선택: 역 선택은 보험가입자와 보험회사 간의 정보의 비대칭성(보험 가입자는 자신의 위험도에 대해 자세한 정보를 가지고 있지만 그에 반해 보험회사는 보험가입자에 관해 낮은 수준의 정보를 가지고 있는 경우)으로 인해 민간보험시장에서 바람직하지 않은 결과가 초래되는 현상을 의미. 정보의 비대칭성과 역 선택이라는 시장 실패 현상 때문에 국가가 운영하는 사회보험의 필요성이 제기됨
- 도덕적 해이: 보험가입자가 위험발생을 예방 · 회피하는 행위를 적게 하여 위험발생이 높아지는 현상
- 규모의 경제: 생산량(생산규모)이 커질수록 평균생산비용이 떨어져 이윤이 커지는 현상. 공공부문이 제공하면 규모의 경제의 장점을 살릴 수도 있음

● 소득분배의 불평등

주로 가족이나 친지를 중심으로 한 사적 이전의 형태인 민간 영역의 재분배는 사회 전체의 불평등이 심화되는 상황에서 큰 효과를 갖지 못함. 그러므로 정부 차원에서 조세정책이나 공공부조정책 등을 통해서 소득분배의 불평등을 완화하기 위해 정책적으로 개입할 필요성이 제기됨

4. 사회복지정책의 기능과 효과 _{23회 기출} 🏆 _{21회 기출} 🏆

● 사회복지정책의 기능

- 사회통합과 정치적 안정
- 사회문제 해결과 사회적 욕구 충족
- 급여 수급자의 '자기결정권'과 다양한 소득보장을 통해 개인의 자립과 성장, 재생산의 보장
- 사회구성원 상호 간 삶의 기회가 재분배되는 사회화의 기능
- 소득재분배: 사회복지정책은 시장에서 배분된 소득(일차적 분배)을 다양한 방향으로 재분배하는 기능을 수행함. 소득재분배는 시간을 기준으로 장기적 재분배와 단기적 재분배로 구분되고, 사회계층 구조의 흐름에 따라 수직적 재분배와 수평적 재분배로 구분되며, 세대를 기준으로 세대 내 재분배와 세대 간 재분배로 구분됨

● 사회보장제도가 국민경제에 미치는 효과

- 자동안정장치(자동안정화) 기능: 경기의 지나친 과열이나 지나친 하락에 대한 제어를 통해 경기불안정을 조정하는 것이 필요. 국가는 사회보장제도를 통해서 이러한 역할을 자동적으로 수행
- 사회보장제도는 과도한 경기변동을 억제시켜 경제주체들이 안정적인 경제생활을 수행할 수 있도록 함
- 공적 연금이 자발적 저축에 미치는 효과: 공적 연금이 자발적인 저축을 감소시키는 효과, 즉 자발적인 저축이 공적 연금으로 대체되는 효과와 공적 연금의 도입이 지금까지 자신의 노후 준비에 소홀히 해왔던 사람들에게 은퇴 후 생활을 유지하기 위해서는 은퇴준비가 필요하다는 사실을 인식시키는 효과로 인해 자발적 저축을 증가시키는 효과가 발생할 수 있음
- 공적 연금의 재정운영방식과 자본축적 효과: 부과방식의 경우 적립방식과는 달리 기금을 적립하지 않기 때문에 자본축적 효과를 발생시키지 않음. 재정운영방식이 적립방식인 공적 연금의 경우에는 기금의 적립을 통해 자본축적 효과가 발생

● 사회복지정책의 역기능

- 국가에 의한 사회복지정책의 한계: 정책에 필요한 재원을 국민들로부터 거두고, 급여를 제공하는 과정에서 대상자 선정, 전달체계의 수립 등에 많은 운영비용을 사용하게 될 때 드는 비용에 의한 비효율성이 나타남
- 빈곤함정(빈곤의 덫): 사회복지 급여에 의존하여 근로의욕을 상실하고 빈곤에 머무르는 현상을 말함. 즉, 소득 및 자산이 일정 수준 이하에 있게 되면 여러 가지 혜택이 있으나 그 선을 넘으면 아무 혜택이 없는 공공부조제도에서 수혜자가 되기 위하여 일을 하지 않는 계층이 존재하는 것을 말함
- 실업함정:(실업의 덫): 실업급여 수준이 수급권자가 노동시장에서 받을 수 있는 임금보다 높으면 일하지 않고 급여를 받는 것이 더 낫다고 생각하여 구직동기나 노동동기가 약화되는 경우를 말함

5. 분배와 성장의 관계에 대한 관점의 차이

● (신)자유주의자

- 국가에 의한 지나친 개입, 즉 각종 (재)분배 정책과 제도가 시장의 자율적 조정기능을 방해하여 결국 경제성장을 저해하는 부정적 요소로 작동하고 있다고 봄
- 국가경제가 성장하면 자연스럽게 국민에게 돌아가는 전체 분배의 몫이 확대되므로 경제성장정책을 우선시해야 한다는 선성장 후분배 논리를 주장함
- 복지국가에 부정적이며, 국가의 역할이 작은 '최소한의 정부'를 옹호함

● **사회민주주의자**

- 소득의 재분배가 경제성장을 저해하지 않으며 오히려 성장을 촉진하는 촉매제 역할을 한다고 봄
- 복지제도를 통해 빈곤과 불평등이 완화되어 국민의 삶의 질이 향상되면 사회적 비용이 줄어들고, 노동조건이 개선되고 노사 간의 합의를 통해 노사 문제가 해결되면 노동자들의 근로동기와 업무 효율성이 향상되어 결국 경제성장에 유리하게 작동한다고 주장함
- 성장과 더불어 분배정책을 중시하는 복지국가를 적극적으로 지지함

기출회독으로 연계 학습하세요

기출회독 163

사회복지정책의 가치

12문항

기출회독 164

사회복지정책의 특성

15문항

기출회독 165

사회복지의 국가 개입

7문항

실력 CHECK

기본쌓기문제

OX퀴즈

2장 사회복지정책의
역사적 전개

1.4
출제문항수   핵심특강

주로 영국 사회복지정책의 역사(역사적 배경, 엘리자베스 빈민법부터 신빈민법까지의 변화와 특징, 베버리지 보고서의 내용 등)에 관한 내용이 출제되고 있다. 최근 시험에서 독일과 미국의 사회복지정책의 역사에 관한 내용은 단독문제로 출제되기보다는 한 문제에서 역사의 흐름을 묻는 종합형 문제의 선택지로 다뤄지고 있다. 23회 시험에서는 한동안 출제되지 않았던 복지국가의 위기와 재편에 관한 문제가 출제되었다.

1. 사회복지정책의 뿌리: 영국 구빈제도의 발달   23회 기출   22회 기출   21회 기출   20회 기출

- 엘리자베스 빈민법(1601): 빈민을 노동능력 유무에 따라 분류(노동능력자, 노동무능력자, 요보호아동)하고 구빈 행정기구와 구빈세 활용, 빈민구제 업무의 행정구조 수립, 지방행정의 책임 강화
- 정주법(1662): 낮은 임금의 노동력을 이용하기 위해 빈민의 자유로운 이동을 금지
- 작업장법(1722): 중상주의의 영향으로 노동능력이 있는 빈민을 고용함으로써 국가적인 부의 증대에 기여
- 길버트법(1782): 노동능력이 있는 빈민에 대한 원외구제 가능, 인도주의적 구빈제도
- 스핀햄랜드법(1795): 저임금 노동자에 대해 가족 수에 따른 임금보조
- 공장법(1833): 아동의 노동조건과 작업환경 개선을 위한 목적의 법
- 개정 빈민법(1834): 구빈비용의 억제, 전국 균일처우의 원칙, 열등처우의 원칙, 작업장 활용의 원칙, 지방구빈 행정을 감독·관리할 기구의 설치를 제안

2. 사회복지정책의 기틀: 사회보험 도입과 베버리지 보고서   22회 기출   21회 기출   20회 기출

● **독일 비스마르크 사회보험의 도입**

- 최초의 사회보험. 질병보험(1883) - 산재보험(1884) - 노령(폐질)연금(1889)
- 질병보험(1883): 육체노동자와 저임금 화이트칼라 노동자를 대상
- 산재보험(1884): 사용자만의 보험료 부담으로 운영
- 노령(폐질)연금(1889): 노동자와 사용자가 동일한 보험료를 지불

● **영국 사회복지정책의 변화**

- 빈민법 보고서(1905): 구빈을 위한 행정 확대, 처벌적 성격 폐지, 일반 혼합 시설의 철폐, 노령연금제도 승인
- 노령연금법(1908), 직업소개법·최저임금법(1909), 국민보험법(1911)
- 베버리지 보고서(1942): 사회보험 운영원칙(행정의 통합화, 포괄성의 원칙, 균일 기여, 균일 급여, 급여의 적절화, 대상의 분류화), 5대 사회악(궁핍, 질병, 무지, 불결, 나태), 3대 전제조건(완전고용, 포괄적 보건의료서비스, 아동수당) 제시

● **미국사회복지정책의 성립**

- 뉴딜정책: 경제공황 시기 실업자 구제 중심의 사회정책
- 사회보장법(1935): 최초로 사회보장 용어 공식화. 사회보험·공공부조·사회서비스 정비

3. 복지국가 시대: 복지국가의 팽창기(1945~1970년대 중반)

- 1945~1970년대 중반은 국가−자본−노동 간에 형성된 화해구도와 복지국가 정착기 동안 구축된 다양한 복지제도가 빠르게 정비 및 발전된 시기
- 복지국가 발전의 개념: 복지혜택의 포괄성, 적용범위의 보편성, 복지혜택의 적절성, 복지혜택의 재분배 효과

4. 복지국가의 위기와 재편기(1970년대 중반~현재) 23회 기출

● 복지국가 위기의 경제적, 사회적, 정치적인 측면

- 경제적 측면: 경제 상황의 악화, 재정수입의 감소, 복지국가의 재정 위기 초래
- 사회적 측면: 인구와 가족, 그리고 노동시장의 구조변화와 함께 복지수요가 크게 증대
- 정치적 측면: 전통적으로 복지국가를 지지해온 대표적인 집단인 노동자계급의 구성이 다양화. 노동조합과 사민주의 정당으로 대표되는 복지국가의 정치적 기반이 약화

● 복지국가 위기론에 관한 관점의 차이

- 신보수주의 관점: 복지국가 위기론. 자유경쟁 시장체제를 통해 극복 가능하다는 입장
- 마르크스주의 관점: 자본주의가 갖는 기본적 모순의 결과
- 실용주의적 관점: 복지국가 위기는 일시적인 상황. 복지국가 체제 내에서 해결 가능

● 복지국가의 재편

- 1970년대 중반 이후의 변화: 수급요건 강화, 급여수준 하향, 급여기간 단축, 조건 강화
- 베버리지 · 케인지언 복지체제(완전고용과 수요관리정책, 대량생산 대량소비, 기여기반 보험원칙, 시민권에 기초한 소득이전, 집합적 소비형태 강조)에서 슘페테리언 워크페어 체제(혁신과 경쟁, 노동과 복지를 연계, 복지의 생산적 역할 강조, 노동비용 축소)로의 변화

기출회독으로 연계 학습하세요

기출회독 166　영국 사회복지정책의 역사　**10**문항

기출회독 167　독일과 미국 사회복지정책의 역사　**2**문항

기출회독 168　복지국가의 전개　**3**문항

실력 CHECK

기본쌓기문제

OX퀴즈

3장 사회복지정책 관련 이론과 사상

3장은 다양한 이론과 모형이 다뤄지므로 비교를 통해 명확히 정리해야 한다. 사회복지정책 발달이론 및 복지국가 분석이론에 관한 문제, 조지와 윌딩의 이데올로기 모형에 관한 문제, 에스핑-앤더슨의 복지국가 유형에 관한 문제는 각각 매회 1문제 이상 출제되는 경향을 보이고 있으며, 그 밖에 케인스주의, 새로운 사회적 위험, 신자유주의와 신보수주의, 사회투자국가, 제3의 길 등에 관한 문제도 종종 출제되고 있다.

1. 사회복지제도의 발달 관련 이론 22회 기출 21회 기출 20회 기출

- 사회양심론: 사회복지정책을 국가의 자선활동으로 간주. 인도주의에 기초
- 산업화이론(수렴이론): 윌렌스키와 르보의 이론. 산업화 과정에서 사회경제적 변화를 통해 새로운 욕구와 사회문제가 생겨남. 또한 산업화가 촉진한 경제성장을 통해 사회복지 재원이 증가함. 산업화로 인한 사회문제에 대응하여 사회복지제도가 확대됨. 경제발전 수준과 사회복지지출 수준 간에 강한 상관관계가 존재한다고 주장. 경제성장, 경제구조의 변화와 같은 경제적 변수를 중시하고 이데올로기나 정치적 변수의 역할을 중요하게 고려하지 않음
- 시민권론: 마샬의 이론. 시민권을 공민권, 참정권과 같은 정치권, 복지권과 같은 사회권으로 발전하는 진화적인 과정으로 설명. 불평등한 계급구조와 평등주의적 시민권이 양립할 수 있다고 보았음
- 음모이론: 사회 안정 및 질서의 유지와 사회통제의 기제로 사회복지가 발전한다는 이론
- 근대화론(확산이론): 근대 국가들이 발전하면서 그 발전이 확산되어 전통적 국가들에게 영향을 미친다고 보았음. 서구사회의 발전모형을 기초로 근대화를 사회 발전의 가장 중요한 요소로 강조. 진화론적인 입장. 지리상·관계상 인접한 국가 간에 정책이 확산되어 간다는 이론
- 종속이론: 근대화론에 대한 비판으로 세계경제의 중심부 국가(선진 자본주의 국가)의 발전과 주변부 국가(제3세계 저개발 국가, 특히 라틴 아메리카)의 저발전 사이의 관계를 분석하고 저발전의 원인을 설명하려고 시도
- 엘리트이론: 탁월한 능력의 정책결정자들의 선호·가치에 따라 제도를 결정
- 독점자본이론: 전통적인 마르크스주의에 이론적 뿌리를 두고 있으며, 고도화된 독점자본주의에 대한 분석을 통해 복지국가의 발전을 설명

2. 사회복지와 복지국가를 유형화하는 이론 22회 기출 21회 기출 20회 기출

● 윌렌스키와 르보의 2분 모형

- 잔여적 모형: 가족 또는 시장이 제 기능을 하지 못할 때 작동. 빈민과 같은 요보호 대상자를 대상으로 하여 사회적으로 최저한의 급부를 주는 역할을 수행함
- 제도적 모형: 국가의 적극적 개입을 통해 사회복지 구현

● 티트머스의 3분 모형

- 보충적 모형: 윌렌스키와 르보의 잔여적 개념과 동일
- 산업적 성취모형: 복지를 경제적 종속물로 보고 생산성 중심의 목표를 수행함

- 제도적 재분배 모형: 평등과 재분배 정책 강조. 보편적 프로그램 강조

● **퍼니스와 틸튼의 국가모형**
- 적극적 국가: 사회복지를 경제적 효율성이라는 원칙에 종속시킴. 미국에 해당
- 사회보장국가: 국민 최저수준 보장. 사회보험 및 공공부조를 제공. 영국에 해당
- 사회복지국가: 보편적 복지서비스를 제공하며 평등을 확대하는 국가. 복지 지원 극대화. 스웨덴에 해당

● **에스핑-앤더슨의 복지국가 유형화 기준**
- 탈상품화: 노동자가 자신의 노동력을 상품으로 시장에 내다 팔지 않고도 살 수 있는 정도. 자신이 노동시장에서 일을 할 수 없는 여러 가지 상황에 처했을 때 국가가 어느 정도 수준의 급여를 제공해주는가의 정도. 탈상품화가 높을수록 복지선진국임
- 계층화: 계급과 신분을 분열시키고 계층구조를 유지·강화시킨다는 의미. 복지국가의 사회정책이 이 계층화에 영향을 미칠 수 있음

● **에스핑-앤더슨의 복지국가 유형화** ⭐
- 자유주의 복지국가(미국, 캐나다, 호주 등)
  - 공공부조 프로그램을 강조하며, 탈상품화 효과와 복지의 재분배 효과가 미약함
  - 급여는 저소득층에 초점을 두며, 자격기준은 까다롭고 엄격하여 낙인을 부여하는 방식임
  - 공공부문의 사회복지서비스의 역할은 미미한 편이며, 민간부문의 역할을 강조함
- 조합주의(보수주의) 복지국가(오스트리아, 프랑스, 독일 등)
  - 주로 사회보험 프로그램을 강조하는데, 사회보험 프로그램은 직업별로 분리되어 직업에 따라 급여수준의 차이가 크기 때문에 재분배 효과가 낮음
  - 전통적으로 가부장제가 강하며, 남성생계부양자 모형에 속함
  - 노동시장 참여율이 낮은 상황에서 복지재정이 악화되는 상황이 발생함
- 사회민주주의 복지국가(스웨덴, 덴마크, 핀란드, 노르웨이 등)
  - 보편주의적 원칙과 사회권을 통한 탈상품화 효과가 가장 크고 새로운 중산층까지 확대되는 국가
  - 사회민주주의적 복지국가에서는 보편주의 원칙을 통하여 탈상품화 효과가 극대화되며, 복지급여는 취약계층뿐만 아니라 중간계급까지 주요 대상으로 포섭함
  - 복지의 재분배적 기능이 강력하며, 이들 국가에서는 최소한의 생활수준 보장을 넘어 평등을 추구

3. 복지국가 분석에 관한 이론 22회 기출 🏆 21회 기출 🏆 20회 기출 🏆

- 신마르크스주의 이론: 복지국가 발전을 독점자본주의의 속성과 관련시켜 분석. 복지정책은 자본축적의 위기나 정치적 도전을 수정하기 위한 수단으로 봄. 자본축적과 정당화라는 동시에 추구되기 힘든 두 가지 기능의 모순에 의해 복지국가의 위기가 발생함
- 조합주의 이론: 자본-노동-국가 3자가 협력하여 국가와 사회경제정책을 결정. 자본가는 높은 임금을, 국가는 복지 혜택을 제공하는 대신 노동자로부터 산업평화를 보장받는 협동적 정책을 추구함
- 사회민주주의 이론: 복지국가는 자본과 노동의 계급투쟁에서 노동자 계급이 얻어낸 성과물이라고 보며, 복지국가의 발전을 노동자계급의 정치적 권력이 확대된 결과로 봄. 복지국가의 발전 요인으로 좌파정당, 노동조합의 성장 등 정치적 변수에 주목함. 사회민주주의 이론 중에서 특히 복지국가의 발전을 설명하는 데 중요한 흐름을 차지하고 있는 권력자원이론은 복지국가의 발전을 노동자계급의 정치적 권력이 확대된 결과로 보며, 자본과 노동의 계급 갈등에 초점을 맞추고, 복지국가의 발전 요인으로 좌파정당, 노동조합의 성장 등 정치적 변

수에 주목함
- 국가중심이론: 사회복지의 수요 증대에 초점을 맞춘 이론들과 달리, 사회복지의 공급 측면에 초점을 두고 복지국가 발전을 설명하는 이론
- 이익집단 정치이론: 복지국가의 발달이 다양한 이익집단들의 이익추구 과정에서 나타났다고 보는 입장

4. 사회복지정책과 관련된 이데올로기와 사상적 조류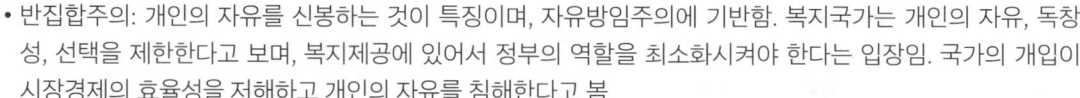

● 조지와 윌딩의 이데올로기 4분 모형 ★

- 반집합주의: 개인의 자유를 신봉하는 것이 특징이며, 자유방임주의에 기반함. 복지국가는 개인의 자유, 독창성, 선택을 제한한다고 보며, 복지제공에 있어서 정부의 역할을 최소화시켜야 한다는 입장임. 국가의 개입이 시장경제의 효율성을 저해하고 개인의 자유를 침해한다고 봄
- 소극적 집합주의: 반집합주의자들과 유사하지만, 자본주의가 효율적이고 공정하게 기능하기 위해서는 일정한 규제가 필요하다는 것을 인정한다는 점에서 차이를 보이며, 실용주의적 경향을 보임. 어느 정도 정부의 개입을 인정하며, 복지국가를 사회안정과 질서의 유지에 필요한 것으로 간주하여 제한적으로 지지
- 페이비언 사회주의: 혁명적인 변화보다는 점진적인 제도 개혁과 인간의 육성을 동시에 수행해 나갈 때 사회주의라는 목표에 도달할 수 있다는 사회개혁 전략. 복지국가의 확대로 자본주의를 변화시킬 수 있다고 보며, 자유주의를 비판하면서 사회는 개인의 합 이상의 유기체이며 사회가 바람직한 상태일 때 개인도 행복할 수 있다고 봄
- 마르크스주의: 자본주의의 생산양식을 비판하며, 자본주의의 수정이나 개혁보다는 전면적인 변혁을 강조함. 적극적 자유를 중시하며, 부의 균등한 분배는 사적 수단의 사적 소유가 소멸된 후에 가능하다고 봄. 사회복지의 확대만으로는 자본주의의 근본적 모순을 극복할 수 없다고 봄

● 조지와 윌딩의 수정된 이데올로기 모형 ★

- 신우파: 사회복지정책 확대가 경제적 비효율성과 근로동기 약화를 가져왔다고 비판함. 정부의 개입이 유해하다고 주장하며, 국가의 개입과 규제가 사회적 비효율을 초래하기 때문에 복지국가는 개인의 자유를 침해할 수밖에 없다고 주장함. 시장이야말로 소비자의 선호를 발견하고 조정하는 최선의 체계라고 주장하며, 복지비용의 삭감, 공공부문의 민영화, 기업에 대한 규제 완화 등을 주장함
- 중도노선: 정부의 행동이 필연적이거나 효율적일 때로만 국가개입을 제한하며, 근본적으로는 정부의 개입을 최소화시키는 것이 바람직하다고 주장함. 실용적 성격을 지니며, 신우파와 유사하게 자유, 개인주의, 경쟁적 사기업을 신봉하지만 중심 가치들을 절대적 가치로 믿지 않으며 조건부로 신봉한다는 점에서 신우파와 차이가 있음
- 사회민주주의: 중심적 사회가치는 평등, 자유, 우애이며, 시장체계의 정의롭지 못한 분배를 시정하는 것이 정부의 역할이라고 주장함. 사회통합과 평등 추구를 위한 사회복지정책의 확대를 지지함
- 마르크스주의: 민주적 사회주의자들과 마찬가지로 자유, 평등, 우애를 중시하지만 노동자와 빈민들에게 평등은 허구에 불과하다고 주장함. 경제적 평등과 계급갈등에 대한 강조는 사회경제적 측면에서 정부의 강력하고 적극적인 역할로 이어짐
- 페미니즘: 가부장적 복지국가를 비판하지만 양성평등을 위한 사회복지정책의 역할도 인정하는 등 양면적인 복지국가관을 보임. 복지국가가 여성 특유의 욕구에 대한 배려에 실패했음을 강조함
- 녹색주의: 경제성장과 소비의 지속 확대가 가능하며 바람직하다는 신념에 입각한 복지국가는 잘못되었다고 주장하면서 공공복지 지출도 축소되어야 한다고 주장함. 사회복지서비스는 사회문제의 원인이 아닌 현상만을 다루고 있다고 비판함

● **케인스주의**

적극적인 재정정책의 필요성 주장. 국가가 적극적으로 경제에 개입하여 유효수요를 창출함으로써 시장의 불완전성을 보완

● **신자유주의와 신보수주의**

- 신자유주의와 신보수주의는 모두 넓은 의미의 신우파에 속하는 이념들로 국가의 개입이 최소화되고, 개인의 자유가 중심이 된 사회체제를 지향하는 사상으로 요약할 수 있음
- 시장적 자유와 개인의 사적 소유권을 절대적 가치로 파악
- 복지국가의 축소는 국가의 재정지출을 줄여 인플레를 약화시키고, 공공복지 부문에 과다하게 투여되었던 인력과 자원을 민간경제로 돌리며, 복지국가가 약화시켰던 납세자와 복지수혜자 모두의 노동 유인을 강화함으로써 건전한 성장을 유도할 수 있다고 봄

● **제3의 길**

사민주의적 복지정책과 신자유주의 복지정책의 장점 혼합. 시장의 효율과 복지의 형평을 동시에 추구. 노동시장에 참여할 의무 강조

● **새로운 사회적 위험**

- 후기산업사회로의 전환과 경제 · 사회구조의 변화로 인해 새롭게 발생하는 위험
- 맞벌이 부부의 증가와 여성의 노동시장 참여 증가로 인한 일 · 가정 양립 문제 대두
- 저출산 · 고령화로 인한 생산가능인구의 감소와 노인인구의 증가로 인해 노인 부양부담 문제 제기
- 탈산업화, 지식기반경제로의 이행 속에서 제조업에서 서비스산업으로의 산업구조 변화와 노동시장 구조변화로 인해 고용불안정과 저임금 노동 증가 등

● **사회투자국가**

복지의 투자적 · 생산적 성격을 강조. 경제정책을 우위에 둔 경제정책과 사회정책의 통합을 강조. 시민권의 권리와 의무 균형 강조. 결과의 평등보다는 기회의 평등을 강조

기출회독으로 연계 학습하세요

사회복지정책
발달이론 및 복지국가 분석이론

7문항

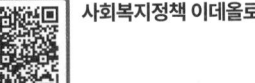
기출회독 169

복지국가 유형화이론

9문항

기출회독 170

사회복지정책 이데올로기

9문항

기출회독 171

실력 CHECK

기본쌓기문제

OX퀴즈

4장 사회복지정책 형성과정

1.0
출제문항수   핵심특강

4장은 매년 출제되는 부분이 어느 정도 정해져 있고 유사한 유형으로 출제되고 있다. 대부분 사회복지정책의 형성과 정에서 '정책평가'에 관한 문제가 출제되거나, '정책결정에 관한 이론모형'에서 문제가 출제되고 있다. 정책평가와 관 련해서는 평가의 필요성, 평가기준, 평가유형 등을 중심으로 출제되며, 정책결정 이론모형과 관련해서는 이론모형의 특징을 비교하는 문제가 출제되고 있다.

1. 사회복지정책 형성과정

사회문제의 이슈화 → 정책의제의 형성 → 정책대안 형성 → 정책 결정 → 정책의 집행 → 정책의 평가

2. 정책의 평가

● **정책평가의 기준** ⭐

- 효과성: 목표의 달성 정도
- 효율성: 투입에 대한 산출의 비율. 투입 최소화, 산출 극대화
- 적정성: 문제의 해결정도. 문제를 일으킨 욕구, 가치, 기회를 만족시키는 효과성의 수준
- 적절성: 문제해결을 위해 사용한 수단이나 방법이 바람직했는가를 평가
- 형평성: 효과와 노력이 얼마나 공평하고 공정하게 배분되는지를 평가
- 대응성: 정책이 수혜자 집단의 욕구, 선호, 가치를 반영하는 정도

● **일반적인 평가유형** ⭐

- 효율성 평가: 동일한 비용으로 산출을 극대화하였는가에 대한 평가
- 대상 효율성 평가: 의도한 목표상황의 문제해결을 얼마나 절약하여 효율적으로 수행하였는가에 대한 평가
- 효과성 평가: 사회복지정책 목표를 얼마나 달성하였느냐에 관한 평가
- 형평성 평가: 사회복지정책이 얼마나 사회계층 간의 소득불평등을 감소시켰느냐에 관한 평가
- 반응성 평가: 사회복지정책의 집행결과에 대해 수혜대상자들이 얼마나 만족하는가에 대한 평가
- 민주성 평가: 복지수혜대상자들이 자신의 행복이 결정되는 사회복지정책과정에 얼마나 참여하였는가에 대한 평가
- 합법성 평가: 사회복지정책이 수행되는 과정에서 얼마나 관련 법률을 제대로 준수하였는가에 대한 평가
- 편의성 평가: 사회복지정책의 급여를 얼마나 편리하게 향유하였는가에 대한 평가
- 시의적절성 평가: 사회복지정책의 급여가 적시에 제대로 제공되었는지에 관한 평가
- 실현가능성 평가: 사회복지정책 대안이 얼마나 실현 가능한가에 대한 평가

● **대상 및 시간 기준에 따른 평가유형** ⭐

- 형성평가(과정평가): 정책집행의 과정 중에 나타난 활동을 분석하여 관리하고, 전략을 수정 · 보완할 목적으 로 진행

- 총괄평가(영향평가): 정책집행 후 정책이 사회에 미친 영향, 효과 등을 추정하는 판단활동

● **주체에 따른 평가유형** ⭐ 꼭!

- 내부평가: 자체평가. 정책결정, 정책 집행당사자들이나 체제 내부의 구성원들이 하는 평가
- 외부평가: 정책결정, 정책 집행당사자들 외의 외부기관이 하는 평가

3. 정책결정에 관한 이론  23회 기출 🏆 21회 기출 🏆 20회 기출 🏆

- 합리모형: 고도의 합리성을 기반으로 하여 최선의 대안을 선택함. 완전한 합리성으로 모든 대안을 인식할 수 있다는 관점. 사회적 편익을 고려하며, 비용 대비 편익이 큰 대안을 선택함
- 만족모형: 제한된 합리성에 기반을 두고 만족스러운 수준에서 대안을 선택함. 합리모형의 현실적 제약을 극복하기 위해 제시되었으며, 정책결정자가 완전한 합리성이 아닌 제한된 합리성에 기초하여 정책을 결정한다고 봄
- 점증모형: 정치적 합리성에 따라 기존 정책의 문제점을 부분적으로 수정함. 정치적 효율성을 강조하여 다양한 이해관계자들 사이의 합의로 결정이 이루어짐
- 혼합모형: 합리모형과 점증모형을 절충한 모형. 포괄적 관찰로 대안을 탐색하고, 점증적 방식으로 결정함. 기본적 결정은 합리모형을 따르고, 특정 문제에 대해 현실적 결정이 필요한 경우에는 점증모형을 따름
- 최적모형: 현실적 기준을 제시할 수 있는 규범이론을 수정·보완함. 기본은 합리모형을 따르지만 직관, 판단력, 창의력 같은 초합리적 요소를 고려함
- 엘리트모형: 정책이 통치엘리트의 가치나 이해관계에 의해 결정된다고 보는 모형. 소수의 권력자만이 정책을 분배할 수 있고, 대중이 영향을 받는다는 이론
- 쓰레기통모형: 정책결정이 일정한 규칙에 따라 이루어지는 것이 아니라 쓰레기통처럼 불규칙하게 정책결정이 이루어진다고 봄. 몇 가지 흐름이 우연한 기회에 정책을 생산하게 된다는 이론
- 공공선택이론: 공공재와 공공서비스 공급을 합리적으로 수행하기 위한 정책결정을 강조함. 투표 행위나 집단의 원리, 법률에 의해 선택되는 정도에 대한 분석임
- 엘리슨 모형: 합리적 행위자 모형, 조직과정 모형, 관료정치 모형으로 구성. 관료들 간에 이루어지는 협상, 타협, 경쟁 등 정치적 게임의 결과로 보는 관료정치모형을 제시함

기출회독으로 연계 학습하세요

  사회복지정책의 평가
기출회독 172
6문항

  정책결정 이론모형
기출회독 173
6문항

실력 CHECK

기본쌓기문제

OX퀴즈

5장 사회복지정책의 분석틀

6.2
출제문항수 핵심특강

1. 사회복지정책 분석의 유형(3P)  21회기출 20회기출

● **과정분석** ★꼭!

- 사회복지정책 형성의 역동성을 중심으로 하여 분석하는 접근으로서, 정책의 계획과 관련된 문제들을 다룸
- 정책의 계획과 관련된 각종 정보와 다양한 정치조직, 정부기관, 기타 조직들 간의 관계 및 상호작용이 정책형성에 어떻게 영향을 미치는가를 분석하는 것에 관심을 둠
- 과정분석을 통하여 사회복지정책 형성에 영향을 주는 사회적 · 정치적 · 경제적인 배경 요인 등을 파악함
- 분석수준에 있어서 사회복지제도 전체를 대상으로 할 수도 있고 특정한 제도 한 가지만을 대상으로 할 수도 있음
- 시간적 차원으로 장기간에 걸친 제도의 발달을 다룰 수도 있고 단기간의 변화를 다룰 수도 있음
- 정책결정에 있어서의 정치적 · 기술적 투입요소에 대한 사례를 연구함

● **산출분석** ★꼭!

- 정책의 운영(행정)과 관련된 문제들을 다루며, 기획 과정을 통해 얻게 되는 산물로서 프로그램 안이나 법률안에 대한 여러 쟁점을 분석함
- 특정한 방향으로 설계된 정책에 있어서 그 정책에 포함되어 있는 정책 선택의 형태와 내용을 분석함
- 특정 선택에 따라 배제된 대안을 분석하거나 선택의 근거가 된 가치와 이론, 가정들에 대한 문제를 분석함

● **성과분석** ★꼭!

- 정책의 조사연구에 관한 문제들을 다루며, 프로그램이 얼마나 잘 실행되었는가, 프로그램 실시로 얻은 영향이 무엇인가를 연구함
- 프로그램이 실행된 결과나 영향을 평가하는 것이며, 다른 두 가지 분석 유형보다 더 객관적이고 체계적인 분석을 요구함
- 성과는 질적, 양적 자료의 수집을 통해서 다양한 학문 분야에서 개발된 방법론적 도구를 통해서 측정할 수 있으며, 조사방법론은 성과를 측정하는 데 관련된 중요한 기술적, 이론적 지식과 기법을 제공함

● **사회복지정책에 대한 4가지 분석틀(Gilbert & Specht)**

- 할당체계(수급자격): 누가 급여를 받는가?
- 급여체계(급여종류): 무엇을 받는가?
- 전달체계(전달방법): 어떻게 급여를 받는가?
- 재정체계(재정마련방법): 누가 급여를 지불하는가?

2. 사회복지정책의 대상 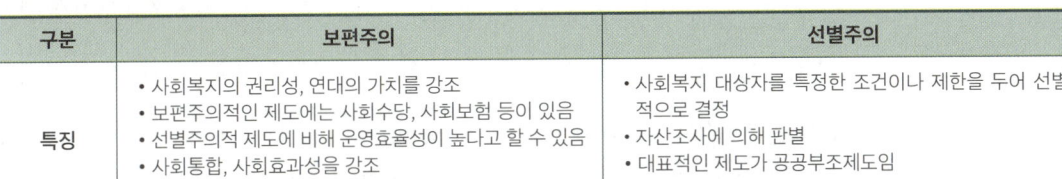 23회 기출 22회 기출 20회 기출

● **보편주의와 선별주의**

구분	보편주의	선별주의
특징	• 사회복지의 권리성, 연대의 가치를 강조 • 보편주의적인 제도에는 사회수당, 사회보험 등이 있음 • 선별주의적 제도에 비해 운영효율성이 높다고 할 수 있음 • 사회통합, 사회효과성을 강조	• 사회복지 대상자를 특정한 조건이나 제한을 두어 선별적으로 결정 • 자산조사에 의해 판별 • 대표적인 제도가 공공부조제도임 • 비용효과성을 강조

● **대상선정 기준(길버트와 테렐)** ★꼭!

- **귀속적 욕구**: 시장에 존재하는 기존의 제도에 의해서는 충족되지 않는 욕구를 공통적으로 가진 집단에 속한 경우 급여를 제공하는 것. 대부분은 인구학적 조건과 선별주의적 자격조건을 결합하여 운영하며, 대표적인 제도에는 사회수당제도가 있음
- **보상**: 사회에 특별한 기여를 한 사람들에 대한 보상으로서 급여자격이 주어지는 경우. 국가유공자나 독립유공자를 대상으로 한 제도가 이에 해당됨
- **진단적 차등**: 전문가의 분류나 판단에 근거하여 급여를 제공하는 것. 노인장기요양보험제도에서의 요양등급 분류처럼 각 개인의 요양등급을 전문가가 판단하여 등급에 따라 급여를 차등 지급하는 것을 말함
- **자산조사**: 가장 선별주의적인 자격조건으로, 주로 공공부조 프로그램에서 자격기준으로 사용함. 각 개인이 재화와 서비스를 스스로 구매할 능력이 없다는 것을 소득과 재산에 대한 조사를 통해 확인하고 급여를 제공하는 것. 우리나라에서는 국민기초생활보장제도나 의료급여제도 등에서 자산조사를 사용함

● **한국 사회복지제도의 대상선정 기준** ★꼭!

제도	대상선정 기준
국민연금	(급여종류에 따라 차이가 있음) 인구학적 기준, 보험료 기여, 진단적 차등 등
건강보험	(급여종류에 따라 차이가 있음) 기여
고용보험	(급여종류에 따라 차이가 있음) 기여
산업재해보상보험	(급여종류에 따라 차이가 있음) 기여, 진단적 차등
노인장기요양보험	인구학적 기준, 기여, 진단적 차등
국민기초생활보장제도	중위소득 기준, 부양의무자 기준
기초연금	인구학적 기준(65세 이상), 자산조사(소득인정액 기준)
장애인연금	인구학적 기준, 진단적 차등, 자산조사(소득인정액 기준)
양육수당, 영유아보육료지원	인구학적 기준

3. 사회복지정책의 급여 23회기출 22회기출 20회기출

● 현금급여 ⭐

- 급여 수급자가 자신에게 필요한 재화와 서비스를 직접 시장에서 구매하도록 화폐형태로 지급하는 급여
- 수급자 효용을 극대화할 수 있으며, 수급자의 존엄성을 유지시켜 줄 수 있음. 수급자들의 선택의 자유와 소비자 주권을 높일 수 있음
- 불필요한 부분에 사용하는 것을 막을 수 없어 목표효율성이 떨어짐

● 현물급여 ⭐

- 수급자에게 필요한 물품 또는 서비스를 직접 급여로 제공하는 형태
- 정책의 목표효율성을 높일 수 있으며, 경제적 필요가 높은 사람들을 구별할 수 있기 때문에 필요한 대상자에게 집중적으로 급여를 할 수 있음
- 수급자에게 낙인감을 줄 수 있으며, 수급여부가 노출되어 개인의 존엄성을 해칠 수 있음
- 현물의 보관·유통과정에 추가적인 비용이 들기 때문에 운영효율성이 낮음

● 증서(바우처) ⭐

- 정해진 용도 내에서 원하는 재화나 서비스를 자유롭게 선택할 수 있는 일종의 이용권임
- 소비자 선택의 자유를 비록 제한적이지만 살릴 수 있고, 무제한 선택의 자유에서 발생하는 목표효율성의 저하를 어느 정도 막을 수 있음
- 급여 양에 대한 통제가 있으며, 서비스 공급자가 특정 소비자를 선호, 회피하는 현상이 발생할 수 있음
- 우리나라의 사회서비스 전자바우처제도: 시·군·구에서 사회서비스 수혜자로 인정받은 대상자가 제공기관으로 인정받은 기관에서 서비스를 받을 수 있도록 바우처를 제공하는 형태임. 보건복지부는 대상자 선정기준, 서비스 유형 및 바우처 지급방법 등에 대한 기반을 마련하고, 시·군·구에서는 대상자 신청접수, 선정, 통지 및 제공기관 신청접수, 선정, 통지하며, 사회보장정보원에서는 서비스 결제승인, 자금관리, 결제매체 관리 등을 맡음

● 기회

- 무형의 급여 형태로서 어떤 집단이 접근하지 못했던 부분에 접근을 가능하게 만드는 것
- 사회적으로 취약한 위치에 있는 집단이나 불평등한 처우를 받는 집단에게 유리한 기회를 주어 보다 나은 생활을 유지할 수 있도록 하려는 것
- 주요 대상으로는 여성, 장애인, 노인, 외국인 근로자 등 사회적으로 차별받고 있다는 사회적 인식이 형성되어 있는 집단이 포함됨

● 권력

- 수급자에게 정책결정에 있어 권력을 부여하여 그들에게 유리하게 결정될 수 있도록 하는 것
- 현금이나 증서처럼 쓰일 수 없지만 현물이나 기회보다는 훨씬 더 많은 선택의 여지를 제공할 수도 있음
- 권한이 부여되었다고 해도 실질적인 효과가 나타날지에 대해서는 다소 부정적인 견해들이 많음

● 급여형태 비교 ⭐꼭!

구분	현금급여	바우처	현물급여	기회	권력
특징	• 수급자의 효용을 극대화할 수 있음 • 수급자의 존엄성을 유지시켜 줄 수 있음 • 수급자들의 선택의 자유와 소비자 주권을 높일 수 있음	• 증서나 상품권을 의미함. 특정한 재화나 서비스에 대한 쿠폰이나 카드 형태로 제공 • 현금급여와 현물급여의 장·단점을 함께 갖고 있음	• 수급자에게 낙인감을 줄 수 있고, 선택의 자유가 없음 • 가시적인 특성이 있기 때문에 정치적으로 선호되기도 함	• 기회의 평등 가치에 근거 • 사회적으로 취약한 위치에 있는 집단이나 불평등한 처우나 차별을 받고 있는 집단에게 기회 제공	• 서비스 대상자나 급여 수급자의 참여 보장 • 재화나 자원을 통제하는 영향력의 재분배
목표효율성	현물급여 > 바우처 > 현금급여			-	-
운영효율성	현금급여 > 바우처 > 현물급여			-	-
예	• 국민기초생활보장제도(생계급여, 교육급여, 해산급여, 장제급여) • 건강보험(요양비, 장애인 보조기기 구입비 등) • 국민연금(노령연금, 장애연금, 유족연금) • 고용보험(실업급여) • 산재보험(휴업급여, 장해급여, 상병보상연금, 유족급여) • 장애인연금	• 장애인활동지원서비스 • 산모/신생아건강관리지원사업 • 가사간병방문지원사업	• 노인장기요양보험(재가급여, 시설급여 등) • 건강보험(요양급여, 건강검진) • 산재보험(요양급여)	• 장애인 의무고용제도 • 장애인 특례입학제도 • 여성고용할당제	국민기초생활보장 제도의 시행과 관련해서 중앙생활보장위원회 참여 등

4. 사회복지정책의 재원 23회 기출 22회 기출 20회 기출

● **사회복지정책의 재원**

- 공공부문 재원: 공공부문을 통해 조달할 수 있는 재원으로는 일반예산(조세), 사회보험료(사회보장성 조세), 조세지출(조세비용) 등을 들 수 있음
- 민간부문 재원: 민간부문의 재원에는 사용자의 부담(일정한 금액을 본인이 부담), 자발적인 기여, 기업의 복지부문, 비공식 부문(가족, 친척, 이웃) 등이 있음
- 복지다원주의: 복지다원주의가 중요한 의제로 부각되면서 다양한 재원을 혼합하여 사용하는 프로그램이 점차 늘어나고 있음

● **공공재원과 민간재원 비교** 꼭!

구분	공공재원	민간재원
특징	일반예산(조세) • (개인)소득세는 일반적으로 누진적인 방식으로 부과(소득이 높을수록 더 높은 세율이 적용)됨 • 평등(소득재분배)과 사회적 적절성을 구현하는 데 가장 중요한 재원 • 조세는 민간부문의 재원이나 공공부문의 재원 중에서 사회보험의 기여금보다 재원의 안정성이나 지속성이 더 강한 특성이 있음 • 대상의 보편적 확대나 보편적 급여의 제공에서 유리 • 소비세(간접세, 소비자에게 부과, 역진적 특성): 일반소비세(부가가치세), 개별소비세(특별소비세 - 고가의 상품, 서비스에 부과). 간접세는 조세저항이 적어 징수가 용이하지만 그 비중이 높을수록 소득재분배 기능은 약화됨. 주로 상품이나 서비스 가격에 포함되기 때문에 최종적으로 상품 등을 소비하는 소비자가 부담	자발적 기여 • 개인, 기업, 재단 등이 사회복지를 위해서 제공한 자발적인 기부금 • 제공자의 자발적 의사에 의존하기 때문에 예측가능성도 낮고 재원의 안정성도 약함
	사회보험료 • 강제가입을 통해서 '역의 선택'의 문제를 해결할 수 있고, 위험분산이나 규모의 경제 등으로 보험의 재정안정을 이루는 데 유리 • 기본적으로 조세에 비해 소득재분배 효과가 약함(사회보험료는 일반적으로 정률제) • 일종의 목적세 성격을 갖고 있으며, 사용되는 용도가 비교적 명확하기 때문에 상대적으로 거부감이 적음 • 모든 근로소득에 동률로 부과하고 있고, 자산소득에는 추가로 보험료가 부과되지 않기 때문에 자산소득이 많은 고소득층이 저소득층에 비해 부담이 상대적으로 적음 • 사회보험료에는 보험료 부과의 기준이 되는 소득의 상한액이 있어서 고소득층이 유리	기업복지 • 기업의 사용자가 피고용자에게 주는 임금 이외의 사회복지적인 급여혜택 • 공공부문의 사회복지가 미성숙한 국가에서는 기업복지의 규모가 크고 프로그램도 다양함
	조세지출 • 내야 하는 세금을 걷지 않거나 되돌려주는 방식 • 소득공제, 세액공제 등 • 저소득층은 과세대상에서 제외되어 조세감면혜택을 누리지 못하는 경우가 많고 소득이 높을수록 공제 대상 지출이 높기 때문에 고소득층이 유리	사용자 부담 • 사회복지서비스를 받는 사람이 서비스 이용 비용에 대하여 본인이 일부분 부담하는 것 • 서비스 이용자가 서비스를 남용하는 것을 억제하는 효과가 있음. 하지만, 역진성이 나타날 수 있고, 저소득층의 서비스 접근성을 떨어뜨리는 효과가 있음. 이러한 문제점을 해결하기 위하여 일정 소득 이하의 이용자에게는 부과하지 않거나 수준을 낮추기도 함

5. 사회복지정책의 전달체계 23회 기출 22회 기출 21회 기출 20회 기출

● 공공부문과 민간부문 비교 ★꼭!

구분	공공부문	민간부문
특징	**중앙정부** • 공공재적 성격이 강한 서비스나 재화 공급에 유리 • 프로그램의 통합, 조정 가능, 안정적 유지에 유리 • 독점적 공급에 따른 서비스 질 저하 가능성 • 변화하는 욕구에 융통성 있게 대응하는 데 한계 **지방정부** • 지역주민 욕구에 신속하게 대응 • 지역 간 불평등으로 인한 사회통합 저해	• 서비스공급의 다양화가 가능 • 공급자 간 경쟁유도를 통해 서비스 질 확보 가능 • 이용자의 다양한 선택권 보장 • 공공재 제공의 어려움 • 평등 추구에 있어서 한계 • 규모의 경제 실현의 어려움

● 민영화

- 사회적 욕구 충족을 위한 기제를 정부부문에서 민간부문으로 이전하거나 민간영역의 확대를 장려하는 사회적 흐름을 의미함
- 국가가 공적인 목표로 운영하는 제도를 자본시장에 개방하여 민간영역에서 운영하도록 그 역할을 맡기는 것
- 사회복지와 관련해서 민영화는 사회복지서비스의 생산과 전달을 공공부문에서 민간부문으로 이양하는 것

● 복지다원주의

- 복지다원주의 혹은 복지혼합경제는 한 사회에서 복지의 원천은 다양하며, 복지제공주체로서 국가 이외에 시장, 비공식부문, 자원부문 등의 역할을 포괄적으로 고려할 것을 강조함
- 국가와 같은 단일한 독점적 공급자만 존재하는 것보다 여러 개의 복지원천이 존재하는 곳에서 사회의 총복지가 증대할 가능성이 크다고 봄. 이는 복지국가 위기 이후 정부의 역할이 상대적으로 후퇴되고, 민간기업과 비영리조직의 역할이 부각되면서 확산된 개념임

기출회독으로 연계 학습하세요

사회복지정책의 분석틀
기출회독 174 **6**문항

사회복지정책의 대상
기출회독 175 **10**문항

사회복지정책의 급여
기출회독 176 **12**문항

사회복지정책의 재원
기출회독 177 **13**문항

사회복지정책의 전달체계
기출회독 178 **16**문항

실력 CHECK

기본쌓기문제

OX퀴즈

6장 사회보장론 일반

3.4
출제문항수 | 핵심특강

6장은 매회 평균 3문제 이상 출제되는 등 최근 출제비중이 높아지고 있는 중요한 장이다. 사회보장의 주요 특징(소득 재분배, 사회보장기본법의 내용 등), 사회보험과 공공부조의 비교, 사회보험과 민간보험의 비교 등의 내용을 중심으로 정리해야 한다. 특히, 사회보장의 주요 특징의 경우 <사회복지법제론>의 사회보장기본법의 내용과 함께 학습하면 보다 효율적으로 정리할 수 있을 것이다.

1. 사회보장의 개념, 목적, 기본이념 23회 기출 🏆 22회 기출 🏆 20회 기출 🏆

● 우리나라 사회보장기본법에서의 개념 ⭐꼭!

사회보장기본법 제3조에 의하면 사회보장이란 "출산, 양육, 실업, 노령, 장애, 질병, 빈곤 및 사망 등의 사회적 위험으로부터 모든 국민을 보호하고 국민 삶의 질을 향상시키는 데 필요한 소득·서비스를 보장하는 사회보험, 공공부조, 사회서비스"를 의미

● 사회보장의 목적 ⭐꼭!

- 기본생활보장: 국가의 존재 근거 중 하나인 국민의 생존권 보호를 수행하는 제도, 국민들의 기본적 욕구(basic need)를 보장하기 위한 것임
- 소득재분배: 수직적 재분배(고소득층에서 저소득층으로의 소득재분배), 수평적 재분배(동일계층 내의 소득재분배), 사회보장지출은 수직적 재분배의 기능도 하고 있지만, 보험료를 분담하는 동일계층 간의 수평적 재분배의 기능도 담당함
- 사회적 연대감의 증대: 소득상실의 위험에 노출된 사람들에게 사회적 연대감을 보여주는 제도적 장치임

● 사회보장기본법에서의 기본이념

사회보장은 모든 국민이 다양한 사회적 위험으로부터 벗어나 행복하고 인간다운 생활을 향유할 수 있도록 자립을 지원하며, 사회참여·자아실현에 필요한 제도와 여건을 조성하여 사회통합과 행복한 복지사회를 실현하는 것을 기본 이념으로 함(제2조)

● 사회보장기본법에서의 사회보장정책의 기본방향

- 평생사회안전망의 구축운영: 국가와 지방자치단체는 모든 국민이 생애 동안 삶의 질을 유지·증진할 수 있도록 평생사회안전망을 구축
- 사회서비스 보장: 국가와 지방자치단체는 모든 국민의 인간다운 생활과 자립, 사회참여, 자아실현 등을 지원하여 삶의 질이 향상될 수 있도록 사회서비스에 관한 시책을 마련. 사회서비스 보장과 소득보장이 효과적이고 균형적으로 연계되도록 하여야 함
- 소득 보장: 국가와 지방자치단체는 다양한 사회적 위험 하에서도 모든 국민들이 인간다운 생활을 할 수 있도록 소득을 보장하는 제도를 마련하여야 함. 공공부문과 민간부문의 소득보장제도가 효과적으로 연계되도록 하여야 함

● **사회보장제도의 운영원칙**

- 보편성: 국가와 지방자치단체가 사회보장제도를 운영할 때에는 이 제도를 필요로 하는 모든 국민에게 적용하여야 함
- 형평성: 국가와 지방자치단체는 사회보장제도의 급여 수준과 비용 부담 등에서 형평성을 유지하여야 함
- 민주성: 국가와 지방자치단체는 사회보장제도의 정책 결정 및 시행 과정에 공익의 대표자 및 이해관계인 등을 참여시켜 이를 민주적으로 결정하고 시행하여야 함
- 연계성: 국가와 지방자치단체가 사회보장제도를 운영할 때에는 국민의 다양한 복지 욕구를 효율적으로 충족시키기 위하여 연계성과 전문성을 높여야 함
- 공공성: 사회보험은 국가의 책임으로 시행하고, 공공부조와 사회서비스는 국가와 지방자치단체의 책임으로 시행하는 것을 원칙으로 함. 다만, 국가와 지방자치단체의 재정 형편 등을 고려하여 이를 협의 · 조정할 수 있음

2. 사회보장제도의 분류, 형태 23회 기출 22회 기출 21회 기출 20회 기출

● **우리나라 사회보장기본법에서의 분류**

- 사회보험: 국민에게 발생하는 사회적 위험을 보험의 방식으로 대처함으로써 국민의 건강과 소득을 보장하는 제도
- 공공부조: 국가와 지방자치단체의 책임 하에 생활 유지 능력이 없거나 생활이 어려운 국민의 최저생활을 보장하고 자립을 지원하는 제도
- 사회서비스: 국가 · 지방자치단체 및 민간부문의 도움이 필요한 모든 국민에게 복지, 보건의료, 교육, 고용, 주거, 문화, 환경 등의 분야에서 인간다운 생활을 보장하고, 상담, 재활, 돌봄, 정보의 제공, 관련 시설의 이용, 역량 개발, 사회참여 지원 등을 통하여 국민의 삶의 질이 향상되도록 지원하는 제도

● **사회보장제도의 형태**

- 비기여 · 비자산조사 형태: 가장 보편적인 프로그램 유형으로 국적이나 인구학적 조건만 충족시키면 별도의 기여 및 자산조사 없이도 급여를 지급하는 프로그램. 사회수당 또는 데모그란트(demogrant)라고도 함. 아동수당, 가족수당, 노인수당 등이 있음
- 비기여 · 자산조사 형태: 소득과 재산이 기준 이하인 가구 혹은 개인에게 별도의 기여 없이 급여를 지급하여 최저한의 생활을 보장하고자 하는 프로그램
- 기여 · 비자산조사 형태: 위험에 대한 예방의 차원에서 소득이 있을 때 보험료를 납부하고, 위험이 발생했을 때 급여를 제공받는 프로그램. 사회보험(국민연금, 건강보험, 고용보험, 산재보험, 노인장기요양보험 등)이 이에 해당

3. 사회보험 일반론 23회 기출 22회 기출 21회 기출 20회 기출

● **사회보험의 일반적 특성**

- 사회보험의 필요성: 어떤 위험은 그에 대한 보험을 사적 시장에 맡겨둘 경우, 역의 선택의 문제, 도덕적 해이의 문제 등이 나타나므로 이를 해결하기 위해서 국가가 강제가입을 통한 사회보험을 실시. 국가가 전국적인 차원에서 사회보험의 운영을 담당할 경우에 행정적인 비용이 절감된다는 측면에서 국가에 의한 사회보험의 필요성이 제기됨
- 사회보험의 재원: 사회보험의 종류와 국가별로 차이가 있지만, 일반적으로 사용자, 피용자가 공동으로 보험료를 부담하고 국가가 일부를 지원하기도 함

- 사회보험의 대상: 사회보험의 종류에 따라 일정한 차이가 있지만, 대다수 국민에게 보편적으로 적용(보편주의)
- 사회보험의 급여수준: 사회보험의 종류와 각 사회보험이 보장하고자 하는 사회적 위험의 성격에 따라 다르지만, 과거의 소득수준(기여금 수준)에 따라 급여수준이 정해지거나 사회적 적절성의 원칙에 따라 일정한 수준을 보장

● **사회보험과 관련 영역과의 비교** 꼭!

구분	사회보험	민간보험
가입	강제가입	임의적, 선택적
원리	(개인적 형평성보다는) 사회적 적절성을 중시함. 사회적 적절성이란 모든 가입자에게 일정한 수준 이상의 급여를 제공하는 것을 의미	개인적 형평성을 강조함. 개인적 형평성이란 자신이 낸 보험료에 비례하여 급여를 받는 것을 의미
보험자와 피보험자와의 관계	제도적 · 법적 관계(권리적 성격이 강함)	사적 계약에 의한 관계(계약적 성격이 강함)
물가상승에 대한 보장	물가상승에 의한 실질가치의 변동을 보장	물가상승에 대한 보장이 어려움
기타	강제가입을 기반으로 하기 때문에 민간보험에 비해 계약에 수반되는 비용이 저렴함. 또한 민간보험에 비해 규모의 경제를 실현할 수 있음	보험 상품 판매를 위한 마케팅, 광고 등을 이유로(사회보험에 비해) 더 많은 관리비용을 필요로 함

구분	사회보험	공공부조
대상	모든 국민(보편주의)	빈곤층(선별주의)
재원	기여금, 부담금(일부는 조세)	조세
자산조사	급여 제공 시 자산조사에 근거하지 않음	자산조사를 실시
대상효율성	(공공부조에 비해) 낮음	(다른 제도에 비해) 높음
소득재분배 효과	수직적 재분배, 수평적 재분배 효과가 모두 있음. 하지만 공공부조제도에 비해 수직적 재분배효과는 낮음	수직적 재분배 효과가 큼

● **한국의 사회보험제도**
- 우리나라에 처음 도입된 사회보험은 공무원 연금(1960년 제정)이라고 할 수 있지만, 이는 공무원을 대상으로 실시한 한정적인 특수직역연금이었음
- 1963년에 산업재해보상보험법이 제정(1964년 시행)되면서 일반 국민을 대상으로 한 본격적인 사회보험이 시작되었다고 볼 수 있음
- 1977년에 강제가입방식의 의료보험법이 시행됨(1963년에 제정된 의료보험법은 강제적용을 전제로 하지 않았기 때문에 큰 성과를 거두지 못 함. 1977년에 강제가입방식의 의료보험법 시행, 1999년에 국민건강보험법 제정)
- 1986년에는 국민연금법이 제정됨(1973년에 제정된 국민복지연금법은 시행이 연기되었고, 1986년에 제정된 국민연금법은 1988년부터 시행됨)
- 1993년에 고용보험법이 제정(1995년 시행)되면서 4대 보험을 모두 갖추게 됨
- 2007년 제5의 사회보험이라 불리는 노인장기요양보험법이 제정됨(2008년 시행)

구분	급여종류	관장	사업수행	보험료 징수
국민연금	노령연금, 장애연금, 유족연금, 반환일시금, 사망일시금 등	보건복지부 (장관)	국민연금 공단	국민건강 보험공단
국민건강보험	요양급여, 요양비, 건강검진, 장애인 보조기기 급여비 등		국민건강 보험공단	
노인장기요양보험	재가급여(방문요양, 방문목욕, 방문간호, 주·야간보호, 단기보호, 기타 재가급여), 시설급여, 특별현금급여(가족요양비, 특례요양비, 요양병원 간병비) 등			
고용보험	고용안정사업 및 직업능력개발사업, 실업급여(구직급여, 취업촉진 수당), 모성보호급여(육아휴직급여, 출산전후휴가 급여) 등	고용노동부 (장관)	근로복지 공단	
산업재해보상보험	요양급여, 휴업급여, 장해급여, 간병급여, 직업재활급여, 유족급여, 상병보상연금, 장례비, 특별급여 등			

기출회독으로 연계 학습하세요

기출회독 179

사회보장의 특징

28문항

실력 CHECK

기본쌓기문제

OX퀴즈

7장 공적 연금의 이해

0.8
출제문항수

핵심특강

공적 연금의 특징, 국민연금제도에 관한 문제가 주로 출제되고 있다. 공적 연금의 특징에 관한 문제는 확정급여식과 확정기여식의 특징 비교, 적립방식과 부과방식의 장단점 비교에 관한 내용이 가장 많이 출제되었다. 국민연금제도에 관한 문제는 국민연금의 대상, 보험료, 급여, 연금급여액, 크레딧 제도 등 제도의 전반적인 내용을 묻는 문제가 출제되었다. 기초연금제도에 관한 문제는 거의 출제되지 않고 있다.

1. 연금제도의 분류 및 연금재정 운영방식 ^{21회 기출}

● 확정급여식(DB)과 확정기여식(DC) 꼭!

- 확정급여식 연금: 급여는 임금 또는 소득의 일정 비율 또는 일정 금액으로 사전에 급여산정공식에 의해 확정되어 있지만 원칙적으로 보험료(기여금)는 확정되어 있지 않음
- 확정기여식 연금: 보험료(기여금)만이 사전에 확정되어 있을 뿐 급여액은 확정되어 있지 않음. 급여액은 적립한 기여금과 기여금의 투자수익에 의해서만 결정되기 때문에 사전에 급여액이 얼마나 될지 알 수 없음

● 적립방식과 부과방식

구분	장점	단점
적립방식	• 보험료의 평준화가 가능 • 제도 성숙기에는 적립된 기금의 활용이 가능 • 상대적으로 재정의 안정적인 운영이 가능	• 일정한 기금이 형성되기 전까지는 제도 초기에 어려움이 있음 • 장기적인 예측에 있어서 어려움이 있음 • 인플레이션 등 경제사회적 변화에 취약
부과방식	• 세대 간 재분배효과가 상대적으로 큼 • 인플레이션으로 인한 영향이 크지 않음 • 장기적인 재정추계의 필요성은 미약	• 노인인구가 늘어난다면 후 세대의 부담이 증가할 수 있음 • 상대적으로 재정운영의 불안정성이 존재 • 인구구조 변화에 상당한 영향을 받음

2. 국민연금제도 ^{23회 기출} ^{20회 기출}

● 연금보험료 및 급여액

- (2025년 현재 기준) 가입자의 보험료율은 9.0%임
  ※ 2025. 4. 2에 「국민연금법」이 개정(시행 2026. 1. 1)되면서 연금개혁안이 반영됨에 따라 현재 9%에서 2026년부터 매년 0.5%p씩 조정되어 2033년에 13%로 인상됨
- 연금급여는 기본연금액과 부양가족연금액을 합산한 금액으로 받음
- (2025년 현재 기준) 급여수준은 전체가입자 평균소득에 해당하는 사람이 40년간 납부 시 가입기간이 속한 연도에 따라 소득의 40~70%(소득대체율)를 받게 됨(2008년부터 소득대체율은 0.5%씩, 비례상수는 0.015씩 감소)
  ※ 2025. 4. 2에 「국민연금법」이 개정(시행 2026. 1. 1)되면서 연금개혁안이 반영됨에 따라 2026년부터 소득대체율이 43%로 상향 조정됨

● 연금급여의 종류 ★꼭!

- 노령연금: 가입기간(연금보험료 납부기간)이 10년 이상이면 지급연령 이후부터 평생 동안 매월 지급받을 수 있으며, 국민연금의 기초가 되는 급여
- 장애연금: 가입자나 가입자였던 자가 질병이나 부상으로 신체적 또는 정신적 장애가 남았을 때 이에 따른 소득 감소부분을 보전함으로써 본인과 가족의 안정된 생활을 보장하기 위한 급여
- 유족연금: 국민연금에 일정한 가입기간이 있는 사람 또는 노령연금이나 장애연금을 받던 사람이 사망하면 그에 의해 생계를 유지하던 유족에게 급여를 지급하여 안정된 삶을 살아갈 수 있도록 하기 위한 급여
- 반환일시금: 지급연령이 되었을 때 연금급여를 받을 수 있는 요건을 충족하지 못하였거나 국외이주 등으로 더 이상 국민연금 가입대상이 아닌 경우 납부한 연금보험료에 이자를 더해 일시에 지급하는 급여
- 사망일시금: 가입자 또는 가입자였던 사람이 사망하였으나 국민연금법에서 명시한 유족의 범위에 해당하는 유족이 없어 유족연금 또는 반환일시금을 지급받을 수 없는 경우 더 넓은 범위의 유족에게 지급하는 장제부조적·보상적 성격의 급여

● 크레딧제도 ★꼭!

- 출산크레딧제도: (2025년 현재 기준) 출산을 장려하고, 연금수급기회 증대를 위해 둘째 이상의 자녀를 출산하는 가입자에게는 가입기간을 추가로 인정하는 인센티브 부여
  ※ 2025. 4. 2에 「국민연금법」이 개정(시행 2026. 1. 1)되면서 연금개혁안이 반영됨에 따라 2026년부터 첫째 자녀도 가입 기간 12개월을 인정받게 됨. 기존 50개월로 제한하던 상한 인정 기간도 폐지됨
- 군복무크레딧제도: (2025년 현재 기준) 병역의무를 이행한 자(현역병, 공익근무요원)에게 6개월을 추가 가입기간으로 인정
  ※ 2025. 4. 2에 「국민연금법」이 개정(시행 2026. 1. 1)되면서 연금개혁안이 반영됨에 따라 2026년부터 최대 12개월(12개월 이내 실제 복무 기간)을 인정받게 됨
- 실업크레딧제도: 구직급여 수급자가 연금보험료의 납부를 희망하고 본인 부담분 연금보험료(25%)를 납부하는 경우, 국가에서 보험료(75%)를 지원하고 그 기간을 최대 12개월까지 가입기간으로 추가 산입

3. 기초연금제도

- 지급대상: 65세 이상인 사람으로서 소득인정액이 선정기준액 이하인 사람에게 지급. 보건복지부장관은 선정기준액을 정하는 경우 65세 이상인 사람 중 수급자가 100분의 70 수준이 되도록 해야 함
- 기초연금액 감액: 부부가 모두 기초연금을 받는 경우 각각의 기초연금액에서 20%를 감액하여 지급

8장 국민건강보장제도의 이해

1.2
출제문항수

핵심특강

국민건강보험제도와 노인장기요양보험제도의 전반적인 내용이 두루 출제되고 있으며, 최근 시험에서는 제도의 세부적인 내용까지 묻는 등 난이도가 높게 출제되고 있다. 국민건강보험제도의 경우 적용대상, 보험료, 진료비 지불방식(행위별 수가제, 포괄수가제 등), 급여의 종류 등이 출제되고 있으며, 노인장기요양보험제도는 급여대상, 급여의 종류, 보험료의 징수 및 관리, 장기요양기관, 본인부담 등의 내용이 출제되고 있다.

1. 국민건강보험제도 23회 기출 21회 기출 20회 기출

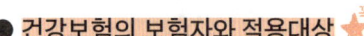

● 건강보험의 보험자와 적용대상 꼭!

- 보건복지부장관이 관장하고, 보험자는 국민건강보험공단으로 함
- 국내에 거주하는 국민은 건강보험의 가입자 또는 피부양자가 됨
- 제외대상: 의료급여수급권자, 유공자 등 의료보호대상자
- 가입자는 직장가입자 및 지역가입자로 구분하며, 공무원 및 교직원도 직장가입자에 해당

● 보험료

- 지역가입자: (소득월액 × 보험료율) + (재산보험료 부과점수 × 부과점수당 금액)
- 직장가입자: 보수월액보험료 = 보수월액 × 보험료율, 보수 외 소득월액보험료 = [(연간 '보수 외 소득' − 2,000만원(공제금액)) × 1/12] × 소득평가율 × 보험료율
- 보험료 경감: 섬 · 벽지 · 농어촌 등의 지역에 거주하는 자, 65세 이상인 자, 등록 장애인, 국가유공자, 휴직자, 그 밖에 생활이 어렵거나 천재지변 등의 사유로 보험료의 경감이 필요한 자는 보험료를 경감해주고 있음

● 급여의 종류 꼭!

- 요양급여: 가입자 및 피부양자의 질병 · 부상 · 출산 등에 대하여 진찰 · 검사, 약제 · 치료재료의 지급, 처치 · 수술 및 그 밖의 치료, 예방 · 재활, 입원, 간호, 이송에 대한 의료서비스를 실시
- 건강검진: 일반건강검진, 암검진, 영유아건강검진 등으로 구분하여 실시
- 요양비: 가입자 및 피부양자가 긴급한 경우, 기타 부득이한 사유로 인하여 요양기관과 유사한 기능을 수행하는 기관으로서 보건복지부령이 정하는 기관에서 질병 · 부상 · 출산 등에 대하여 요양을 받거나 요양기관 외의 장소에서 출산을 한 때에는 그 요양급여에 상당하는 금액을 그 가입자 또는 피부양자에게 요양비로 지급
- 장애인 보조기기 급여비: 장애인복지법에 의하여 등록된 장애인인 가입자 및 피부양자가 보조기기를 구입할 경우, 구입금액의 일부를 현금급여로 지급
- 부가급여(임신 · 출산 진료비 지원): 임신부의 본인부담금을 경감하여 출산의욕을 고취하고 건강한 태아의 분만과 산모의 건강관리를 위하여 임신 및 출산과 관련된 진료비를 전자바우처로 일부 지원

● 진료비 지불방식 꼭!

- 행위별 수가제: 환자에게 제공한 모든 의료서비스를 항목별로 계산하여 진료비를 책정. 의료행위가 많이 이루어질수록 의료기관의 수입이 늘어나게 되며, 과잉진료의 가능성이 큼
- 포괄수가제: 행위별 수가제에 비해 과잉진료를 방지하는 진료비 절감효과가 큼. 우리나라는 행위별 수가제를

기본으로 하면서 포괄수가제의 적용도 확대하고 있음

2. 노인장기요양보험제도 23회기출 🏆 20회기출 🏆

● 장기요양인정

- 신청자격: 소득수준과 상관없이 노인장기요양보험 가입자(국민건강보험 가입자와 동일)와 그 피부양자, 의료급여 수급권자로서 65세 이상 노인과 65세 미만 노인성 질병이 있는 자
- 장기요양인정: 노인장기요양보험 가입자 및 그 피부양자나 의료급여 수급권자 누구나 장기요양급여를 받을 수 있는 것은 아니며, 일정한 절차에 따라 장기요양급여를 받을 수 있는 권리(수급권)가 부여되는데, 이를 장기요양인정이라고 함. 장기요양인정 유효기간은 최소 1년 이상으로서 대통령령으로 정하는데, 대통령령(시행령 제8조)에 따르면 장기요양인정 유효기간은 2년으로 함

● 급여내용 ⭐꼭!

- 재가급여: 방문요양, 방문목욕, 방문간호, 주 · 야간보호, 단기보호, 기타 재가급여
- 시설급여, 특별현금급여(가족요양비, 특례요양비, 요양병원간병비)

● 재원조달방식 ⭐꼭!

- 장기요양보험사업은 보건복지부장관이 관장하며, 보험자는 건강보험공단으로 함
- 노인장기요양보험의 가입자는 국민건강보험 가입자와 동일하며, 장기요양보험료는 건강보험료와 통합하여 징수함. 이 경우 공단은 장기요양보험료와 건강보험료를 구분하여 고지하여야 함
- 국민건강보험공단은 통합 징수한 장기요양보험료와 건강보험료를 각각의 독립회계로 관리하여야 함
- 장기요양급여(특별현금급여는 제외)를 받는 자는 대통령령으로 정하는 바에 따라 비용의 일부를 본인이 부담함(재가급여 15%, 시설급여 20%).
- '국민기초생활보장법에 따른 의료급여 수급자를 제외한 의료급여법에 따른 수급권자, 소득 · 재산 등이 보건복지가족부장관이 정하여 고시하는 일정 금액 이하인 자(다만, 도서 · 벽지 · 농어촌 등의 지역에 거주하는 자에 대하여 따로 금액을 정할 수 있음), 천재지변 등 보건복지가족부령으로 정하는 사유로 인하여 생계가 곤란한 자'에 대하여는 본인부담금의 100분의 60을 감경함
- 국민기초생활보장법에 따른 의료급여 수급자는 본인부담금이 없음

기출회독으로 연계 학습하세요

국민건강보험제도
기출회독 183
7 문항

노인장기요양보험제도
기출회독 184
6 문항

실력 CHECK
기본쌓기문제
OX퀴즈

9장 산업재해보상보험제도의 이해

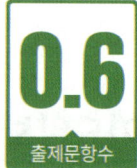

0.6
출제문항수 | 핵심특강

<사회복지법제론>에서는 산업재해보상보험법과 관련된 문제가 매회 1문제 이상 지속적으로 출제되고 있지만, <사회복지정책론>에서는 출제비중이 높지는 않다. 산업재해보상보험제도의 전반적인 내용이 모두 다뤄지고 있으며, 특히 산업재해보상보험제도의 업무상 재해의 인정 기준, 산업재해보상보험제도의 급여 종류 등의 내용은 단독문제 혹은 문제의 선택지로 빠짐없이 출제되고 있다.

1. 산재보험 일반

● 주요 특성

- 우리나라의 사회보험 중에서 가장 먼저 시행됨(1963년 법 제정, 1964년 제도 시행)
- 근로자의 업무상 재해에 대하여 사용자에게는 과실의 유무를 불문하는 무과실책임주의임
- 보험 사업에 소요되는 재원인 보험료는 원칙적으로 사업주가 전액 부담함

● 산재보험 관련 이론

- 최소사회비용이론: 산재보험 가입과 보상급여 지급으로 민사상 재판비용 · 시간 · 노력절감이 가능하다면 책임을 묻지 않는다는 것
- 원인주의이론: 산재로 인정받기 위해서는 업무기인성과 업무수행성이라는 두 가지 요건(원인) 모두를 충족시켜야 한다는 것
- 사회협약이론: 확실하고 신속한 산재보상을 보장받는다면 근로자는 민사배상을 포기할 수 있고 사업주는 자신의 과실이 없어도 배상할 수 있다는 것
- 직업위험이론: 자본주의 체제에서 산재는 필연적인 현상이며, 산재비용은 생산비용 일부이기 때문에 과실 여부에 관계없이 지급되어야 한다는 것

2. 산재보험의 주요 내용 23회 기출 21회 기출 20회 기출

● 산재보험의 적용

- 적용대상: 근로자를 사용하는 모든 사업이 가입대상. 적용단위는 사업 또는 사업장
- 당연가입사업: 사업이 개시되어 적용요건을 충족하게 되었을 때 사업주의 의사와는 관계없이 자동적으로 보험관계가 성립하는 사업. 적용제외 사업을 제외한 근로자를 1인 이상 사용하는 모든 사업 또는 사업장
- 임의가입사업: 당연가입대상 사업이 아닌 사업. 보험가입여부가 사업주의 자유의사에 일임되어 있는 사업
- 보험가입자: 산재보험은 사업주만 보험가입자. 산재보험에서는 피보험자의 개념을 별도로 규정하고 있지 않음
- 급여의 지급: 보험급여는 지급 결정일로부터 14일 이내에 지급하여야 함

● 산재보험 급여 ⭐꼭!

요양급여, 휴업급여, 장해급여, 간병급여, 유족급여, 상병보상연금, 장례비, 직업재활급여

● 업무상 재해

- 업무상 사고: 근로자가 근로계약에 따른 업무나 그에 따르는 행위를 하던 중 발생한 사고, 사업주가 제공한 시설물 등을 이용하던 중 그 시설물 등의 결함이나 관리소홀로 발생한 사고, 사업주가 주관하거나 사업주의 지시에 따라 참여한 행사나 행사준비 중에 발생한 사고, 휴게시간 중 사업주의 지배관리하에 있다고 볼 수 있는 행위로 발생한 사고, 그 밖에 업무와 관련하여 발생한 사고
- 업무상 질병: 업무수행 과정에서 물리적 인자(因子) · 화학물질 · 분진 · 병원체 · 신체에 부담을 주는 업무 등 근로자의 건강에 장해를 일으킬 수 있는 요인을 취급하거나 그에 노출되어 발생한 질병, 업무상 부상이 원인이 되어 발생한 질병, 근로기준법에 따른 직장 내 괴롭힘 · 고객의 폭언 등으로 인한 업무상 정신적 스트레스가 원인이 되어 발생한 질병, 그 밖에 업무와 관련하여 발생한 질병
- 출퇴근 재해: 사업주가 제공한 교통수단이나 그에 준하는 교통수단을 이용하는 등 사업주의 지배관리하에서 출퇴근하는 중 발생한 사고, 그 밖에 통상적인 경로와 방법으로 출퇴근하는 중 발생한 사고

● 근로복지공단

- 고용노동부 장관의 위탁을 받아 산업재해보상보험의 목적을 달성하기 위하여 근로복지공단을 설립하여 운영하고 있으며, 근로복지공단은 법인으로 함
- 근로복지공단의 업무: 보험가입자와 수급권자에 관한 기록의 관리 · 유지, 보험료징수법에 따른 보험료와 그 밖의 징수금의 징수, 보험급여의 결정과 지급, 보험급여 결정 등에 관한 심사 청구의 심리 · 결정, 산업재해보상보험 시설의 설치 · 운영, 업무상 재해를 입은 근로자 등의 진료 · 요양 및 재활, 재활보조기구의 연구개발 · 검정 및 보급, 보험급여 결정 및 지급을 위한 업무상 질병 관련 연구, 근로자 등의 건강을 유지 · 증진하기 위하여 필요한 건강진단 등 예방 사업, 근로자의 복지 증진을 위한 사업, 그 밖에 정부로부터 위탁받은 사업

기출회독으로 연계 학습하세요

기출회독 185

산업재해보상보험제도

8 문항

실력 CHECK

기본쌓기문제

OX퀴즈

10장 고용보험제도의 이해

0.4
출제문항수 　핵심특강

앞서 학습한 9장 산업재해보상보험제도처럼 고용보험제도 역시 <사회복지정책론>에서는 출제비중이 높지 않다. 고용보험제도의 가입대상, 고용보험제도의 급여별(구직급여, 육아휴직급여 등) 특징, 고용보험제도의 보험료, 근로복지공단의 업무 등을 중심으로 출제되고 있다. 특히, 최근 모성보호급여(육아휴직, 출산전후휴가 등)의 세부사항이 개정되었기 때문에 해당 내용을 잘 정리해야 한다.

1. 고용보험 일반 20회 기출

● 고용보험의 정의

실직근로자에게 실업급여를 지급하는 전통적 의미의 실업보험사업 외에 적극적인 취업알선을 통한 재취업의 촉진과 근로자의 고용안정을 위한 고용안정사업, 근로자의 직업능력개발사업 등을 상호 연계하여 실시하는 사회보험제도

● 고용보험의 가입대상

- 고용보험의 가입대상은 근로자를 사용하는 모든 사업. 적용단위는 사업 또는 사업장
- 당연가입사업: 적용제외 사업을 제외한 근로자를 1인 이상 사용하는 모든 사업 또는 사업장
- 고용보험은 사업주와 근로자 모두가 보험가입자. 근로자는 보험가입자가 되는 동시에 피보험자(자영업자도 피보험자에 해당)

2. 고용보험 사업과 급여 20회 기출

● 실업급여사업

구직급여, 취업촉진 수당(조기재취업 수당, 직업능력개발 수당, 광역구직활동비, 이주비), 기타 연장급여(훈련연장급여, 개별연장급여, 특별연장급여), 상병급여(질병 및 부상에 대해 구직급여 대신 지급)

● 모성보호급여

육아휴직 급여, 출산전후휴가 급여, 육아기 근로시간 단축급여

● 고용안정사업

고용조정 지원, 고용창출 지원, 고용촉진 지원, 고용촉진시설 지원, 건설근로자 고용안정 지원

● 직업능력개발사업

직업능력개발을 위한 사업주 지원, 직업능력개발을 위한 근로자 지원

3. 고용보험 보험료

- 고용보험의 보험료율은 보험수지의 추이와 경제상황 등을 고려하여 고용안정 · 직업능력개발사업의 보험료율 및 실업급여의 보험료율로 구분하고 결정함
- 실업급여 사업에 해당하는 보험료는 사업주와 근로자가 각각 50%씩 부담하며, 고용안정 · 직업능력개발 사업에 해당하는 보험료는 사업주가 전액 부담함

4. 고용보험의 관리운영체계

- 고용노동부: 고용노동부의 고용센터에서 피보험자 관리, 실업급여 지급, 고용안정 · 직업 능력개발사업 관련 각종 지원 업무 등 담당
- 근로복지공단: 고용보험 가입, 보험사무조합 인가 등 담당
- 고용보험기금: 고용노동부장관은 보험사업에 필요한 재원을 충당하기 위해 고용보험기금을 설치. 기금은 보험료와 고용보험법에 따른 징수금, 적립금, 기금운용 수익금과 그밖의 수입 등으로 조성

기출회독으로 연계 학습하세요

고용보험제도

기출회독 186

4문항

11장 빈곤과 공공부조제도

3.6
출제문항수 핵심특강

빈곤 및 소득불평등의 개념과 측정에 관한 문제는 내용을 명확하게 정리하지 않으면 헷갈릴 수 있는 문제가 출제되고 있다. 공공부조제도와 관련해서는 국민기초생활보장제도의 특징, 공공부조의 장단점, 근로연계복지정책, 의료급여제도 및 긴급복지지원제도의 특징에 관한 문제가 출제되고 있다. 또한 분배율을 계산하는 문제, 사례를 제시하고 급여액이 얼마인지 계산을 요구하는 계산형 문제가 출제되기도 한다.

1. 빈곤의 개념과 측정   23회 기출 🏆 22회 기출 🏆 21회 기출 🏆 20회 기출 🏆

● 절대적 빈곤 ⭐

- 라운트리 방식(전물량방식): 생활에 필수적인 품목의 최저 수준을 정하고 이를 화폐가치로 환산해 빈곤선을 구하는 방식. 전물량 방식에서는 어떤 품목을 필수적인 품목으로 인정하느냐에 따라 빈곤선의 수준이 달라질 수 있음
- 오르샨스키 방식(반물량방식): 엥겔방식 혹은 반물량 방식이라고 부르기도 함. 미국의 3인 이상 가구의 엥겔계수(가구소득 또는 가구지출 중 식료품비가 차지하는 비중. 국가, 시대, 소득수준에 따라 달라짐)가 대개 3분의 1이라는 점에 착안해서 최저한의 식료품비를 계산한 후 여기에 3(엥겔계수의 역)을 곱해 빈곤선을 계산하는 방식. 미국의 사회보장청에 의해 채택되어 지금까지도 미국의 공식 빈곤선 계산에 활용

● 상대적 빈곤 ⭐

- 상대적 빈곤은 어떤 사회의 평균적인 소득수준, 생활수준과 밀접한 관련. 사회의 불평등 수준에 큰 영향을 받음
- 사회의 대부분의 사람들이 절대적인 생존의 위협에 처해있는 경우에는 절대적 빈곤의 문제가 중요한 관심사로 부각. 이런 사회에서는 상대적 빈곤 개념의 적용이 현실성이 떨어질 수도 있음. 경제 발전에 따라 소득수준이 상승하면 절대적 빈곤의 문제보다는 상대적 빈곤의 문제로 초점이 옮겨지기도 함. 절대적 빈곤의 문제는 경제 발전에 의해 일정 부분 완화될 수도 있지만, 상대적 빈곤의 문제는 불평등과 상대적 박탈감과 밀접한 관련을 가지고 있음. 보통 사회의 평균소득, 중위소득의 일정 비율로 정하기도 함
- ※ 우리나라는 2015년 국민기초생활보장법 개정을 통해 빈곤 수준을 중위소득에 따라 파악하도록 함으로써 상대적 빈곤 개념을 도입하였음

● 주관적 빈곤 ⭐

적절한 생활수준을 유지하기 위해 필요한 소득수준에 대한 개인들의 평가에 근거하여 빈곤을 정의하는 것을 의미. 네덜란드 라이덴 대학의 학자들에 의해 개발(라이덴 방식)

● 사회적 배제 ⭐

빈곤의 역동성과 동태적인 과정에 초점을 맞추며, 소득의 문제에 국한되지 않는 다차원적인 불리함을 의미

● 빈곤의 측정 ⭐

- 빈곤율: 빈곤선을 기준으로 빈곤가구와 비빈곤가구를 구분하고 빈곤가구에 사는 개인의 수를 구하여 전체 인

구에서 차지하는 비율을 통해 측정하는 방법. 빈곤율은 빈곤층의 규모를 보여줄 수 있지만, 빈곤층의 소득이 빈곤선에 비해 부족한 정도를 보여주지는 않음

- 빈곤갭: 빈곤층의 소득을 모두 빈곤선 수준까지 끌어올리기 위해서 어느 정도의 소득이 필요한가를 보여주는 방법. 보통 이 빈곤갭을 GNP(혹은 GDP) 대비 비율로 나타내는 것이 일반적임. 빈곤갭은 빈곤율처럼 빈곤층의 규모를 보여주지는 못함. 또한 빈곤율과 빈곤갭 모두 빈곤층 내부에서의 소득의 이전이나 분배 상태를 보여주지 못함
- 센(Sen)의 빈곤지표: 빈곤율, 빈곤갭, 상대적 불평등 세 가지 측면 모두 고려

2. 소득불평등의 개념과 측정 🏆22회 기출 🏆20회 기출

● 소득의 종류

- 시장소득: 근로소득, 사업소득, 재산소득에 사적 이전소득(자녀가 부모에게 주는 용돈, 생활비 등)을 합한 개념. 시장소득은 세전소득(소득세 및 사회보험료 등을 납부하기 이전의 소득)을 의미, 국가의 개입이 이루어지기 전의 소득
- 총소득: 시장소득에 공적 이전소득을 합한 것. 우리나라의 통계에서 경상소득에 해당
- 가처분소득: 총소득에서 소득세 및 사회보험료 등을 제외한 소득. 가처분소득은 세후소득을 의미
- 시장소득과 가처분소득의 차이: OECD의 경우에는 시장소득과 가처분소득을 이용해 소득불평등을 계산. 시장소득과 가처분소득을 기준으로 빈곤과 불평등 수준을 비교하면 국가의 개입 정도를 가늠할 수 있음. 예를 들어 시장소득으로 측정한 빈곤과 가처분소득으로 측정한 빈곤 중에서 후자가 낮다면 국가의 조세 및 사회복지정책이 빈곤을 완화하는 효과를 가진다고 볼 수 있음. 마찬가지로 시장소득으로 측정한 지니계수와 가처분소득으로 측정한 지니계수를 비교했을 때 후자가 낮다면 국가의 조세 및 사회복지정책이 불평등을 완화하는 효과를 가진다고 볼 수 있음

● 소득불평등의 측정 ⭐꼭!

- 10분위 분배율: 하위 40% 가구의 소득 합 / 상위 20% 가구의 소득 합. 수치가 클수록 소득 격차가 작은 것이며, 수치가 작을수록 소득 격차가 큰 것
- 5분위 분배율: 상위 20% 가구의 소득 합 / 하위 20% 가구의 소득 합. 수치가 클수록 소득 격차가 큰 것이며, 수치가 작을수록 소득 격차가 작은 것
- 지니계수: 0과 1 사이의 값을 가지며, 1에 가까울수록 불평등

3. 공공부조의 일반 원리

● 공공부조의 특징

- 법적으로는 모든 국민이 보호의 대상이지만, 실제로는 빈곤선 이하의 생활이 어려운 사람이 주 대상임
- 자산조사 또는 소득조사를 통해 선별하며, 규제적인 성격도 있음
- 혜택은 본인의 의사에 반하여 강제적으로 제공될 수 없음
- 대상자의 욕구나 근로능력 조건, 가족 상황 등에 따라 처우가 달라질 수 있음
- 적극적 측면을 가지고 있어 근로능력이 있는 경우 자활을 위한 프로그램을 운영함

● 공공부조의 장 · 단점

- 장점: 다른 제도에 비해 상대적으로 수직적 재분배 효과가 크게 나타남. 목표효율성이 높음

- 단점: 자산조사를 실시하는데 행정비용이 소모. 수급자의 근로의욕을 저하시킬 수 있음. 수급자에게 낙인감이나 수치심을 줄 수 있음

4. 국민기초생활보장제도 22회 기출 🏆 21회 기출 🏆 20회 기출 🏆

● 수급자 선정기준

수급자 선정을 위한 기준은 기준 중위소득을 적용하며, 급여별 선정기준을 중위소득(모든 가구를 소득순으로 순위를 매겼을 때, 가운데를 차지한 가구의 소득)과 연동함

● 급여의 기준 등

- 보장의 단위: 가구를 단위로 하여 급여를 지급하는 것을 원칙으로 하나 필요하다고 인정되는 경우 개인을 단위로 급여를 행할 수 있음
- 급여의 보호: 수급자에 대한 급여는 정당한 사유 없이 이를 불리하게 변경할 수 없음. 수급자에게 지급된 수급품과 이를 받을 권리는 압류할 수 없음

● 급여의 기본원칙 ⭐꼭!

- 최저생활 보장의 원칙: 생활이 어려운 자에게 생계 · 주거 · 의료 · 교육 · 자활 등 필요한 급여를 행하여 이들의 최저생활을 보장해주는 것
- 보충급여의 원칙: 급여수준을 생계 · 주거 · 의료 · 교육 급여액과 수급자의 소득인정액을 포함한 총금액이 최저생계비 이상이 되도록 지원하는 것. 국민 각자가 자립 · 자활을 위해 자신의 능력을 최대한 발휘하여 노력하고 그런 후에도 부족한 부분을 국가가 보충해준다는 원칙
- 자립지원의 원칙: 근로능력이 있는 수급자에게는 자활사업에 참여할 것을 조건으로 급여를 지급하는 것. 수급자 가구별로 자활지원계획을 수립하고 자활사업에 참여하도록 조건을 부여함
- 개별성의 원칙: 급여수준을 정함에 있어서 수급권자의 개별적 특수 상황을 최대한 반영하는 것. 이를 위해 수급권자 및 부양의무자의 소득 · 재산, 수급권자의 근로능력 · 취업상태 · 자활욕구 등 자활지원계획 수립에 필요한 사항, 기타 수급권자의 건강상태 · 가구특성 등 생활실태에 관한 사항 등을 조사함
- 가족부양 우선의 원칙: 급여신청자가 부양의무자에 의하여 부양될 수 있는 경우에는 기초생활보장 급여에 우선하여 부양의무자에 의한 보호가 먼저 행해져야 한다는 것. 수급자에게 부양능력을 가진 부양의무자가 있음이 확인된 경우에는 부양의무자로부터 보장비용을 징수할 수 있음
- 타급여 우선의 원칙: 급여 신청자가 다른 법령에 의하여 보호를 받을 수 있는 경우에는 기초생활보장 급여에 우선하여 다른 법령에 의한 보호가 먼저 행해져야 함
- 보편성의 원칙: 국민기초생활보장법에 규정된 요건을 충족시키는 국민에 대하여는 성별 · 직업 · 연령 · 교육수준 · 소득원 기타의 이유로 수급권을 박탈하지 아니한다는 것

● 급여의 종류 ⭐꼭!

- 생계급여: 수급권자는 그 소득인정액이 생계급여 선정기준 이하인 사람으로 하며, 이 경우 생계급여 선정기준은 기준 중위소득의 100분의 30 이상으로 함(현재 제도상 생계급여 수급권자: 기준 중위소득의 32% 이하인 사람)
- 주거급여: 수급권자는 그 소득인정액이 주거급여 선정기준 이하인 사람으로 하며, 이 경우 주거급여 선정기준은 기준 중위소득의 100분의 43 이상으로 함(현재 제도상 주거급여 수급권자: 기준 중위소득의 48% 이하인 사람). 주거급여에 관하여 필요한 사항은 따로 법률(주거급여법)에서 정함
- 의료급여: 수급권자는 부양의무자가 없거나, 부양의무자가 있어도 부양능력이 없거나 부양을 받을 수 없는 사

람으로서 그 소득인정액이 의료급여 선정기준 이하인 사람으로 하며, 이 경우 의료급여 선정기준은 기준 중위소득의 100분의 40 이상으로 함(현재 제도상 의료급여 수급권자: 기준 중위소득의 40% 이하인 사람). 의료급여에 필요한 사항은 따로 법률(의료급여법)에서 정함
- 교육급여: 수급권자는 그 소득인정액이 교육급여 선정기준 이하인 사람으로 하며, 이 경우 교육급여 선정기준은 기준 중위소득의 100분의 50 이상으로 함(현재 제도상 교육급여 수급권자: 기준 중위소득의 50% 이하인 사람)
- 해산급여: 생계급여, 주거급여, 의료급여 중 하나 이상의 급여를 받는 수급자에게 조산이나 분만 전과 분만 후에 필요한 조치와 보호를 실시하는 것
- 장제급여: 생계급여, 주거급여, 의료급여 중 하나 이상의 급여를 받는 수급자가 사망한 경우 사체의 검안·운반·화장 또는 매장, 그 밖의 장제조치를 하는 것
- 자활급여: 수급자의 자활을 돕기 위하여 실시하는 급여

5. 의료급여제도 22회 기출 🏆 20회 기출 🏆

● **급여 내용**

수급권자의 질병·부상·출산 등에 대해 '진찰·검사, 약제·치료재료의 지급, 처치·수술과 그 밖의 치료, 예방·재활, 입원, 간호, 이송과 그 밖의 의료목적의 달성을 위한 조치' 등을 실시

● **지원 대상**

- 국민기초생활보장법에 의한 수급권자: 부양의무자가 없거나 부양의무자가 있어도 부양능력이 없거나 또는 부양을 받을 수 없는 자로서, 소득인정액이 선정기준 이하인 사람
- 의료급여법에 의한 수급권자: 행려환자
- 타법에 의한 수급권자
  - 재해구호법에 따른 이재민으로서 보건복지부장관이 의료급여가 필요하다고 인정한 사람
  - 의사상자 등 예우 및 지원에 관한 법률에 따라 의료급여를 받는 사람
  - 국내입양에 관한 특별법에 따라 국내에 입양된 18세 미만의 입양아동
  - 독립유공자 예우에 관한 법률, 국가유공자 등 예우 및 지원에 관한 법률 및 보훈보상대상자 지원에 관한 법률의 적용을 받고 있는 사람과 그 가족으로서 국가보훈부장관이 의료급여가 필요하다고 추천한 사람 중에서 보건복지부 장관이 의료급여가 필요하다고 인정한 사람
  - 무형유산의 보전 및 진흥에 관한 법률에 따라 지정된 국가무형유산의 보유자(명예보유자 포함)와 그 가족으로서 국가유산청장이 의료급여가 필요하다고 추천한 사람 중에서 보건복지부장관이 의료급여가 필요하다고 인정한 사람
  - 북한이탈주민의 보호 및 정착지원에 관한 법률의 적용을 받고 있는 사람과 그 가족으로서 보건복지부장관이 의료급여가 필요하다고 인정한 사람
  - 5·18 민주화운동 관련자 보상 등에 관한 법률에 따라 보상금등을 받은 사람과 그 가족으로서 보건복지부장관이 의료급여가 필요하다고 인정한 사람
  - 노숙인 등의 복지 및 자립지원에 관한 법률에 따른 노숙인 등으로서 보건복지부장관이 의료급여가 필요하다고 인정한 사람

● **1종 수급권자**

- 국민기초생활보장수급자: 근로무능력가구, 산정특례 등록한 결핵질환자, 희귀질환자, 중증난치질환자 및 중증질환(암환자, 중증화상환자만 해당) 등록자, 시설 수급자

- 행려환자
- 타법 적용자: 이재민, 의상자 및 의사자의 유족, 입양아동(18세 미만), 국가유공자, 국가무형유산의 보유자, 북한이탈주민, 5 · 18 민주화운동 관련자, 노숙인

● 2종 수급권자
- 국민기초생활보장대상자 중 1종 수급대상이 아닌 가구
- 타법 수급대상자 중 1종 수급대상이 아닌 가구 또는 가구원

6. 긴급복지지원제도 ^{22회기출}

● 지원 대상
- 갑작스러운 위기상황으로 인하여 본인 또는 본인과 생계 및 주거를 같이 하고 있는 가구구성원의 생계유지 등이 어렵게 된 가구를 대상으로 함
- 위기상황에 해당하는 사유
  - 주소득자의 사망, 가출, 행방불명, 구금시설 수용 등 사유로 소득 상실
  - 중한 질병 또는 부상을 당한 경우
  - 가구구성원으로부터 방임 또는 유기되거나 학대 등을 당한 경우
  - 가정폭력 또는 가구원으로부터 성폭력을 당한 경우
  - 화재 또는 자연재해 등으로 인하여 거주하는 주택 또는 건물에서 생활하기 곤란한 경우
  - 주소득자 또는 부소득자의 휴업, 폐업 또는 사업장의 화재 등으로 인하여 실질적인 영업이 곤란하게 된 경우
  - 주소득자 또는 부소득자의 실직으로 소득을 상실한 경우
  - 보건복지부령에 따라 지자체 조례로 정한 사유가 발생한 경우[소득활동 미미(가구원 간호 · 간병 · 양육), 기초수급 중지 · 미결정, 수도 · 가스 중단, 사회보험료 · 주택임차료 체납 등]
  - 그 밖에 보건복지부장관이 정하여 고시하는 경우

● 지원 내용
- 금전 또는 현물 등의 직접 지원: 생계지원, 의료지원, 주거지원, 사회복지시설 이용지원, 교육지원, 그 밖의 지원
- 민간기관 · 단체와의 연계 등의 지원: 대한적십자사, 사회복지공동모금회 등의 사회복지기관 · 단체로의 연계 지원, 상담 · 정보제공 등 그 밖의 지원

● 지원 원칙
- 선지원 후처리 원칙: 위기상황에 처한 자 등의 지원요청 또는 신고가 있는 경우 긴급지원담당공무원 등의 현장확인을 통해 긴급한 지원의 필요성을 포괄적으로 판단하여 우선 지원을 신속하게 실시하고 나중에 소득, 재산 등을 조사하여 지원의 적정성을 심사함
- 단기지원 원칙: 시 · 군 · 구청장은 위기상황에 처한 사람에게 일시적으로 신속하게 지원하는 것을 원칙으로 함
- 타법률 지원 우선의 원칙: 다른 법률에 의하여 긴급지원의 내용과 동일한 내용의 구호 · 보호나 지원을 받고 있는 경우에는 긴급지원을 하지 아니함
- 현물지원 우선의 원칙(지원의 종류에 따라 현금지원을 우선으로 하는 경우도 있음): 의료 서비스 제공, 임시거소 및 사회복지시설 이용 등 지원의 본래 목적을 달성하기 위하여 현물지원을 우선하도록 하고, 현물지원이 곤란한 경우에 한하여 예외적으로 금전지원을 실시. 생계지원, 연료비, 해산 · 장제비 등의 경우에는 금전지원을 원칙으로 하고, 금전지원이 곤란한 경우에 한하여 예외적으로 현물지원을 실시함
- 가구단위 지원의 원칙: 가구단위로 산정하여 지원하는 것을 원칙으로 하지만, 개인단위 지원도 가능함

7. 근로장려세제  22회 기출 21회 기출

- 근로장려금의 시행은 국세청에서 담당함. 근로장려세제는 2008년 1월부터 시행되었고, 최초 지급은 2009년 9월부터 시작됨
- 열심히 일은 하지만 소득이 적어 생활이 어려운 근로자 또는 사업자(전문직 제외)가구에 대하여 가구원 구성과 총급여액 등에 따라 산정된 근로장려금을 지급함으로써 근로를 장려하고 실질소득을 지원하는 근로연계형 소득지원제도
- 근로장려금은 가구단위로 소득기준과 재산기준을 모두 충족하는 경우에 받을 수 있음

8. 자활사업

- 자활사업은 국민기초생활보장법에 따른 근로능력이 있는 근로빈곤층에게 자활할 수 있도록 일자리 제공 및 자활능력 배양을 목적으로 시행하고 있는 보건복지부 주관 사업임
- 자활기업: 수급자 및 차상위자가 상호 협력하여 조합 또는 공동 사업자 등의 형태로 저소득층의 일자리 창출 및 탈빈곤을 위한 자활사업을 운영하는 업체
- 자활근로사업: 국민기초생활보장법에 의한 저소득층에게 자활을 위한 근로의 기회를 제공하여 자활기반을 조성하는 사업
- 자산형성지원사업: 근로빈곤층의 근로유인 제고 및 탈빈곤을 위한 물적 기반 마련을 위해 자산 형성을 지원하기 위한 사업으로 희망저축계좌(I), 희망저축계좌(II), 청년내일저축계좌 등을 운영
- 지역자활센터: 근로능력 있는 저소득층에게 집중적이고 체계적인 자활지원서비스를 제공함 으로써 자활의욕 고취 및 자립능력 향상을 지원

기출회독으로 연계 학습하세요

 빈곤과 소득불평등
기출회독 187 **15**문항

 공공부조제도
기출회독 188 **22**문항

실력 CHECK

 기본쌓기문제

 OX퀴즈

3과목 7영역
사회복지 행정론

강의로 쌓는 기본개념 사회복지행정론

5년간 데이터로 찾아낸 합격비책

여기에서 **72.8%**(18문항) 출제

순위	장	장명	출제문항수	평균문항수	23회 기출	체크
1	3장	사회복지행정의 이론적 배경	18	3.6	🏆	✅
2	8장	인적자원관리	15	3.0	🏆	✅
3	4장	사회복지조직의 구조와 조직화	11	2.2	🏆	✅
4	2장	사회복지행정의 역사	10	2.0	🏆	✅
5	9장	재정관리/재무관리	10	2.0	🏆	✅
6	5장	사회복지서비스 전달체계	9	1.8	🏆	✅
7	7장	리더십과 조직문화	9	1.8	🏆	✅
8	12장	홍보와 마케팅	9	1.8	🏆	✅

강의로 복습하는 기출회독 사회복지행정론

10년간 데이터로 찾아낸 핵심키워드

여기에서 **82.8%**(21문항) 출제

순위	장		기출회독 빈출키워드 No.	출제문항수	23회 기출	체크
1	8장	208	사회복지조직에서의 인적자원관리	16	🏆	✅
2	2장	191	한국 사회복지행정의 역사	15	🏆	✅
3	3장	193	현대조직이론	13	🏆	✅
4	1장	189	사회복지행정의 특성	12	🏆	✅
5	7장	206	리더십 이론	11	🏆	✅
6	10장	213	평가 유형 및 기준	11	🏆	✅
7	13장	221	환경변화의 흐름 및 대응	11	🏆	✅
8	5장	201	전달체계 구축의 원칙	10	🏆	✅
9	9장	212	사회복지조직에서의 재정관리	10	🏆	✅
10	5장	202	전달체계의 구분 및 역할	9	🏆	✅
11	12장	219	사회복지 마케팅의 특징 및 전략	9	🏆	✅
12	8장	209	동기부여이론	8	🏆	✅
13	3장	194	조직환경이론	7	🏆	✅
14	3장	195	고전이론	7		✅
15	4장	198	조직의 구조적 요소	7	🏆	✅
16	6장	203	기획 기법	7	🏆	✅
17	6장	204	기획의 특징 및 과정 등	6		✅
18	9장	211	예산모형	6	🏆	✅
19	4장	199	조직구조의 유형	5	🏆	✅
20	6장	205	의사결정	5	🏆	✅
21	11장	216	사회복지 시설평가	5		✅
22	12장	220	마케팅 기법	5		✅
23	3장	196	인간관계이론	4		✅
24	4장	200	사회복지조직의 유형	4	🏆	✅
25	7장	207	리더십 유형	4		✅

1장 사회복지행정의 개념과 특성

1.6
출제문항수 / 핵심특강

1. 사회복지행정의 정의 및 특징 23회기출 22회기출 21회기출 20회기출

● **사회복지행정** 꼭!

- 사회복지조직을 중심으로 정책이 서비스로 전환되는 과정
- 사회복지조직의 목표달성을 위한 인적, 물적 자원의 관리 과정
- 관리자를 포함한 모든 조직구성원의 역동적인 협력활동
- 조직을 변화시키고 발전시키는 사회복지실천의 개입방법

● **일반행정과 사회복지행정의 공통점 및 차이점**

공통점	차이점
• 대안의 모색, 실행, 평가가 이루어지는 문제해결 과정 • 상호관련된 부분들이 모여진 체계로 구성됨 • 인적, 물적 자원을 동원하고 조직화함 • 공공의지(public will)의 실현과 관련됨 • 조력 과정이 요구됨 • 조직부서 간의 업무조정 및 직무평가가 이루어짐 • 관리자에 의해 기획, 의사결정, 평가 등의 과정이 이루어짐	• 사회복지조직에서 산출하는 서비스는 사회복지의 독특한 성격을 가짐 • 일반행정보다 더 넓은 범위의 정치, 경제, 사회적 변화에 대한 지식과 관리기술이 요구됨 • 행정과정에 있어 전체 조직구성원의 참여를 강조함 • 전문 사회복지사의 자질과 능력에 따라 성과가 달라짐 • 클라이언트와 사회복지사의 관계가 효과성 및 효율성에 영향을 줌 • 지역사회와 밀접한 관계를 형성함

● **휴먼서비스 조직의 특성** 꼭!

- 휴먼서비스 조직의 원료는 인간임
- 휴먼서비스 조직의 목표는 불확실하며 애매모호함
- 휴먼서비스 조직이 활용하는 기술은 불확실함
- 휴먼서비스 조직의 핵심 활동은 직원과 클라이언트의 관계임
- 휴먼서비스 조직은 직원의 전문성에 대한 의존도가 큼
- 휴먼서비스 조직의 효과성을 측정할 척도가 부족함

● **사회복지조직의 특징** 꼭!

- 도덕적 정당화: 인간적 가치
- 인간 사이의 상호작용
- 기술의 불확실성: 개별화의 원칙

- 목표의 모호성: 비구체적
- 효과성 · 효율성 척도의 부재
- 전문가에 대한 의존도가 높음
- 환경 의존성: 사회 · 경제적 변화에 따른 영향을 받음

2. 사회복지행정의 과정(POSDCoRBE) 20회 기출

- 기획: 목표의 설정과 목표를 달성하기 위한 과업 및 활동, 과업수행방법 결정
- 조직: 조직구조 설정. 과업 할당 등 역할 배분
- 인사: 직원의 채용, 해고, 교육, 훈련
- 지시: 행정책임자의 관리 · 감독 과정
- 조정: 조직활동에서 구성원들을 상호 연결(의사소통의 조정)
- 보고: 조직에서 일어나는 상황을 기록한 후 정기적으로 감사를 받음
- 재정: 회계규정에 따른 재정의 운용
- 평가: 효과성 및 효율성에 대한 평가 실시

3. 사회복지행정의 주요 가치

- 효과성: 클라이언트에게 제공된 서비스가 욕구를 충족시키고 목표를 달성할 수 있어야 함
- 효율성: 최소한의 자원으로 최대의 효과를 산출할 수 있어야 함
- 공평성(형평성): 서비스를 받을 기회, 내용 등에 있어 동일한 욕구를 가진 클라이언트에게 동일한 서비스가 제공되어야 함
- 접근성(편익성): 물리적(거리), 정보적, 심리적 차원을 포괄하여 클라이언트가 서비스를 쉽게 이용할 수 있어야 함
- 대응성: 클라이언트의 욕구를 정확하게 파악하여 그 욕구에 맞는 서비스를 제공해야 함
- 책임성: 효율성과 효과성 등 다른 가치들을 포괄하는 동시에 조직의 활동 및 서비스 제공에 대한 정당성을 확보해야 함

기출회독으로 연계 학습하세요

 사회복지행정의 특성
기출회독 189 **12**문항

 사회복지행정의 과정 및 기능
기출회독 190 **3**문항

실력 CHECK

기본쌓기문제
OX퀴즈

2장 사회복지행정의 역사

2.0 출제문항수 | 핵심특강

우리나라 사회복지행정의 역사에 관한 내용은 매회 1문제 이상 빠지지 않고 출제되고 있다. 시기별 특징을 파악하는 문제, 주요 사건을 순서대로 나열하는 문제, 특정 사건이 가진 의미를 파악하는 문제 등 다양한 유형으로 출제되고 있다. 미국의 역사는 출제비중이 낮기는 하지만 1980년대 작은 정부, 민영화 등을 중심으로 정리해 둘 필요가 있다.

1. 미국 사회복지행정의 역사 23회 기출 21회 기출

● 미국 사회복지행정의 역사 흐름

출현기(~1920년대)	발전기(1930~1960년대)	확립기(1970~1980년대)
• 자선조직협회 조직 • 지역공동모금회 • 지역사회복지기관협의회 조직 • 사회복지행정 교과목 신설	• 공공 사회복지행정의 확대 • 사회복지행정 교육 활발 • 지역사회정신보건기관 확충	• 사회복지행정가의 역할 증대 • 사례관리를 통한 서비스의 통합화 강조 • 전문학술지 발간 및 사회복지행정의 학문적 체계 확립 • 사회복지 부문의 민영화 • 재정관리와 마케팅 강조

● 신공공관리론
  • 미국의 레이건 정부, 영국의 대처 정부 등에서 나타난 신보수주의, 신자유주의 경향을 따라 개발된 이론으로서 공공영역에 기업경영론(경쟁원리, 고객주의)을 도입하고자 하는 시장주의가 더해짐
  • 성과, 고객, 경쟁이 대표적인 키워드임. 구체적으로는 정부의 기능 및 규모 축소, 공무원의 조정자로서의 역할, 시장기법 도입을 통한 행정의 효율화, 성과중심의 행정, 분권화 조직 추진, 고객지향(시민을 고객으로 보고 시민의 서비스 선택권 강화), 서비스 공급 경쟁, 문제의 예방 강조 등을 특징으로 함

2. 한국 사회복지행정의 역사 23회 기출 22회 기출 21회 기출 20회 기출

● 사회복지전문활동의 시작(1900~1945년)
  • 1906년 반열방 설립, 1921년 태화여자관 설립
  • 1944년 조선구호령 제정

● 외원기관의 활동과 사회복지행정의 출발(1946년~1970년대)
  • 외국 원조기관들의 수용시설 위주의 긴급구호, 시설보호
  • 1970년대 사회복지사업법 제정, 사회복지행정 교과목 신설

● 사회복지행정의 체계화와 본격화(1980년대~1990년대)

- 1987년 사회복지전문요원 제도 시행(공공복지행정의 체계 마련)
- 1992년 사회복지전담공무원 및 복지사무전담기구의 법적 근거 마련, 사회복지 직렬을 5급까지 설치(일반직 사회복지전담공무원으로 전환은 1999년부터, 신규 임용은 2000년부터)
- 1995년 보건복지사무소 시범운영
- 1997년 사회복지시설 평가 의무화
- 1999년 제정, 2000년 시행된 국민기초생활보장법을 토대로 공공 복지행정 변화

● 사회복지행정의 확립(2000년대 이후)

- 2003년 제1회 사회복지사 1급 자격증 시험 시행
- 2004년 사회복지사무소 시범사업 운영
- 2005년 지역사회복지협의체 운영, 지역사회복지계획 수립
- 2007년 동사무소를 동주민센터로 변경, 주민생활지원서비스 전달체계 실시
- 2009년 희망복지전달체계 구축
- 2010년 사회복지통합관리망 '행복e음'
- 2012년 시 · 군 · 구 희망복지지원단 설치(통합 사례관리)
- 2013년 사회보장정보시스템 개통
- 2015년 「사회보장급여의 이용 · 제공 및 수급권자 발굴에 관한 법률」 시행에 따라 지역사회복지계획이 지역사회보장계획으로, 지역사회복지협의체가 지역사회보장협의체로 변화
- 2016년 읍 · 면 · 동 복지 허브화 추진 발표
- 2018년 주민자치형 공공서비스 구축, 읍 · 면 · 동 찾아가는 보건복지팀 설치(2017년 시범사업 이후 확대)
- 2018년 시 · 군 · 구 단위 지역사회 통합돌봄(커뮤니티 케어) 계획 발표
- 2019년 시 · 도 단위 사회서비스원 출범
- 2022년 차세대 사회보장정보시스템 개편

기출회독으로 연계 학습하세요

한국 사회복지행정의 역사
기출회독 191
15 문항

미국 사회복지행정의 역사
기출회독 192
2 문항

실력 CHECK

기본쌓기문제

OX퀴즈

3장 사회복지행정의
이론적 배경

3.6
출제문항수

핵심특강

3장은 매회 평균 3문제 이상 출제되는 중요한 장이다. TQM의 특징에 관한 내용이 가장 많이 출제되고 있으며, 최근에는 서비스 질 관리가 강조되면서 서브퀄 구성요소에 관한 내용도 상세히 출제되고 있다. 현대조직이론뿐만 아니라 관료제이론, 과학적 관리론, 인간관계이론, 상황이론, 정치경제이론, 학습조직이론 등 사회복지행정에 영향을 미친 다양한 이론들이 한 문제에서 이론을 비교하는 종합형 문제로도 출제되고 있다.

1. 고전이론 23회 기출 22회 기출 21회 기출 20회 기출

● **관료제이론** 꼭!

- 베버에 의해 제시된 이론
- 고도로 전문화된 지식을 바탕으로 합법적, 합리적인 규칙과 최대한의 효율성을 목적으로 함
- 특징
  - 위계적 권위구조
  - 규칙의 체계
  - 전문화된 업무 분업
  - 비인간적 인간관계

● **과학적 관리론** 꼭!

- 테일러가 제시한 이론
- 기획은 관리자, 실행은 노동자라는 분리를 전제로 함
- 특징
  - 차별적 성과급 제시 등 물질적 보상을 중시
  - 개개인의 동작을 분석하여 소요시간을 표준화한 분업 체계 확립

2. 인간관계이론 23회 기출 22회 기출 21회 기출

● **인간관계이론**

- 메이요의 호손실험이 토대가 됨
- 인간관계, 구성원 간의 상호작용, 비공식집단 등에 따른 생산성 향상에 초점을 둠
- 특징: 근로자는 개인으로서가 아닌 집단의 일원으로 행동함. 집단 내의 인간관계는 정서나 감정 등 비합리적 요소로 이루어짐

● **맥그리거의 X · Y이론**

- X이론: 사람은 일하기를 싫어함. 통제와 지시 필요(매슬로우의 욕구 단계 중 생리적 욕구, 안전에 대한 욕구, 사회적 욕구가 이에 해당)

- Y이론: 사람은 일하기를 좋아함. 자기통제와 자기지시가 가능. 자기만족과 자기실현의 욕구가 중요한 보상이 됨(매슬로우의 욕구 단계 중 자기존중의 욕구, 자아실현의 욕구가 이에 해당)

3. 체계이론

● 폐쇄체계와 개방체계
- 폐쇄체계: 외부체계와의 교류 단절. 고전이론, 인간관계이론 등이 이에 해당
- 개방체계: 외부체계와 에너지, 정보, 자원 등을 교류. 조직환경이론들이 이에 해당

● 하위체계
- 생산 하위체계: 서비스 제공
- 유지 하위체계: 조직의 안정
- 경계 하위체계: 환경의 영향
- 적응 하위체계: 연구와 평가
- 관리 하위체계: 다른 4가지 하위체계를 조정, 통합

4. 조직환경이론  23회 기출 22회 기출 20회 기출

● 상황이론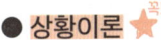
- 조직의 상황(조직의 목적 · 기술 · 규모, 과업의 종류, 환경적 변수)에 따라 적절한 조직화 방법은 다르다고 보는 이론
- 하나의 조직 내에서도 직무의 성격이 다른 경우 그에 대한 관리 기법도 달라야 함

● 정치경제이론
- 정치적 차원의 합법성 · 세력화, 경제적 차원의 인적 · 물적 자원 획득에 주목
- 조직이 자원을 외부환경에서 획득하기 위해 발생하는 의존적 문제를 살펴봄
- 조직이 독립성과 자율성을 확보하기 위해 경쟁, 협력, 갈등, 계약 등의 전략을 사용하게 됨을 설명

● (신)제도이론
- 제도적인 환경 속에서 존재하는 규범이나 규칙들에 의해서 조직의 성격이 결정된다고 봄
- 조직이 제도에 순응해야 생존의 정당성이 확보된다고 설명
- 유사 조직 간의 동형화(isomorphism) 현상을 모범사례에 대한 모방과 전이 행동으로 설명

● 조직군 생태이론
- 환경의 조직선택이라는 환경결정론적 시각
- 이 이론에서는 개별 조직이 아닌 조직군이 분석단위임
- '변이 → 선택 → 보전'의 과정으로 조직의 생존을 설명

5. 현대조직이론

● 총체적 품질관리(TQM) ★꼭!

- 주요 특징
  - 고품질 확보를 위한 총체적 관리과정
  - 전 과정에서의 노력
  - 고객중심, 고객의 만족을 위한 상시적 노력
  - 품질의 판정은 클라이언트
  - TQM의 도입과 정착을 위해서는 리더의 강력한 의지가 요구됨
  - 집단적 노력, 전체 구성원의 참여 유도
  - 분권적 조직 구성, 팀워크 강조
  - 지속적 학습, 지속적 개선 강조
  - 서비스의 변이 가능성을 방지하는 데에 초점
  - 장기적 관점
  - 예방적 통제
  - 통계자료 분석 등 과학적 방법 사용
  - 신뢰 관리, 인간 존중
- TQM의 7대 원칙
  - 고객은 최초의 그리고 가장 중요한 품질 판정자이다.
  - 품질은 마지막에 추가되는 것(하향식)이 아니라 생산 초기부터 서비스의 구성요소가 되어야(상향식) 한다.
  - 변동 가능성을 방지하는 것이 고품질을 확보하는 비결이다.
  - 품질은 개인의 노력이 아니라 시스템 내부에서 일하는 사람들로부터 나온다.
  - 품질은 투입과 과정 상의 지속적인 개선을 요한다.
  - 질적 개선은 작업자의 적극적인 참여를 요한다.
  - 품질은 조직 전체의 책임을 요한다.
- 주요 품질차원(SERVQUAL)
  - 신뢰성: 약속된 방식, 일관된 방식으로 서비스를 제공하고, 품질에 대한 클라이언트의 기대를 만족시켜야 함
  - 즉응성(응답성): 필요한 시기에 짧은 시간 내에 서비스 제공
  - 확신성: 서비스에 관한 풍부한 지식을 갖춰 신뢰를 줄 수 있어야 함
  - 공감성(감정이입): 클라이언트에 대한 개별화된 이해와 관심
  - 가시성(유형성): 시설 및 장비의 위생, 직원의 용모단정 등

※ 위험관리
- 조직을 운영하거나 서비스를 제공하는 과정에서 나타날 수 있는 위험에 대한 예측 및 대비, 위험에 대한 대응
- 위험요인
  - 개인적 요인: 클라이언트에 대한 잘못된 진단 및 처우, 사회복지사의 기능적 손상(알코올 중독 등), 실적 조작, 비밀누설 등
  - 집단적 요인: 이용자의 사고 및 고충 처리에 대한 부적절한 대응, 전염병 확산, 후원금 급감 등 경영상의 요인, 운영상의 불법행위, 자연재해 등

● 목표관리이론(MBO)

- 명확한 목표설정을 통한 총체적 관리체계(주로 단기적 목표설정과 그 목표의 달성을 강조)
- 책임한계의 규정, 참여와 상하협조
- 피드백의 개선을 통한 관리 계획의 개선
- 구성원의 동기부여 및 보상 강조
- 양적 성과에만 치중하게 될 위험도 있음

● 학습조직이론

- 조직과 인력을 임파워시켜 클라이언트에게 효과적인 서비스를 제공하고자 함
- 개별 구성원의 학습뿐만 아니라 조직 전체의 학습도 강조
- 부분적 개선을 위한 단선적 학습과 조직 전체의 변화를 위한 복선적 학습
- 학습조직 구축요인: 자기숙련, 사고모형, 공유비전, 팀학습, 시스템 사고

● 기타 현대조직이론

- 애드호크러시: 유기적·기능적·임시적 조직. 고도의 수평적 분화가 이루어진 분권화 조직
- 벤치마킹: 성공 사례인 외부의 조직과 비교·평가함으로써 조직이 자기혁신을 추구
- 다운사이징: 해고와 합병 등의 방법을 통한 기구축소 또는 감원
- 리스트럭처링: 사업 구조조정 또는 기업 구조조정의 구조개혁 작업으로서 통폐합, 인원의 감축 등의 수동적 기법과 유망기업과의 제휴, 공동사업 추진 등의 적극적 기법이 있음
- 리엔지니어링: 기업 체질 및 구조의 근본적인 변혁과 혁신적 재설계 방법으로서 '리스트럭처링'의 하위개념임

기출회독으로 연계 학습하세요

현대조직이론 기출회독 193	**13** 문항	조직환경이론 기출회독 194	**7** 문항
고전이론 기출회독 195	**7** 문항	인간관계이론 기출회독 196	**4** 문항

실력 CHECK

기본쌓기문제

OX퀴즈

4장 사회복지조직의 구조와 조직화

2.2 출제문항수 | 핵심특강

4장에서는 조직의 구조적 요소에 관한 내용이 가장 많이 출제되고 있다. 공식적/비공식적 조직, 집권화/분권화, 수직적/수평적 분화가 일어나는 상황에 대한 이해가 필요하다. 그밖에 비영리 사회복지조직의 특징, 관료제조직의 병폐현상, 목적전치의 개념, 조직구조의 유형 등 다양한 내용들이 두루 출제되고 있으므로 전반적인 내용을 꼼꼼하게 정리해야 한다.

1. 조직의 구조적 요소 23회 기출 22회 기출 21회 기출

● **공식조직과 비공식조직 – 공식성에 따른 구분** ★꼭!
- 공식조직: 기구 도표 상으로 나타나는 가시적이고 계획적인 구조. 분업, 위계, 구조, 통제의 범위
- 비공식조직: 자연발생적, 감정의 논리를 우선시, 소규모 집단
- 비공식조직은 공식조직의 역할을 대체할 수는 없음

● **수직조직과 수평조직 – 복잡성에 따른 구분** ★꼭!
- 수직조직(계선조직): 명령과 복종 관계를 가진 수직적, 계층적 구조
- 수평조직(막료조직/참모조직): 수직조직을 지원. 자문, 협의, 조정, 정보 수집, 기획, 인사, 회계, 연구 등의 기능 수행

● **집권화와 분권화 – 집권성에 따른 구분** ★꼭!
- 집권화: 중요한 의사결정 권한이 상부에 집중
- 분권화: 의사결정 권한이 각 계층에 위임

2. 조직구조의 유형 23회 기출 22회 기출 21회 기출 20회 기출

● **관료제 조직** ★꼭!
- 규칙과 절차에 따라 조직 활동을 통제하고 관리, 경직적
- 병폐현상
  - 폐쇄적, 권위적
  - 크리밍: 성공 가능성이 높은 클라이언트 위주로 선발하는 현상
  - 목적전치: 수단인 규칙을 목적보다 중요시하는 현상
  - 동조과잉: 조직의 표준적인 행동양식에 지나치게 동조하는 현상
  - 레드 테이프(번문욕례): 지나친 형식주의

● **동태적 조직**
- 매트릭스 조직: 구성원은 기존의 기능 부서와 프로젝트 팀 양쪽의 일을 모두 수행함에 따라 역할혼란을 경험할 수 있으며, 구성원 개인의 성과를 파악하는 데에 어려움이 있을 수 있음

- 프로젝트 조직: 프로젝트 수행을 위한 일시적 조직으로 직원은 프로젝트 팀에 차출되어 업무 수행를 수행하며 사업 종료 후 기존 부서로 복귀
- 태스크포스 조직: 전문성을 중심으로 구성한 임시 조직. 프로젝트보다 장기적, 대규모, 수직적 형태로 구성되어 직원은 기존 부서에서 탈퇴하여 태스크포스 조직에 합류하게 됨. 추진 사업이 종료되면 해산하기도 하지만 존속하기도 함

3. 사회복지조직의 유형 21회 기출 🏆

모든 비영리조직이 사회복지조직은 아니며, 사회서비스를 제공하는 모든 조직이 비영리조직인 것도 아님. 또한 비영리조직도 수익사업을 진행함

- 비영리 사회복지조직
  - 대체로 사회복지사업법에 따른 사회복지법인이나 민법에 따른 비영리 사단법인 및 재단법인 등의 비영리 법인으로서 설립되어 사회복지사업을 수행하는 조직을 말함
  - 국가 혹은 시장 부문으로부터 분리된 자발적 민간 부문의 조직
  - 사회적 가치를 추구한다는 점에서 국가 지원금 및 세제 혜택이 주어짐
  - 비영리성, 사회적 가치 추구, 자발성, 독립성, 합법성
- 영리 사회복지조직: 요양원 등 휴먼서비스경영조직
- 사회적 경제 주체: 영리를 추구하면서도 사회적 목적을 추구, 사회적 기업, 협동조합, 마을기업, 자활기업 등

기출회독으로 연계 학습하세요

조직의 구조적 요소
기출회독 198
7문항

조직구조의 유형
기출회독 199
5문항

사회복지조직의 유형
기출회독 200
4문항

실력 CHECK

기본쌓기문제

OX퀴즈

5장 사회복지서비스 전달체계

1.8
출제문항수

핵심특강

전달체계 구축의 원칙(서비스 제공의 원칙)은 초창기 시험부터 꾸준히 출제되고 있는 내용이며, 서비스의 활용성 개념까지 함께 살펴봐야 한다. 집행체계와 행정체계의 구분, 실제 서비스의 전달, 공공과 민간의 역할분담 등에 관한 내용도 간헐적으로 출제되고 있으며, 최근 시험에서 출제되고 있지는 않지만 공급억제 전략 및 수요억제 전략, 통합성 증진 전략, 활용성의 개념 등도 출제된 바 있다.

1. 서비스 전달체계의 운영주체 23회기출 21회기출 20회기출

● **운영주체별 구분**
- 공공(공적) 전달체계: 정부(중앙 및 지방)나 공공기관이 직접 관리·운영하는 것. 재정적으로 안정됨. 관료적이고 복잡성을 띰. 외적 요인에 둔감
- 민간(사적) 전달체계: 복지재단, 복지시설, 개인 등 민간 또는 민간단체가 관리·운영하는 것. 재정적으로 취약함. 융통성이 있고 창의적이며 사회변화와 요구에 민감하고 유연함

● **구조기능적 구분(공공)**
- 행정체계: 서비스를 기획하고 지원하는 체계
- 집행체계: 실제 서비스를 제공하는 체계

● **사업성격별 구분(민간)**
- 직접 서비스 기관: 클라이언트의 개별적 욕구에 따라 서비스를 직접 제공하는 기관
  예 사회복지관, 지역아동센터, 지역자활센터 등
- 간접 서비스 기관: 직접 서비스 기관을 간접적으로 지원하고, 협의·조정의 기능을 수행하는 기관
  예 사회복지협의회, 자원봉사센터, 공동모금회 등

2. 공공과 민간의 역할분담

- 민간의 역할: 다양한 주체들의 자원조사 활동, 각종 지원 제공의 일선 역할 수행
- 공공의 역할: 복지자원을 연계·조정하고, 기본적 서비스를 제공하며 민간과 협력 모색

3. 전달체계 구축의 원칙 23회기출 22회기출

- 전문성: 핵심 업무는 반드시 사회복지전문가가 담당
- 적절성: 서비스 양/질, 제공 기간이 클라이언트의 욕구충족과 서비스의 목표달성 충분
- 포괄성: 다양한 욕구나 다양한 문제를 해결하기 위해 다각도의 서비스 제공. 클라이언트 중심
- 통합성: 서비스의 중복/누락 방지. 기관 간 상호통합적으로 서비스 제공. 기관 중심

- 지속성: 복합적인 욕구는 지역사회 내 연계를 통해 지속적으로 제공
- 평등성: 클라이언트의 연령, 성별, 소득, 지역, 종교나 지위에 관계없이 제공
- 책임성: 사회복지서비스의 전달에 대하여 책임
- 접근성: 지리적인 거리, 경제적인 이유, 개인적 동기와 인식 등의 접근성
- 활용성: 과활용, 저활용 방지

4. 서비스 전달체계 개선전략

● 서비스 배분 방법

- 공급억제 전략
  - 수혜자격 요건 강화 등 클라이언트에 대한 제한을 강화
  - 서비스 희석화: 서비스의 양과 질 감소 📋 준전문가로 대체, 제공시간 단축, 조기종결 등
- 수요억제 전략
  시간적 · 물리적 · 사회적 장벽을 제거하지 않거나 생기게 함으로써 서비스에 대한 접근을 어렵게 함
  📋 복잡한 접수절차, 접근이 어려운 장소 등

● 통합성 증진을 위한 전달체계 개선전략

- 종합서비스센터: 장애인종합복지관, 종합사회복지관처럼 하나의 서비스 기관 내에서 복수의 서비스가 제공될 수 있도록 하는 곳
- 인테이크(intake)의 단일화: 클라이언트의 다양한 욕구를 종합적으로 평가하여 적절한 서비스 계획을 개발하도록 인테이크를 전담하는 창구를 개발하는 방법
- 종합적인 정보와 의뢰 시스템: 전달체계들을 단순 조정하는 방법으로 각기 독립성을 유지하면서 서비스의 통합적 제공을 강화하는 방법
- 사례관리: 사례관리자가 중심이 되어 조직들 간의 네트워크를 이용하여 클라이언트를 관리하고 욕구를 만족시켜주는 방법
- 트래킹(tracking): 서로 다른 각각의 기관과 프로그램에서 다루었던 클라이언트에 대한 정보를 서로 공유할 수 있게 하는 시스템

기출회독으로 연계 학습하세요

 전달체계 구축의 원칙 기출회독 201 **10**문항

 전달체계의 구분 및 역할 기출회독 202 **9**문항

실력 CHECK

 기본쌓기문제

OX퀴즈

6장 사회복지조직의 기획과 의사결정

1.4
출제문항수

핵심특강

이 장의 기출포인트

기획의 주요 특징, 스키드모어의 기획 과정, 전략적 기획, 다양한 기획 기법 등의 내용이 출제되고 있다. 특히, 최근 시험에서 간트 차트, PERT 등의 기획 기법과 관련된 내용은 높은 출제율을 보이고 있다. 의사결정과 관련된 내용은 기획 관련 내용보다는 상대적으로 출제비중이 낮지만, 의사결정의 모형, 유형, 기법 등을 중심으로 정리해두어야 한다.

1. 기획의 개념 20회 기출

● 특성 및 필요성

- 특성: 미래지향적, 계속적, 동태적, 과정지향적, 목표달성을 위한 수단적 과정
- 필요성: 효율성 증진, 효과성 향상, 책임성 강화, 사기진작에 기여, 목표의 모호성 감소, 합리성 증진

● 기획의 과정 꼭!

목표 설정 → 자원의 고려 → 대안 모색 → 결과 예측 → 계획 결정 → 구체적 프로그램 수립 → 개방성 유지

2. 전략적 기획

- 목표를 달성하고 성과를 극대화하기 위한 전략의 수립·실행·평가 등에 대한 체계적이고 총체적인 접근의 기획으로, 비교적 장기간에 걸쳐 수립
- 장기적 차원의 전략기획에 따라 단기적으로 진행되는 각 단계별 기획을 전술기획이라고 함
- 전략기획의 과정: 기획의 준비 → 설립취지의 점검 → 요구사항 분석 → 조직 내·외부 환경에 관한 SWOT 분석 → 목표와 우선순위의 설정 → 추진 계획의 작성과 승인 → 집행과 통제 → 평가

3. 기획 기법 23회 기출 22회 기출

● Gantt Chart(간트 차트) 꼭!

- 세로 바에는 세부목표와 활동 및 프로그램을 기입하고 가로 바에는 시간을 기입하여 사업의 소요시간을 막대로 나타내는 도표
- 단순명료하다는 장점이 있지만 과업 간 연관성을 알 수 없음

● PERT(프로그램 평가검토 기법) 꼭!

- 과업과 활동 소요시간 추정, 활동과 과업 사이의 상관관계를 알 수 있음
- 최종목적에서 시작해서 주요과업과 활동들을 역방향으로 연결
- 임계경로 산정

4. 의사결정 🏆23회 기출 🏆22회 기출

- 직관적 결정: 합리성보다 감정에 의존하여 가장 옳다고 느끼는 것을 결정하는 방법. 직원의 채용 및 해고 등에 있어 크게 작용하기도 함
- 판단적 결정: 개인의 지식과 경험에 따라 결정하는 방법. 대체로 일상적으로 진행되는 업무나 정해진 절차를 따르는 업무에 적용
- 문제해결 결정: 합리적 절차를 통해 이루어지는 결정 방법. 정보수집, 연구, 분석 등 객관적이고 과학적인 과정을 통해 진행되기 때문에 긴급한 사안에 사용되기는 어려움
- 정형적 결정: 직무규정, 인사규칙, 조례 등에 명시적 규정이 있는 업무과정에서의 결정
- 비정형적 결정: 대비책이 없는 새로운 사태에 대한 대안 수립 및 결정
- 개인적 의사결정
  - 의사결정나무분석: 대안을 선택했을 때와 선택하지 않았을 때를 생각
  - 대안선택흐름도표: 'yes'나 'no'로 답할 수 있는 질문을 연속적으로 만들어 예상가능한 결과를 토대로 결정
- 집단적 의사결정
  - 델파이 기법: 전문가들에게 우편으로 의견을 수집하여 분석한 결과를 다시 응답자들에게 보내 만족스러운 결과를 얻을 때까지 계속함
  - 명목집단 기법: 전문가들을 한 장소에 모아 놓고, 각자 의견을 적어내게 한 후 합의하는 방식으로, 구성원 간 상호작용은 없음
  - 브레인스토밍: 한 가지 주제에 관하여 관계된 사람들이 자유분방하게 아이디어를 냄
- 의사결정 모형
  - 순수 합리모형: 의사결정자가 이성과 합리성에 따라 문제를 정의하고 목표를 수립하여 목표달성을 극대화할 수 있는 대안을 선택
  - 점증모형: 의사결정자의 능력에 한계가 있으므로 기존 정책에서 수정 또는 보완
  - 혼합모형: 근본적 결정은 합리모형을 적용, 특정 문제에 대해 현실적 결정을 내리는 점증적 결정은 점증모형을 적용
  - 최적모형: 합리모형의 비현실성과 점증모형의 보수성을 비판하면서 합리성, 경제성 외에 초합리성(직관, 판단력, 창의력)을 고려하여 결정
  - 쓰레기통모형: 문제점, 참여자, 해결책 등이 모호한 여러 흐름에 의해 뒤죽박죽 섞여 있다가 운이나 타이밍에 의해 결정

기출회독으로 연계 학습하세요

기획 기법
기출회독 203
7문항

기획의 특징 및 과정 등
기출회독 204
6문항

의사결정
기출회독 205
5문항

실력 CHECK

기본쌓기문제

OX퀴즈

7장 리더십과 조직문화

1.8
출제문항수

핵심특강

7장에서는 리더십 이론의 출제율이 가장 높은데, 관리격자모형, 허시와 블랜차드의 상황이론 등은 사례와 연결할 수 있어야 하고, 경쟁적 가치 모델이나 서번트 리더십까지 꼼꼼하게 살펴봐야 한다. 리더십 유형과 관련하여 참여적 리더십의 특징은 자율적 리더십과 헷갈리지 않도록 주의해야 한다. 조직문화와 관련된 내용은 단독문제로 출제되지 않더라도 조직관리와 관련하여 출제될 수 있다.

1. 리더십 이론
23회 기출 22회 기출 21회 기출 20회 기출

● **특성론적 접근(1940~1950년대)**
- 리더의 신체적 특성, 지능, 성격, 학력 등에 초점을 두고 자질 탐구
- 학력, 경력 등 일부 특성은 후천적으로 만들어질 수 있음

● **행동론적 접근(1950~1960년대)** ★꼭!
- 리더의 다양한 행동을 관찰한 후, 비슷한 성향의 행동들을 분류
- 오하이오연구, 미시간연구, 관리격자모형 등
※ 관리격자모형(블레이크와 머튼)
  - 무기력형(생산↓ 인간↓): 조직의 목표달성, 직원의 사기진작에 대해서 최소한의 노력만 함
  - 컨트리클럽형(생산↓ 인간↑): 조직의 분위기를 편안하게 이끌지만 조직의 목표나 자신의 임무에 소홀함
  - 과업형(생산↑ 인간↓): 목표달성과 생산성만 강조하는 지시와 통제 중심의 리더임
  - 팀형(생산↑ 인간↑): 조직과 구성원 간의 상호의존성 및 공동체 의식을 강조함
  - 중도형: 작업수행 정도와 구성원의 사기를 적절히 맞추면서 관리함

● **상황론적 접근(1960~1970년대)** ★꼭!
- 특정 상황에 따라 리더십의 효과성이 다르게 나타난다고 봄
- 피들러의 상황적합이론, 권력–영향력 접근법, 경로–목표이론, 허시와 블랜차드의 상황이론 등
※ 허시와 블랜차드의 상황이론
  - 능력과 의지 둘 다 없는 경우: 지시형
  - 능력은 없고 의지만 있는 경우: 제시형
  - 의지는 없고 능력만 있는 경우: 참여형
  - 능력과 의지 둘 다 있는 경우: 위임형

● **변혁적(변환적, 변형적) 리더십** ★꼭!
환경변화에 민감한 대처, 혁신, 위험 감수, 신뢰 강조
⇔ 현상유지가 목적인 거래적 리더십과 반대적 개념
※ 변혁적 리더십과 거래적 리더십은 조직의 구조나 상황에 따라 선택될 수 있으며, 양립할 수도 있음

● **경쟁적 가치모델**

- 내부지향-외부지향(리더십의 가치)의 가로축과 유연성-통제성(권한의 집중에 대한 리더의 가치)의 세로축으로 구분하여 제시
- 4가지 리더십 유형: 동기부여가, 목표달성가, 비전제시가, 분석가

2. 리더십 유형 20회 기출 🏆

● **지시적 리더십**

- 명령과 복종을 강조, 보상과 처벌로 통제
- 장점: 일관성, 신속한 결정, 위기 시에 유리함/단점: 경직성, 구성원들의 사기저하

● **참여적 리더십** ⭐꼭!

- 민주적 리더십, 결정 과정에 부하직원의 참여 유도
- 장점: 동기유발적, 개인의 지식과 기술이 반영될 수 있음/단점: 긴급한 결정이 필요할 때는 불리함

● **자율적 리더십**

- 방임적 리더십, 대부분의 의사결정이 부하직원에게 위임되는 형태
- 장점: 개개인의 자율성이 극대화됨/단점: 갈등 상황을 정리하기 어려움

3. 조직문화 22회 기출 🏆

- 형성: 조직설립자, 최고경영자의 경영이념과 철학에 의함
- 유지: 조직문화에 적합한 사람 선발, 오리엔테이션, 훈련, 교육, 야유회 · 체육대회, 간담회, 워크샵
- 조직이 극단적인 위험에 처했을 때, 새로운 리더가 나타났을 때, 조직이 형성기일 때, 조직 규모가 상대적으로 작을 때, 기존의 조직문화가 강하지 않을 때 변화가 용이함
- 조직이 변화가 필요할 때 조직문화가 강하면 변화를 방해하는 요소가 될 수도 있음
- 조직문화가 조직의 정책과 일치하고, 직원들이 이에 대해 공감할 때 조직성과가 향상될 수 있음

기출회독으로 연계 학습하세요

 리더십 이론
기출회독 206 **11**문항

 리더십 유형
기출회독 207 **4**문항

실력 CHECK

기본쌓기문제

OX퀴즈

130점 목표 필수 학습

8장 인적자원관리

이 장의 기출포인트

8장은 최근 시험에서 출제비중이 높아지고 있다. 인사관리 전반에 관한 내용을 다루고 있으며, 직무기술서 및 직무명세서, 직무능력개발, 동기부여이론, 직원의 모집 및 선발, 소진, 평가, 슈퍼비전 등은 한 문제에 담겨 구성되기도 하고, 각각의 내용이 단독문제로도 출제되므로 반드시 꼼꼼하게 정리해야 한다. 최근에는 인적자원관리의 요소 같은 기본 내용을 묻는 문제도 등장한 바 있다.

1. 인적자원관리 _{23회 기출 22회 기출 21회 기출 20회 기출}

● 개념 및 과정 ★꼭!

- 개념: 구성원의 성과관리, 보상관리, 개발관리 등을 포함
- 과정: 충원계획 수립 → 모집·선발 → 채용 및 배치 → 오리엔테이션 → 평가 → 승진

● 직무기술서와 직무명세서 ★꼭!

직무분석이 이루어진 이후에 분석 내용을 바탕으로 직무기술서 및 직무명세서를 작성한다.
- 직무기술서: 직무의 성격, 내용, 수행방법, 직무에서 기대되는 결과, 임무와 책임 명시
- 직무명세서: 직무수행과 관련해 요구되는 지식, 기능, 능력, 특성 등 교육수준, 경력, 자격증 등

● 직원능력개발 ★꼭!

- 신디케이트: 소집단으로 토의 후 전체가 모여 발표 및 토론을 진행
- OJT: 직장 내 훈련, 직무상 훈련, 현장훈련
- 사례발표: 직원들이 돌아가며 사례를 발표
- 역할연기: 실제 연기 후 여러 직원들이 평가, 토론
- 임시대역: 상사의 부재를 대비하여 직무수행 대리
- 순환보직: 일정한 기간 간격을 두고 여러 보직을 돌아가며 수행
- 계속교육: 보수교육 등

● 소진 ★꼭!

- 직업에서 경험하는 스트레스와 고통들에 대한 반응으로 직무에서부터 멀어져 가는 과정을 의미
- 직업에 대한 이상, 열정, 목적의식이나 관심을 점차적으로 상실해가는 과정
- 소진의 4단계: 열성 → 침체 → 좌절 → 무관심

2. 동기부여 _{23회 기출 22회 기출 20회 기출}

● 내용이론 ★꼭!

- 매슬로우의 욕구계층이론: 욕구는 낮은 단계에서 높은 단계로 위계적으로 구성됨. 낮은 단계의 욕구가 충족되

어야 다음 단계로 넘어간다는 위계론적 입장
- 허즈버그의 동기위생이론: 동기요인(직무만족감, 성취에 대한 인정, 직무 그 자체, 능력 신장 등 만족을 주는 요인), 위생요인(근무여건, 봉급, 작업조건, 상사나 감독자 등 불만족과 관련된 요인)
- 알더퍼의 ERG이론: 매슬로우의 5단계를 비판하면서 존재욕구(E), 관계욕구(R), 성장욕구(G) 등 3가지 욕구의 범주를 제시함. 고순위 욕구가 좌절될 경우 저순위 욕구가 중요해진다는 좌절-퇴행 접근을 주장함
- 맥클리랜드의 성취동기이론: 성취욕구, 권력욕구, 친화욕구를 제시함. 3가지 욕구가 위계적인 관계는 아니라고 하면서도 성취욕구가 가장 중요하다고 봄
- 맥그리거의 X·Y이론: X이론(강제, 통제, 명령, 처벌 등), Y이론(자율성 중시)

● **과정이론** ★꼭!
- 아담스의 형평성이론: 자신의 산출/투입과 다른 사람의 산출/투입 비교
- 브룸의 기대이론(VIE이론): 인간이 행동하는 방향과 강도는 그 행동이 일정한 성과로 이어진다는 기대의 강도와 실제 이어진 결과에 대해 느끼는 매력에 따라 다름
- 로크의 목표설정이론: 어떤 목표를 달성해야 하는 것을 인지하면 행동의 방향이 정해지고 그것이 동기의 기초가 된다는 관점

3. 슈퍼비전의 기능 🏆23회 기출 🏆21회 기출

- 행정적 기능: 직원채용, 선발, 임명, 업무 위임, 워커의 사례관리, 서비스 제공에 대한 감독·평가
- 교육적 기능: 기관의 기본가치, 목적, 실천이론과 모델에 대한 교육 훈련, 정보제공
- 지지적 기능: 워커의 개별 욕구에 관심, 스트레스 유발 상황 제거, 동기와 사기 진작

4. 슈퍼비전의 모형(왓슨)

동료집단 슈퍼비전, 직렬 슈퍼비전, 팀 슈퍼비전, 개인교습 모델, 슈퍼비전 집단, 케이스 상담

기출회독으로 연계 학습하세요

사회복지조직에서의 인적자원관리
기출회독 208
16문항

동기부여이론
기출회독 209
8문항

슈퍼비전
기출회독 210
3문항

실력 CHECK

기본쌓기문제

OX퀴즈

9장 재정관리/재무관리

2.0
출제문항수

핵심특강

9장은 매회 평균 2문제 정도가 출제되고 있다. 예전에는 주로 예산모형에 관한 내용에 한정되어 출제되었지만, 최근에는 예산통제의 원칙이 단독문제로 출제되기도 하며, 예산 첨부서류, 결산 첨부서류, 예산의 전용, 준예산 등 '사회복지법인 및 사회복지시설 재무·회계 규칙'의 규정들에 관해 상세하게 묻는 문제가 출제되기도 한다.

1. 예산모형 23회기출 🏆 21회기출 🏆

	항목별 예산	성과주의 예산	프로그램기획 예산	영기준 예산
범위	투입	투입·산출	투입·산출·효과·대안	투입·산출·효과·대안
기능	통제	관리	기획 및 경제성	관리, 기획
중요 정보	지출의 대상	기관의 활동	기관의 목적	기관의 목적, 사업의 목적
특징	• 통제중심 예산 • 전년도 예산이 주요 근거가 됨 • 회계계정별, 구입품목별로 편성 • 통제적 기능이 강함 • 회계실무자에게 유리	• 관리중심 예산 • 과정중심 예산 • 단위원가×업무량=예산 • 장기적 계획을 고려하지 않음 • 효율성을 중시함 • 관리기능이 강함 • 관리자에게 유리	• 계획지향 예산 • 장기적 계획과 단기적 예산편성을 구체적인 사업실행 계획을 통하여 연결 • 장기적 계획에 유리 • 목표의 명확화 및 목표의 달성을 강조 • 계획자에게 유리	• 순위지향 예산 • 사업목표와 수행능력에 따라 매년 새로이 편성 • 동등한 기회 부여 • 사업의 비교평가에 기초함 • 의사결정기능 강함 • 소비자에게 유리
장점	• 지출근거가 명확하게 드러남 • 예산통제에 효과적 • 간편성으로 인해 쉽게 사용가능	• 목표와 사업을 분명히 이해함 • 자금 배분의 합리성 • 사업별 통제가 가능 • 사업의 효율성 제고	• 목표 및 사업과 예산 간의 괴리 극복 • 합리적 자금 배분 • 장기적 사업계획에 유리 • 사업의 효과성 제고	• 예산 절약과 사업의 쇄신 기여 • 탄력적, 합리적 자금 배분 • 사업의 효율성·효과성 제고
단점	• 예산의 신축성 저해 • 예산 증대의 정당성 근거가 희박함 • 결과나 목표달성에 대한 고려가 부족함 • 사업내용 파악 곤란 • 효율성 무시	• 예산통제가 어려움 • 비용산출의 단위설정과 비용책정이 어려움 • 효율성을 강조하여 효과성이 무시됨	• 목표설정의 어려움 • 결과에 치중하여 과정이 무시됨 • 권력과 의사결정이 중앙집권화 될 경향이 있음	• 의사소통, 의사결정, 사업평가 등 관리자 훈련 필요 • 정치적·심리적 요인이 무시됨 • 장기계획에 의한 사업수행이 곤란함

※ 참고: 황성철 외, 2014: 318, 우종모 외, 2004: 348-349.

2. 예산통제의 원칙 ^{22회 기출} 🏆 ^{20회 기출} 🏆

- 개별화의 원칙: 기관의 제약조건, 요구사항 및 기대사항에 맞게 고안
- 강제의 원칙: 강제성을 띠는 명시적인 규정의 마련 및 공식화
- 예외의 원칙: 예외 사항의 고려 및 예외 사항에 적용되는 규칙 마련
- 보고의 원칙: 예산의 오남용 방지를 위한 보고체계
- 개정의 원칙: 규칙은 일정기간만 제한적으로 적용하며 이후 새로 마련
- 효율성의 원칙: 예산의 집행은 비용과 노력을 최소화
- 의미의 법칙: 예산집행에 관한 규칙, 계약 등이 관계인에게 잘 전달되어야 함
- 환류의 원칙: 예산집행 체계의 문제점을 취합하여 개선에 활용
- 생산성의 원칙: 예산집행 과정이 서비스 제공에 걸림돌이 되면 안 됨

3. 사회복지조직의 회계 ^{23회 기출} 🏆 ^{22회 기출} 🏆

- 목적 외 사용금지: 법인회계 및 시설회계의 예산은 세출예산이 정한 목적 외에 이를 사용하지 못함
- 예산 전용 가능: 법인의 대표이사 및 시설의 장은 관·항·목간의 예산을 전용할 수 있음
- 이월 가능: 불가피한 사유로 인하여 연도 내에 지출하지 못한 경비를 다음 연도에 이월하여 사용할 수 있음
- 준예산: 임·직원 보수, 운영상 필수 경비, 법령상 지급의무 경비 등 전년도 예산에 준하여 집행할 수 있음
- 적립 가능: 2회계연도 이상에 걸쳐서 그 재원을 적립할 필요가 있는 때에는 회계연도마다 일정액을 예산에 계상하여 특정목적사업을 위한 적립금으로 적립할 수 있음
- 사회복지법인의 대표이사는 법인회계와 시설회계의 세입·세출결산보고서를 작성하여 이사회의 의결을 거친 후 다음 연도 3월 31일까지 시·군·구청장에게 제출하여야 함
- 단식부기를 원칙으로 하되, 법인회계와 수익사업회계에 있어서 필요가 있는 경우에는 복식부기를 함
- 법인의 대표이사와 시설의 장은 후원금을 받은 때에는 후원금 영수증을 발급하여야 함
- 법인의 대표이사와 시설의 장은 연 1회 이상 해당 후원금의 수입 및 사용내용을 후원금을 낸 법인·단체 또는 개인에게 통보하여야 함
- 법인의 대표이사와 시설의 장은 후원금을 후원자가 지정한 사용용도 외의 용도로 사용하지 못함

기출회독으로 연계 학습하세요

예산모형
기출회독 211 **6**문항

사회복지조직에서의
재정관리
기출회독 212 **10**문항

실력 CHECK

기본쌓기문제

OX퀴즈

10장 프로그램 개발과 평가

1.2
출제문항수

핵심특강

10장은 최근 출제비중이 줄어 매회 평균 1문제 정도가 출제되고 있다. 대부분 프로그램 평가 유형 및 기준에 관한 문제가 출제되고 있는데, 평가기준은 프로그램 평가가 아닌 시설평가나 책임성 평가 등의 부분에서도 공통적으로 출제될 수 있다. 논리모델이나 브래드쇼의 욕구이론에 관한 문제도 출제된 바 있다.

1. 프로그램 설계 과정

문제확인과 욕구사정 → 목적과 목표 → 개입전략 → 구체적 프로그램 설계 → 예산 편성 → 평가 계획

● 프로그램 대상자 선정

일반집단 > 위기(위험)집단 > 표적집단 > 클라이언트 집단

- 일반집단: 대상집단이 속한 모집단으로 서비스를 제공하는 행정구역 내의 일반 사람들
- 위기집단: 일반집단 중 문제에 노출되었거나 문제를 겪은 경험이 있는 사람들
- 표적집단: 문제해결의 대상이 되는 집단으로 반드시 서비스가 필요한 사람들
- 클라이언트 집단: 실제로 서비스를 받을 사람들

● 목표설정 SMART 기법

S: 구체성, M: 측정가능성, A: 달성가능성, R: 현실성, T: 시간구조 · 시간제한성

● 브래드쇼의 욕구 유형

- 규범적 욕구: 전문가의 판단에 의해 규정된 욕구
- 인지적/감촉적 욕구: 사회조사를 통해 알게 되는 욕구, 사람들이 필요하다고 생각하는 것
- 표출적 욕구: 서비스의 수요에 기초한 욕구, 방문자 수나 신청자 수로 파악
- 상대적/비교적 욕구: 다른 사람이 받는 서비스, 타 지역에서 제공되는 서비스와 비교에 따른 욕구

2. 프로그램 평가 🏆23회 기출 🏆22회 기출 🏆21회 기출 🏆20회 기출

● 평가의 필요성

자료 및 정보, 피드백, 경영통제, 책임성, 학술성

● 평가의 목적에 따른 분류

- 형성평가: 과정 중에 실시, 수정 · 보완 사항 점검, 모니터링
- 총괄평가: 종료 후에 실시, 효율성 · 효과성 중심
- 메타평가: 평가에 대한 평가

● 평가기준에 따른 분류 ⭐꼭!

- 효과성: 제공된 프로그램으로 목표가 어느 정도 달성되었는가
- 효율성: 투입 대비 산출을 비교
- 노력성: 얼마나 많은 서비스가 제공되었는가
- 공평성: 클라이언트들에게 고르게 분배되었는가
- 영향: 의도했던 사회문제의 해결에 어느 정도의 영향을 미쳤는가
- 서비스의 질: 전문적인 직원들에 의해서 클라이언트들이 만족할 만한 수준의 서비스가 제공되었는가
- 과정: 프로그램의 성공 내지는 실패의 이유가 무엇인가

● 프로그램 평가 요소: 논리모델

- 투입: 프로그램에 투여되는 인적, 물적 자원
- 전환(활동, 과정): 투입된 요소들이 클라이언트에게 전달되는 서비스 제공 과정
- 산출: 프로그램을 통해 제공된 실적
- 성과: 프로그램 종결 후 클라이언트에게서 나타난 변화
- 영향: 장기적, 거시적 차원의 성과
- 환류(피드백): 프로그램 전반에 대한 재검토

● 논리모델의 예: 독거노인 사회관계형성 프로그램

투입	활동	산출	성과	영향
• 독거노인 20명 • 사회복지사 2명 • 초빙강사 1명 • 자원봉사자 2명 • 예산 • 시설, 장비	• 자원봉사자 모집 • 사회성 향상 프로그램 • 함께하는 취미 프로그램	• 진행 시간 • 이용자 출석률 • 이용만족도 • 수료완료 비율 • 수료자 수	• 새로운 친교관계 획득 • 고독감, 소외감, 고립감 완화 • 정서적 안정 • 적극적 생활태도 • 생활 만족도 향상	• 지역의 독거노인 관심도 향상 • 독거노인의 지역사회 활동 증가

※ 이 사례는 15회 기출문제(기출번호 15-07-21)를 바탕으로 재구성한 것이다.

11장 사회복지조직의 책임성과 평가

0.8 출제문항수 | 핵심특강

11장은 출제비중이 높지는 않으며, 비교적 어렵지 않게 출제되고 있다. 시설평가에 관한 내용이 주로 출제되고 있으며, 책임성에 관한 문제도 종종 출제되고 있다. 성과평가 및 성과관리에 관한 문제도 등장한 바 있는데 출제율이 높지는 않지만 최근 성과가 강조되는 흐름이기 때문에 정리해 둘 필요가 있다.

1. 책임성의 정의 등 23회 기출 20회 기출

● 정의
  • 활동의 결과에 대한 책임감, 활동 과정의 정당성, 서비스 및 프로그램의 효과성·효율성 등을 포괄
  • 조직 내부에서의 책임성과 조직 외부(지역사회 등)와의 관계에서의 책임성을 모두 포함
  • 도의적 책임(공익 증진), 법적 책임, 책무적 책임(직업윤리, 전문적 기준) 등에 따라 책임성을 판단

● 주체 및 대상
  • 주체: 정부, 민간 사회복지조직, 사회복지 전문직, 클라이언트, 국민 모두
  • 대상: 클라이언트에 대한 책임(자기결정권 존중, 개인정보/사생활 보호, 이용자 중심의 서비스 전달), 사회에 대한 책임(사회적 공동 목표 추구, 공평성 확보 등)

● 사회복지조직의 책임성에 영향을 미치는 요인
  • 내부적 요인: 서비스의 다양성, 기술의 복잡성, 목표의 불확실성
  • 외부적 요인: 공급주체의 다원화, 민영화 경향, 법률 정비

2. 사회복지 시설평가 20회 기출

● 도입 및 실시
  • 1997년 사회복지사업법 개정으로 시설평가 도입
  • 1999년 1기 평가를 시작으로 3년마다 실시

● 목적
  시설 운영의 효율화, 서비스 질 제고, 객관적 평가, 시설수준의 균형을 위한 기초자료, 국민의 선택권 보장, 기관의 최저 수준 확보 및 복지수준 향상에 기여

● 주요 내용 ★ 꼭!
  • 평가의 투명성을 위해 평가기준 등을 공개
  • 우수시설에 대한 인센티브 지급 및 하위시설에 대한 컨설팅 지원

- 시설의 유형에 따라 구체적인 평가 영역 및 기준은 다름
- 서비스 최저기준 적용 사항: 시설 이용자의 인권, 시설의 환경, 시설의 운영, 시설의 안전관리, 시설의 인력관리, 지역사회 연계, 서비스의 과정 및 결과, 그 밖에 서비스 최저기준 유지에 필요한 사항
- 평가 영역
  - 시설 및 환경
  - 재정 및 조직운영
  - 인적자원관리: 자격증 소지 직원 비율, 직원 채용의 공정성, 근속률, 직원 복지 및 교육, 슈퍼비전 등
  - 이용자의 권리: 이용자의 비밀보장, 고충처리 등
  - 지역사회관계: 지역사회 자원의 개발, 후원금 사용 및 관리 등
  - 프로그램 및 서비스: 기획 · 실행 · 평가, 사례관리, 프로그램의 차별성 · 참신성 · 전문성, 지역사회조직화 등

3. 성과관리 및 성과평가

● 성과관리의 개념 및 특징
- 목표 달성을 위한 계획 수립, 자원 배분, 업무 추진, 성과 측정, 개선책 마련, 업무자에 대한 보상 등의 관리과정
- 활동 그 자체보다 결과에 초점을 두며, 효율성, 효과성 외에 이용자 만족도, 품질평가 등 다차원적으로 접근

● 성과수준의 결정
- 달성 가능성이 현실적이어야 함
- 초과 달성할 수 있는 여지가 있도록 설정해야 함
- 기대가 충족되었을 때의 상태를 기술해야 함
- 성과의 수량, 품질, 비용, 효과, 방식 또는 행동의 방법으로 표현되어야 함
- 구체적인 방법으로 측정할 수 있어야 함

● 주의할 점
성과관리는 주로 계량화된 결과에 초점을 두기 때문에 업무자들이 성과평가의 결과를 좋게 하기 위해 기준행동에 빠질 수 있음을 주의해야 함
※ 기준행동: 업무자들이 평가의 기준으로 제시된 측정가능한 사안들에만 집중하여 실질적인 서비스의 효과성에 대해서는 무관심하게 되는 현상

기출회독으로 연계 학습하세요

사회복지 시설평가
기출회독 216
5 문항

사회복지조직의 책임성
기출회독 217
3 문항

성과관리
기출회독 218
2 문항

실력 CHECK
기본쌓기문제
OX퀴즈

12장 홍보와 마케팅

1.8
출제문항수

핵심특강

1. 마케팅의 과정 및 특징 _23회 기출 22회 기출 21회 기출_

● **주요 특징** ★ 꼭!

- 특징: 서비스의 무형성, 다양성, 소멸성, 생산과 소비의 동시 발생
- 필요성: 정부보조금 · 기부금 · 후원금 등에 대한 책임성 증진, 대상자 관리, 서비스 개발, 재정 확보

● **과정**

기관환경 분석 → 시장욕구 분석/마케팅 조사 → 프로그램 목적 설정/마케팅의 목표 설정 → 기부시장 분석 → 마케팅 계획 작성 및 실행 → 마케팅 평가

※ 기관환경 분석(SWOT)
  - 기관의 내 · 외부 환경을 분석하기 위한 방법
  - 조직 내부의 강점(Strength)과 약점(Weakness) 요인 분석
  - 조직 외부의 기회(Opportunity)와 위협(Threat) 요인 분석

※ 기부시장 분석(STP 전략)
  - S 시장 세분화(Segmentation): 비슷한 욕구, 개성 또는 행위의 특징에 따라 소비자(후원자)를 분류하는 것
  - T 표적시장 선정(Targeting): 시장이 세분화된 곳의 매력적인 요소(후원 가능성)를 발견하여 하나 또는 그 이상의 시장(후원자)을 선정하여 진입하는 것
  - P 시장 포지셔닝(Positioning): 세분화되고 표적이 된 각각의 집단을 명확하게 지배하는 것, 즉 대상집단으로 하여금 후원을 하도록 확정하는 것

2. 마케팅 믹스(4P) _21회 기출_

- 상품(Product) 전략: 어떤 상품을 제공할 것인가
- 가격(Price) 전략: 가격을 어떻게 결정할 것인가
- 유통(Place) 전략: 어떻게 판매, 전달할 것인가
- 촉진(Promotion) 전략: 어떻게 홍보할 것인가

3. 마케팅 기법 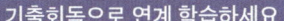 22회 기출 20회 기출

- 다이렉트 마케팅: 우편을 이용하여 상품과 조직 정보 전달. 잠재적 후원자에게 현재 기관의 운영현황이나 서비스/프로그램에 대한 정보 전달
- 고객관계관리 마케팅: 신규 후원자의 개발, 기본 후원자 관리, 잠재적 후원자 개발을 위해 그들의 욕구를 파악하여 이른바 '맞춤 서비스' 제공
- 기업연계 마케팅: 공익연계 마케팅. 기업 이미지 제고
- 데이터베이스 마케팅: 고객의 지리적·인구통계적·심리적 특성, 생활양식, 행동양식이나 구매기록 같은 개인적인 정보를 데이터베이스화하여 구축함으로써 수익공헌도가 높은 고객에게 마일리지와 같은 차별적 서비스 제공
- 인터넷 마케팅: 인터넷을 통해 고객에게 정보 전달. 전자우편이나 홈페이지 등을 통하여 이익 극대화. 배너 교환이나 이메일링 서비스 등
- 사회 마케팅: 정부나 지방자치단체, 시민과 지역사회를 위한 공중의 행동변화를 위한 마케팅기법으로 공익 실현을 위한 집단적·조직적 노력
- 기타: 인터넷 모금, ARS 모금, 캠페인 모금, 이벤트 모금 등

기출회독으로 연계 학습하세요

사회복지 마케팅의 특징 및 전략

기출회독 219

9 문항

마케팅 기법

기출회독 220

5 문항

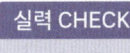

13장 환경관리와 정보관리

1.8
출제문항수

핵심특강

최근 시험에서는 환경관리에 관한 내용을 묻는 문제가 꾸준히 출제되고 있다. 예전에는 일반환경과 과업환경의 개념에 관한 문제 정도가 출제되었다면, 최근에는 환경변화의 흐름을 확인하는 문제의 출제율이 높아졌고, 조직혁신에 관한 문제도 출제되고 있다. 앞서 학습한 내용들과 연결하여 한 문제에서 묻는 종합형 문제 형태로 출제되기도 한다.

1. 일반환경과 과업환경

● 과업환경

- 재정지원 제공자: 정부, 보건복지부, 공적/사적 사회단체, 외국 민간단체, 개인 등
- 합법성과 권위 제공자: 사회복지사업법, 보건복지부, 시ㆍ도청, 시ㆍ군ㆍ구청, 한국사회복지협의회, 한국사회복지사협회
- 클라이언트의 제공자: 서비스를 제공받는 개인, 가족, 클라이언트를 의뢰하는 타조직, 집단ㆍ개인 등으로 학교, 경찰, 청소년단체, 교회, 사회복지관 등
- 보충적 서비스의 제공자: 타 기관들과의 공식ㆍ비공식적 협조체계
- 조직이 산출한 것을 소비ㆍ인수하는 자: 클라이언트, 클라이언트와 관계된 자로 가족, 교정기관, 아동복지시설, 학교 등
- 경쟁조직들: 클라이언트나 다른 자원들을 놓고 경쟁

● 일반환경

정치적ㆍ법적 조건, 경제적 조건, 인구사회학적 조건, 문화적 조건, 기술적 조건 등

2. 사회복지조직을 둘러싼 환경변화의 흐름 ^{23회 기출}🏆

- 민간 부문: 지역중심 강화(탈시설화), 소비자 주권 인식 증가, 수요 충족을 위한 복지 제공, 기관의 개방화와 투명화, 자립 중심, 민영화 증가, 기업경영론의 확산
- 공공 부문: 민ㆍ관 협력 강화, 서비스의 통합(맞춤형 서비스), 지방분권화에 따른 지역 중심 서비스

3. 환경관리 전략

- 권위주의 전략: 권력을 사용하여 다른 조직의 행동을 이끌고 명령하는 전략
- 경쟁 전략: 충분한 내적 자원이 있을 때 가능함. 잘못하면 크리밍 현상(유순하고 성공 가능성이 높은 클라이언트를 선발하고, 비협조적일 것으로 예상되는 클라이언트를 배척하고자 하는 현상)이 발생할 수 있음
- 협동 전략
  – 계약: 두 조직 사이에 자원 또는 서비스의 교환을 통해 협상된 합의

– 연합: 여러 조직들이 합동으로 사업을 하기 위하여 자원을 합하는 것
– 흡수: 환경의 주요 조직의 대표자를 조직의 정책수립기구에 참여시키는 것
• 방해 전략: 경쟁적 위치에 있는 다른 조직의 활동을 방해, 세력을 약화시키는 전략

4. 사회복지조직의 혁신 22회 기출 🏆 21회 기출 🏆

• 조직혁신: 욕구 및 수요 변화에 대한 대응 및 효과적인 목표달성을 위한 의도적 · 인위적 · 계획적 활동
• 조직혁신을 위해서는 혁신풍토의 조성이 요구됨
• 변혁적 리더십: 구성원들의 조직몰입을 이끌어 집단의 이익을 추구, 성과를 낼 수 있도록 동기부여
• 직원 주도: 하위 또는 중간관리자의 주도로 프로그램, 절차 등의 수정

5. 사회복지조직의 정보관리 23회 기출 🏆 21회 기출 🏆

● 필요성

• 기관의 책임성, 사회복지서비스 확대, 정보의 중요성 증대, 성과에 대한 피드백의 필요성
• 시간이나 장소에 구애됨 없이 신속한 서비스 제공, 업무 효율성 증가, 비용 감소, 책임성, 표준화

● 정보관리체계의 긍정적 측면

• 사회복지시설 운영의 회계 투명성 확보
• 업무의 표준화 및 효율성 제고
• 복지 대상자별 사회복지시설 제공 서비스의 중복 및 편중 방지
• 보건복지부 · 지자체 · 시설 간 네트워크 구성
• 정책 수립을 위한 기반 조성, 각종 보고 절차 간소화 등 행정 비용 감소

기출회독으로 연계 학습하세요

기출회독 221
환경변화의 흐름 및 대응
11 문항

기출회독 222
일반환경과 과업환경
4 문항

기출회독 223
사회복지조직의 정보관리
3 문항

실력 CHECK

기본쌓기문제

OX퀴즈

3과목 8영역

사회복지 법제론

강의로 쌓는 기본개념 사회복지법제론

5년간 데이터로 찾아낸 합격비책

여기에서 **97.6%** (24문항) 출제

순위	장	장명	출제문항수	평균문항수	23회 기출	체크
1	10장	사회서비스법	25	5.0	🏆	✅
2	9장	사회보험법	22	4.4	🏆	✅
3	8장	공공부조법	19	3.8	🏆	✅
4	7장	사회복지사업법	17	3.4	🏆	✅
5	5장	사회보장기본법	16	3.2	🏆	✅
6	1장	사회복지법의 개관	10	2.0	🏆	✅
7	2장	사회복지법의 발달사	7	1.4	🏆	✅
8	6장	사회보장급여의 이용·제공 및 수급권자 발굴에 관한 법률	6	1.2		✅

강의로 복습하는 **기출회독** **사회복지법제론**

10년간 데이터로 찾아낸 핵심키워드

여기에서 **97.2%**(24문항) 출제

순위	장		기출회독 빈출키워드 No.	출제문항수	23회 기출	체크
1	7장	230	사회복지사업법	35	🏆	✅
2	5장	228	사회보장기본법	32	🏆	✅
3	8장	231	국민기초생활보장법	16	🏆	✅
4	2장	227	한국 사회복지법률의 역사	12	🏆	✅
5	1장	224	법의 체계와 적용	11	🏆	✅
6	9장	237	고용보험법	10	🏆	✅
7	6장	229	사회보장급여의 이용·제공 및 수급권자 발굴에 관한 법률	9		✅
8	8장	232	기초연금법	9	🏆	✅
9	9장	238	산업재해보상보험법	9	🏆	✅
10	9장	239	노인장기요양보험법	9	🏆	✅
11	10장	241	아동복지법	9	🏆	✅
12	9장	235	국민연금법	8		✅
13	9장	236	국민건강보험법	8	🏆	✅
14	10장	240	노인복지법	8	🏆	✅
15	10장	242	장애인복지법	8	🏆	✅
16	10장	243	한부모가족지원법	8	🏆	✅
17	1장	226	헌법상의 사회복지법원	6		✅
18	8장	233	의료급여법	6	🏆	✅
19	8장	234	긴급복지지원법	5		✅
20	10장	245	사회복지공동모금회법	5		✅
21	10장	248	가정폭력방지 및 피해자보호 등에 관한 법률	5	🏆	✅
22	1장	225	자치법규	4	🏆	✅
23	10장	249	성폭력방지 및 피해자보호 등에 관한 법률	4		✅
24	11장	250	판례	4		✅
25	10장	246	다문화가족지원법	3		✅

1장 사회복지법의 개관

2.0
출제문항수

핵심특강

1장은 매회 평균 1~2문제가 출제되고 있으며, 법에 관한 총론적인 내용이므로 단순히 암기하기보다는 이해하며 학습하는 것이 필요한 장이다. 사회복지법의 법원, 우리나라의 법체계와 법의 제정, 자치법규, 헌법상의 사회복지법원 등에 대해 포괄적으로 이해해야 한다. 어렵지 않은 내용이지만 평소에 자주 접해보지 못한 법과 관련된 생소한 용어와 내용이 나오기 때문에 헷갈릴 수 있다.

1. 법 체계 및 법원 23회 기출 22회 기출 20회 기출

● 법
- 사회질서 유지를 위해 사회구성원들의 행동을 규율할 수 있는 일련의 행위준칙인 사회규범
- 행위규범이자, 강제규범이며, 조직규범인 동시에 사회규범
- 목적: 사회정의의 실현, 법적 안정성 유지, 사회질서 유지

● 법의 일반체계
- 자연법: 시간과 공간을 초월하는 영구불변의 초경험적, 이상적인 법
- 실정법: 인간 사회의 질서유지를 목적으로 사회적 상황에 따라 생성·발전된 법
  - 국내법: 한 국가에 의해 인정되어 그 국가의 주권이 미치는 범위 내에서만 일정한 절차에 의해 효력을 가지는 법
  - 국제법: 국제단체에 의하여 인정되어 국가와 국가 사이에 행해지는 법

● 법원 꼭!
- 법으로서 성립하는 근거, 법의 존재형식
- 성문법: 문서의 형식으로 표현된 법. 독일, 일본, 우리나라는 성문법 국가임
  - 헌법: 최상위의 법. 헌법의 규정은 사회복지 관련 하위법규의 존립근거이면서 재판의 규범
  - 법률: 국회의 의결에 의해 제정
  - 명령(시행령, 시행규칙): 국회의 의결을 거치지 않고 대통령 이하의 행정기관이 제정한 법규
  - 자치법규: 조례(지방자치단체가 자치입법권에 의거하여 법령의 범위 안에서 지방의회의 의결을 거쳐 그 사무에 관하여 제정한 법), 규칙(지방자치단체의 장이 법령 또는 조례가 위임한 범위 내에서 그 권한에 속하는 사무에 관하여 정립한 법)
  - 국제조약: 국가 간에 맺은 문서에 의한 합의. 국제기구도 조약을 체결할 수 있음
    예 협정, 협약, 의정서, 헌장 등
  - 국제법규: 국제관습과 우리나라가 체결당사자가 아닌 조약으로서 국제사회에 의하여 그 규범성이 일반적으로 승인된 것
- 불문법: 문서의 형식으로 표현되지 않은 법. 영국과 미국은 대표적인 불문법 국가로 영미법에서는 판례법주의를 취하여 판례법을 1차적으로 봄
  - 관습법: 관행이 계속적으로 행해짐에 따라 법으로서의 효력을 가지게 된 경우
  - 판례법: 법원이 내리는 판결

– 조리: 사물의 도리, 합리성, 본질적 법칙/신의성실, 사회통념, 비례원칙

2. 자치법규 ^{23회 기출 21회 기출}

● 자치법규의 특성

- 헌법은 지방자치단체에 자치법규의 제정권을 부여하고 있음
- 지방자치단체는 법률에 의하여 인정된 자치권의 범위 내에서, 즉 법령의 범위 내에서 자기의 사무 또는 주민의 권리, 의무와 자치에 관한 규칙인 자치법규를 제정함
- 자치법규에는 조례와 규칙이 있으며, 조례와 규칙에 대한 세부적인 내용은 지방자치법에 규정되어 있음
- 지방자치단체의 장이 조례 · 규칙의 제정 · 개폐 및 공포 등을 하고자 하는 경우에 이를 심의 · 의결하기 위하여 지방자치단체의 장 소속하에 조례 · 규칙심의회를 둠

● 조례 ★꼭!

- 지방자치단체가 그 자치입법권에 의거하여 법령의 범위 안에서 지방의회의 의결을 거쳐 그 사무에 관하여 제정한 법으로서, 조례의 제정과 개폐는 의결기관으로서 지방의회의 권한에 속함
- 시 · 군 및 자치구의 조례나 규칙은 시 · 도의 조례나 규칙에 위반하여서는 안 됨
- 특정 분야에 한해서 제정되는 것이 아니라 자치업무의 수행에 필요한 모든 분야를 포함하는 포괄성을 갖고 있음
- 법령의 범위 내에서만 제정할 수 있도록 함으로써 법질서를 유지하고 법적 일관성을 기하고 있음
- 자치법규는 원칙적으로 그 지방자치단체의 지방 내에서만 효력을 갖고 있음

● 규칙

- 지방자치단체의 장이 법령 또는 조례가 위임한 범위 내에서 그 권한에 속하는 사무에 관하여 정립한 법임
- 규칙제정권은 지방자치단체의 장에게 속함
- 일반적으로 조례가 제정되면 조례의 시행에 관하여 필요한 사항을 규칙으로 정하고 있음

3. 헌법상의 사회복지법원 ^{22회 기출 21회 기출}

- 헌법은 사회복지법의 법원이 되지만, 헌법상의 모든 조항이 사회복지법의 법원이 되는 것은 아님. 사회복지와 관련된 사회권 규정을 사회복지법원이라고 볼 수 있음
- 제10조 모든 국민은 인간으로서의 존엄과 가치를 가지며, 행복을 추구할 권리를 가진다. 국가는 개인이 가지는 불가침의 기본적 인권을 확인하고 이를 보장할 의무를 진다.
- 제34조 ① 모든 국민은 인간다운 생활을 할 권리를 가진다.
  ② 국가는 사회보장 · 사회복지의 증진에 노력할 의무를 진다.
  ③ 국가는 여자의 복지와 권익의 향상을 위하여 노력하여야 한다.
  ④ 국가는 노인과 청소년의 복지향상을 위한 정책을 실시할 의무를 진다.
  ⑤ 신체장애자 및 질병 · 노령 기타의 사유로 생활능력이 없는 국민은 법률이 정하는 바에 의하여 국가의 보호를 받는다.
  ⑥ 국가는 재해를 예방하고 그 위험으로부터 국민을 보호하기 위하여 노력하여야 한다.
- 제35조 ① 모든 국민은 건강하고 쾌적한 환경에서 생활할 권리를 가지며, 국가와 국민은 환경보전을 위하여 노력하여야 한다.
  ③ 국가는 주택개발정책 등을 통하여 모든 국민이 쾌적한 주거생활을 할 수 있도록 노력하여야 한다.

- 제36조 ② 국가는 모성의 보호를 위하여 노력하여야 한다.
        ③ 모든 국민은 보건에 관하여 국가의 보호를 받는다.

4. 법의 분류

- 상위법과 하위법: 법규범은 그것이 존재하는 형태에 따라서 수직적인 위계를 이루고 있음. 우리나라 법체계는 헌법을 정점으로 하여 법률, 시행령, 시행규칙, 자치법규(조례와 규칙)의 순서로 위계를 갖고 있음
- 일반법과 특별법: 법의 적용과 효력의 범위가 넓은 법이 일반법이고, 제한된 영역에서 적용되는 법을 특별법이라고 함. 일반법과 특별법은 상대적 개념으로 비교대상에 따라 일반법이었던 법이 특별법이 될 수도 있고, 특별법이었던 법이 일반법이 될 수도 있음
- 강행법과 임의법: 강행법은 당사자의 의사와 관계없이 적용이 강제되는 법이고, 임의법은 당사자의 의사에 따라 법을 적용할 수도 있고 적용을 배제할 수도 있는 법임
- 신법과 구법: 신법은 새로 제정된 법이고, 구법은 신법에 의해 폐지되는 법을 말함
- 실체법과 절차법: 실체법은 법을 실현하고자 하는 그 자체의 법이고, 절차법은 실체법의 실현방법에 관한 법임. 헌법, 민법, 형법, 상법은 실체법이며, 형사소송법, 민사소송법 등은 절차법에 속함

5. 법령 적용과 해석

- 상위법 우선의 원칙: 법형식 간의 위계체계는 헌법, 법률, 명령(대통령령, 총리령·부령), 조례, 규칙 순이 됨. 이 순서에 따라 어느 것이 상위법 또는 하위법인지가 정해지며, 하위법의 내용이 상위법과 저촉되는 경우에는 '상위법 우선의 원칙'을 적용함
- 특별법 우선의 원칙: 동등한 법형식 사이에서 어떤 법령이 규정하고 있는 일반적인 사항과 다른 특정의 경우를 한정하거나 특정의 사람 또는 지역을 한정하여 적용하는 법령이 있는 경우에 이 두개의 법령은 일반법과 특별법의 관계에 있다고 하고, 이 경우에는 특별법이 일반법에 우선한다는 것. 일반법과 특별법 관계에서는 특별법이 규율하고 있는 사항에 관한 한 특별법의 규정이 우선적으로 적용되고 일반법의 규정은 특별법 규정에 모순·저촉하지 아니하는 범위 안에서 2차적으로 적용됨
- 신법 우선의 원칙: 동등한 법형식 사이에 법령내용이 상호 모순·저촉하는 경우에는 시간적으로 나중에 제정된 것이 먼저 제정된 것보다 우선하는 효력을 가진다는 것. 신법과 구법의 판단기준은 해당 법률의 시행일이 도래하였는지에 따라 결정함

6. 법률과 그 하위법령의 일반적 입법원칙

- 대통령은 법률에서 구체적으로 범위를 정하여 위임받은 사항과 법률을 집행하기 위하여 필요한 사항에 관하여 대통령령을 발할 수 있다(헌법 제75조).
- 국무총리 또는 행정각부의 장은 소관 사무에 관하여 법률이나 대통령령의 위임 또는 직권으로 총리령 또는 부령을 발할 수 있다(헌법 제95조).
- 헌법에 의해 체결·공포된 조약과 일반적으로 승인된 국제법규는 국내법과 같은 효력을 가진다(헌법 제6조 제1항).
- 지방자치단체는 주민의 복리에 관한 사무를 처리하고 재산을 관리하며, 법령의 범위 안에서 자치에 관한 규정을 제정할 수 있다(헌법 제117조).

7. 법률의 제정 22회 기출 🏆

- 법률을 제·개정하는 '입법권'은 국회의 권한으로 규정되어 있음(헌법 제40조)
- 법률안을 심의·의결하는 과정은 국회의 고유권한이지만, 법률안을 제출하는 것은 정부도 할 수 있음. 국무회의의 심의를 거쳐서 대통령이 서명하고, 국무총리 및 관계 국무위원이 부서하여 국회에 제출하면 이후 심의와 의결의 과정을 거치게 됨
- 법률안이 제출되면, 소관 상임위원회에 회부되어 심사를 받고, 심사가 끝나고 본회의에 회부되면 법률안에 대한 심의와 의결이 진행됨. 재적의원 과반수의 출석과 출석의원 과반수의 찬성이 있을 경우 의결됨
- 본회의에서 의결되면 정부에 이송되어 15일 이내에 내통령이 공포하게 됨. 법률안에 이의가 있으면 대통령은 거부권을 행사하고 재의를 요구할 수 있음. 재의 요구된 법률안은 국회가 재적의원 과반수의 출석과 출석의원 2/3 이상의 찬성으로 전과 같은 의결을 하면 그 법률안은 법률로 확정됨

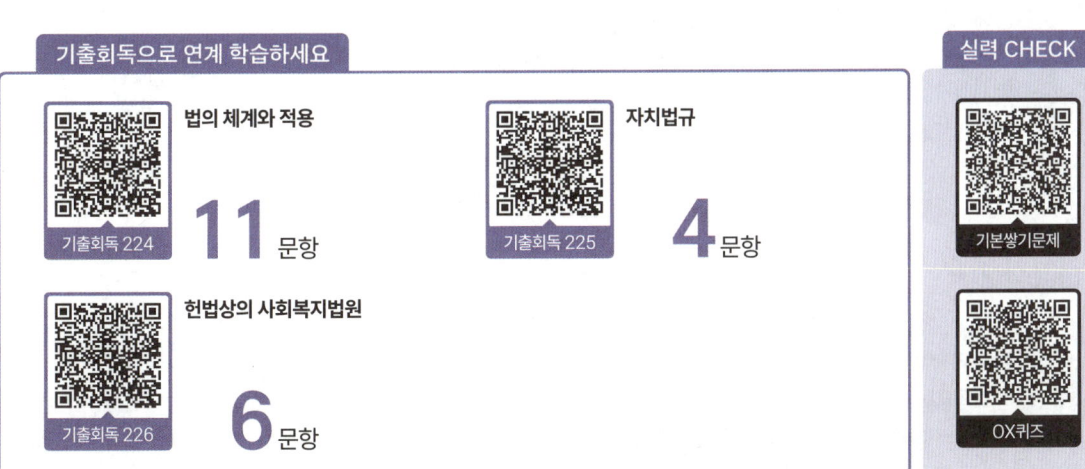

기출회독으로 연계 학습하세요

법의 체계와 적용
기출회독 224
11문항

자치법규
기출회독 225
4문항

헌법상의 사회복지법원
기출회독 226
6문항

실력 CHECK

기본쌓기문제

OX퀴즈

2장 사회복지법의 발달사

1.4
출제문항수

핵심특강

2장은 어느 정도 암기를 요구하는 장이다. 우리나라 사회복지 관련 주요 법률의 제·개정 과정의 연대별 흐름을 알고 있어야 해결할 수 있는 문제들이 출제된다. 따라서 주요 법률의 제·개정 시기를 연대별로 반드시 꼼꼼하게 정리해두 어야 하며, 제·개정과 관련된 시대적 특징이나 사회적 배경 등도 관심 있게 살펴보아야 한다. 특히, 주요 법률의 제정 시기는 무조건 암기하여 연대별로 정리해야 한다.

1. 한국의 사회복지 관련 입법 23회 기출 22회 기출 21회 기출 20회 기출

● **1960년대**
- 공무원연금법 시행(1960년)
- 생활보호법 제정(1961년): 국민기초생활보장법의 전신
- 아동복리법 제정(1961년): 보육사업 본격 실시. 탁아소를 법정 아동복지시설로 인정. 아동복지법의 전신
- 산업재해보상보험법 제정(1963년): 4대 보험 중 가장 먼저 제정된 법
- 사회보장에 관한 법률 제정(1963년): 사회보장기본법의 전신
- 기타: 재해구호법 제정(1962년), 군인연금법 제정(1963년), 갱생보호법 제정(1961년)

● **1970년대**
- 사회복지사업법 제정(1970년)
- 국민복지연금법 제정(1973년): 석유파동으로 시행 연기
- 의료보호법 제정(1977년): 의료급여법의 전신
- 공무원 및 사립학교교직원 의료보험법 제정(1977년)

● **1980년대**
- 아동복지법 전부개정(1981년): 아동복리법 폐지. 어린이날(5월 5일) 제정
- 심신장애자복지법 제정(1981년): 장애인복지법의 전신
- 장애인복지법 개정(1989년): 심신장애자복지법 → 장애인복지법으로 명칭 변경
- 노인복지법 제정(1981년)
- 모자복지법 제정(1989년)
- 사회복지사업법 일부개정(1983년): 사회복지사 자격제도가 처음으로 도입
- 국민연금법 개정(1986년): 기존의 국민복지연금법을 전부개정하여 1988년부터 시행

● **1990년대**
- 사회보장기본법 제정(1995년)
- 국민기초생활보장법 제정(1999년): 생활보호법 폐지
- 영유아보육법 제정(1991년)
- 고용보험법 제정(1993년 제정, 1995년 시행)

- 국민건강보험법 제정(1999년)
- 사회복지공동모금법 제정(1997년): 1999년 개정으로 사회복지공동모금회법으로 명칭 변경
- 기타: 장애인고용촉진등에 관한 법률 제정(1990년), 성폭력범죄의 처벌 및 피해보호자 등에 관한 법률 제정 (1994년), 정신보건법 제정(1995년), 청소년보호법 제정(1997년), 가정폭력방지 및 피해자보호 등에 관한 법률 제정(1997년)

● **2000년대**

- 장애인복지법 개정(2003년): 장애범주를 10개에서 15개로 확대(추가: 호흡기장애인, 간장애인, 안면장애인, 장루·요루장애인, 간질장애인)
- 의료급여법 개정(2001년): 의료보호법 → 의료급여법으로 명칭 변경
- 아동복지법 개정(2001년): 아동학대 신고 의무화
- 긴급복지지원법 제정(2005년)
- 노인장기요양보험법 제정(2007년)
- 다문화가족지원법 제정(2008년)
- 장애인연금법 제정(2010년)
- 기초연금법 제정(2014년): 기존 기초노령연금법 폐지
- 국민기초생활보장법 개정(2014년): 급여별 수급자 선정기준을 다층화하고, 최저생계비 대신 최저보장수준 및 기준 중위소득 제도를 도입
- 사회보장급여의 이용·제공 및 수급권자 발굴에 관한 법률 제정(2014년)
- 기타: 건강가정기본법 제정(2004년), 저출산·고령사회기본법 제정(2005년), 자원봉사활동기본법 제정 (2005년), 한부모가족지원법 개정(2007년, 모자복지법 → 모·부자복지법에서 명칭 변경), 장애인활동지원에 관한 법률 제정(2011년), 노숙인 등의 복지 및 자립지원에 관한 법률 제정(2011년), 치매관리법 제정(2011년), 장애아동복지지원법 제정(2011년), 발달장애인 권리보장 및 지원에 관한 법률 제정(2014년), 아동수당법 제정(2018년)

기출회독으로 연계 학습하세요

한국 사회복지법률의 역사

기출회독 227

12 문항

실력 CHECK

기본쌓기문제

OX퀴즈

3장 사회복지의 권리성

0.2
출제문항수

핵심특강

1. 기본권의 종류

- 포괄적 기본권: 인간의 존엄과 가치, 행복추구권, 평등권
- 자유권적 기본권: 신체의 자유, 사회경제적 자유권(거주 · 이전의 자유, 직업선택의 자유, 주거의 자유, 사생활 비밀의 자유, 통신의 자유, 재산권의 보장), 정신적 자유권(양심의 자유, 종교의 자유, 언론 · 출판의 자유, 집회의 자유, 결사의 자유, 학문의 자유, 예술의 자유, 소비자의 권리)
- 사회권적 기본권(생존권적 기본권)
  - 최초의 사회권: 1919년 독일 바이마르 헌법
  - 우리나라 헌법에서의 사회권: 인간다운 생활을 할 권리, 교육을 받을 권리, 근로에 대한 권리, 근로 3권, 환경권 등

2. 사회권적 기본권의 법적 성격

● 프로그램 규정적 권리(입법 방침설)
- 사회권적 기본권은 재판을 통해서 구제받을 수 있는 권리가 아닌, 국가가 국민에게 하나의 정책을 선언한 것에 지나지 않는다고 보는 학설
- 사회권적 기본권의 실시는 국가의 자유재량이며, 일종의 반사적 이익에 속한다고 봄
- 이 학설에 따르면, 국민은 인간다운 생활에 필요한 급여를 구체적으로 청구할 수 없음

● 법적 권리
- 사회복지의 권리에 관한 헌법 규정은 법적인 권리로서 개개 국민은 사회복지의 혜택을 누릴 권리가 법으로 보장되어 있으며, 국가는 이를 이행할 의무가 있다는 학설
- 추상적 권리설과 구체적 권리설로 구분
  - 추상적 권리: 국민은 국가에 대해 사회복지 혜택을 받을 추상적 권리를 가지며, 국가는 입법, 기타 국정상 필요한 조치를 강구할 추상적 의무를 진다고 보는 학설
  - 구체적 권리: 사회권적 기본권은 헌법에 보장된 권리이며, 헌법상의 의무이기 때문에 국민은 헌법의 정신을 기초로 국가기관에 직접 사회권 보장을 청구할 수 있으며, 국가는 이에 대해 적극적으로 응해야 할 의무가 있다고 보는 학설, 현재의 다수설은 구체적 권리성을 따름

3. 사회권적 기본권의 규범적 구조

● 실체적 권리

모든 국민에게 인간다운 생활을 유지하도록 보장하기 위한 헌법상 권리를 구체화하는 법이 제정되었을 때 국민이 해당 법률에 의해 현실적인 급여를 청구할 수 있는 권리

예 사회보험청구권, 공공부조청구권, 사회서비스청구권 등 복지급여 청구권

● 수속적 권리

복지급여를 받기 위해 거쳐야 하는 일련의 수속과정이 본래의 수급권 보장을 위해 적합하게 진행되어야 할 것을 요구하는 권리

예 급여정보권, 상담권, 적법진행보장권

● 절차적 권리

사회보장수급권의 실체적 권리를 보장하고 실현하기 위해 필요한 의무를 이행하고 강제를 구체적으로 실현하는 절차와 관련된 권리

예 복지급여쟁송권, 복지행정참여권, 복지입법청구권

기출회독으로 연계 학습하세요

※ 3장 사회복지의 권리성은 출제빈도가 낮아 기출회독 키워드에서 제외되었습니다.

4장 국제법과 사회복지

0.0
출제문항수   핵심특강

4장은 최근 시험에서 출제되지 않고 있다. 초창기 시험에서 출제되었던 조약 및 협약들에 관한 내용을 중심으로 간략하게 그 특징과 내용들을 살펴보고 넘어가도 무방하다. 예년의 시험에서는 외국과의 사회보장협정을 두고 있는 법을 고르는 문제, ILO 사회보장최저기준조약, 아동권리협약, 사회보장협정, 국제인권규약 등에 관한 문제가 출제되었다.

1. 국제인권규약 A, B

- A규약: 경제적 · 사회적 · 문화적 권리에 관한 규약(1976년 1월 발효)
- B규약: 시민적 · 정치적 권리에 관한 규약(1976년 3월 발효)
- 특징: 조약으로서 체약국 내에서 법정 구속력 있음
- 우리나라 가입: 1990년 4월 A, B규약에 가입

2. 사회보장에 관한 다양한 국제조약 및 선언

- 국제사회복지 관련 기구: 국제연합(UN), 국제노동기구(ILO), 세계보건기구(WHO), 국제사회보장협회(ISSA), 유럽협의회(Council of Europe), 유럽경제공동체(EEC), 국제사회복지협의회(ICSW), 경제협력개발기구(OECD)
- 사회복지에 관한 국제적 선언: 인권선언문(1793년), 대서양헌장(1941년), 필라델피아선언(1944년), 세계인권선언(1948년), 사회보장헌장(1961년), 유럽사회보장법전(1964년)
- 국제 사회복지 조약: 사회보장최저기준조약(1952년, ILO), 사회보장 내 외국인 균등대우 조약(1962년, ILO), 업무재해조약 및 질병 · 노령 · 유족급여조약(1964년, ILO)

3. 아동권리협약

- 아동의 권리에 관한 제네바 선언(1924년, 국제연맹 총회)
- 아동의 권리선언(1959년, UN): 아동을 단순히 구제나 보호의 대상으로 본 것이 아니라 인권이나 자유의 주체로 파악하려는 관점
- 아동의 권리에 관한 국제협약(약칭: 아동권리협약, 1989년, UN)
  - 특징: 18세 미만의 모든 아동들에게 평등하게 적용. 아동의 최선의 이익을 지향하면서 부모의 지도를 존중. 체약국 내에 법적 구속력 발생
  - 기본이념: 아동의 최선의 이익, 차별금지
  - 주요내용: 아동의 생존권, 보호받을 권리, 발달권, 참여권 등 규정

4. 장애인권리선언

- 장애인권리선언(1975년, UN)
- 정신지체인권리선언(1971년, UN): 정신지체를 가진 장애인이 다른 사회구성원과 더불어 일반적인 사회생활을 영위하고 이들에게도 사회정의와 평등의 규범이 관철되어야 한다는 권리 사항의 표현
- 장애인권리협약(2006년, UN): 우리나라는 2008년 12월 협약비준동의안에 의결. 장애여성 및 장애아동 보호, 동등한 법적 능력 부여, 비인도적 처우 금지, 자립을 위한 이동권 보장

5. 사회보장협정

● **사회보장협정의 목적**
- 이중보험료 부담문제 해결
- 연금혜택의 기회 확대

● **사회보장협정의 하위 목적**
- 이중가입 배제
- 가입기간 합산
- 동등대우
- 급여송금보장

5장 사회보장기본법

매회 평균 3문제 이상 출제되고 있다. 용어의 정의, 법률의 기본이념, 국가와 지방자치단체의 책임, 사회보장 기본계획, 사회보장위원회, 사회보장제도의 운영원칙, 사회보장급여 등 전반적인 내용이 두루 출제되고 있다. 비교적 문제의 난이도가 낮으며, 기존에 출제된 조항들이 어느 정도 반복적으로 출제되는 경향을 보이고 있으므로 기출된 조항들을 중심으로 정리한다면 어렵지 않게 해결할 수 있을 것이다.

1. 개요 ^{23회 기출} ^{22회 기출}

● 목적

사회보장에 관한 국민의 권리와 국가 및 지방자치단체의 책임을 정하고 사회보장정책의 수립 · 추진과 관련 제도에 관한 기본적인 사항을 규정함으로써 국민의 복지증진에 이바지하는 것을 목적으로 한다.

● 기본 이념

사회보장은 모든 국민이 다양한 사회적 위험으로부터 벗어나 행복하고 인간다운 생활을 향유할 수 있도록 자립을 지원하며, 사회참여 · 자아실현에 필요한 제도와 여건을 조성하여 사회통합과 행복한 복지사회를 실현하는 것을 기본 이념으로 한다.

● 용어의 정의 ⭐ 꼭!

- 사회보장: 출산, 양육, 실업, 노령, 장애, 질병, 빈곤 및 사망 등의 사회적 위험으로부터 모든 국민을 보호하고 국민 삶의 질을 향상시키는 데 필요한 소득 · 서비스를 보장하는 사회보험, 공공부조, 사회서비스
- 사회보험: 국민에게 발생하는 사회적 위험을 보험의 방식으로 대처함으로써 국민의 건강과 소득을 보장하는 제도
- 공공부조: 국가와 지방자치단체의 책임 하에 생활 유지 능력이 없거나 생활이 어려운 국민의 최저생활을 보장하고 자립을 지원하는 제도
- 사회서비스: 국가 · 지방자치단체 및 민간부문의 도움이 필요한 모든 국민에게 복지, 보건의료, 교육, 고용, 주거, 문화, 환경 등의 분야에서 인간다운 생활을 보장하고 상담, 재활, 돌봄, 정보의 제공, 관련 시설의 이용, 역량 개발, 사회참여 지원 등을 통하여 국민의 삶의 질이 향상되도록 지원하는 제도
- 평생사회안전망: 생애주기에 걸쳐 보편적으로 충족되어야 하는 기본욕구와 특정한 사회위험에 의하여 발생하는 특수욕구를 동시에 고려하여 소득 · 서비스를 보장하는 맞춤형 사회보장제도
- 사회보장 행정데이터: 국가, 지방자치단체, 공공기관 및 법인이 법령에 따라 생성 또는 취득하여 관리하고 있는 자료 또는 정보로서 사회보장 정책 수행에 필요한 자료 또는 정보

● 다른 법률과의 관계

사회보장에 관한 다른 법률을 제정하거나 개정하는 경우에는 이 법에 부합되도록 하여야 한다.

2. 국가와 지방자치단체의 책임 등 20회 기출

● 국가와 지방자치단체의 책임
- 국가와 지방자치단체는 모든 국민의 인간다운 생활을 유지·증진하는 책임을 가진다.
- 국가와 지방자치단체는 사회보장에 관한 책임과 역할을 합리적으로 분담하여야 한다.
- 국가와 지방자치단체는 국가 발전수준에 부응하고 사회환경의 변화에 선제적으로 대응하며 지속가능한 사회보장제도를 확립하고 매년 이에 필요한 재원을 조달하여야 한다.

● 국가 등과 가정
- 국가와 지방자치단체는 가정이 건전하게 유지되고 그 기능이 향상되도록 노력하여야 한다.
- 국가와 지방자치단체는 사회보장제도를 시행할 때에 가정과 지역공동체의 자발적인 복지활동을 촉진하여야 한다.

● 국민의 책임
- 모든 국민은 자신의 능력을 최대한 발휘하여 자립·자활할 수 있도록 노력하여야 한다.
- 모든 국민은 경제적·사회적·문화적·정신적·신체적으로 보호가 필요하다고 인정되는 사람에게 지속적인 관심을 가지고 이들이 보다 나은 삶을 누릴 수 있는 사회환경 조성에 서로 협력하고 노력하여야 한다.
- 모든 국민은 관계 법령에서 정하는 바에 따라 사회보장급여에 필요한 비용의 부담, 정보의 제공 등 국가의 사회보장정책에 협력하여야 한다.

● 외국인에 대한 적용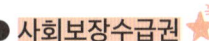
국내에 거주하는 외국인에게 사회보장제도를 적용할 때에는 상호주의의 원칙에 따르되, 관계 법령에서 정하는 바에 따른다.

3. 사회보장에 관한 국민의 권리(사회보장수급권) 23회 기출 22회 기출 21회 기출

● 사회보장수급권 ★꼭!
모든 국민은 사회보장 관계 법령에서 정하는 바에 따라 사회보장급여를 받을 권리를 가진다.

● 사회보장급여의 수준 ★꼭!
- 국가와 지방자치단체는 모든 국민이 건강하고 문화적인 생활을 유지할 수 있도록 사회보장급여의 수준 향상을 위하여 노력하여야 한다.
- 국가는 관계 법령에서 정하는 바에 따라 최저보장수준과 최저임금을 매년 공표하여야 한다.
- 국가와 지방자치단체는 최저보장수준과 최저임금 등을 고려하여 사회보장급여의 수준을 결정하여야 한다.

● 사회보장급여의 신청 및 보호 등
- 사회보장급여를 받으려는 사람은 관계 법령에서 정하는 바에 따라 국가나 지방자치단체에 신청하여야 한다.
- 사회보장수급권은 관계 법령에서 정하는 바에 따라 다른 사람에게 양도하거나 담보로 제공할 수 없으며, 이를 압류할 수 없다.
- 사회보장수급권은 제한되거나 정지될 수 없다. 다만, 관계 법령에서 따로 정하고 있는 경우에는 그러하지 아니하다.

- 사회보장수급권은 정당한 권한이 있는 기관에 서면으로 통지하여 포기할 수 있다. 포기는 취소할 수 있다.

● **불법행위에 대한 구상**

제3자의 불법행위로 피해를 입은 국민이 그로 인하여 사회보장수급권을 가지게 된 경우 사회보장제도를 운영하는 자는 그 불법행위의 책임이 있는 자에 대하여 관계 법령에서 정하는 바에 따라 구상권을 행사할 수 있다.

4. 사회보장 기본계획과 사회보장위원회 23회기출 🏆 22회기출 🏆 21회기출 🏆 20회기출 🏆

● **사회보장 기본계획의 수립**
- 보건복지부장관은 관계 중앙행정기관의 장과 협의하여 사회보장에 관한 기본계획을 5년마다 수립하여야 한다. 이는 사회보장위원회와 국무회의의 심의를 거쳐 확정한다.
- 기본계획에는 '국내외 사회보장환경의 변화와 전망, 사회보장의 기본목표 및 중장기 추진방향, 주요 추진과제 및 추진방법, 필요한 재원의 규모와 조달방안, 사회보장 관련 기금 운용방안, 사회보장 전달체계, 그 밖에 사회보장정책의 추진에 필요한 사항'이 포함되어야 한다.

● **사회보장위원회** ⭐
- 사회보장에 관한 주요시책을 심의 · 조정하기 위하여 국무총리 소속으로 사회보장위원회를 둔다.
- 위원장 1명, 부위원장 3명과 행정안전부장관, 고용노동부장관, 여성가족부장관, 국토교통부장관을 포함한 30명 이내의 위원으로 구성한다. 위원장은 국무총리가 되고 부위원장은 기획재정부장관, 교육부장관 및 보건복지부장관이 된다.
- 위원은 대통령령으로 정하는 관계 중앙행정기관의 장과 근로자를 대표하는 사람, 사용자를 대표하는 사람, 사회보장에 관한 학식과 경험이 풍부한 사람, 변호사 자격이 있는 사람 중에서 대통령이 위촉하는 사람으로 한다. 임기는 2년이다. 다만, 공무원의 임기는 재임기간으로 한다.

5. 사회보장정책의 기본방향

- 평생사회안전망의 구축 · 운영: 국가와 지방자치단체는 모든 국민이 생애 동안 삶의 질을 유지 · 증진할 수 있도록 평생사회안전망을 구축하여야 한다. 국가와 지방자치단체는 평생사회안전망을 구축 · 운영함에 있어 사회적 취약계층을 위한 공공부조를 마련하여 최저생활을 보장하여야 한다.
- 사회서비스 보장: 국가와 지방자치단체는 모든 국민의 인간다운 생활과 자립, 사회참여, 자아실현 등을 지원하여 삶의 질이 향상될 수 있도록 사회서비스에 관한 시책을 마련하여야 한다. 국가와 지방자치단체는 사회서비스 보장과 소득보장이 효과적이고 균형적으로 연계되도록 하여야 한다.
- 소득보장: 국가와 지방자치단체는 다양한 사회적 위험 하에서도 모든 국민들이 인간다운 생활을 할 수 있도록 소득을 보장하는 제도를 마련하여야 한다. 국가와 지방자치단체는 공공부문과 민간부문의 소득보장제도가 효과적으로 연계되도록 하여야 한다.

6. 사회보장제도의 운영원칙 23회기출 🏆 22회기출 🏆 21회기출 🏆 20회기출 🏆

- 보편성: 국가와 지방자치단체가 사회보장제도를 운영할 때에는 이 제도를 필요로 하는 모든 국민에게 적용하여야 한다.

- 형평성: 국가와 지방자치단체는 사회보장제도의 급여수준과 비용부담 등에서 형평성을 유지하여야 한다.
- 민주성: 국가와 지방자치단체는 사회보장제도의 정책 결정 및 시행 과정에 공익의 대표자 및 이해관계인 등을 참여시켜 이를 민주적으로 결정하고 시행하여야 한다.
- 효율성, 연계성 및 전문성: 국가와 지방자치단체가 사회보장제도를 운영할 때에는 국민의 다양한 복지 욕구를 효율적으로 충족시키기 위하여 연계성과 전문성을 높여야 한다.
- 공공성: 사회보험은 국가의 책임으로 시행하고, 공공부조와 사회서비스는 국가와 지방자치단체의 책임으로 시행하는 것을 원칙으로 한다. 다만, 국가와 지방자치단체의 재정 형편 등을 고려하여 이를 협의 · 조정할 수 있다.

7. 사회보장제도의 운영 20회 기출

- 국가와 지방자치단체는 사회보장제도를 신설하거나 변경할 경우 기존 제도와의 관계, 사회보장 전달체계에 미치는 영향, 재원의 규모 · 조달방안을 포함한 재정에 미치는 영향 및 지역별 특성 등을 사전에 충분히 검토하고 상호협력하여 사회보장급여가 중복 또는 누락되지 아니하도록 하여야 한다.
- 중앙행정기관의 장과 지방자치단체의 장은 사회보장제도를 신설하거나 변경할 경우 신설 또는 변경의 타당성, 기존 제도와의 관계, 사회보장 전달체계에 미치는 영향, 지역복지 활성화에 미치는 영향 및 운영방안 등에 대하여 대통령령으로 정하는 바에 따라 보건복지부장관과 협의하여야 한다.
- 국가와 지방자치단체는 사회보장에 대한 민간부문의 참여를 유도할 수 있도록 정책을 개발 · 시행하고 그 여건을 조성하여야 한다.
- 사회보장비용의 부담은 각각의 사회보장제도의 목적에 따라 국가 · 지방자치단체 및 민간부문 간에 합리적으로 조정되어야 한다.
- 국가와 지방자치단체는 모든 국민이 쉽게 이용할 수 있고, 사회보장급여가 적시에 제공되도록 지역적 · 기능적으로 균형잡힌 사회보장 전달체계를 구축하여야 한다.
- 국가와 지방자치단체는 국민의 사회보장수급권의 보장 및 재정의 효율적 운용을 위하여 사회보장급여의 관리체계를 구축 · 운영하여야 한다.
- 보건복지부장관은 사회보장제도의 안정적인 운영을 위하여 중장기 사회보장 재정추계를 적어도 3년마다 실시하고 이를 공표하여야 한다.

기출회독으로 연계 학습하세요

사회보장기본법

기출회독 228

32 문항

실력 CHECK

기본쌓기문제

OX퀴즈

200점 목표 고득점 학습

6장 사회보장급여의 이용·제공 및 수급권자 발굴에 관한 법률

1.2 출제문항수 핵심특강

이 장의 기출포인트

사회보장급여, 사회보장정보, 지역사회보장 운영체계 등 법률의 전반적인 내용을 정리해야 한다. 용어의 정의, 통합사례관리, 한국사회보장정보원, 사회복지전담공무원, 사회보장급여의 신청, 실태조사, 발굴조사, 수급자격 확인을 위한 조사, 사회서비스정보시스템, 이의신청 등에 관한 내용이 출제되었다. 23회 시험에서는 단독문제로는 출제되지 않았고 한 문제에서 사회보장기본법의 내용과 함께 출제되었다.

1. 개요 22회 기출 21회 기출

● 목적

이 법은 사회보장기본법에 따른 사회보장급여의 이용 및 제공에 관한 기준과 절차 등 기본적 사항을 규정하고 지원을 받지 못하는 지원대상자를 발굴하여 지원함으로써 사회보장급여를 필요로 하는 사람의 인간다운 생활을 할 권리를 최대한 보장하고, 사회보장급여가 공정하고 효과적으로 제공되도록 하며, 사회보장제도가 지역사회에서 통합적으로 시행될 수 있도록 그 기반을 구축하는 것을 목적으로 한다.

● 용어의 정의 ★꼭!

- 사회보장급여: 보장기관이 사회보장기본법에 따라 제공하는 현금, 현물, 서비스 및 그 이용권
- 수급권자: 사회보장기본법에 따른 사회보장급여를 제공받을 권리를 가진 사람
- 수급자: 사회보장급여를 받고 있는 사람
- 지원대상자: 사회보장급여를 필요로 하는 사람
- 보장기관: 관계 법령 등에 따라 사회보장급여를 제공하는 국가기관과 지방자치단체

2. 사회보장급여 22회 기출 21회 기출 20회 기출

● 사회보장급여의 신청 ★꼭!

- 지원대상자와 그 친족, 후견인, 청소년상담사·청소년지도사, 지원대상자를 사실상 보호하고 있는 자(관련 기관 및 단체의 장을 포함) 등은 지원대상자의 주소지 관할 보장기관에 사회보장급여를 신청할 수 있다. 다만, 지원대상자의 주소지와 실제 거주지가 다른 경우에는 실제 거주지 관할 보장기관에도 신청할 수 있고, 중앙행정기관의 장이 지원대상자의 이용 편의, 사회보장급여의 제공 유형 등을 고려하여 필요하다고 결정한 사회보장급여의 경우에는 지원대상자의 주소지 관할이 아닌 보장기관에도 신청할 수 있다.
- 보장기관의 업무담당자는 지원대상자가 누락되지 아니하도록 하기 위하여 관할 지역에 거주하는 지원대상자에 대한 사회보장급여의 제공을 직권으로 신청할 수 있다. 이 경우 지원대상자의 동의를 받아야 하며, 동의를 받은 경우에는 지원대상자가 신청한 것으로 본다.
- 보장기관의 업무담당자는 지원대상자가 심신미약 또는 심신상실 등 대통령령으로 정하는 경우에 해당하면 지원대상자의 동의 없이 직권으로 사회보장급여의 제공을 신청할 수 있다. 이 경우 보장기관의 업무담당자는 직권 신청한 사실을 보장기관의 장에게 지체 없이 보고하여야 한다.

● **사회보장급여 제공의 결정**

- 보장기관의 장이 사회보장 요구 및 수급자격의 조사를 실시한 경우에는 사회보장급여의 제공 여부 및 제공 유형을 결정하되, 제공하고자 하는 사회보장급여는 지원대상자가 현재 제공받고 있는 사회보장급여와 보장내용이 중복되도록 하여서는 아니 된다.
- 보장기관의 장은 사회보장급여의 제공 결정에 필요한 경우 지원대상자와 그 친족, 그 밖에 관계인의 의견을 들을 수 있다.
- 보장기관의 장은 결정된 사회보장급여의 제공 여부와 그 유형 및 변경사항 신고의무 등을 서면으로 신청인에게 통지하여야 하며, 필요한 경우 구두 등의 방법을 병행할 수 있다.

● **위기가구의 발굴**

보장기관의 장은 누락된 지원대상자가 적절한 사회보장급여를 제공받을 수 있도록 지원이 필요한 위기가구를 발굴하기 위하여 노력하여야 한다.

● **지원계획의 수립 및 시행**

보장기관의 장은 사회보장급여의 제공을 결정한 때에는 필요한 경우 '사회보장급여의 유형·방법·수량 및 제공기간, 사회보장급여를 제공할 기관 및 단체, 동일한 수급권자에 대하여 사회보장급여를 제공할 보장기관 또는 관계 기관·법인·단체·시설이 둘 이상인 경우 상호간 연계방법, 사회보장 관련 민간 법인·단체·시설이 제공하는 복지혜택과 연계가 필요한 경우 그 연계방법'의 사항이 포함된 수급권자별 사회보장급여 제공계획을 수립하여야 한다. 이 경우 수급권자 또는 그 친족이나 그 밖의 관계인의 의견을 고려하여야 한다.

● **사회보장급여 부정수급 실태조사** ★꼭!

보건복지부장관은 속임수 등의 부정한 방법으로 사회보장급여를 받거나 타인으로 하여금 사회보장급여를 받게 한 경우에 대하여 보장기관이 효과적인 대책을 세울 수 있도록 그 발생 현황, 피해사례 등에 관한 실태조사를 3년마다 실시하고, 그 결과를 공개하여야 한다.

● **사회보장급여의 변경·중지**

- 보장기관의 장은 사회보장급여의 적정성 확인조사 및 수급자의 변동신고에 따라 수급자 및 그 부양의무자의 인적사항, 가족관계, 소득·재산 상태, 근로능력 등에 변동이 있는 경우에는 직권 또는 수급자나 그 친족, 그 밖의 관계인의 신청에 따라 수급자에 대한 사회보장급여의 종류·지급방법 등을 변경할 수 있다.
- 보장기관의 장은 변동으로 수급자에 대한 사회보장급여의 전부 또는 일부가 필요 없게 된 때에는 사회보장급여의 전부 또는 일부를 중지하거나 그 종류·지급방법 등을 변경하여야 한다.

3. 사회보장정보 🏆22회기출 🏆20회기출

● **사회보장정보시스템의 이용 및 구축·운영**

- 보장기관의 장은 업무를 효율적으로 수행하기 위하여 사회보장정보시스템을 이용하거나 관할 업무시스템과 사회보장정보시스템을 연계하여 이용할 수 있다.
- 보장기관의 장은 사회보장정보시스템을 통한 사회보장정보를 이 법에서 정한 목적 외의 용도로 이용하여서는 아니 된다.
- 보건복지부장관은 보장기관이 사회서비스 제공기관의 업무를 전자화하고 업무 수행에 필요한 정보를 통합·연계하여 처리·기록 및 관리하는 정보시스템(사회서비스정보시스템)을 구축·운영할 수 있다.

● 한국사회보장정보원

- 사회보장정보시스템의 운영 · 지원을 위하여 한국사회보장정보원을 설립한다. 한국사회보장정보원은 법인으로 한다.
- 정부는 사회보장급여의 이용 및 제공이 원활히 이루어질 수 있도록 한국사회보장정보원의 설립 · 운영에 필요한 비용을 출연하거나 지원할 수 있다.

● 사회보장정보의 보호대책 수립 · 시행

- 보건복지부장관은 사회보장정보시스템의 사회보장정보를 안전하게 보호하기 위하여 물리적 · 기술적 대책을 포함한 보호대책을 수립 · 시행하여야 한다.
- 한국사회보장정보원의 장은 보호대책을 시행하기 위한 실행계획을 매년 수립하여 보건복지부장관에게 제출하여야 한다.

4. 사회보장에 관한 지역계획 및 운영체계 등

● 지역사회보장에 관한 계획의 수립 및 시행 ★꼭!

- 특별시장 · 광역시장 · 특별자치시장 · 도지사 · 특별자치도지사 및 시장 · 군수 · 구청장은 지역사회보장에 관한 계획을 4년마다 수립하고, 매년 지역사회보장계획에 따라 연차별 시행계획을 수립하여야 한다. 이 경우 사회보장기본법에 따른 사회보장에 관한 기본계획과 연계되도록 하여야 한다.
- 시 · 도지사 또는 시장 · 군수 · 구청장은 지역사회보장계획을 시행하여야 한다.
- 시 · 군 · 구 지역사회보장계획은 다음의 사항을 포함하여야 한다.
  - 지역사회보장 수요의 측정, 목표 및 추진전략
  - 지역사회보장의 목표를 점검할 수 있는 지표의 설정 및 목표
  - 지역사회보장의 분야별 추진전략, 중점 추진사업 및 연계협력 방안
  - 지역사회보장 전달체계의 조직과 운영
  - 사회보장급여의 사각지대 발굴 및 지원 방안
  - 지역사회보장에 필요한 재원의 규모와 조달 방안
  - 지역사회보장에 관련한 통계 수집 및 관리 방안
  - 지역 내 부정수급 발생 현황 및 방지대책
  - 그 밖에 대통령령으로 정하는 사항
- 특별시 · 광역시 · 도 · 특별자치도 지역사회보장계획은 다음의 사항을 포함하여야 한다.
  - 시 · 군 · 구의 사회보장이 균형적이고 효과적으로 추진될 수 있도록 지원하기 위한 목표 및 전략
  - 지역사회보장지표의 설정 및 목표
  - 시 · 군 · 구에서 사회보장급여가 효과적으로 이용 및 제공될 수 있는 기반 구축 방안
  - 시 · 군 · 구 사회보장급여 담당 인력의 양성 및 전문성 제고 방안
  - 지역사회보장에 관한 통계자료의 수집 및 관리 방안
  - 시 · 군 · 구의 부정수급 방지대책을 지원하기 위한 방안
  - 그 밖에 지역사회보장 추진에 필요한 사항
- 특별자치시 지역사회보장계획은 다음의 사항을 포함하여야 한다.
  - 시 · 군 · 구 지역사회보장계획에 포함되어야 할 사항
  - 사회보장급여가 효과적으로 이용 및 제공될 수 있는 기반 구축 방안
  - 사회보장급여 담당 인력의 양성 및 전문성 제고 방안
  - 그 밖에 지역사회보장 추진에 필요한 사항

● 지역사회보장 운영체계 ⭐꼭!

- 시·도지사는 시·도의 사회보장 증진을 위하여 시·도사회보장위원회를 둔다. 시·도사회보장위원회는 '시·도의 지역사회보장계획 수립·시행 및 평가에 관한 사항, 시·도의 지역사회보장조사 및 지역사회보장지표에 관한 사항, 시·도의 사회보장급여 제공에 관한 사항, 시·도의 사회보장 추진과 관련한 중요 사항'을 심의·자문한다.
- 시장·군수·구청장은 지역의 사회보장을 증진하고, 사회보장과 관련된 서비스를 제공하는 관계 기관·법인·단체·시설과 연계·협력을 강화하기 위하여 해당 시·군·구에 지역사회보장협의체를 둔다. 지역사회보장협의체는 '시·군·구의 지역사회보장계획 수립·시행 및 평가에 관한 사항, 시·군·구의 지역사회보장조사 및 지역사회보장지표에 관한 사항, 시·군·구의 사회보장급여 제공에 관한 사항, 시·군·구의 사회보장 추진에 관한 사항, 읍·면·동 단위 지역사회보장협의체의 구성 및 운영에 관한 사항, 그 밖에 위원장이 필요하다고 인정하는 사항'을 심의·자문한다.
- 특별자치시장 및 시장·군수·구청장은 사회보장에 관한 업무를 효율적으로 수행하기 위하여 관련 조직, 인력, 관계 기관 간 협력체계 등을 마련하여야 하며, 필요한 경우에는 사회보장에 관한 사무를 전담하는 기구(사회보장사무 전담기구)를 별도로 설치할 수 있다.
- 통합사례관리를 실시하기 위하여 필요한 경우에는 특별자치시 및 시·군·구에 통합사례관리사를 둘 수 있다.

● 사회복지전담공무원 ⭐꼭!

- 사회복지사업에 관한 업무를 담당하게 하기 위하여 시·도, 시·군·구, 읍·면·동 또는 사회보장사무 전담기구에 사회복지전담공무원을 둘 수 있다.
- 사회복지전담공무원은 사회복지사업법에 따른 사회복지사의 자격을 가진 사람으로 하며, 그 임용 등에 필요한 사항은 대통령령으로 정한다.
- 사회복지전담공무원은 사회보장급여에 관한 업무 중 취약계층에 대한 상담과 지도, 생활실태의 조사 등 보건복지부령으로 정하는 사회복지에 관한 전문적 업무를 담당한다.
- 국가는 사회복지전담공무원의 보수 등에 드는 비용의 전부 또는 일부를 보조할 수 있다.

기출회독으로 연계 학습하세요

기출회독 229

사회보장급여의 이용·제공 및
수급권자 발굴에 관한 법률

9 문항

실력 CHECK

기본쌓기문제

OX퀴즈

7장 사회복지사업법

3.4
출제문항수

핵심특강

7장은 매회 평균 3문제 이상 반드시 출제되는 중요한 장이다. 특히, 사회복지법인(설립허가, 정관, 임원, 재산 등), 사회복지사와 요양보호사 등 사회복지인력(결격사유, 채용의무시설, 보수교육 등), 사회복지시설(설치 및 운영, 보험가입 의무 등) 등이 가장 많이 출제되었다. 그 외에도 기본이념, 사회복지의 날, 사회복지시설 운영위원회, 한국사회복지사협회, 과태료 부과대상, 사회복지사업 관련 법률 등에 관한 문제가 출제된 바 있다.

1. 개요 22회 기출 21회 기출 20회 기출

● 목적

이 법은 사회복지사업에 관한 기본적 사항을 규정하여 사회복지를 필요로 하는 사람에 대하여 인간의 존엄성과 인간다운 생활을 할 권리를 보장하고 사회복지의 전문성을 높이며, 사회복지사업의 공정ㆍ투명ㆍ적정을 도모하고, 지역사회복지의 체계를 구축하고 사회복지서비스의 질을 높여 사회복지의 증진에 이바지함을 목적으로 한다.

● 기본이념

• 사회복지를 필요로 하는 사람은 누구든지 자신의 의사에 따라 서비스를 신청하고 제공받을 수 있다.
• 사회복지법인 및 사회복지시설은 공공성을 가지며 사회복지사업을 시행하는 데 있어서 공공성을 확보하여야 한다.
• 사회복지사업을 시행하는 데 있어서 사회복지를 제공하는 자는 사회복지를 필요로 하는 사람의 인권을 보장하여야 한다.
• 사회복지서비스를 제공하는 자는 필요한 정보를 제공하는 등 사회복지서비스를 이용하는 사람의 선택권을 보장하여야 한다.

● 사회복지사업에 관한 법률 ★꼭!

국민기초생활보장법, 아동복지법, 노인복지법, 장애인복지법, 한부모가족지원법, 영유아보육법, 성매매방지 및 피해자보호 등에 관한 법률, 정신건강증진 및 정신질환자 복지서비스 지원에 관한 법률, 성폭력방지 및 피해자보호 등에 관한 법률, 입양특례법, 일제하 일본군위안부 피해자에 대한 생활안정지원 및 기념사업 등에 관한 법률, 사회복지공동모금회법, 장애인ㆍ노인ㆍ임산부 등의 편의증진 보장에 관한 법률, 가정폭력방지 및 피해자보호 등에 관한 법률, 농어촌주민의 보건복지증진을 위한 특별법, 식품등 기부 활성화에 관한 법률, 의료급여법, 기초연금법, 긴급복지지원법, 다문화가족지원법, 장애인연금법, 장애인활동 지원에 관한 법률, 노숙인 등의 복지 및 자립지원에 관한 법률, 보호관찰 등에 관한 법률, 장애아동 복지지원법, 발달장애인 권리보장 및 지원에 관한 법률, 청소년복지지원법, 스토킹방지 및 피해자보호 등에 관한 법률, 건강가정기본법, 노인 일자리 및 사회활동 지원에 관한 법률, 북한이탈주민의 보호 및 정착지원에 관한 법률, 자살예방 및 생명존중문화 조성을 위한 법률, 장애인ㆍ노인 등을 위한 보조기기 지원 및 활용촉진에 관한 법률, 치매관리법

● 다른 법률과의 관계

사회복지사업의 내용 및 절차 등에 관하여 사회복지사업 법률에 특별한 규정이 있는 경우를 제외하고는 사회복

지사업법에서 정하는 바에 따른다. 사회복지사업 법률을 개정하는 경우에는 사회복지사업법에 부합하도록 하여야 한다.

● **복지와 인권증진의 책임**

- 국가와 지방자치단체는 사회복지서비스를 증진하고, 서비스를 이용하는 사람에 대하여 인권침해를 예방하고 차별을 금지하며 인권을 옹호할 책임을 진다.
- 국가와 지방자치단체는 사회복지서비스와 보건의료서비스를 함께 필요로 하는 사람에게 이들 서비스가 연계되어 제공되도록 노력하여야 한다.
- 국가와 지방자치단체, 그 밖에 사회복지사업을 하는 자는 사회복지를 필요로 하는 사람에 대하여 그 사업과 관련한 상담, 작업치료, 직업훈련 등을 실시하고 필요한 경우에는 주민의 복지 욕구를 조사할 수 있다.
- 국가와 지방자치단체는 도움을 필요로 하는 국민이 본인의 선호와 필요에 따라 적절한 사회복지서비스를 제공받을 수 있도록 사회복지서비스 수요자 등을 고려하여 사회복지시설이 균형 있게 설치되도록 노력하여야 한다.
- 국가와 지방자치단체는 민간부문의 사회복지 증진활동이 활성화되고 국가 및 지방자치단체의 사회복지사업과 민간부문의 사회복지 증진활동이 원활하게 연계될 수 있도록 노력하여야 한다.
- 국가와 지방자치단체는 사회복지를 필요로 하는 사람의 인권이 충분히 존중되는 방식으로 사회복지서비스를 제공하고 사회복지와 관련된 인권교육을 강화하여야 한다.
- 국가와 지방자치단체는 사회복지서비스를 이용하는 사람이 긴급한 인권침해 상황에 놓인 경우 신속히 대응할 체계를 갖추어야 한다.
- 국가와 지방자치단체는 시설 거주자의 희망을 반영하여 지역사회보호체계에서 서비스가 제공될 수 있도록 노력하여야 한다.
- 국가와 지방자치단체는 사회복지서비스를 필요로 하는 사람들에게 사회복지서비스의 실시에 대한 정보를 제공하여야 한다.
- 국가와 지방자치단체는 사회복지서비스를 제공하는 자로부터 위법 또는 부당한 처분을 받아 권리나 이익을 침해당한 사람을 위하여 간이하고 신속한 구제조치를 마련하여야 한다.

● **인권존중 및 최대 봉사의 원칙**

이 법에 따라 복지업무에 종사하는 사람은 그 업무를 수행할 때에 사회복지를 필요로 하는 사람을 위하여 인권을 존중하고 차별 없이 최대로 봉사하여야 한다.

● **사회복지서비스 제공의 원칙** ★꼭!

- 사회복지서비스를 필요로 하는 사람에 대한 사회복지서비스 제공은 현물(現物)로 제공하는 것을 원칙으로 한다.
- 시장·군수·구청장은 국가 또는 지방자치단체 외의 자로 하여금 서비스 제공을 실시하게 하는 경우에는 보호대상자에게 사회복지서비스 이용권을 지급하여 국가 또는 지방자치단체 외의 자로부터 그 이용권으로 서비스 제공을 받게 할 수 있다.
- 국가와 지방자치단체는 사회복지서비스의 품질향상과 원활한 제공을 위하여 필요한 시책을 마련하여야 한다.

● **사회복지 자원봉사활동의 지원·육성**

국가와 지방자치단체는 사회복지 자원봉사활동을 지원·육성하기 위하여 '자원봉사활동의 홍보 및 교육, 자원봉사활동 프로그램의 개발·보급, 자원봉사활동 중의 재해에 대비한 시책의 개발, 그 밖에 자원봉사활동의 지원에 필요한 사항'을 실시하여야 한다.

● 사회복지의 날 ★

국가는 국민의 사회복지에 대한 이해를 증진하고 사회복지사업 종사자의 활동을 장려하기 위하여 매년 9월 7일을 사회복지의 날로 하고, 사회복지의 날부터 1주간을 사회복지주간으로 한다.

2. 사회복지사 🏆 23회기출 🏆 22회기출 🏆 21회기출 🏆 20회기출

● 사회복지사 자격증의 발급 ★

보건복지부장관은 사회복지에 관한 전문지식과 기술을 가진 사람에게 사회복지사 자격증을 발급할 수 있다. 사회복지사의 등급은 1·2급으로 하고 사회복지사 1급 자격증을 받으려는 사람은 국가시험에 합격하여야 한다. 정신건강·의료·학교 영역에 대해서는 영역별로 정신건강사회복지사·의료사회복지사·학교사회복지사의 자격을 부여할 수 있다.

● 사회복지사의 결격사유 ★

- 피성년후견인
- 금고 이상의 실형을 선고받고 그 집행이 끝나거나(집행이 끝난 것으로 보는 경우를 포함) 집행이 면제되지 아니한 사람
- 금고 이상의 형의 집행유예를 선고받고 그 유예기간 중에 있는 사람
- 법원의 판결에 따라 자격이 상실되거나 정지된 사람
- 마약·대마 또는 향정신성의약품의 중독자
- 정신건강증진 및 정신질환자 복지서비스 지원에 관한 법률에 따른 정신질환자(다만, 전문의가 사회복지사로서 적합하다고 인정하는 사람은 제외)

● 사회복지사의 자격취소 등 ★

- 보건복지부장관은 사회복지사가 '거짓이나 그 밖의 부정한 방법으로 자격을 취득한 경우, 사회복지사의 결격사유 중 어느 하나에 해당하게 된 경우, 자격증을 대여·양도 또는 위조·변조한 경우, 사회복지사의 업무수행 중 그 자격과 관련하여 고의나 중대한 과실로 다른 사람에게 손해를 입힌 경우, 자격정지 처분을 3회 이상 받았거나 정지 기간 종료 후 3년 이내에 다시 자격정지 처분에 해당하는 행위를 한 경우, 자격정지 처분 기간에 자격증을 사용하여 자격 관련 업무를 수행한 경우'에는 그 자격을 취소하거나 1년의 범위에서 정지시킬 수 있다.
- 다만, 사회복지사가 '거짓이나 그 밖의 부정한 방법으로 자격을 취득한 경우, 사회복지사의 결격사유 중 어느 하나에 해당하게 된 경우, 자격증을 대여 및 양도 또는 위조 및 변조한 경우'에는 그 자격을 반드시 취소하여야 한다.

● 사회복지사 의무채용시설이 아닌 경우

- 노인복지법에 따른 노인여가복지시설(노인복지관은 제외)
- 장애인복지법에 따른 장애인 지역사회재활시설 중 수화통역센터, 점자도서관, 점자도서 및 녹음서 출판시설
- 영유아보육법에 따른 어린이집
- 성매매방지 및 피해자보호 등에 관한 법률에 따른 성매매피해자등을 위한 지원시설 및 성매매피해상담소
- 정신건강증진 및 정신질환자 복지서비스 지원에 관한 법률에 따른 정신요양시설 및 정신재활시설
- 성폭력방지 및 피해자보호 등에 관한 법률에 따른 성폭력피해상담소

● **사회복지사 보수교육** ⭐

- 사회복지법인 또는 사회복지시설에 종사하는 사회복지사는 연간 8시간 이상의 보수교육을 받아야 한다. 보수교육에는 사회복지윤리 및 인권보호, 사회복지정책 및 사회복지실천기술 등이 포함되어야 한다.
- 사회복지법인 또는 사회복지시설을 운영하는 자는 그 법인 또는 시설에 종사하는 사회복지사에 대하여 정기적인 보수교육을 이유로 불리한 처분을 하여서는 안 된다.

3. 사회복지법인 🏆 23회 기출 🏆 22회 기출 🏆 21회 기출 🏆 20회 기출

● **사회복지법인의 설립** ⭐

사회복지법인을 설립하려는 자는 대통령령으로 정하는 바에 따라 시·도지사의 허가를 받아야 한다.

● **임원의 구성 및 요건** ⭐

- 법인은 대표이사를 포함한 이사 7명 이상과 감사 2명 이상을 두어야 한다. 법인은 이사 정수의 3분의 1(소수점 이하 버림) 이상을 시·도사회보장위원회, 지역사회보장협의체의 어느 하나에 해당하는 기관이 3배수로 추천한 사람 중에서 선임하여야 한다.
- 시·도사회보장위원회, 지역사회보장협의체는 이사를 추천하기 위하여 매년 '사회복지 또는 보건의료에 관한 학식과 경험이 풍부한 사람, 사회복지를 필요로 하는 사람의 이익 등을 대표하는 사람, 비영리민간단체에서 추천한 사람, 사회복지공동모금지회에서 추천한 사람'의 어느 하나에 해당하는 사람으로 이사 후보군을 구성하여 공고하여야 한다. 다만, 사회복지법인의 대표자, 사회복지사업을 하는 비영리법인 또는 단체의 대표자, 지역사회보장협의체의 대표자는 제외한다.
- 이사회의 구성에 있어서 대통령령으로 정하는 특별한 관계에 있는 사람이 이사 현원의 5분의 1을 초과할 수 없다.
- 이사 또는 감사 중 결원이 생긴 때에는 2개월 이내에 보충해야 한다.
- 이사는 법인이 설치한 사회복지시설의 장을 제외한 그 시설의 직원을 겸할 수 없다. 감사는 법인의 이사, 법인이 설치한 사회복지시설의 장 또는 그 직원을 겸할 수 없다.

● **사회복지법인의 재산 구분**

- 기본재산: 부동산, 정관에서 기본재산으로 정한 재산, 이사회의 결의에 의하여 기본재산으로 편입된 재산
- 목적사업용 기본재산: 법인이 사회복지시설 등을 설치하는 데 직접 사용하는 기본재산
- 수익용 기본재산: 법인이 그 수익으로 목적사업의 수행에 필요한 경비를 충당하기 위한 기본재산
- 보통재산: 기본재산이 아닌 그 밖의 재산

● **법인의 설립허가 취소**

시·도지사는 법인이 '거짓이나 그 밖의 부정한 방법으로 설립허가를 받았을 때, 설립허가 조건을 위반하였을 때, 목적 달성이 불가능하게 되었을 때, 목적사업 외의 사업을 하였을 때, 정당한 사유 없이 설립허가를 받은 날부터 6개월 이내에 목적사업을 시작하지 아니하거나 1년 이상 사업실적이 없을 때, 법인이 운영하는 시설에서 반복적 또는 집단적 성폭력범죄 및 학대관련범죄가 발생한 때, 법인이 운영하는 시설에서 중대하고 반복적인 회계부정이나 불법행위가 발생한 때, 법인 설립 후 기본재산을 출연하지 아니한 때, 임원정수를 위반한 때, 임원 선임 규정을 위반하여 이사를 선임한 때, 임원의 해임명령을 이행하지 아니한 때, 그 밖에 이 법 또는 이 법에 따른 명령이나 정관을 위반하였을 때'에는 기간을 정하여 시정명령을 하거나 설립허가를 취소할 수 있다. 다만, 거짓이나 그 밖의 부정한 방법으로 설립허가를 받았을 때 또는 법인 설립 후 기본재산을 출연하지 아니한 때에는 설립허가를 취소하여야 한다.

● 수익사업

- 법인은 목적사업의 경비에 충당하기 위하여 필요할 때에는 법인의 설립 목적 수행에 지장이 없는 범위에서 수익사업을 할 수 있다.
- 법인은 수익사업에서 생긴 수익을 법인 또는 법인이 설치한 사회복지시설의 운영 외의 목적에 사용할 수 없다.
- 수익사업에 관한 회계는 법인의 다른 회계와 구분하여 회계처리하여야 한다.

● 합병

법인은 시·도지사의 허가를 받아 이 법에 따른 다른 법인과 합병할 수 있다. 다만, 주된 사무소가 서로 다른 특별시·광역시·특별자치시·도·특별자치도에 소재한 법인 간의 합병의 경우에는 보건복지부장관의 허가를 받아야 한다.

4. 사회복지시설 ^{23회 기출 🏆 22회 기출 🏆 21회 기출 🏆 20회 기출 🏆}

● 시설의 설치 ⭐^{꼭!}

- 국가나 지방자치단체는 사회복지시설을 설치·운영할 수 있다. 국가나 지방자치단체가 설치한 시설은 필요한 경우 사회복지법인이나 비영리법인에 위탁하여 운영하게 할 수 있다.
- 국가 또는 지방자치단체 외의 자가 시설을 설치·운영하려는 경우에는 보건복지부령으로 정하는 바에 따라 시장·군수·구청장에게 신고하여야 한다. 다만, '폐쇄명령을 받고 3년이 지나지 아니한 자, 사회복지법인 임원의 결격사유의 어느 하나에 해당하는 개인 또는 그 개인이 임원인 법인'에 해당하는 자는 시설의 설치·운영 신고를 할 수 없다.

● 보험가입 의무

- 시설의 운영자는 화재로 인한 손해배상책임과 화재 외의 안전사고로 인하여 생명·신체에 피해를 입은 보호대상자에 대한 손해배상책임을 이행하기 위하여 손해보험회사의 책임보험에 가입하거나 한국사회복지공제회의 책임공제에 가입하여야 한다.
- 국가나 지방자치단체는 예산의 범위에서 책임보험 또는 책임공제의 가입에 드는 비용의 전부 또는 일부를 보조할 수 있다.

● 사회복지관의 서비스 우선제공 대상 ⭐^{꼭!}

국민기초생활보장법에 따른 수급자 및 차상위계층, 장애인·노인·한부모가족 및 다문화가족, 직업 및 취업 알선이 필요한 사람, 보호와 교육이 필요한 유아·아동 및 청소년, 그 밖에 사회복지관의 사회복지서비스를 우선 제공할 필요가 있다고 인정되는 사람

● 운영위원회

- 운영위원회의 위원은 위원장을 포함하여 5명 이상 15명 이하의 위원으로 구성한다.
- 심의사항: 시설운영계획의 수립·평가에 관한 사항, 사회복지프로그램의 개발·평가에 관한 사항, 시설종사자의 근무환경 개선에 관한 사항, 시설거주자의 생활환경 개선 및 고충 처리 등에 관한 사항, 시설종사자와 거주자의 인권보호 및 권익증진에 관한 사항, 시설과 지역사회와의 협력에 관한 사항, 그 밖에 시설의 장이 회의에 부치는 사항

● **시설 수용인원 제한**

각 시설의 수용인원은 300명을 초과할 수 없다. 다만, '노인복지법에 따른 노인주거복지시설 중 양로시설과 노인복지주택, 노인복지법에 따른 노인의료복지시설 중 노인요양시설, 보건복지부장관이 사회복지시설의 종류 및 지역별 사회복지시설의 수 및 지역별·종류별 사회복지서비스 수요 및 사회복지사업 관련 종사자의 수 등을 고려하여 정하여 고시하는 기준에 적합하다고 시장·군수·구청장이 인정하는 사회복지시설'은 300명을 초과할 수 있다.

5. 법정단체

● **한국사회복지사협회**

- 사회복지사는 사회복지에 관한 전문지식과 기술을 개발·보급하고 사회복지사의 자질향상을 위한 교육훈련 및 사회복지사의 복지증진을 도모하기 위하여 한국사회복지사협회를 설립한다. 협회는 법인으로 하며, 이 법에 규정된 사항을 제외하고는 민법 중 사단법인에 관한 규정을 준용한다.
- 한국사회복지사협회의 업무는 '사회복지사에 대한 전문지식 및 기술의 개발·보급, 사회복지사의 전문성 향상을 위한 교육훈련, 사회복지사제도에 대한 조사연구·학술대회개최 및 홍보·출판사업, 국제사회복지사단체와의 교류·협력, 보건복지부장관이 위탁하는 사회복지사업에 관한 업무, 기타 협회의 목적달성에 필요한 사항'이 있다.

● **한국사회복지협의회**

- 사회복지에 관한 업무를 수행하기 위하여 전국 단위의 한국사회복지협의회(중앙협의회), 시·도 단위의 시·도 사회복지협의회(시·도협의회) 및 시·군·구(자치구) 단위의 시·군·구 사회복지협의회(시·군·구협의회)를 둔다.
- 중앙협의회, 시·도협의회 및 시·군·구 협의회는 이 법에 따른 사회복지법인으로 하되, "법인은 사회복지사업의 운영에 필요한 재산을 소유하여야 한다"는 조항은 적용하지 아니한다.
- 중앙협의회 설립 및 운영 등에 관한 허가, 인가, 보고 등은 보건복지부장관에게 한다.

기출회독으로 연계 학습하세요

사회복지사업법

기출회독 230

35문항

실력 CHECK

기본쌓기문제

OX퀴즈

8장 공공부조법

3.8
출제문항수 | 핵심특강

이 장의 기출포인트

각 법률의 전반적인 사항을 모두 꼼꼼하게 정리해야 한다. 특히, 최근 시험에서 국민기초생활보장법은 매회 1~2문제가 빠지지 않고 출제되고 있으며, 기초연금법도 거의 매회 출제되고 있다. 의료급여법, 긴급복지지원법은 간헐적으로 출제되는 경향을 보인다. 장애인연금법은 신규 제정된 이후 아직 출제되지 않았다. 최근 시험에서는 시행령이나 시행규칙 등 법률의 세부적인 내용까지 출제되는 경향을 보이기 때문에 꼼꼼하게 살펴봐야 한다.

1. 국민기초생활보장법 23회 기출 🏆 22회 기출 🏆 21회 기출 🏆 20회 기출 🏆

● 목적

생활이 어려운 사람에게 필요한 급여를 실시하여 이들의 최저생활을 보장하고 자활을 돕는 것을 목적으로 한다.

● 용어의 정의

- 보장기관: 급여를 실시하는 국가 또는 지방자치단체
- 부양의무자: 수급권자를 부양할 책임이 있는 사람으로서 수급권자의 1촌의 직계혈족 및 그 배우자(다만, 사망한 1촌의 직계혈족의 배우자는 제외)
- 최저보장수준: 국민의 소득·지출 수준과 수급권자의 가구 유형 등 생활실태, 물가상승률 등을 고려하여 급여의 종류별로 공표하는 금액이나 보장수준
- 소득인정액: 보장기관이 급여의 결정 및 실시 등에 사용하기 위하여 산출한 개별가구의 소득평가액과 재산의 소득환산액을 합산한 금액
- 최저생계비: 국민이 건강하고 문화적인 생활을 유지하기 위하여 필요한 최소한의 비용으로서 보건복지부장관이 계측하는 금액
- 기준 중위소득: 보건복지부장관이 급여의 기준 등에 활용하기 위하여 중앙생활보장위원회의 심의·의결을 거쳐 고시하는 국민 가구소득의 중위값
- 차상위계층: 수급권자(특례 수급권자로 보는 사람은 제외)에 해당하지 아니하는 계층으로서 소득인정액이 기준 중위소득의 100분의 50 이하인 사람

● 급여의 기본원칙

- 수급자가 자신의 생활의 유지·향상을 위하여 그의 소득, 재산, 근로능력 등을 활용하여 최대한 노력하는 것을 전제로 이를 보충·발전시키는 것을 기본원칙으로 한다.
- 부양의무자의 부양과 다른 법령에 따른 보호는 이 법에 따른 급여에 우선하여 행하여지는 것으로 한다. 다만, 다른 법령에 따른 보호의 수준이 이 법에서 정하는 수준에 이르지 아니하는 경우에는 나머지 부분에 관하여 이 법에 따른 급여를 받을 권리를 잃지 아니한다.

● 급여의 기준 등 ⭐ 꼭!

- 급여는 건강하고 문화적인 최저생활을 유지할 수 있는 것이어야 한다.
- 급여의 기준은 수급자의 연령, 가구 규모, 거주지역, 그 밖의 생활여건 등을 고려하여 급여의 종류별로 보건복지부장관이 정하거나 급여를 지급하는 중앙행정기관의 장이 보건복지부장관과 협의하여 정한다.

- 보장기관은 이 법에 따른 급여를 개별가구 단위로 실시하되, 장애인복지법에 따라 등록한 장애인 중 장애의 정도가 심한 장애인으로서 보건복지부장관이 정하는 사람에 대한 급여 등 특히 필요하다고 인정하는 경우에는 개인 단위로 실시할 수 있다.
- 지방자치단체인 보장기관은 해당 지방자치단체의 조례로 정하는 바에 따라 이 법에 따른 급여의 범위 및 수준을 초과하여 급여를 실시할 수 있다. 이 경우 해당 보장기관은 보건복지부장관 및 소관 중앙행정기관의 장에게 알려야 한다.
- 보건복지부장관 또는 소관 중앙행정기관의 장은 급여의 종류별 수급자 선정기준 및 최저보장수준을 결정하여야 한다.
- 보건복지부장관 또는 소관 중앙행정기관의 장은 매년 8월 1일까지 중앙생활보장위원회의 심의 · 의결을 거쳐 다음 연도의 급여의 종류별 수급자 선정기준 및 최저보장수준을 공표하여야 한다.

● 급여의 종류 ★ 꼭!

- 수급권자에 대한 급여는 수급자의 필요에 따라 생계급여부터 자활급여까지의 급여의 전부 또는 일부를 실시하는 것으로 한다.
- 차상위계층에 속하는 사람(차상위자)에 대한 급여는 보장기관이 차상위자의 가구별 생활여건을 고려하여 예산의 범위에서 주거급여, 의료급여, 교육급여, 장제급여, 자활급여의 전부 또는 일부를 실시할 수 있다. 차상위자에게 지급하는 급여는 자활급여로 한다.
- 생계급여: 생계급여는 수급자에게 의복, 음식물 및 연료비와 그 밖에 일상생활에 기본적으로 필요한 금품을 지급하여 그 생계를 유지하게 하는 것으로 한다. 수급권자는 그 소득인정액이 생계급여 선정기준 이하인 사람으로 하며, 이 경우 생계급여 선정기준은 기준 중위소득의 100분의 30 이상으로 한다(현재 제도상 생계급여 수급권자: 기준 중위소득의 32% 이하인 사람).
- 주거급여: 주거급여는 수급자에게 주거 안정에 필요한 임차료, 수선유지비, 그 밖의 수급품을 지급하는 것으로 한다. 수급권자는 그 소득인정액이 주거급여 선정기준 이하인 사람으로 하며, 이 경우 주거급여 선정기준은 기준 중위소득의 100분의 43 이상으로 한다(현재 제도상 주거급여 수급권자: 기준 중위소득의 48% 이하인 사람). 주거급여에 관하여 필요한 사항은 따로 법률(주거급여법)에서 정한다.
- 의료급여: 의료급여는 수급자에게 건강한 생활을 유지하는 데 필요한 각종 검사 및 치료 등을 지급하는 것으로 한다. 수급권자는 부양의무자가 없거나, 부양의무자가 있어도 부양능력이 없거나 부양을 받을 수 없는 사람으로서 그 소득인정액이 의료급여 선정기준 이하인 사람으로 하며, 이 경우 의료급여 선정기준은 기준 중위소득의 100분의 40 이상으로 한다(현재 제도상 의료급여 수급권자: 기준 중위소득의 40% 이하인 사람). 의료급여에 필요한 사항은 따로 법률(의료급여법)에서 정한다.
- 교육급여: 교육급여는 수급자에게 입학금, 수업료, 학용품비, 그 밖의 수급품을 지급하는 것으로 하되, 학교의 종류 · 범위 등에 관하여 필요한 사항은 대통령령으로 정한다. 수급권자는 그 소득인정액이 교육급여 선정기준 이하인 사람으로 하며, 이 경우 교육급여 선정기준은 기준 중위소득의 100분의 50 이상으로 한다(현재 제도상 교육급여 수급권자: 기준 중위소득의 50% 이하인 사람).
- 해산급여: 생계급여, 주거급여, 의료급여 중 하나 이상의 급여를 받는 수급자에게 조산이나 분만 전과 분만 후에 필요한 조치와 보호를 실시하는 것으로 한다.
- 장제급여: 장제급여는 생계급여, 주거급여, 의료급여 중 하나 이상의 급여를 받는 수급자가 사망한 경우 사체의 검안(檢案) · 운반 · 화장 또는 매장, 그 밖의 장제조치를 하는 것으로 한다.
- 자활급여: 자활급여는 수급자의 자활을 돕기 위하여 실시하는 급여를 말한다.

● 보장기관 및 생활보장위원회

- 보장기관: 이 법에 따른 급여를 실시하는 국가 또는 지방자치단체를 말한다. 급여는 수급권자 또는 수급자의 거주지를 관할하는 시 · 도지사와 시장 · 군수 · 구청장(교육급여인 경우에는 특별시 · 광역시 · 특별자치

시·도·특별자치도의 교육감을 말한다)이 실시한다. 다만, 주거가 일정하지 아니한 경우에는 수급권자 또는 수급자가 실제 거주하는 지역을 관할하는 시장·군수·구청장이 실시한다.

- 생활보장위원회: 생활보장사업의 기획·조사·실시 등에 관한 사항을 심의·의결하기 위하여 보건복지부와 시·도 및 시·군·구에 각각 생활보장위원회를 둔다.

● 급여의 신청 및 실시

- 수급권자와 그 친족, 그 밖의 관계인은 관할 시장·군수·구청장에게 수급권자에 대한 급여를 신청할 수 있다. 사회복지전담공무원은 이 법에 따른 급여를 필요로 하는 사람이 누락되지 아니하도록 하기 위하여 관할지역에 거주하는 수급권자에 대한 급여를 직권으로 신청할 수 있다. 이 경우 수급권자의 동의를 구하여야 하며 수급권자의 동의는 수급권자의 신청으로 볼 수 있다.
- 시장·군수·구청장은 급여신청이 있는 경우에는 사회복지전담공무원으로 하여금 급여의 결정 및 실시 등에 필요한 사항을 조사하게 하거나 수급권자에게 보장기관이 지정하는 의료기관에서 검진을 받게 할 수 있다.
- 시장·군수·구청장은 수급자 및 수급자에 대한 급여의 적정성을 확인하기 위하여 매년 연간조사계획을 수립하고 관할구역의 수급자를 대상으로 매년 1회 이상 정기적으로 조사하여야 하며, 특히 필요하다고 인정하는 경우에는 보장기관이 지정하는 의료기관에서 검진을 받게 할 수 있다.
- 시장·군수·구청장은 조사를 하였을 때에는 지체 없이 급여 실시 여부와 급여의 내용을 결정하여야 한다. 차상위계층을 조사한 시장·군수·구청장은 급여개시일이 속하는 달에 급여 실시 여부와 급여 내용을 결정하여야 한다. 급여 실시 및 급여 내용이 결정된 수급자에 대한 급여는 급여의 신청일부터 시작한다.

2. 의료급여법 23회 기출 22회 기출 20회 기출

● 목적

생활이 어려운 사람에게 의료급여를 함으로써 국민보건의 향상과 사회복지의 증진에 이바지함을 목적으로 한다.

● 수급권자 꼭!

- 국민기초생활보장법에 따른 의료급여 수급자
- 재해구호법에 따른 이재민으로서 보건복지부장관이 의료급여가 필요하다고 인정한 사람
- 의사상자 등 예우 및 지원에 관한 법률에 따라 의료급여를 받는 사람
- 국내입양에 관한 특별법에 따라 입양된 18세 미만의 아동
- 독립유공자예우에 관한 법률, 국가유공자 등 예우 및 지원에 관한 법률 및 보훈보상대상자 지원에 관한 법률의 적용을 받고 있는 사람과 그 가족으로서 국가보훈부장관이 의료급여가 필요하다고 추천한 사람 중에서 보건복지부장관이 의료급여가 필요하다고 인정한 사람
- 무형유산의 보전 및 진흥에 관한 법률에 따라 지정된 국가무형유산의 보유자(명예보유자를 포함)와 그 가족으로서 국가유산청장이 의료급여가 필요하다고 추천한 사람 중에서 보건복지부장관이 의료급여가 필요하다고 인정한 사람
- 북한이탈주민의 보호 및 정착지원에 관한 법률의 적용을 받고 있는 사람과 그 가족으로서 보건복지부장관이 의료급여가 필요하다고 인정한 사람
- 5·18민주화운동 관련자 보상 등에 관한 법률에 따라 보상금등을 받은 사람과 그 가족으로서 보건복지부장관이 의료급여가 필요하다고 인정한 사람
- 노숙인 등의 복지 및 자립지원에 관한 법률에 따른 노숙인 등으로서 보건복지부장관이 의료급여가 필요하다고 인정한 사람
- 그 밖에 생활유지 능력이 없거나 생활이 어려운 사람으로서 대통령령으로 정하는 사람

● **의료급여의 내용** ⭐꼭!

수급권자의 질병·부상·출산 등에 대한 의료급여의 내용은 진찰·검사, 약제·치료재료의 지급, 처치·수술과 그 밖의 치료, 예방·재활, 입원, 간호, 이송과 그 밖의 의료목적의 달성을 위한 조치이다.

● **의료급여의 제한 및 중지**

- 수급권자가 업무 또는 공무로 생긴 질병·부상·재해로 다른 법령에 따른 급여나 보상 또는 보상을 받게 되는 경우에는 이 법에 따른 의료급여를 하지 아니한다. 수급권자가 다른 법령에 따라 국가나 지방자치단체 등으로부터 의료급여에 상당하는 급여 또는 비용을 받게 되는 경우에는 그 한도에서 이 법에 따른 의료급여를 하지 아니한다.
- 시장·군수·구청장은 수급권자가 자신의 고의 또는 중대한 과실로 인한 범죄행위에 그 원인이 있거나 고의로 사고를 일으켜 의료급여가 필요하게 된 경우와 정당한 이유없이 이 법의 규정이나 의료급여기관의 진료에 관한 지시에 따르지 아니한 경우에는 의료급여를 하지 아니한다.
- 시장·군수·구청장은 수급권자가 수급권자에 대한 의료급여가 필요 없게 된 경우, 수급권자가 의료급여를 거부한 경우에는 의료급여를 중지하여야 한다. 시장·군수·구청장은 의료급여를 거부한 경우에는 수급권자가 속한 가구원 전부에 대하여 의료급여를 중지하여야 한다.

● **의료급여기관** ⭐꼭!

의료급여는 '의료법에 따라 개설된 의료기관, 지역보건법에 따라 설치된 보건소·보건의료원 및 보건지소, 농어촌 등 보건의료를 위한 특별조치법에 따라 설치된 보건진료소, 약사법에 따라 개설 등록된 약국 및 한국희귀·필수의약품센터'에서 실시한다.

● **급여비용의 본인부담**

급여비용은 대통령령으로 정하는 바에 따라 그 전부 또는 일부를 의료급여기금에서 부담하되, 의료급여기금에서 일부를 부담하는 경우 그 나머지 비용은 본인이 부담한다.

3. 긴급복지지원법 21회 기출🏆 20회 기출🏆

● **목적**

생계곤란 등의 위기상황에 처하여 도움이 필요한 사람을 신속하게 지원함으로써 이들이 위기상황에서 벗어나 건강하고 인간다운 생활을 하게 함을 목적으로 한다.

● **기본원칙**

- 이 법에 따른 지원은 위기상황에 처한 사람에게 일시적으로 신속하게 지원하는 것을 기본원칙으로 한다.
- 재해구호법, 국민기초생활보장법, 의료급여법, 사회복지사업법, 가정폭력방지 및 피해자보호 등에 관한 법률, 성폭력방지 및 피해자보호 등에 관한 법률 등 다른 법률에 따라 이 법에 따른 지원 내용과 동일한 내용의 구호·보호 또는 지원을 받고 있는 경우에는 이 법에 의한 지원을 하지 아니한다(타급여 우선의 원칙).

● **위기상황** ⭐꼭!

본인 또는 본인과 생계 및 주거를 같이 하고 있는 가구구성원이 다음 중 어느 하나에 해당하는 사유로 인하여 생계유지 등이 어렵게 된 것을 말한다.

- 주소득자가 사망, 가출, 행방불명, 구금시설에 수용되는 등의 사유로 소득을 상실한 경우

- 중한 질병 또는 부상을 당한 경우
- 가구구성원으로부터 방임 · 유기되거나 학대 등을 당한 경우
- 가정폭력을 당하여 가구구성원과 함께 원만한 가정생활을 하기 곤란하거나 가구구성원으로부터 성폭력을 당한 경우
- 화재 또는 자연재해 등으로 인하여 거주하는 주택 또는 건물에서 생활하기 곤란하게 된 경우
- 주소득자 또는 부소득자의 휴업, 폐업 또는 사업장의 화재 등으로 인하여 실질적인 영업이 곤란하게 된 경우
- 주소득자 또는 부소득자의 실직으로 소득으로 상실한 경우
- 보건복지부령으로 정하는 기준에 따라 지방자치단체의 조례로 정한 사유가 발생한 경우
- 그 밖에 보건복지부장관이 정하여 고시하는 경우

● 긴급지원 대상자
- 위기상황에 처한 사람으로서 이 법에 따른 지원이 긴급하게 필요한 사람을 말한다.
- 국내에 체류하고 있는 외국인 중 '대한민국 국민과 혼인 중인 사람, 대한민국 국민인 배우자와 이혼하거나 그 배우자가 사망한 사람으로서 대한민국 국적을 가진 직계존비속을 돌보고 있는 사람, 난민법에 따른 난민으로 인정된 사람, 본인의 귀책사유 없이 화재 · 범죄 · 천재지변으로 피해를 입은 사람, 그 밖에 보건복지부장관이 긴급한 지원이 필요하다고 인정하는 사람'이 위기상황에 처한 경우에는 긴급지원 대상자가 된다.

● 급여의 종류 🌟꼭!
- 금전 또는 현물 등의 직접지원
  - 생계지원: 식료품비 · 의복비 등 생계유지에 필요한 비용 또는 현물 지원
  - 의료지원: 각종 검사 및 치료 등 의료서비스 지원
  - 주거지원: 임시거소 제공 또는 이에 해당하는 비용 지원
  - 사회복지시설 이용 지원: 사회복지사업법에 따른 사회복지시설 입소 또는 이용 서비스의 제공이나 이에 필요한 비용 지원
  - 교육지원: 초 · 중 · 고등학생의 수업료, 입학금, 학교운영지원비 및 학용품비 등 필요한 비용 지원
  - 그 밖의 지원: 연료비 및 해산비 그 밖에 보건복지부장관이 정하는 지원
- 민간기관 · 단체와의 연계 등의 지원
  - 대한적십자사, 사회복지공동모금회 등의 사회복지기관 · 단체와의 연계 지원
  - 상담 · 정보제공, 그 밖의 지원

● 긴급지원의 기간
- 생계지원에 따른 긴급지원은 3개월간, 주거지원 · 사회복지시설 이용 지원 · 그 밖의 지원(연료비나 그 밖에 위기상황의 극복에 필요한 비용 또는 현물 지원)에 따른 긴급지원은 1개월간의 생계유지 등에 필요한 지원으로 한다. 다만, 주거지원, 사회복지시설 이용 지원, 그 밖의 지원에 따른 긴급지원은 시장 · 군수 · 구청장이 긴급지원대상자의 위기상황이 계속된다고 판단하는 경우에는 1개월씩 두 번의 범위에서 기간을 연장할 수 있다.
- 의료지원은 위기상황의 원인이 되는 질병 또는 부상을 검사 · 치료하기 위한 범위에서 한 번 실시하고, 교육지원도 한 번 실시한다.
- 시장 · 군수 · 구청장은 위 규정에 의한 지원에도 불구하고 위기상황이 계속되는 경우에는 긴급지원심의위원회의 심의를 거쳐 지원을 연장할 수 있다. 이 경우 생계지원, 사회복지시설 이용 지원, 그 밖의 지원은 규정된 지원기간을 합하여 총 6개월을 초과해서는 안 되고, 주거지원은 규정된 지원기간을 합하여 총 12개월을 초과해서는 안 되며, 의료지원은 규정된 지원횟수를 합하여 총 2번, 교육지원은 규정된 지원횟수를 합하여 총 4번을 초과하여서는 안 된다.

4. 기초연금법 🏆 23회 기출 🏆 22회 기출 🏆 20회 기출

● 목적

노인에게 기초연금을 지급하여 안정적인 소득기반을 제공함으로써 노인의 생활안정을 지원하고 복지를 증진함을 목적으로 한다.

● 지급대상 ⭐꼭!

- 65세 이상인 사람으로서 소득인정액이 선정기준액(보건복지부장관이 정하여 고시하는 금액) 이하인 사람에게 지급한다.
- 보건복지부장관은 선정기준액을 정하는 경우 65세 이상인 사람 중 기초연금 수급자가 100분의 70 수준이 되도록 한다.

● 지급 신청, 결정, 지급

- 기초연금을 지급받으려는 사람(기초연금 수급희망자) 또는 대리인(배우자, 자녀, 형제자매, 친족 등), 관계공무원은 특별자치시장 · 특별자치도지사 · 시장 · 군수 · 구청장에게 기초연금의 지급을 신청할 수 있다.
- 특별자치시장 · 특별자치도지사 · 시장 · 군수 · 구청장은 조사를 한 후 기초연금 수급권의 발생 · 변경 · 상실 등을 결정한다. 결정을 한 경우에는 그 결정 내용을 서면으로 그 이유를 구체적으로 밝혀 기초연금 수급권자에게 지체 없이 통지하여야 한다.
- 특별자치시장 · 특별자치도지사 · 시장 · 군수 · 구청장은 기초연금 수급권자로 결정한 사람에 대하여 기초연금의 지급을 신청한 날이 속하는 달부터 기초연금 수급권을 상실한 날이 속하는 달까지 매월 정기적으로 기초연금을 지급한다.
- 기초연금의 지급이 정지된 기간에는 기초연금을 지급하지 아니한다.

● 기초연금 지급의 정지 및 수급권의 상실 ⭐꼭!

- 지급의 정지: 특별자치시장 · 특별자치도지사 · 시장 · 군수 · 구청장은 '기초연금 수급자가 금고 이상의 형을 선고받고 교정시설 또는 치료감호시설에 수용되어 있는 경우, 기초연금 수급자가 행방불명되거나 실종되는 등 대통령령으로 정하는 바에 따라 사망한 것으로 추정되는 경우, 기초연금 수급자의 국외 체류기간이 60일 이상 지속되는 경우, 그 밖에 위에서 언급한 세 가지 경우에 준하는 경우로서 대통령령(기초연금 수급자가 거주불명자로 등록된 경우)으로 정하는 경우'에 해당하면 그 사유가 발생한 날이 속하는 달의 다음 달부터 그 사유가 소멸한 날이 속하는 달까지는 기초연금의 지급을 정지한다.
- 수급권 상실: 기초연금 수급권자는 '사망한 때, 국적을 상실하거나 국외로 이주한 때, 기초연금 수급권자에 해당하지 아니하게 된 때'의 어느 하나에 해당하게 된 때에 기초연금 수급권을 상실한다.

● 기초연금액 관련 용어

- 기준연금액: 기초연금액 산정의 기준이 되는 금액이며 기준연금액에서 국민연금 A급여액 등을 반영(차감)하여 기초연금액을 산정하므로, 기초연금수급권자에게 지급되는 최대 금액
- 부가연금액: 기준연금액의 50%에 해당하는 금액
- 국민연금 급여액등: 국민연금 수급권자 및 연계노령연금 수급권자가 매월 지급 받을 수 있는 급여액 중 부양가족연금액을 제외한 금액
- 소득재분배급여금액(국민연금 A급여액): '국민연금 급여액등'에서 기초연금적 성격을 가진 부분으로, 개인별 기초연금액을 결정하는 기준이 되는 급여
- 기초연금액: 기준연금액, 국민연금 급여액등, 국민연금 A급여액, 부가연금액에 의하여 개인별로 산정된 금액

● 기초연금액의 감액 ⭐꼭!

- 부부가 모두 기초연금을 받는 경우 각각의 기초연금액에서 20%를 감액하여 지급한다.
- 소득인정액과 기초연금액(부부감액이 적용되는 경우에는 그 감액분이 반영된 금액을 말함)을 합산한 금액이 선정기준액 이상인 경우에는 선정기준액을 초과하는 금액의 범위에서 기초연금액의 일부를 감액할 수 있다.

● 기초연금액의 적정성 평가

보건복지부장관은 5년마다 기초연금 수급권자의 생활수준, 국민연금수급 전 3년간의 평균소득월액의 평균액의 변동률, 전국소비자물가변동률 등을 종합적으로 고려하여 기초연금액의 적정성을 평가하고 그 결과를 반영하여 기준연금액을 조정하여야 한다.

● 비용의 분담

- 국가는 지방자치단체의 노인인구 비율 및 재정 여건 등을 고려하여 기초연금의 지급에 드는 비용 중 100분의 40 이상 100분의 90 이하의 범위에서 대통령령으로 정하는 비율에 해당하는 비용을 부담한다.
- 국가가 부담하는 비용을 뺀 비용은 특별시 · 광역시 · 특별자치시 · 도 · 특별자치도와 시 · 군 · 구가 상호 분담한다. 이 경우, 그 부담비율은 노인인구 비율 및 재정여건 등을 고려하여 보건복지부장관과 협의하여 시 · 도의 조례 및 시 · 군 · 구의 조례로 정한다.

● 수급자의 권리보호 ⭐꼭!

- 기초연금 수급권은 양도하거나 담보로 제공할 수 없으며, 압류 대상으로 할 수 없다.
- 기초연금으로 지급받은 금품은 압류할 수 없다.
- 이의신청: 지급 결정이나 그 밖에 이 법에 따른 처분에 이의가 있는 사람은 특별자치시장 · 특별자치도지사 · 시장 · 군수 · 구청장에게 이의신청을 할 수 있다.
- 시효: 기초연금 수급권자의 권리는 5년간 행사하지 아니하면 시효의 완성으로 소멸한다.

5. 장애인연금법

● 목적

장애로 인하여 생활이 어려운 중증장애인에게 장애인연금을 지급함으로써 중증장애인의 생활안정 지원과 복지 증진 및 사회통합을 도모하는 데 이바지함을 목적으로 한다.

● 수급권자의 범위

- 수급권자는 18세 이상의 중증장애인으로서 소득인정액이 그 중증장애인의 소득 · 재산 · 생활수준과 물가상승률 등을 고려하여 보건복지부장관이 정하여 고시하는 금액(선정기준액) 이하인 사람으로 한다.
- 보건복지부장관은 선정기준액을 정하는 경우에 18세 이상의 중증장애인 중 수급자가 100분의 70 수준이 되도록 한다.

● 연금의 신청 및 지급

- 장애인연금을 지급받으려는 사람(수급희망자)은 관할 특별자치시장 · 특별자치도지사 · 시장 · 군수 · 구청장에게 장애인연금의 지급을 신청할 수 있다.
- 특별자치시장 · 특별자치도지사 · 시장 · 군수 · 구청장은 장애인연금의 지급이 결정되면 해당 수급권자에게 장애인연금을 신청한 날이 속하는 달부터 수급권이 소멸한 날이 속하는 달까지 매월 정기적으로 지급한다.

● 연금의 종류 및 내용

- 기초급여: 근로능력의 상실 또는 현저한 감소로 인하여 줄어드는 소득을 보전하여 주기 위하여 지급하는 급여
- 부가급여: 장애로 인하여 추가로 드는 비용의 전부 또는 일부를 보전하여 주기 위하여 지급하는 급여

● 수급권의 소멸과 지급정지

- 수급권의 소멸: 수급권자가 '사망한 경우, 국적을 상실하거나 외국으로 이주하기 위하여 출국하는 경우, 수급권자의 범위에 해당하지 아니하게 된 경우(다만, 소득 · 재산 상태 등의 변동수준, 수급기간 등을 고려하여 보건복지부장관이 정하는 기준에 해당하는 경우에는 그러하지 아니함), 장애 정도의 변경 등으로 중증장애인에 해당하지 아니하게 된 경우'에 해당하게 되면 그 수급권은 소멸한다.
- 수급권의 지급정지: 특별자치시장 · 특별자치도지사 · 시장 · 군수 · 구청장은 '수급자가 금고 이상의 실형을 선고받고 교정시설 또는 치료감호시설에 수용 중인 경우, 수급자가 행방불명 또는 실종 등의 사유로 사망한 것으로 추정되는 경우, 수급자의 국외 체류기간이 60일 이상 지속되는 경우' 장애인연금의 지급을 정지한다.

● 수급자의 권리보호

- 수급자에게 장애인연금으로 지급된 금품이나 이를 받을 권리는 압류할 수 없다.
- 수급자는 장애인연금을 받을 권리를 다른 사람에게 양도하거나 담보로 제공할 수 없다.
- 시효: 장애인연금을 받을 권리와 장애인연금을 환수할 지방자치단체의 권리는 5년간 행사하지 아니하면 시효의 완성으로 소멸된다.

기출회독으로 연계 학습하세요

국민기초생활보장법	기초연금법
기출회독 231 **16** 문항	기출회독 232 **9** 문항
의료급여법	긴급복지지원법
기출회독 233 **6** 문항	기출회독 234 **5** 문항

실력 CHECK

기본쌓기문제

OX퀴즈

9장 사회보험법

4.4
출제문항수

핵심특강

9장은 매회 평균 4~5문제가 출제되는데, 국민연금법, 국민건강보험법, 고용보험법, 산업재해보상보험법, 노인장기요양보험법 각각의 법률이 1문제씩 출제되는 경향을 보이고 있다. 사회보험법에 해당하는 각 법률에서 공통적으로 출제되는 가입대상, 급여의 종류별 세부 내용, 보험료 등은 반드시 꼼꼼하게 정리해야 하며, <사회복지정책론>에서 학습한 우리나라 사회보험제도들의 내용과 연계하여 학습하면 보다 효율적으로 정리할 수 있다.

1. 국민연금법 🏆22회기출 🏆20회기출

● 목적

국민의 노령, 장애 또는 사망에 대하여 연금급여를 실시함으로써 국민의 생활 안정과 복지증진에 이바지하는 것을 목적으로 한다.

● 용어의 정의

- 사용자: 근로자가 소속되어 있는 사업장의 사업주
- 부담금: 사업장가입자의 사용자가 부담하는 금액
- 기여금: 사업장가입자가 부담하는 금액
- 사업장: 근로자를 사용하는 사업소 및 사무소

● 가입자의 종류

- 사업장가입자: 사업의 종류, 근로자의 수 등을 고려하여 대통령령으로 정하는 사업장, 즉 당연적용 사업장의 18세 이상 60세 미만인 근로자와 사용자는 당연히 사업장가입자가 된다.
- 지역가입자: 사업장가입자가 아닌 자로서 18세 이상 60세 미만인 자는 당연히 지역가입자가 된다.
- 임의가입자: 사업장가입자도 아니고 지역가입자도 아닌 자로서 18세 이상 60세 미만인 자가 국민연금공단에 가입을 신청하면 임의가입자가 될 수 있다.
- 임의계속가입자: 국민연금 가입자 또는 가입자였던 자로서 60세가 된 자(연금보험료를 납부한 사실이 없거나 노령연금 수급권자로서 급여를 지급받고 있는 자, 반환일시금을 지급받은 자는 제외)이거나, 특수직종근로자로서 노령연금 수급권을 취득한 사람이나 특례노령연금 수급권을 취득한 사람 중 노령연금 급여를 지급받지 않는 사람의 경우 65세가 될 때까지 보건복지부령으로 정하는 바에 따라 국민연금공단에 가입을 신청하면 임의계속가입자가 될 수 있다.

● 가입자 자격의 상실 시기 ⭐꼭!

- 사업장가입자는 '사망한 때, 국적을 상실하거나 국외로 이주한 때, 사용관계가 끝난 때, 60세가 된 때'는 다음 날에 자격을 상실하고, '공무원·군인·교직원·별정우체국 직원 등 제6조(가입대상)의 단서에 따른 국민연금 가입 대상 제외자에 해당하게 된 때'는 그 날에 자격을 상실한다.
- 지역가입자는 '사망한 때, 국적을 상실하거나 국외로 이주한 때, 배우자로서 별도의 소득이 없게 된 때, 60세가 된 때'는 다음 날에 자격을 상실하고, '공무원·군인·교직원·별정우체국 직원 등 제6조(가입대상)의 단서에 따른 국민연금 가입 대상 제외자에 해당하게 된 때, 사업장가입자의 자격을 취득한 때'는 그 날에 자격을

상실한다.

- 임의가입자는 '사망한 때, 국적을 상실하거나 국외로 이주한 때, 탈퇴 신청이 수리된 때, 60세가 된 때, 일정 기간 이상 계속하여 연금보험료를 체납한 때'는 그 다음 날에 자격을 상실하고, '사업장가입자 또는 지역가입자의 자격을 취득한 때, 공무원·군인·교직원·별정우체국 직원 등 제6조(가입대상)의 단서에 따른 국민연금 가입 대상 제외자에 해당하게 된 때'는 그 날에 자격을 상실한다.
- 임의계속가입자는 보건복지부령으로 정하는 바에 따라 국민연금공단에 신청하면 탈퇴할 수 있다. '사망한 때, 국적을 상실하거나 국외로 이주한 때, 탈퇴 신청이 수리된 때, 일정 기간 이상 계속하여 연금보험료를 체납한 때'의 다음 날 그 자격을 상실한다.

● 급여의 종류 꼭!

- 노령연금: 가입기간이 10년 이상인 가입자 또는 가입자였던 자에 대하여는 60세(특수직종근로자 55세)가 된 때부터 그가 생존하는 동안 노령연금을 지급한다. 노령연금액은 기본연금액에 부양가족연금액을 더한 금액으로 한다.
  - 조기노령연금: 가입기간이 10년 이상인 가입자 또는 가입자였던 자로서 55세 이상인 자가 대통령령으로 정하는 소득이 있는 업무에 종사하지 아니하는 경우 본인이 희망하면 60세가 되기 전이라도 본인이 청구한 때부터 그가 생존하는 동안 일정한 금액의 연금을 받을 수 있다.
  - 분할연금: 혼인 기간이 5년 이상인 자가 '배우자와 이혼하였을 것, 배우자였던 사람이 노령연금 수급권자일 것, 60세가 되었을 것'의 요건을 모두 갖추면 그때부터 그가 생존하는 동안 배우자였던 자의 노령연금을 분할한 일정한 금액의 연금을 받을 수 있다. 분할연금은 요건을 모두 갖추게 된 때부터 5년 이내에 청구하여야 한다.
- 장애연금: 가입자 또는 가입자였던 자가 질병이나 부상으로 신체상 또는 정신상의 장애가 있고 '해당 질병 또는 부상의 초진일 당시 연령이 18세 이상이고 노령연금의 지급 연령 미만일 것, 해당 질병 또는 부상의 초진일 당시 연금보험료를 낸 기간이 가입대상 기간의 3분의 1 이상일 것, 해당 질병 또는 부상의 초진일 5년 전부터 초진일까지의 기간 중 연금보험료를 낸 기간이 3년 이상일 것, 해당 질병 또는 부상의 초진일 당시 가입기간이 10년 이상일 것'의 요건을 모두 충족하는 경우에는 장애 정도를 결정하는 기준이 되는 날부터 그 장애가 계속되는 기간 동안 장애 정도에 따라 장애연금을 지급한다.
- 유족연금: '노령연금 수급권자, 가입기간이 10년 이상인 가입자 또는 가입자였던 자, 연금보험료를 낸 기간이 가입대상기간의 3분의 1 이상인 가입자 또는 가입자였던 자, 사망일 5년 전부터 사망일까지의 기간 중 연금보험료를 낸 기간이 3년 이상인 가입자 또는 가입자였던 자(가입대상 기간 중 체납기간이 3년 이상인 사람은 제외), 장애등급이 2급 이상인 장애연금 수급권자' 중 어느 하나에 해당하는 사람이 사망하면 그 유족에게 유족연금을 지급한다.
- 반환일시금: 가입자 또는 가입자였던 자가 '가입기간이 10년 미만인 자가 60세가 된 때, 가입자 또는 가입자였던 자가 사망한 때(다만, 유족연금이 지급되는 경우에는 제외), 국적을 상실하거나 국외로 이주한 때'에 해당하게 되면 본인이나 그 유족의 청구에 의하여 반환일시금을 지급받을 수 있다.
- 사망일시금: '가입자 또는 가입자였던 사람, 노령연금 수급권자, 장애등급이 3급 이상인 장애연금 수급권자'가 사망한 때에 국민연금법에 명시된 유족의 범위에 해당하는 유족이 없으면 그 배우자·자녀·부모·손자녀·조부모·형제자매 또는 4촌 이내 방계혈족에게 사망일시금을 지급한다.

● 연금 지급 기간 및 지급 시기

- 연금은 지급하여야 할 사유가 생긴 날이 속하는 달의 다음 달부터 수급권이 소멸한 날이 속하는 달까지 지급한다.
- 연금은 지급을 정지하여야 할 사유가 생기면 그 사유가 생긴 날이 속하는 달의 다음 달부터 그 사유가 소멸한 날이 속하는 달까지는 지급하지 아니한다.

● 수급자의 권리보호

- 수급권은 양도 · 압류하거나 담보로 제공할 수 없다.
- 수급권자에게 지급된 급여로서 대통령령으로 정하는 금액 이하의 급여는 압류할 수 없다.
- 급여수급전용계좌에 입금된 급여와 이에 관한 채권은 압류할 수 없다.

2. 국민건강보험법 23회 기출 🏆 22회 기출 🏆 20회 기출 🏆

● 목적

국민의 질병 · 부상에 대한 예방 · 진단 · 치료 · 재활과 출산 · 사망 및 건강증진에 대하여 보험급여를 실시함으로써 국민보건의 향상과 사회보장 증진에 이바지함을 목적으로 한다.

● 적용대상 및 가입자의 종류 ⭐꼭!

- 국내에 거주하는 국민(의료급여 수급권자, 유공자 등 의료보호대상자는 제외)은 건강보험의 가입자 또는 피부양자가 된다. 피부양자는 직장가입자의 배우자, 직장가입자의 직계존속(배우자의 직계존속을 포함), 직장가입자의 직계비속(배우자의 직계비속을 포함) 및 그 배우자, 직장가입자의 형제 · 자매 중 직장가입자에게 주로 생계를 의존하는 사람으로서 소득 및 재산이 보건복지부령으로 정하는 기준 이하에 해당하는 사람을 말한다.
- 직장가입자: 모든 사업장의 근로자 및 사용자와 공무원 및 교직원은 직장가입자가 된다.
- 지역가입자: 가입자 중 직장가입자와 그 피부양자를 제외한 가입자를 말한다.
- 가입자는 '사망한 날의 다음 날, 국적을 잃은 날의 다음 날, 국내에 거주하지 아니하게 된 날의 다음 날, 직장가입자의 피부양자가 된 날, 수급권자가 된 날, 건강보험을 적용받고 있던 사람이 유공자등 의료보호대상자가 되어 건강보험의 적용배제 신청을 한 날' 등에 해당하게 된 날에 자격을 상실하며, 자격을 잃은 날부터 14일 이내에 보험자에게 신고하여야 한다.

● 보험료

- 직장가입자의 월별 보험료액: 보수월액보험료(보수월액에 보험료율을 곱하여 얻은 금액), 보수 외 소득월액보험료(보수 외 소득월액에 보험료율을 곱하여 얻은 금액)
- 지역가입자의 월별 보험료액: 소득(소득월액에 보험료율을 곱하여 얻은 금액)과 재산(재산보험료부과점수에 재산보험료부과점수당 금액을 곱하여 얻은 금액)을 합산한 금액

● 국민건강보험종합계획의 수립 ⭐꼭!

- 보건복지부장관은 건강보험의 건전한 운영을 위하여 건강보험정책심의위원회의 심의를 거쳐 5년마다 국민건강보험종합계획을 수립하여야 한다. 수립된 종합계획을 변경할 때도 또한 같다.
- 종합계획에는 '건강보험정책의 기본목표 및 추진방향, 건강보험 보장성 강화의 추진계획 및 추진방법, 건강보험의 중장기 재정 전망 및 운영, 보험료 부과체계에 관한 사항, 요양급여비용에 관한 사항, 건강증진 사업에 관한 사항, 취약계층 지원에 관한 사항, 건강보험에 관한 통계 및 정보의 관리에 관한 사항'이 포함되어야 한다.

● 국민건강보험공단 ⭐꼭!

'가입자 및 피부양자의 자격 관리, 보험료와 그 밖에 이 법에 따른 징수금의 부과 · 징수, 보험급여의 관리, 가입자 및 피부양자의 질병의 조기발견 · 예방 및 건강관리를 위하여 요양급여 실시 현황과 건강검진 결과 등을 활용하여 실시하는 예방사업으로서 대통령령으로 정하는 사업, 보험급여 비용의 지급, 자산의 관리 · 운영 및 증식사

업, 의료시설의 운영, 건강보험에 관한 교육훈련 및 홍보, 건강보험에 관한 조사연구 및 국제협력, 이 법에서 공단의 업무로 정하고 있는 사항, 국민연금법 · 고용보험 및 산업재해보상보험의 보험료징수 등에 관한 법률 · 임금채권보장법 및 석면피해구제법에 따라 위탁받은 업무, 그 밖에 이 법 또는 다른 법령에 따라 위탁받은 업무, 그 밖에 건강보험과 관련하여 보건복지부장관이 필요하다고 인정한 업무' 등을 관장한다.

● 건강보험정책심의위원회

'종합계획 및 시행계획에 관한 사항(의결은 제외), 요양급여의 기준, 요양급여비용에 관한 사항, 직장가입자의 보험료율, 지역가입자의 보험료율과 재산보험료부과점수당 금액, 보험료 부과 관련 제도 개선에 관한 사항(건강보험 가입자의 소득파악 실태에 관한 조사 및 연구에 관한 사항, 가입자의 소득 파악 및 소득에 대한 보험료 부과 강화를 위한 개선 방안에 관한 사항, 그 밖에 보험료 부과와 관련된 제도 개선 사항으로서 심의위원회 위원장이 회의에 부치는 사항), 그 밖에 건강보험에 관한 주요 사항으로서 대통령령으로 정하는 사항'을 심의 · 의결하기 위하여 보건복지부장관 소속으로 건강보험정책심의위원회를 둔다.

● 건강보험심사평가원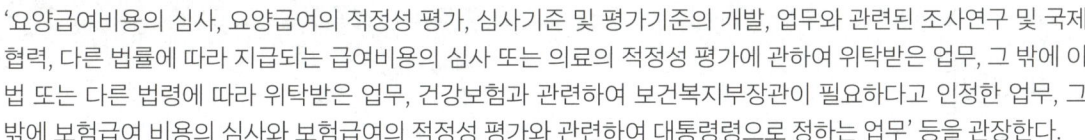

'요양급여비용의 심사, 요양급여의 적정성 평가, 심사기준 및 평가기준의 개발, 업무와 관련된 조사연구 및 국제협력, 다른 법률에 따라 지급되는 급여비용의 심사 또는 의료의 적정성 평가에 관하여 위탁받은 업무, 그 밖에 이 법 또는 다른 법령에 따라 위탁받은 업무, 건강보험과 관련하여 보건복지부장관이 필요하다고 인정한 업무, 그 밖에 보험급여 비용의 심사와 보험급여의 적정성 평가와 관련하여 대통령령으로 정하는 업무' 등을 관장한다.

● 건강보험분쟁조정위원회

심판청구를 심리 · 의결하기 위하여 보건복지부에 건강보험분쟁조정위원회를 둔다.

● 급여의 제한 및 정지

• 급여의 제한: 공단은 보험급여를 받을 수 있는 사람이 '고의 또는 중대한 과실로 인한 범죄행위에 그 원인이 있거나 고의로 사고를 일으킨 경우, 고의 또는 중대한 과실로 공단이나 요양기관의 요양에 관한 지시에 따르지 아니한 경우, 고의 또는 중대한 과실로 문서 및 기타 물건의 제출을 거부하거나 질문 또는 진단을 기피한 경우, 업무상 또는 공무상 질병 · 부상 · 재해로 인하여 다른 법령에 따른 보험급여나 보상 또는 보상을 받게 된 경우'에 해당하면 보험급여를 하지 아니한다.

• 급여의 정지: 보험급여를 받을 수 있는 사람이 '국외에 체류하는 경우, 병역법의 규정에 의한 현역병(지원에 의하지 아니하고 임용된 하사 포함) 또는 전환 복무된 사람 및 군간부후보생이 된 경우, 교도소 기타 이에 준하는 시설에 수용되어 있는 경우'에는 그 기간에는 보험급여를 하지 아니한다.

● 보험급여 ★꼭!

• 요양급여: 가입자 및 피부양자의 질병 · 부상 · 출산 등에 대하여 '진찰 · 검사, 약제 · 치료재료의 지급, 처치 · 수술 기타의 치료, 예방 · 재활, 입원, 간호, 이송'의 요양급여를 실시한다. 요양급여(간호 및 이송은 제외)는 '의료법에 따라 개설된 의료기관, 약사법에 따라 등록된 약국과 한국희귀 · 필수의약품센터, 지역보건법에 따른 보건소 · 보건의료원 및 보건지소, 농어촌 등 보건의료를 위한 특별조치법에 따라 설치된 보건진료소' 등의 요양기관에서 행한다. 요양기관은 정당한 이유없이 요양급여를 거부하지 못한다.

• 요양비: 공단은 가입자 또는 피부양자가 긴급, 기타 부득이한 사유로 인하여 요양기관과 비슷한 기능을 수행하는 기관으로서 보건복지부령으로 정하는 기관에서 질병 · 부상 · 출산 등에 대하여 요양을 받거나 요양기관이 아닌 장소에서 출산한 경우에는 그 요양급여에 상당하는 금액을 그 가입자 또는 피부양자에게 요양비로 지급한다.

- 부가급여: 공단은 이 법에서 정한 요양급여 외에 대통령령으로 정하는 바에 따라 임신·출산 진료비, 장제비, 상병수당, 그 밖의 급여를 실시할 수 있다. 대통령령에 따르면 부가급여는 임신·출산(유산 및 사산을 포함) 진료비로 한다.
- 장애인에 대한 특례: 공단은 장애인복지법에 따라 등록한 장애인인 가입자 및 피부양자에게는 보조기기에 대하여 보험급여를 할 수 있다.
- 건강검진: 공단은 가입자 및 피부양자에 대하여 질병의 조기발견과 그에 따른 요양급여를 하기 위하여 건강검진을 실시한다.

3. 고용보험법 23회기출 22회기출 21회기출 20회기출

● 목적

고용보험의 시행을 통하여 실업의 예방, 고용의 촉진 및 근로자 등의 직업능력의 개발과 향상을 꾀하고, 국가의 직업지도와 직업소개 기능을 강화하며, 근로자 등이 실업한 경우에 생활에 필요한 급여를 실시하여 근로자 등의 생활안정과 구직 활동을 촉진함으로써 경제·사회 발전에 이바지하는 것을 목적으로 한다.

● 용어의 정의

- 피보험자: 고용산재보험료징수법에 따라 보험에 가입되거나 가입된 것으로 보는 근로자·예술인 또는 노무제공자, 고용산재보험료징수법에 따라 고용보험에 가입하거나 가입된 것으로 보는 자영업자
- 이직: 피보험자와 사업주 사이의 고용관계가 끝나게 되는 것(예술인 및 노무제공자의 경우에는 문화예술용역 관련 계약 또는 노무제공계약이 끝나는 것)
- 실업: 근로의 의사와 능력이 있음에도 불구하고 취업하지 못한 상태에 있는 것
- 실업의 인정: 직업안정기관의 장이 수급자격자가 실업한 상태에서 적극적으로 직업을 구하기 위하여 노력하고 있다고 인정하는 것
- 일용근로자: 1개월 미만 동안 고용되는 사람

● 적용 범위

근로자를 사용하는 모든 사업 또는 사업장에 적용한다. 다만, 산업별 특성 및 규모 등을 고려하여 대통령령으로 정하는 사업에 대해서는 적용하지 아니한다.

● 고용안정·직업능력개발사업

고용노동부장관은 피보험자 및 피보험자였던 사람, 그 밖에 취업할 의사를 가진 사람에 대한 실업의 예방, 취업의 촉진, 고용기회의 확대, 직업능력개발·향상의 기회 제공 및 지원, 그 밖에 고용안정과 사업주에 대한 인력 확보를 지원하기 위하여 고용안정·직업능력개발사업을 실시한다.

● 실업급여 ★꼭!

- 실업급여는 구직급여와 취업촉진 수당으로 구분한다. 취업촉진 수당의 종류는 조기재취업 수당, 직업능력개발 수당, 광역구직활동비, 이주비가 있다.
- 구직급여의 수급요건: 구직급여는 이직한 근로자인 피보험자가 '기준기간 동안의 피보험 단위기간이 합산하여 180일 이상일 것, 근로의 의사와 능력이 있음에도 불구하고 취업(영리를 목적으로 사업을 영위하는 경우를 포함)하지 못한 상태에 있을 것, 이직 사유가 피보험자가 자기의 중대한 귀책 사유로 해고되거나 자기 사정으로 이직한 경우와 같이 수급자격의 제한 사유에 해당하지 아니할 것, 재취업을 위한 노력을 적극적으로 할

것, 수급자격 인정신청일이 속한 달의 직전 달 초일부터 수급자격 인정신청일까지의 근로일 수의 합이 같은 기간 동안의 총 일수의 3분의 1 미만일 것, 건설일용근로자(일용근로자로서 이직 당시에 통계청장이 고시하는 한국표준산업분류의 대분류상 건설업에 종사한 사람을 말함)로서 수급자격 인정신청일 이전 14일간 연속하여 근로내역이 없을 것, 최종 이직 당시의 기준기간 동안의 피보험 단위기간 중 다른 사업에서 수급자격의 제한 사유에 해당하는 사유로 이직한 사실이 있는 경우에는 그 피보험 단위기간 중 90일 이상을 일용근로자로 근로하였을 것(최종 이직 당시 일용근로자이었던 자에 한함)'의 요건을 모두 갖춘 경우에 지급한다.

- 조기재취업 수당: 수급자격자가 안정된 직업에 재취직하거나 스스로 영리를 목적으로 하는 사업을 영위하는 경우로서 대통령령으로 정하는 기준에 해당하면 지급한다.
- 직업능력개발 수당: 수급자격자가 직업안정기관의 장이 지시한 직업능력개발 훈련 등을 받는 경우에 그 직업능력개발 훈련 등을 받는 기간에 대하여 지급한다.
- 광역 구직활동비: 수급자격자가 직업안정기관의 소개에 따라 광범위한 지역에 걸쳐 구직 활동을 하는 경우로서 대통령령으로 정하는 기준에 따라 직업안정기관의 장이 필요하다고 인정하면 지급할 수 있다.
- 이주비: 수급자격자가 취업하거나 직업안정기관의 장이 지시한 직업능력개발 훈련 등을 받기 위하여 그 주거를 이전하는 경우로서 대통령령으로 정하는 기준에 따라 직업안정기관의 장이 필요하다고 인정하면 지급할 수 있다.

● 육아휴직 급여 ⭐꼭!

- 고용노동부장관은 육아휴직을 30일(근로기준법에 따른 출산전후휴가기간과 중복되는 기간은 제외) 이상 부여받은 피보험자 중 육아휴직을 시작한 날 이전에 피보험 단위기간이 합산하여 180일 이상인 피보험자에게 육아휴직 급여를 지급한다.
- 육아휴직 급여를 지급받으려는 사람은 육아휴직을 시작한 날 이후 1개월부터 육아휴직이 끝난 날 이후 12개월 이내에 신청하여야 한다.
- 피보험자가 육아휴직 기간 중에 그 사업에서 이직한 경우에는 그 이직하였을 때부터 육아휴직 급여를 지급하지 아니한다. 거짓이나 그 밖의 부정한 방법으로 육아휴직 급여를 받았거나 받으려 한 사람에게는 그 급여를 받은 날 또는 받으려 한 날부터의 육아휴직 급여를 지급하지 아니한다.

● 출산전후휴가 급여

- 임신 중의 여성에게 출산 전과 출산 후를 통하여 90일(미숙아 100일, 다태아 120일)의 출산전후휴가를 주어야 한다.
- 고용노동부장관은 피보험자가 출산전후휴가 또는 유산·사산휴가를 받은 경우와 배우자 출산휴가 또는 난임치료휴가를 받은 경우로서 '휴가가 끝난 날 이전에 피보험 단위기간이 통산하여 180일 이상일 것, 휴가를 시작한 날[출산전후휴가 또는 유산·사산휴가를 받은 피보험자가 속한 사업장이 우선지원 대상기업이 아닌 경우에는 휴가 시작 후 60일(한 번에 둘 이상의 자녀를 임신한 경우에는 75일)이 지난 날로 봄] 이후 1개월부터 휴가가 끝난 날 이후 12개월 이내에 신청할 것'의 요건을 모두 갖춘 경우에 출산전후휴가 급여 등을 지급한다.

4. 산업재해보상보험법 🏆23회 기출 🏆21회 기출 🏆20회 기출

● 목적

산업재해보상보험 사업을 시행하여 근로자의 업무상의 재해를 신속하고 공정하게 보상하며, 재해근로자의 재활 및 사회 복귀를 촉진하기 위하여 이에 필요한 보험시설을 설치·운영하고, 재해 예방과 그 밖에 근로자의 복지 증진을 위한 사업을 시행하여 근로자 보호에 이바지하는 것을 목적으로 한다.

● 용어의 정의 ⭐꼭!

- 유족: 사망한 자의 배우자(사실상 혼인 관계에 있는 자를 포함) · 자녀 · 부모 · 손자녀 · 조부모 또는 형제자매
- 치유: 부상 또는 질병이 완치되거나 치료의 효과를 더 이상 기대할 수 없고 그 증상이 고정된 상태에 이르게 된 것
- 장해: 부상 또는 질병이 치유되었으나 정신적 또는 육체적 훼손으로 인하여 노동능력이 상실되거나 감소된 상태
- 중증요양상태: 업무상의 부상 또는 질병에 따른 정신적 또는 육체적 훼손으로 노동능력이 상실되거나 감소된 상태로서 그 부상 또는 질병이 치유되지 아니한 상태
- 진폐(塵肺): 분진을 흡입하여 폐에 생기는 섬유증식성(纖維增殖性) 변화를 주된 증상으로 하는 질병

● 업무상 재해 ⭐꼭!

- 업무상 사고: 근로자가 근로계약에 따른 업무나 그에 따르는 행위를 하던 중 발생한 사고, 사업주가 제공한 시설물 등을 이용하던 중 그 시설물 등의 결함이나 관리소홀로 발생한 사고, 사업주가 주관하거나 사업주의 지시에 따라 참여한 행사나 행사준비 중에 발생한 사고, 휴게시간 중 사업주의 지배관리하에 있다고 볼 수 있는 행위로 발생한 사고, 그 밖에 업무와 관련하여 발생한 사고
- 업무상 질병: 업무수행 과정에서 물리적 인자(因子) · 화학물질 · 분진 · 병원체 · 신체에 부담을 주는 업무 등 근로자의 건강에 장해를 일으킬 수 있는 요인을 취급하거나 그에 노출되어 발생한 질병, 업무상 부상이 원인이 되어 발생한 질병, 근로기준법에 따른 직장 내 괴롭힘 · 고객의 폭언 등으로 인한 업무상 정신적 스트레스가 원인이 되어 발생한 질병, 그 밖에 업무와 관련하여 발생한 질병
- 출퇴근 재해: 사업주가 제공한 교통수단이나 그에 준하는 교통수단을 이용하는 등 사업주의 지배관리하에서 출퇴근하는 중 발생한 사고, 그 밖에 통상적인 경로와 방법으로 출퇴근하는 중 발생한 사고

● 급여의 종류 ⭐꼭!

- 요양급여: 근로자가 업무상의 사유로 부상을 당하거나 질병에 걸린 경우 그 근로자에게 지급한다. 요양급여의 범위는 '진찰 및 검사, 약제 또는 진료재료와 의지(義肢), 그 밖의 보조기의 지급, 처치, 수술, 그 밖의 치료, 재활치료, 입원, 간호 및 간병, 이송, 그 밖에 고용노동부령으로 정하는 사항' 등이다.
- 휴업급여: 업무상 사유로 부상을 당하거나 질병에 걸린 근로자에게 요양으로 취업하지 못한 기간에 대하여 지급하되, 1일당 지급액은 평균임금의 100분의 70에 상당하는 금액으로 한다. 다만, 취업하지 못한 기간이 3일 이내이면 지급하지 아니한다.
- 장해급여: 근로자가 업무상의 사유로 부상을 당하거나 질병에 걸려 치유 후 신체 등에 장해가 있는 경우에 그 근로자에게 지급한다.
- 간병급여: 요양급여를 받은 자 중 치유 후 의학적으로 상시 또는 수시로 간병이 필요하여 실제로 간병을 받는 자에게 지급한다.
- 유족급여: 근로자가 업무상의 사유로 사망한 경우에 유족에게 지급한다. 유족급여는 유족보상연금이나 유족보상일시금으로 하되, 유족보상일시금은 근로자가 사망할 당시 유족보상연금을 받을 수 있는 자격이 있는 사람이 없는 경우에 지급한다.
- 상병보상연금: 요양급여를 받는 근로자가 요양을 시작하고 2년이 지난 날 이후에 '그 부상이나 질병이 치유되지 아니한 상태인 경우, 그 부상이나 질병에 따른 중증요양상태의 정도가 대통령령이 정하는 중증요양상태등급 기준에 해당하는 경우, 요양으로 인하여 취업하지 못하였을 경우' 휴업급여 대신 상병보상연금을 그 근로자에게 지급한다.
- 장례비: 근로자가 업무상의 사유로 사망한 경우에 지급하되, 평균임금의 120일분에 상당하는 금액을 그 장례를 지낸 유족에게 지급한다.
- 직업재활급여: 장해급여자 중 취업을 위하여 직업훈련이 필요한 사람에 대하여 실시하는 직업훈련에 드는 비용 및 직업훈련수당, 업무상의 재해가 발생할 당시의 사업에 복귀한 장해급여자에 대하여 사업주가 고용을 유

지하거나 직장적응훈련 또는 재활운동을 실시하는 경우에 각각 지급하는 직장복귀지원금, 직장적응훈련비 및 재활운동비를 말한다.

● 급여의 지급 및 제한
- 보험급여는 지급 결정일로부터 14일 이내에 지급해야 한다.
- 공단은 근로자가 '요양 중인 근로자가 정당한 사유 없이 요양에 관한 지시를 위반하여 부상·질병 또는 장해 상태를 악화시키거나 치유를 방해한 경우, 장해보상연금 또는 진폐보상연금 수급권자가 장해등급 또는 진폐 장해등급 재판정 전에 자해 등 고의로 장해 상태를 악화시킨 경우'의 어느 하나에 해당되면 보험급여의 전부 또는 일부를 지급하지 아니할 수 있다.

● 근로복지공단의 사업
보험가입자와 수급권자에 관한 기록의 관리·유지, 보험료징수법에 따른 보험료와 그 밖의 징수금의 징수, 보험 급여의 결정과 지급, 보험급여 결정 등에 관한 심사 청구의 심리·결정, 산업재해보상보험 시설의 설치·운영, 업무상 재해를 입은 근로자 등의 진료·요양 및 재활, 재활보조기구의 연구개발·검정 및 보급, 보험급여 결정 및 지급을 위한 업무상 질병 관련 연구, 근로자 등의 건강을 유지·증진하기 위하여 필요한 건강진단 등 예방 사업, 근로자의 복지 증진을 위한 사업, 그 밖에 정부로부터 위탁받은 사업

● 수급자의 권리보호
- 근로자의 보험급여를 받을 권리(수급권)는 퇴직하여도 소멸되지 아니한다.
- 사업주는 근로자가 보험급여를 신청한 것을 이유로 근로자를 해고하거나 그 밖에 근로자에게 불이익한 처우 를 하여서는 아니 된다.
- 보험급여를 받을 권리는 양도 또는 압류하거나 담보로 제공할 수 없다.
- 시효: 보험급여를 받을 권리, 산재보험 의료기관의 권리, 약국의 권리, 보험가입자의 권리, 국민건강보험공단 등의 권리는 3년간 행사하지 아니하면 시효로 말미암아 소멸한다.

5. 노인장기요양보험법 23회 기출 22회 기출 21회 기출 20회 기출

● 목적
고령이나 노인성 질병 등의 사유로 일상생활을 혼자서 수행하기 어려운 노인등에게 제공하는 신체활동 또는 가 사활동 지원 등의 장기요양급여에 관한 사항을 규정하여 노후의 건강증진 및 생활안정을 도모하고 그 가족의 부 담을 덜어줌으로써 국민의 삶의 질 향상을 목적으로 한다.

● 용어의 정의
- 노인등: 65세 이상의 노인 또는 65세 미만의 자로서 치매·뇌혈관성질환 등 대통령령으로 정하는 노인성 질 병을 가진 자
- 장기요양급여: 6개월 이상 혼자서 일상생활을 수행하기 어렵다고 인정되는 자에게 신체활동·가사활동의 지 원 또는 간병 등의 서비스나 이에 갈음하여 지급하는 현금 등
- 장기요양사업: 장기요양보험료, 국가 및 지방자치단체의 부담금 등을 재원으로 하여 노인등에게 장기요양급 여를 제공하는 사업
- 장기요양기관: 이 법에 따라 지정을 받은 기관으로서 장기요양급여를 제공하는 기관
- 장기요양요원: 장기요양기관에 소속되어 노인등의 신체활동 또는 가사활동 지원 등의 업무를 수행하는 자

● 장기요양기본계획 및 실태조사

- 보건복지부장관은 노인등에 대한 장기요양급여를 원활하게 제공하기 위하여 5년 단위로 '연도별 장기요양급여 대상인원 및 재원조달 계획, 연도별 장기요양기관 및 장기요양전문인력 관리 방안, 장기요양요원의 처우에 관한 사항, 그 밖에 노인등의 장기요양에 관한 사항으로서 대통령령으로 정하는 사항'이 포함된 장기요양기본계획을 수립 · 시행해야 하며, 지방자치단체의 장은 이에 따라 세부시행계획을 수립 · 시행하여야 한다.
- 보건복지부장관은 장기요양사업의 실태를 파악하기 위하여 3년마다 '장기요양인정에 관한 사항, 등급판정위원회의 판정에 따라 장기요양급여를 받을 사람의 규모, 그 급여의 수준 및 만족도에 관한 사항, 장기요양기관에 관한 사항, 장기요양요원의 근로조건, 처우 및 규모에 관한 사항, 그 밖에 장기요양사업에 관한 사항으로서 보건복지부령으로 정하는 사항'에 관한 조사를 정기적으로 실시하고 그 결과를 공표하여야 한다.

● 보험료의 징수 및 산정 ★꼭!

- 장기요양보험사업은 보건복지부장관이 관장하며, 보험자는 국민건강보험공단이다. 가입자는 국민건강보험가입자이다. 공단은 건강보험료와 통합하여 장기요양보험료를 징수하되, 각각 구분하여 고지해야 하고, 통합 징수한 보험료를 각각의 독립회계로 관리하여야 한다.
- 장기요양보험료는 국민건강보험법의 단서에 따라 산정한 월별 보험료액에서 경감 또는 면제되는 비용을 공제한 금액에 건강보험료율 대비 장기요양보험료율의 비율을 곱하여 산정한 금액으로 한다. 장기요양보험료율은 장기요양 위원회의 심의를 거쳐 대통령령으로 정한다.
- 공단은 장애인복지법에 따른 장애인 또는 이와 유사한 자로서 대통령령으로 정하는 자가 장기요양보험가입자 또는 그 피부양자인 경우 수급자로 결정되지 못한 때 대통령령으로 정하는 바에 따라 장기요양보험료의 전부 또는 일부를 감면할 수 있다.

● 장기요양인정의 신청 및 유효기간 ★꼭!

- 장기요양인정을 신청할 수 있는 자는 노인등으로서 장기요양보험가입자 또는 그 피부양자이거나 의료급여수급권자이어야 한다.
- 장기요양인정 유효기간은 최소 1년 이상으로서 대통령령으로 정한다. 대통령령(시행령 제8조)에 따르면 장기요양인정 유효기간은 2년으로 한다. 다만, 장기요양인정의 갱신 결과 직전 등급과 같은 등급으로 판정된 경우에는 그 갱신된 장기요양인정의 유효기간은 장기요양 1등급의 경우 4년, 장기요양 2등급부터 4등급까지의 경우 3년, 장기요양 5등급 및 인지지원등급의 경우 2년으로 한다.

● 장기요양급여 제공의 기본원칙

- 장기요양급여는 노인등이 자신의 의사와 능력에 따라 최대한 자립적으로 일상생활을 수행할 수 있도록 제공하여야 한다.
- 노인등의 심신상태 · 생활환경과 노인등 및 그 가족의 욕구 · 선택을 종합적으로 고려하여 필요한 범위 안에서 적정하게 제공해야 한다.
- 노인등이 가족과 함께 생활하면서 가정에서 장기요양을 받는 재가급여를 우선적으로 제공해야 한다.
- 노인등의 심신상태나 건강 등이 악화되지 않도록 의료서비스와 연계하여 제공해야 한다.

● 급여의 제공 및 종류 ★꼭!

- 수급자는 장기요양인정서와 개인별장기요양이용계획서가 도달한 날부터 장기요양급여를 받을 수 있다.
- 재가급여: 방문요양(장기요양요원이 수급자의 가정 등을 방문하여 신체활동 및 가사활동 등을 지원하는 장기요양급여), 방문목욕(장기요양요원이 목욕설비를 갖춘 장비를 이용하여 수급자의 가정 등을 방문하여 목욕을 제공하는 장기요양급여), 방문간호(장기요양요원인 간호사 등이 의사, 한의사 또는 치과의사의 지시서

에 따라 수급자의 가정 등을 방문하여 간호, 진료의 보조, 요양에 관한 상담 또는 구강위생 등을 제공하는 장기요양급여), 주 · 야간보호(수급자를 하루 중 일정한 시간 동안 장기요양기관에 보호하여 신체활동 지원 및 심신기능의 유지 · 향상을 위한 교육 · 훈련 등을 제공하는 장기요양급여), 단기보호(수급자를 보건복지부령으로 정하는 범위 안에서 일정 기간 동안 장기요양기관에 보호하여 신체활동 지원 및 심신기능의 유지 · 향상을 위한 교육 · 훈련 등을 제공하는 장기요양급여), 기타재가급여(수급자의 일상생활 · 신체활동 지원 및 인지기능의 유지 · 향상에 필요한 용구를 제공하거나 가정을 방문하여 재활에 관한 지원 등을 제공하는 장기요양급여로서 대통령령으로 정하는 것)

- 시설급여: 장기요양기관에 장기간 입소한 수급자에게 신체활동 지원 및 심신기능의 유지 · 향상을 위한 교육 · 훈련 등을 제공하는 장기요양급여
- 특별현금급여: 가족요양비, 특례요양비, 요양병원간병비

● 본인부담금

- 장기요양급여(특별현금급여는 제외)를 받는 자는 대통령령으로 정하는 바에 따라 비용의 일부를 본인이 부담한다(재가급여 15%, 시설급여 20%). 이 경우 장기요양급여를 받는 수급자의 장기요양등급, 이용하는 장기요양급여의 종류 및 수준 등에 따라 본인부담의 수준을 달리 정할 수 있다.
- 국민기초생활 보장법에 따른 의료급여 수급자는 본인부담금을 부담하지 아니한다.
- '의료급여법의 규정에 따른 수급권자(국민기초생활보장법에 따른 의료급여 수급자는 제외), 소득 · 재산 등이 보건복지부장관이 정하여 고시하는 일정 금액 이하인 자, 천재지변 등 보건복지부령으로 정하는 사유로 인하여 생계가 곤란한 자'에 대해서는 본인부담금의 100분의 60의 범위에서 보건복지부장관이 정하는 바에 따라 차등하여 감경할 수 있다.

● 장기요양기관

재가급여 또는 같은 시설급여를 제공하는 장기요양기관을 운영하려는 자는 보건복지부령으로 정하는 장기요양에 필요한 시설 및 인력을 갖추어 소재지를 관할 구역으로 하는 특별자치시장 · 특별자치도지사 · 시장 · 군수 · 구청장으로부터 지정을 받아야 한다.

기출회독으로 연계 학습하세요

국민연금법
기출회독 235 **8**문항

국민건강보험법
기출회독 236 **8**문항

고용보험법
기출회독 237 **10**문항

산업재해보상보험법
기출회독 238 **9**문항

노인장기요양보험법
기출회독 239 **9**문항

실력 CHECK

기본쌓기문제

OX퀴즈

10장 사회서비스법

5.0
출제문항수   핵심특강

1. 노인복지법 23회기출 22회기출 20회기출

● 목적

노인의 질환을 사전예방 또는 조기발견하고 질환상태에 따른 적절한 치료·요양으로 심신의 건강을 유지하고, 노후의 생활안정을 위하여 필요한 조치를 강구함으로써 노인의 보건복지 증진에 기여함을 목적으로 한다.

● 실태조사 및 인권교육

- 보건복지부장관은 노인의 보건 및 복지에 관한 실태조사를 3년마다 실시하고 그 결과를 공표하여야 한다.
- 노인복지시설 중 대통령령으로 정하는 시설을 설치·운영하는 자와 그 종사자는 인권에 관한 교육을 받아야 한다.

● 노인의 날 등

- 노인에 대한 사회적 관심과 공경의식을 높이기 위하여 매년 10월 2일을 노인의 날로, 매년 10월을 경로의 달로 한다.
- 부모에 대한 효사상을 앙양하기 위하여 매년 5월 8일을 어버이날로 한다.
- 범국민적으로 노인학대에 대한 인식을 높이고 관심을 유도하기 위하여 매년 6월 15일을 노인학대예방의 날로 지정하고, 국가와 지방자치단체는 노인학대예방의 날의 취지에 맞는 행사와 홍보를 실시하도록 노력하여야 한다.

● 보건·복지조치

노인사회참여 지원, 지역봉사지도원 위촉 및 업무, 생업지원, 경로우대, 건강진단, 홀로 사는 노인에 대한 지원, 독거노인종합지원센터, 노인성 질환에 대한 의료지원, 상담·입소 조치, 노인재활요양사업

● 노인복지시설 꼭!

- 노인주거복지시설: 양로시설(노인을 입소시켜 급식과 그 밖에 일상생활에 필요한 편의를 제공함을 목적으로 하는 시설), 노인공동생활가정(노인들에게 가정과 같은 주거여건과 급식, 그 밖에 일상생활에 필요한 편의를 제공함을 목적으로 하는 시설), 노인복지주택(노인에게 주거시설을 임대하여 주거의 편의·생활지도·상담 및 안전관리 등 일상생활에 필요한 편의를 제공함을 목적으로 하는 시설)
- 노인의료복지시설: 노인요양시설(치매·중풍 등 노인성질환 등으로 심신에 상당한 장애가 발생하여 도움을 필요로 하는 노인을 입소시켜 급식·요양과 그 밖에 일상생활에 필요한 편의를 제공함을 목적으로 하는 시

설), 노인요양공동생활가정(치매 · 중풍 등 노인성질환 등으로 심신에 상당한 장애가 발생하여 도움을 필요로 하는 노인에게 가정과 같은 주거여건과 급식 · 요양, 그 밖에 일상생활에 필요한 편의를 제공함을 목적으로 하는 시설)

- 노인여가복지시설: 노인복지관(노인의 교양 · 취미생활 및 사회참여활동 등에 대한 각종 정보와 서비스를 제공하고, 건강증진 및 질병예방과 소득보장 · 재가복지, 그 밖에 노인의 복지증진에 필요한 서비스를 제공함을 목적으로 하는 시설), 경로당(지역노인들이 자율적으로 친목도모 · 취미활동 · 공동작업장 운영 및 각종 정보교환과 기타 여가활동을 할 수 있도록 하는 장소를 제공함을 목적으로 하는 시설), 노인교실(노인들에 대하여 사회활동 참여욕구를 충족시키기 위하여 건전한 취미생활 · 노인건강유지 · 소득보장 기타 일상생활과 관련한 학습프로그램을 제공함을 목적으로 하는 시설)

- 재가노인복지시설: 방문요양서비스(가정에서 일상생활을 영위하고 있는 노인으로서 신체적 · 정신적 장애로 어려움을 겪고 있는 노인에게 필요한 각종 편의를 제공하여 지역사회 안에서 건전하고 안정된 노후를 영위하도록 하는 서비스), 주 · 야간보호서비스(부득이한 사유로 가족의 보호를 받을 수 없는 심신이 허약한 노인과 장애노인을 주간 또는 야간 동안 보호시설에 입소시켜 필요한 각종 편의를 제공하여 이들의 생활안정과 심신기능의 유지 · 향상을 도모하고, 그 가족의 신체적 · 정신적 부담을 덜어주기 위한 서비스), 단기보호서비스(부득이한 사유로 가족의 보호를 받을 수 없어 일시적으로 보호가 필요한 심신이 허약한 노인과 장애노인을 보호시설에 단기간 입소시켜 보호함으로써 노인 및 노인가정의 복지 증진을 도모하기 위한 서비스), 방문 목욕서비스(목욕장비를 갖추고 재가노인을 방문하여 목욕을 제공하는 서비스)

- 노인보호전문기관: 노인학대 예방

- 노인일자리지원기관: 지역사회 등에서 노인일자리의 개발 · 지원, 창업 · 육성 및 노인에 의한 재화의 생산 · 판매 등을 직접 담당하는 기관(2023. 10. 31.에 「노인 일자리 및 사회활동 지원에 관한 법률」이 신규제정되면서 노인일자리전담기관에 관한 내용이 노인복지법에서는 삭제되었음. 해당 내용은 「노인 일자리 및 사회활동 지원에 관한 법률」 제9조에서 명시되고 있음)

- 학대피해노인 전용쉼터: 학대피해노인을 일정기간 보호하고 심신 치유 프로그램을 제공

● 요양보호사

- 노인복지시설의 설치 · 운영자는 보건복지부령으로 정하는 바에 따라 노인 등의 신체활동 또는 가사활동 지원 등의 업무를 전문적으로 수행하는 요양보호사를 두어야 한다.

- '정신질환자(전문의가 요양보호사로서 적합하다고 인정하는 사람 제외), 마약 · 대마 또는 향정신성의약품 중독자, 피성년후견인, 금고 이상의 실형을 선고받고 그 집행이 끝나거나(집행이 끝난 것으로 보는 경우를 포함) 집행이 면제되지 아니한 사람, 금고 이상의 형의 집행유예를 선고받고 그 유예기간 중에 있는 사람, 법원의 판결에 따라 자격이 정지 또는 상실된 사람, 요양보호사의 자격이 취소된 날부터 1년이 경과되지 아니한 사람'은 요양보호사가 될 수 없다.

- 시 · 도지사는 요양보호사의 양성을 위하여 보건복지부령으로 정하는 지정기준에 적합한 시설을 요양보호사 교육기관으로 지정 · 운영하여야 한다.

● 노인에 대한 금지행위

- 노인의 신체에 폭행을 가하거나 상해를 입히는 행위
- 노인에게 성적 수치심을 주는 성폭행 · 성희롱 등의 행위
- 자신의 보호 · 감독을 받는 노인을 유기하거나 의식주를 포함한 기본적 보호 및 치료를 소홀히 하는 방임행위
- 노인에게 구걸을 하게 하거나 노인을 이용하여 구걸하는 행위
- 노인을 위하여 증여 또는 급여된 금품을 그 목적 외의 용도에 사용하는 행위
- 폭언, 협박, 위협 등으로 노인의 정신건강에 해를 끼치는 정서적 학대행위

● 노인학대 예방조치

- 국가와 지방자치단체는 노인학대를 예방하고 수시로 신고를 받을 수 있도록 긴급전화를 설치하여야 한다.
- 누구든지 노인학대를 알게 된 때에는 노인보호전문기관 또는 수사기관에 신고할 수 있다. 노인학대신고를 접수한 노인보호전문기관의 직원이나 사법경찰관리는 지체없이 노인학대의 현장에 출동하여야 한다.
- 학대노인의 보호와 관련된 업무에 종사하였거나 종사하는 자는 그 직무상 알게 된 비밀을 누설하지 못한다.
- 누구든지 정당한 사유없이 사고 등의 사유로 인하여 보호자로부터 이탈된 노인(실종노인)을 경찰관서 또는 지방자치단체의 장에게 신고하지 아니하고 보호해서는 안 된다.

2. 아동복지법 23회기출 22회기출 21회기출 20회기출

● 목적

아동이 건강하게 출생하여 행복하고 안전하게 자랄 수 있도록 아동의 복지를 보장하는 것을 목적으로 한다.

● 아동정책 기본계획 및 아동종합 실태조사 ★꼭!

- 보건복지부장관은 아동정책의 효율적인 추진을 위하여 '이전의 기본계획에 관한 분석 · 평가, 아동정책에 관한 기본방향 및 추진목표, 주요 추진과제 및 추진방법, 재원조달방안, 그 밖에 아동정책을 시행하기 위하여 특히 필요하다고 인정되는 사항'을 포함한 아동정책기본계획을 5년마다 수립하여야 한다.
- 보건복지부장관은 3년마다 아동의 양육 및 생활환경, 언어 및 인지 발달, 정서적 · 신체적 건강, 아동안전, 아동학대 등 아동의 종합실태를 조사하여 그 결과를 공표하고, 이를 기본계획과 시행계획에 반영하여야 한다.

● 아동 관련 행정기관 등 ★꼭!

- 아동정책조정위원회: 아동의 권리증진과 건강한 출생 및 성장을 위하여 종합적인 아동정책을 수립하고 관계부처의 의견을 조정하며 그 정책의 이행을 감독하고 평가하기 위하여 국무총리 소속으로 아동정책조정위원회를 둔다.
- 아동권리보장원: 보건복지부장관은 아동정책에 대한 종합적인 수행과 아동복지 관련 사업의 효과적인 추진을 위하여 필요한 정책의 수립을 지원하고 사업평가 등의 업무를 수행할 수 있도록 아동권리보장원을 설립한다.
- 아동복지심의위원회: '시행계획 수립 및 시행에 관한 사항, 보호조치에 관한 사항, 퇴소조치에 관한 사항, 보호기간의 연장 및 보호조치의 종료에 관한 사항, 재보호조치 및 보호조치의 종료에 관한 사항, 친권행사의 제한이나 친권상실 선고 청구에 관한 사항, 아동의 후견인의 선임이나 변경 청구에 관한 사항, 지원대상아동의 선정과 그 지원에 관한 사항, 그 밖에 아동의 보호 및 지원서비스를 위하여 시 · 도지사 또는 시장 · 군수 · 구청장이 필요하다고 인정하는 사항'을 심의하기 위하여 시 · 도지사, 시장 · 군수 · 구청장 소속으로 아동복지심의위원회를 각각 둔다.
- 아동복지전담공무원: 아동복지에 관한 업무를 담당하기 위하여 특별시 · 광역시 · 도 · 특별자치도 및 시 · 군 · 구에 각각 아동복지전담공무원을 둘 수 있다.
- 아동위원: 시 · 군 · 구에 아동위원을 둔다. 아동위원은 그 관할구역 안의 아동에 대하여 항상 그 생활상태 및 가정환경을 상세히 파악하고 아동복지에 관하여 필요한 원조와 지도를 행하며 전담공무원 및 관계 행정기관과 협력하여야 한다.
- 가정위탁지원센터: 지방자치단체는 보호대상아동에 대한 가정위탁사업을 활성화하기 위하여 시 · 도 및 시 · 군 · 구에 가정위탁지원센터를 둔다.

● 아동에 대한 금지행위

- 아동을 매매하는 행위
- 아동에게 음란한 행위를 시키거나 이를 매개하는 행위 또는 아동에게 성적 수치심을 주는 성희롱 등의 성적 학대행위
- 아동의 신체에 손상을 주거나 신체의 건강 및 발달을 해치는 신체적 학대행위
- 아동의 정신건강 및 발달에 해를 끼치는 정서적 학대행위(가정폭력에 아동을 노출시키는 행위로 인한 경우를 포함)
- 자신의 보호·감독을 받는 아동을 유기하거나 의식주를 포함한 기본적 보호·양육·치료 및 교육을 소홀히 하는 방임행위
- 장애를 가진 아동을 공중에 관람시키는 행위
- 아동에게 구걸을 시키거나 아동을 이용하여 구걸하는 행위
- 공중의 오락 또는 흥행을 목적으로 아동의 건강 또는 안전에 유해한 곡예를 시키는 행위 또는 이를 위하여 아동을 제3자에게 인도하는 행위
- 정당한 권한을 가진 알선기관 외의 자가 아동의 양육을 알선하고 금품을 취득하거나 금품을 요구 또는 약속하는 행위
- 아동을 위하여 증여 또는 급여된 금품을 그 목적 외의 용도에 사용하는 행위

● 아동복지시설

- 아동양육시설: 보호대상아동을 입소시켜 보호, 양육 및 취업훈련, 자립지원 서비스 등을 제공하는 것을 목적으로 하는 시설
- 아동일시보호시설: 보호대상아동을 일시보호하고 아동에 대한 향후의 양육대책수립 및 보호조치를 행하는 것을 목적으로 하는 시설
- 아동보호치료시설: 불량행위를 하거나 불량행위를 할 우려가 있는 아동으로서 보호자가 없거나 친권자나 후견인이 입소를 신청한 아동 또는 가정법원·지방법원소년부지원에서 보호위탁된 19세 미만인 사람을 입소시켜 치료와 선도를 통하여 건전한 사회인으로 육성하는 것을 목적으로 하는 시설, 정서적·행동적 장애로 인하여 어려움을 겪고 있는 아동 또는 학대로 인하여 부모로부터 일시 격리되어 치료받을 필요가 있는 아동을 보호·치료하는 시설
- 공동생활가정: 보호대상아동에게 가정과 같은 주거여건과 보호, 양육, 자립지원서비스를 제공하는 것을 목적으로 하는 시설
- 자립지원시설: 아동복지시설에서 퇴소한 사람에게 취업준비기간 또는 취업 후 일정기간 보호함으로써 자립을 지원하는 것을 목적으로 하는 시설
- 아동상담소: 아동과 그 가족의 문제에 관한 상담, 치료, 예방 및 연구 등을 목적으로 하는 시설
- 아동전용시설: 어린이공원, 어린이놀이터, 아동회관, 체육, 연극, 영화, 과학실험전시시설, 아동휴게숙박시설, 야영장 등 아동에게 건전한 놀이·오락 기타 각종 편의를 제공하여 심신의 건강유지와 복지증진에 필요한 서비스를 제공하는 것을 목적으로 하는 시설
- 지역아동센터: 지역사회 아동의 보호·교육, 건전한 놀이와 오락의 제공, 보호자와 지역사회의 연계 등 아동의 건전육성을 위하여 종합적인 아동복지서비스를 제공하는 시설
- 협동돌봄센터: 보호자 또는 보호자와 돌봄종사자가 조합(영리를 목적으로 하지 아니하는 조합에 한정)을 결성하여 초등학교의 정규교육 이외의 시간 동안 방과 후 돌봄서비스를 제공하는 시설
- 아동보호전문기관: 학대받은 아동의 치료, 아동학대의 재발 방지 등 사례관리 및 아동학대예방을 담당
- 가정위탁지원센터: 보호대상아동에 대한 가정위탁사업을 활성화
- 아동권리보장원: 아동정책에 대한 종합적인 수행과 아동복지 관련 사업의 효과적인 추진을 위하여 필요한 정책의 수립을 지원하고 사업평가 등의 업무를 수행

- 자립지원전담기관: 보호대상아동의 위탁보호 종료 또는 아동복지시설 퇴소 이후의 자립을 지원
- 학대피해아동쉼터: 피해아동에 대한 보호, 치료, 양육 서비스 등을 제공하는 시설

● **보호조치**

시 · 도지사 또는 시장 · 군수 · 구청장은 그 관할구역에서 보호대상아동을 발견하거나 보호자의 의뢰를 받은 때에는 아동의 최상의 이익을 위하여 대통령령으로 정하는 바에 따라 '전담공무원 · 민간전문인력 또는 아동위원에게 보호대상아동 또는 그 보호자에 대한 상담 · 지도를 수행하게 하는 것, 친족에 해당하는 사람의 가정에서 보호 · 양육할 수 있도록 조치하는 것, 보호대상아동을 적합한 유형의 가정에 위탁하여 보호 · 양육할 수 있도록 조치하는 것, 보호대상아동을 적합한 아동복지시설에 입소시키는 것, 약물 및 알코올중독 · 정서장애 · 행동장애 · 발달장애 · 성폭력 · 아동학대 피해 등으로 특수한 치료나 요양 등의 보호를 필요로 하는 아동에 대하여 전문치료기관 또는 요양소에 입원 또는 입소시키는 것, 입양과 관련된 필요한 조치를 하는 것'에 해당하는 보호조치를 하여야 한다.

3. 장애인복지법 23회기출 20회기출

● **목적**

장애인의 인간다운 삶과 권리 보장을 위한 국가와 지방자치단체 등의 책임을 명백히 하고, 장애발생 예방과 장애인의 의료, 교육, 직업재활, 생활환경개선 등에 관한 사업을 정하여 장애인복지대책을 종합적으로 추진하며, 장애인의 자립생활 · 보호 및 수당 지급 등에 관하여 필요한 사항을 정하여 장애인의 생활안정에 기여하는 등 장애인의 복지와 사회활동 참여증진을 통하여 사회통합에 이바지함을 목적으로 한다.

● **장애인정책종합계획 및 실태조사** ★꼭!
- 보건복지부장관은 장애인의 권익과 복지증진을 위하여 관계 중앙행정기관의 장과 협의하여 5년마다 장애인정책종합계획을 수립 · 시행하여야 한다.
- 보건복지부장관은 장애인 복지정책의 수립에 필요한 기초자료로 활용하기 위하여 3년마다 장애실태조사를 실시하여야 한다.

● **장애인정책조정위원회** ★꼭!

장애인종합정책을 수립하고 관계부처 간의 의견을 조정하며 그 정책의 이행을 감독 · 평가하기 위하여 국무총리 소속하에 장애인정책조정위원회를 둔다.

● **장애인 등록 및 취소** ★꼭!
- 장애인, 그 법정대리인 또는 대통령령으로 정하는 보호자는 장애 상태와 그 밖에 보건복지부령이 정하는 사항을 특별자치시장 · 특별자치도지사 · 시장 · 군수 또는 구청장에게 등록하여야 하며, 특별자치시장 · 특별자치도지사 · 시장 · 군수 · 구청장은 등록을 신청한 장애인이 기준에 맞으면 장애인등록증을 내주어야 한다.
- 재외동포 및 외국인 중 '국내거소신고를 한 사람, 재외국민으로 주민등록을 한 사람, 외국인 등록을 한 사람으로서 체류자격 중 대한민국에 영주할 수 있는 체류자격을 가진 사람, 결혼이민자, 난민인정자'에 해당하는 사람은 장애인 등록을 할 수 있다.
- 특별자치시장 · 특별자치도지사 · 시장 · 군수 · 구청장은 등록증을 받은 사람이 '사망한 경우, 장애인의 정의에 대한 기준에 맞지 아니하게 된 경우, 정당한 사유 없이 보건복지부령으로 정하는 기간 동안 장애 진단 명령 등 필요한 조치를 따르지 아니한 경우, 장애인 등록 취소를 신청하는 경우'의 어느 하나에 해당하는 경우에는

장애인 등록을 취소하여야 한다.

● 장애인 복지조치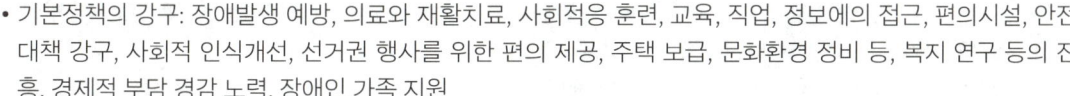

- 기본정책의 강구: 장애발생 예방, 의료와 재활치료, 사회적응 훈련, 교육, 직업, 정보에의 접근, 편의시설, 안전대책 강구, 사회적 인식개선, 선거권 행사를 위한 편의 제공, 주택 보급, 문화환경 정비 등, 복지 연구 등의 진흥, 경제적 부담 경감 노력, 장애인 가족 지원
- 상담서비스: 장애인 복지 향상을 위한 상담 및 지원 업무를 맡기기 위하여 시·군·구에 장애인복지상담원을 둔다. 장애인복지 실시기관은 장애인에 대한 검진 및 재활상담을 실시하고, 필요하다고 인정할 때에는 의료·보건지도 및 복지서비스 등을 받도록 하여야 한다.
- 사회경제적 재활: 산후조리도우미 지원, 자녀교육비 지급, 자금 대여, 생업 지원, 자립훈련비 지급, 생산품 구매, 고용 촉진 및 장애인 응시자에 대한 편의제공, 공공시설의 우선 이용, 국유·공유 재산의 우선매각이나 유상·무상 대여, 장애수당 지급, 장애아동수당과 보호수당 지급, 장애인 사용 자동차와 장애인 보조견 등에 대한 지원
- 자립생활지원: 국가와 지방자치단체는 장애인의 자립생활을 실현하기 위하여 장애인자립생활지원센터를 통하여 필요한 각종 지원서비스를 제공한다. 국가와 지방자치단체는 장애인이 일상생활 또는 사회생활을 원활히 할 수 있도록 활동지원급여를 지원할 수 있다. 국가와 지방자치단체는 장애인이 장애를 극복하는 데 도움이 되도록 장애동료 간 상호대화나 상담의 기회를 제공하도록 노력하여야 한다.

● 수당

- 장애수당: 국가와 지방자치단체는 장애인의 장애 정도와 경제적 수준을 고려하여 장애로 인한 추가적 비용을 보전하게 하기 위하여 장애수당을 지급할 수 있다. 다만, 국민기초생활보장법에 따른 생계급여 또는 의료급여를 받는 장애인에게는 장애수당을 반드시 지급하여야 한다.
- 장애아동수당: 국가와 지방자치단체는 장애아동에게 보호자의 경제적 생활수준 및 장애아동의 장애 정도를 고려하여 장애로 인한 추가적 비용을 보전하게 하기 위하여 장애아동수당을 지급할 수 있다. 다만, 국민기초생활보장법에 따른 생계급여 또는 의료급여를 받는 장애아동에게는 장애아동수당을 반드시 지급하여야 한다.
- 보호수당: 국가와 지방자치단체는 장애인을 보호하는 자에게 그의 경제적 수준과 장애인의 장애 정도를 고려하여 장애로 인한 추가적 비용을 보전하게 하기 위하여 보호수당을 지급할 수 있다.

● 장애인복지시설

- 장애인 거주시설: 거주공간을 활용하여 일반가정에서 생활하기 어려운 장애인에게 일정 기간 동안 거주·요양·지원 등의 서비스를 제공하는 동시에 지역사회생활을 지원하는 시설
- 장애인 지역사회재활시설: 장애인을 전문적으로 상담·치료·훈련하거나 장애인의 일상생활, 여가활동 및 사회참여활동 등을 지원하는 시설
- 장애인 자립생활지원시설: 장애인의 자립생활 역량을 강화하기 위하여 동료상담, 지역사회의 물리적·사회적 환경개선 사업, 장애인의 권익 옹호·증진, 장애인 적합 서비스 등을 제공하는 시설
- 장애인 직업재활시설: 일반 작업환경에서는 일하기 어려운 장애인이 특별히 준비된 작업환경에서 직업훈련을 받거나 직업 생활을 할 수 있도록 하는 시설(직업훈련 및 직업 생활을 위하여 필요한 제조·가공 시설, 공장 및 영업장 등 부속 용도의 시설로서 보건복지부령으로 정하는 시설을 포함)
- 장애인 의료재활시설: 장애인을 입원 또는 통원하게 하여 상담, 진단·판정, 치료 등 의료재활서비스를 제공하는 시설
- 기타 대통령령이 정하는 시설: 장애인 쉼터, 피해장애아동 쉼터, 장애인 생산품판매시설

● 장애인학대

- 장애인학대란 장애인에 대하여 신체적 · 정신적 · 정서적 · 언어적 · 성적 폭력이나 가혹행위, 경제적 착취, 유기 또는 방임을 하는 것을 말한다.
- 누구든지 장애인학대 및 장애인 대상 성범죄를 알게 된 때에는 중앙장애인권익옹호기관 또는 지역장애인권익옹호기관이나 수사기관에 신고할 수 있다.
- 누구든지 장애인학대 및 장애인 대상 성범죄 신고인에게 장애인학대범죄 신고 등을 이유로 불이익조치를 하여서는 아니 된다.
- 장애인학대 신고를 접수한 장애인권익옹호기관의 직원이나 사법경찰관리는 지체 없이 장애인학대현장에 출동하여야 한다. 장애인학대현장에 출동한 자는 학대받은 장애인을 학대행위자로부터 분리하거나 치료가 필요하다고 인정할 때에는 즉시 피해장애인을 장애인권익옹호기관 또는 의료기관에 인도하여야 한다.

4. 한부모가족지원법 23회 기출 22회 기출 21회 기출 20회 기출

● 목적

한부모가족이 안정적인 가족 기능을 유지하고 자립할 수 있도록 지원함으로써 한부모가족의 생활 안정과 복지 증진에 이바지함을 목적으로 한다.

● 용어의 정의 ⭐꼭!

- 모(母) 또는 부(父): '배우자와 사별 또는 이혼하거나 배우자로부터 유기된 자, 정신이나 신체의 장애로 장기간 노동능력을 상실한 배우자를 가진 자, 교정시설 · 치료감호시설에 입소한 배우자 또는 병역복무 중인 배우자를 가진 사람, 미혼자(사실혼 관계에 있는 자는 제외), 위의 규정에 준하는 자로서 여성가족부령으로 정하는 자'의 어느 하나에 해당하는 자로서 아동인 자녀를 양육하는 자
- 청소년 한부모: 24세 이하의 모 또는 부
- 한부모가족: 모자가족 또는 부자가족
- 모자가족: 모가 세대주(세대주가 아니더라도 세대원을 사실상 부양하는 자를 포함)인 가족
- 부자가족: 부가 세대주(세대주가 아니더라도 세대원을 사실상 부양하는 자를 포함)인 가족
- 아동: 18세 미만(취학 중인 경우에는 22세 미만을 말하되, 병역법에 따른 병역의무를 이행하고 취학 중인 경우에는 병역의무를 이행한 기간을 가산한 연령 미만을 말함)의 자

● 실태조사

여성가족부장관은 한부모가족 지원을 위한 정책수립에 활용하기 위하여 3년마다 한부모가족에 대한 실태조사를 실시하고 그 결과를 공표하여야 한다.

● 수급권자

- 수급권자는 이 법에 따른 지원대상자이며(이 법에서 정하는 모 또는 부, 한부모가족, 모자가족, 부자가족, 아동 등이 해당), 지원대상자의 범위는 지원대상자 중 아동의 연령을 초과하는 자녀가 있는 한부모가족의 경우 그 자녀를 제외한 나머지 가족구성원을 지원대상자로 한다.
- 미혼모에 대한 특례: 혼인 관계에 있지 아니한 자로서 출산 전 임신부와 출산 후 해당 아동을 양육하지 아니하는 모는 출산지원시설을 이용할 때에는 이 법에 따른 지원대상자가 된다.
- 외국인에 대한 특례: 국내에 체류하고 있는 외국인 중 대한민국 국적의 아동을 양육하고 있는 모 또는 부로서 대통령령으로 정하는 사람이 지원대상자에 해당하면 이 법에 따른 지원대상자가 된다.
- 조손가정에 대한 특례: '부모가 사망하거나 생사가 분명하지 아니한 아동, 부모가 정신 또는 신체의 장애 · 질

병으로 장기간 노동능력을 상실한 아동, 부모의 장기복역 등으로 부양을 받을 수 없는 아동, 부모가 이혼하거나 유기하여 부양을 받을 수 없는 아동, 이상에 해당되는 자에 준하는 자로서 여성가족부령으로 정하는 아동'의 어느 하나에 해당하는 아동과 그 아동을 양육하는 조부 또는 조모는 지원대상자가 된다.

● 한부모가족복지시설 ⭐꼭!

- 출산지원시설: '모(母), 혼인 관계에 있지 아니한 자로서 출산 전 임신부, 혼인 관계에 있지 아니한 자로서 출산 후 해당 아동을 양육하지 아니하는 모'의 어느 하나에 해당하는 자의 임신 · 출산 및 그 출산 아동(3세 미만에 한정)의 양육을 위하여 주거 등을 지원하는 시설
- 양육지원시설: 6세 미만 자녀를 동반한 한부모가속에게 자녀를 양육할 수 있노록 주거 등을 시원하는 시실
- 생활지원시설: 18세 미만(취학 중인 경우에는 22세 미만을 말하되, 병역의무를 이행하고 취학 중인 경우에는 병역의무를 이행한 기간을 가산한 연령 미만을 말함) 자녀를 동반한 한부모가족에게 자립을 준비할 수 있도록 주거 등을 지원하는 시설
- 일시지원시설: 배우자(사실혼 관계에 있는 사람을 포함)가 있으나 배우자의 물리적 · 정신적 학대로 아동의 건전한 양육이나 모 또는 부의 건강에 지장을 초래할 우려가 있을 경우 일시적 또는 일정 기간 동안 모와 아동, 부와 아동, 모 또는 부에게 주거 등을 지원하는 시설
- 한부모가족복지상담소: 한부모가족에 대한 위기 · 자립 상담 또는 문제해결 지원 등을 목적으로 하는 시설

5. 영유아보육법

● 실태조사

교육부장관은 이 법의 적절한 시행을 위하여 보육실태조사를 3년마다 실시하고 그 결과를 공표하여야 한다.

● 어린이집의 종류 ⭐꼭!

- 국공립어린이집: 국가나 지방자치단체가 설치 · 운영하는 어린이집
- 사회복지법인어린이집: 사회복지법인이 설치 · 운영하는 어린이집
- 법인 · 단체등어린이집: 각종 법인(사회복지법인 제외한 비영리법인)이나 단체 등이 설치 · 운영하는 어린이집으로서 대통령령으로 정하는 어린이집
- 직장어린이집: 사업주가 사업장의 근로자를 위하여 설치 · 운영하는 어린이집(국가나 지방자치단체의 장이 소속 공무원 및 국가나 지방자치단체의 장과 근로계약을 체결한 자로서 공무원이 아닌 자를 위하여 설치 · 운영하는 어린이집을 포함)
- 가정어린이집: 개인이 가정이나 그에 준하는 곳에 설치 · 운영하는 어린이집
- 협동어린이집: 보호자 또는 보호자와 보육교직원이 조합을 결성하여 설치 · 운영하는 어린이집
- 민간어린이집: 위에 해당하지 아니하는 어린이집

● 어린이집의 설치 ⭐꼭!

- 국공립어린이집 외의 어린이집의 설치: 국공립어린이집 외의 어린이집을 설치 · 운영하려는 자는 특별자치시장 · 특별자치도지사 · 시장 · 군수 · 구청장의 인가를 받아야 한다. 인가받은 사항 중 중요 사항을 변경하려는 경우에도 또한 같다.
- 직장어린이집의 설치: 상시 여성근로자 300명 이상 또는 상시근로자 500명 이상을 고용하고 있는 사업장의 사업주는 직장어린이집을 설치하여야 한다. 다만, 사업장의 사업주가 직장어린이집을 단독으로 설치할 수 없을 때에는 사업주 공동으로 직장어린이집을 설치 · 운영하거나, 지역의 어린이집과 위탁계약을 맺어 근로자 자녀의 보육을 지원(위탁보육)하여야 한다.

● 어린이집의 운영

- 어린이집의 이용대상은 보육이 필요한 영유아(7세 이하의 취학 전 아동)를 원칙으로 한다. 다만, 필요한 경우 어린이집의 원장은 만 12세까지 연장하여 보육할 수 있다.
- 어린이집에는 보육교직원을 두어야 한다. 어린이집에는 보육교사의 업무 부담을 경감할 수 있도록 보조교사 등을 둔다. 휴가 또는 보수교육 등으로 보육교사를 비롯한 보육교직원의 업무에 공백이 생기는 경우에는 이를 대체할 수 있는 대체교사 등 보육교직원 대체인력을 배치한다.
- 국가나 지방자치단체, 사회복지법인, 그 밖의 비영리법인이 설치한 어린이집과 대통령령으로 정하는 어린이집의 원장은 '국민기초생활보장법에 따른 수급자, 한부모가족지원법에 따른 지원대상자의 자녀, 한부모가족지원법에 따른 지원대상자의 손자녀, 국민기초생활보장법에 따른 차상위계층의 자녀, 장애인복지법에 따른 장애인 중 교육부령으로 정하는 장애 정도에 해당하는 자의 자녀, 장애인복지법에 따른 장애인 중 교육부령으로 정하는 장애 정도에 해당하는 자가 형제자매인 영유아, 다문화가족지원법에 따른 다문화가족의 자녀, 국가유공자 등 예우 및 지원에 관한 법률에 따른 국가유공자 중 전몰군경, 전상군경 · 공상군경 · 4 · 19혁명부상자 · 공상공무원 · 특별공로상이자의 상이자로서 교육부령으로 정하는 자, 순직군경 · 순직공무원 · 특별공로순직자의 순직자의 자녀, 제1형 당뇨를 가진 경우로서 의학적 조치가 용이하고 일상생활이 가능하여 보육에 지장이 없는 영유아, 그 밖에 소득수준 및 보육수요 등을 고려하여 교육부령으로 정하는 자의 자녀' 중 어느 하나에 해당하는 자가 우선적으로 어린이집을 이용할 수 있도록 해야 한다.

6. 정신건강증진 및 정신질환자 복지서비스 지원에 관한 법률

● 목적

정신질환의 예방 · 치료, 정신질환자의 재활 · 복지 · 권리보장과 정신건강 친화적인 환경 조성에 필요한 사항을 규정함으로써 국민의 정신건강증진 및 정신질환자의 인간다운 삶을 영위하는 데 이바지함을 목적으로 한다.

● 실태조사

보건복지부장관은 5년마다 '정신질환의 인구학적 분포 · 유병률 및 유병요인, 성별 · 연령 등 인구학적 특성에 따른 정신질환의 치료 이력 · 정신건강증진시설 이용 현황, 정신질환으로 인한 사회적 · 경제적 손실, 정신질환자의 취업 · 직업훈련 · 소득 · 주거 · 경제상태 및 정신질환자에 대한 복지서비스, 정신질환자 가족의 사회 · 경제적 상황, 정신질환자 및 그 가족에 대한 차별 실태, 우울 · 불안 · 고독 등 정신건강 악화가 우려되는 문제, 그 밖에 정신건강증진에 필요한 사항으로서 보건복지부령으로 정하는 사항'에 관한 실태조사를 하여야 한다.

● 정신건강의 날

정신건강의 중요성을 환기하고 정신질환에 대한 편견을 해소하기 위하여 매년 10월 10일을 정신건강의 날로 하고, 정신건강의 날이 포함된 주를 정신건강주간으로 한다. 국가와 지방자치단체는 정신건강의 날 취지에 적합한 행사와 교육 · 홍보사업을 실시할 수 있다.

● 용어의 정의

- 정신질환자: 망상, 환각, 사고나 기분의 장애 등으로 인하여 독립적으로 일상생활을 영위하는 데 중대한 제약이 있는 사람
- 정신건강증진사업: 정신건강 관련 교육 · 상담, 정신질환의 예방 · 치료, 정신질환자의 재활, 정신건강에 영향을 미치는 사회복지 · 교육 · 주거 · 근로 환경의 개선 등을 통하여 국민의 정신건강을 증진시키는 사업
- 정신건강증진시설: 정신의료기관, 정신요양시설 및 정신재활시설
- 정신요양시설: 정신질환자를 입소시켜 요양 서비스를 제공하는 시설

- 정신재활시설: 정신질환자 또는 정신건강상 문제가 있는 사람 중 정신질환자등의 사회적응을 위한 각종 훈련과 생활지도를 하는 시설

● 입원의 종류 ⭐꼭!

- 자의입원: 정신질환자나 그 밖에 정신건강상 문제가 있는 사람은 보건복지부령으로 정하는 입원 등 신청서를 정신의료기관 등의 장에게 제출함으로써 그 정신의료기관 등에 자의입원 등을 할 수 있다.
- 동의입원: 정신질환자는 보호의무자의 동의를 받아 보건복지부령으로 정하는 입원 등 신청서를 정신의료기관 등의 장에게 제출함으로써 그 정신의료기관 등에 입원 등을 할 수 있다.
- 보호의무자에 의한 입원: 정신의료기관 등의 장은 정신질환자의 보호의무자 2명 이상(보호의무자가 1명만 있는 경우에는 1명으로 함)이 신청한 경우로서 정신건강의학과전문의가 입원 등이 필요하다고 진단한 경우에만 해당 정신질환자를 입원 등을 시킬 수 있다.
- 특별자치시장·특별자치도지사·시장·군수·구청장에 의한 입원: 정신건강의학과전문의 또는 정신건강전문요원은 정신질환으로 자신의 건강 또는 안전이나 다른 사람에게 해를 끼칠 위험이 있다고 의심되는 사람을 발견하였을 때에는 특별자치시장·특별자치도지사·시장·군수·구청장에게 대통령령으로 정하는 바에 따라 그 사람에 대한 진단과 보호를 신청할 수 있다.
- 응급입원: 정신질환자로 추정되는 사람으로서 자신의 건강 또는 안전이나 다른 사람에게 해를 끼칠 위험이 큰 사람을 발견한 사람은 그 상황이 매우 급박하여 규정에 따른 입원 등을 시킬 시간적 여유가 없을 때에는 의사와 경찰관의 동의를 받아 정신의료기관에 그 사람에 대한 응급입원을 의뢰할 수 있다.

7. 다문화가족지원법

● 다문화가족 지원을 위한 기본계획의 수립 ⭐꼭!

- 여성가족부장관은 다문화가족 지원을 위하여 5년마다 다문화가족정책에 관한 기본계획을 수립해야 한다.
- 기본계획 포함 사항: 다문화가족 지원 정책의 기본 방향, 다문화가족 지원을 위한 분야별 발전시책과 평가에 관한 사항, 다문화가족 지원을 위한 제도 개선에 관한 사항, 다문화가족 구성원의 경제·사회·문화 등 각 분야에서 활동 증진에 관한 사항, 다문화가족 지원을 위한 재원 확보 및 배분에 관한 사항, 그 밖에 다문화가족 지원을 위하여 필요한 사항

● 다문화가족정책위원회

- 다문화가족의 삶의 질 향상과 사회통합에 관한 중요 사항을 심의·조정하기 위하여 국무총리 소속으로 다문화가족정책위원회를 둔다.
- 심의·조정 사항: 다문화가족정책에 관한 기본계획의 수립 및 추진에 관한 사항, 다문화가족정책의 시행계획의 수립·추진실적 점검 및 평가에 관한 사항, 다문화가족과 관련된 각종 조사·연구 및 정책의 분석·평가에 관한 사항, 각종 다문화가족 지원 관련 사업의 조정 및 협력에 관한 사항, 다문화가족정책과 관련된 국가 간 협력에 관한 사항, 그 밖에 다문화가족의 사회통합에 관한 중요 사항으로 위원장이 필요하다고 인정하는 사항
- 정책위원회는 위원장 1명을 포함한 20명 이내의 위원으로 구성하고, 위원장은 국무총리가 되며, 위원은 '대통령령으로 정하는 중앙행정기관의 장, 다문화가족정책에 관하여 학식과 경험이 풍부한 사람 중에서 위원장이 위촉하는 사람'이 된다.

● 다문화가족에 관한 실태조사 ⭐꼭!

여성가족부장관은 다문화가족의 현황 및 실태를 파악하고 다문화가족 지원을 위한 정책수립에 활용하기 위하여 3년마다 다문화가족에 대한 실태조사를 실시하고 그 결과를 공표하여야 한다.

● **다문화가족지원센터**
- 국가와 지방자치단체는 다문화가족지원센터를 설치 · 운영할 수 있다. 국가 또는 지방자치단체는 지원센터의 설치 · 운영을 대통령령으로 정하는 법인이나 단체에 위탁할 수 있다. 국가 또는 지방자치단체 아닌 자가 지원센터를 설치 · 운영하고자 할 때에는 미리 시 · 도지사 또는 시장 · 군수 · 구청장(자치구의 구청장)의 지정을 받아야 한다.
- 업무: 다문화가족을 위한 교육 · 상담 등 지원사업의 실시, 결혼이민자등에 대한 한국어교육, 다문화가족 지원 서비스 정보제공 및 홍보, 다문화가족 지원 관련 기관 · 단체와의 서비스 연계, 일자리에 관한 정보제공 및 일자리의 알선, 다문화가족을 위한 통역 · 번역 지원사업, 다문화가족 내 가정폭력 방지 및 피해자 연계 지원, 그 밖에 다문화가족 지원을 위하여 필요한 사업

8. 자원봉사활동기본법

● **기본방향** ⭐
- 자원봉사활동은 국민의 협동적인 참여능력을 높일 수 있는 방향으로 추진해야 한다.
- 자원봉사활동은 무보수성 · 자발성 · 공익성 · 비영리성 · 비정파성 · 비종파성의 원칙 아래 수행될 수 있도록 해야 한다.
- 모든 국민은 나이 · 성별 · 장애 · 지역 · 학력 등 사회적 배경에 관계없이 누구든지 자원봉사활동에 참여할 수 있도록 해야 한다.
- 자원봉사활동의 진흥을 위한 정책은 민 · 관 협력의 기본정신을 바탕으로 하여 추진해야 한다.

● **자원봉사진흥위원회**
- 자원봉사활동에 관한 주요 정책을 심의하기 위하여 행정안전부장관 소속으로 관계 공무원 및 민간 전문가로 구성된 자원봉사진흥위원회를 둔다.
- 심의 사항: 자원봉사활동의 진흥을 위한 정책 방향의 설정 및 협력 · 조정, 자원봉사활동의 진흥을 위한 국가 기본계획과 연도별 시행계획에 관한 사항, 자원봉사활동의 진흥을 위한 제도 개선에 관한 사항, 그 밖에 자원봉사활동의 진흥에 필요한 사항

● **한국자원봉사협의회**
- 자원봉사단체는 전국 단위의 자원봉사활동을 진흥 · 촉진하기 위한 '회원단체 간의 협력 및 사업 지원, 자원봉사활동의 진흥을 위한 대국민 홍보 및 국제교류, 자원봉사활동과 관련된 정책의 개발 및 조사 · 연구, 자원봉사활동과 관련된 정책의 건의, 자원봉사활동과 관련된 정보의 연계 및 지원, 그 밖에 자원봉사활동의 진흥과 관련하여 국가 및 지방자치단체로부터 위탁받은 사업'을 하기 위하여 한국자원봉사협의회를 설립할 수 있다.
- 한국자원봉사협의회는 법인으로 한다.

● **자원봉사단체에 대한 지원**
국가 및 지방자치단체는 자원봉사단체의 활동에 필요한 행정적 지원을 할 수 있으며 비영리민간단체지원법에 따라 사업비를 지원할 수 있다.

● **자원봉사센터의 설치 및 운영** ⭐
- 국가기관 및 지방자치단체는 자원봉사센터를 설치할 수 있다. 이 경우 자원봉사센터를 법인으로 하여 운영하

거나 비영리 법인에게 위탁하여 운영해야 한다.

- 자원봉사활동을 효율적으로 추진하기 위하여 필요하다고 인정할 때에는 국가기관 및 지방자치단체가 운영할 수 있다.
- 국가는 자원봉사센터의 설치 · 운영이 활성화될 수 있도록 적극 노력하여야 하며, 지방자치단체는 자원봉사 센터의 운영에 필요한 경비를 지원할 수 있다.

9. 가정폭력방지 및 피해자보호 등에 관한 법률  23회 기출

● 가정폭력 실태조사

여성가족부장관은 3년마다 가정폭력에 대한 실태조사를 실시하여 그 결과를 발표하고, 이를 가정폭력을 예방하 기 위한 정책수립의 기초자료로 활용해야 한다.

● 긴급전화센터

여성가족부장관 또는 시 · 도지사는 '피해자의 신고접수 및 상담, 관련 기관 · 시설과의 연계, 피해자에 대한 긴 급한 구조의 지원, 경찰관서 등으로부터 인도받은 피해자 및 피해자가 동반한 가정구성원의 임시 보호'의 업무 등을 수행하기 위하여 긴급전화센터를 설치 · 운영하여야 한다. 이 경우 외국어 서비스를 제공하는 긴급전화센 터를 따로 설치 · 운영할 수 있다.

● 가정폭력 관련 상담소 꼭! ★

- 국가나 지방자치단체는 가정폭력 관련 상담소를 설치 · 운영할 수 있다. 국가나 지방자치단체 외의 자가 상담 소를 설치 · 운영하려면 특별자치시장 · 특별자치도지사 · 시장 · 군수 · 구청장에게 신고하여야 한다. 신고 한 사항 중 여성가족부령으로 정하는 중요 사항을 변경하려는 경우에도 또한 같다.
- 업무: 가정폭력을 신고받거나 이에 관한 상담에 응하는 일, 가정폭력을 신고하거나 이에 관한 상담을 요청한 사람과 그 가족에 대한 상담, 가정폭력으로 정상적인 가정생활과 사회생활이 어렵거나 그 밖에 긴급히 보호를 필요로 하는 피해자등을 임시로 보호하거나 의료기관 또는 가정폭력피해자 보호시설로 인도하는 일, 행위자 에 대한 고발 등 법률적 사항에 관하여 자문하기 위한 대한변호사협회 또는 지방변호사회 및 법률 구조법인 등에 대한 필요한 협조와 지원의 요청, 경찰관서 등으로부터 인도받은 피해자등의 임시 보호, 가정폭력의 예 방과 방지에 관한 교육 및 홍보, 그 밖에 가정폭력과 그 피해에 관한 조사 · 연구

● 가정폭력피해자 보호시설의 종류 및 업무 꼭! ★

- 단기보호시설: 피해자등을 6개월의 범위에서 보호하는 시설(각 3개월의 범위에서 두 차례 연장 가능)
- 장기보호시설: 피해자등에 대하여 2년의 범위에서 자립을 위한 주거편의 등을 제공하는 시설
- 외국인보호시설: 외국인 피해자등을 2년의 범위에서 보호하는 시설
- 장애인보호시설: 장애인인 피해자등을 2년의 범위에서 보호하는 시설
- 업무: 숙식의 제공, 심리적 안정과 사회적응을 위한 상담 및 치료, 질병치료와 건강관리를 위한 의료기관에의 인도 등 의료지원, 수사 · 재판과정에 필요한 지원 및 서비스 연계, 법률구조기관 등에 필요한 협조와 지원의 요청, 자립자활교육의 실시와 취업정보의 제공, 다른 법률에 따라 보호시설에 위탁된 사항, 그 밖에 피해자등 의 보호를 위하여 필요한 일

10. 성폭력방지 및 피해자보호 등에 관한 법률

● 성폭력 실태조사

여성가족부장관은 성폭력의 실태를 파악하고 성폭력 방지에 관한 정책을 수립하기 위하여 3년마다 성폭력 실태조사를 하고 그 결과를 발표해야 한다.

● 성폭력피해자보호시설의 종류

- 일반보호시설
- 장애인보호시설: 장애인 피해자 대상
- 특별지원 보호시설: 19세 미만의 피해자 대상
- 외국인보호시설: 외국인 피해자에게 제공하는 시설
- 자립지원 공동생활시설: 보호시설을 퇴소한 사람에게 자립 · 자활 교육의 실시와 취업정보의 제공 및 그 밖에 필요한 사항을 제공하는 시설
- 장애인 자립지원 공동생활시설: 장애인 보호시설을 퇴소한 사람에게 자립 · 자활 교육의 실시와 취업정보의 제공 및 그 밖에 필요한 사항을 제공하는 시설

● 성폭력피해자보호시설의 입소기간

- 일반보호시설: 1년 이내(1년 6개월의 범위에서 한 차례 연장 가능)
- 장애인보호시설: 2년 이내(피해회복에 소요되는 기간까지 연장 가능)
- 특별지원 보호시설: 19세가 될 때까지(2년의 범위에서 한 차례 연장 가능)
- 외국인보호시설: 1년 이내(피해회복에 소요되는 기간까지 연장 가능)
- 자립지원 공동생활시설: 2년 이내(2년의 범위에서 한 차례 연장 가능)
- 장애인 자립지원 공동생활시설: 2년 이내(2년의 범위에서 한 차례 연장 가능)

● 성폭력피해자보호시설의 업무

피해자등의 보호 및 숙식 제공, 피해자등의 심리적 안정과 사회 적응을 위한 상담 및 치료, 자립 · 자활 교육의 실시와 취업정보의 제공, 피해자등의 질병치료와 건강관리를 위하여 의료기관에 인도하는 등 의료 지원, 피해자에 대한 수사기관의 조사와 법원의 증인신문 등에의 동행, 성폭력행위자에 대한 고소와 피해배상 청구 등 사법처리 절차에 관하여 대한법률구조공단 등 관계 기관에 필요한 협조 및 지원 요청, 다른 법률에 따라 보호시설에 위탁된 업무, 그 밖에 피해자등을 보호하기 위하여 필요한 업무

● 성폭력피해상담소

- 국가 또는 지방자치단체는 성폭력피해상담소를 설치 · 운영할 수 있다. 국가 또는 지방자치단체 외의 자가 상담소를 설치 · 운영하려면 특별자치시장 · 특별자치도지사 또는 시장 · 군수 · 구청장에게 신고하여야 한다. 신고한 사항 중 여성가족부령으로 정하는 중요 사항을 변경하려는 경우에도 또한 같다.
- 업무: 성폭력피해의 신고접수와 이에 관한 상담, 성폭력피해로 인하여 정상적인 가정생활 또는 사회생활이 곤란하거나 그 밖의 사정으로 긴급히 보호할 필요가 있는 사람과 성폭력피해자보호시설 등의 연계, 피해자등의 질병치료와 건강관리를 위하여 의료기관에 인도하는 등 의료 지원, 피해자에 대한 수사기관의 조사와 법원의 증인신문(證人訊問) 등에의 동행, 성폭력행위자에 대한 고소와 피해배상청구 등 사법처리 절차에 관하여 대한법률구조공단 등 관계 기관에 필요한 협조 및 지원 요청, 성폭력 예방을 위한 홍보 및 교육, 그 밖에 성폭력 및 성폭력 피해에 관한 조사 · 연구

11. 사회복지공동모금회법 <small>22회 기출 20회 기출</small>

● 기본 원칙

- 기부하는 자의 의사에 반하여 기부금품을 모집하여서는 아니 된다.
- 공동모금재원은 지역 · 단체 · 대상자 및 사업별로 복지수요가 공정하게 충족되도록 배분하여야 하고, 목적 및 용도에 맞도록 공정하게 관리 · 운용하여야 한다.
- 공동모금재원의 배분은 객관적인 기준에 따라 효율적으로 이루어지도록 하고, 그 결과를 공개하여야 한다.

● 사회복지공동모금회 ★꼭!

- 사회복지공동모금사업을 관장하도록 하기 위하여 사회복지공동모금회를 둔다. 모금회는 사회복지법인으로 한다. 모금회는 정관을 작성하여 보건복지부장관의 인가를 받아 등기함으로써 설립한다.
- 사업: 사회복지공동모금사업, 공동모금재원의 배분, 공동모금재원의 운용 및 관리, 사회복지공동모금에 관한 조사 · 연구 · 홍보 및 교육 · 훈련, 사회복지공동모금지회의 운영, 사회복지공동모금과 관련된 국제교류 및 협력증진사업, 다른 기부금품 모집자와의 협력사업, 그 밖에 모금회의 목적 달성에 필요한 사업
- 모금회에는 회장 1명, 부회장 3명, 이사(회장, 부회장 및 사무총장 포함) 15명 이상 20명 이하, 감사 2명의 임원을 둔다. 임원의 임기는 3년으로 하며, 한 차례만 연임할 수 있다.
- 모금회에 지역단위의 사회복지공동모금사업을 관장하기 위하여 특별시 · 광역시 · 특별자치시 · 도 · 특별자치도 단위 사회복지공동모금지회를 둔다.
- 모금회는 사회복지사업이나 그 밖의 사회복지활동을 지원하기 위하여 연중 기부금품을 모집 · 접수할 수 있다. 기부금품의 기부자는 배분지역, 배분대상자 또는 사용 용도를 지정할 수 있다.
- 모금회는 사회복지사업이나 그 밖의 사회복지활동 등을 지원하기 위한 재원을 조성하기 위하여 복권을 발행할 수 있다.
- 모금회는 기부금품의 접수를 효율적이고 공정하게 하기 위하여 언론기관을 모금창구로 지정하고, 지정된 언론기관의 명의로 모금계좌를 개설할 수 있다.

기출회독으로 연계 학습하세요

노인복지법 기출회독 240	8 문항	아동복지법 기출회독 241	9 문항
장애인복지법 기출회독 242	8 문항	한부모가족지원법 기출회독 243	8 문항
사회복지공동모금회법 기출회독 245	5 문항	가정폭력방지 및 피해자보호 등에 관한 법률 기출회독 248	5 문항

실력 CHECK

기본쌓기문제

OX퀴즈

11장 판례

0.4
출제문항수　핵심특강

1. 사회복지 관련 주요 판례 🏆 21회기출

● 장애인고용할당제도가 사업주의 헌법상 권리를 침해하는가(2001헌바96)

대통령령이 정하는 일정 수 이상의 근로자를 고용하는 사업주는 기준 고용률 이상에 해당하는 장애인을 고용해야 한다고 규정한 구 장애인고용촉진등에관한법률 제35조 제1항 본문이 사업주의 행동자유권, 경제활동의 자유, 평등권을 침해하고 포괄위임입법금지원칙에 위배되는지 여부, 장애인고용부담금제도가 사업주의 계약 및 직업수행의 자유, 재산권, 평등권을 침해하는지 여부를 확인해달라는 헌법소원이었으나, 합헌 결정이 내려졌다.

● 이사회의 의결 없는 사회복지법인의 기본재산 처분의 효력(대법원2000다20090)

사회복지법인의 대표자가 이사회의 의결 없이 사회복지법인의 재산을 제3자에게 양도한 경우, 그 처분행위는 효력이 없다는 결정이 내려졌다.

● 국민연금 보험료의 강제징수의 위헌여부(99헌마365)

국민연금 보험료 강제징수 조항이 헌법정신에 위배됨을 확인해달라는 헌법소원이었으나, 보험료의 강제징수 규정은 헌법에 위배되지 않으며, 오히려 헌법상의 사회적 시장경제질서에 부합하는 제도라는 결정이 내려졌다.

● 국민건강보험 강제가입과 체납시 급여제한의 위헌여부(2000헌마668)

국민건강보험의 의무가입 규정과 보험료 체납 시 급여를 제한한다는 조항이 헌법 상 인간다운 생활을 할 권리와 재산권을 침해하는지 확인해달라는 헌법소원이었으나, 그 자체로 직접 자유의 제한, 의무의 부과 또는 권리나 법적 지위의 박탈을 초래하는 것은 아니며, 기본권 침해의 직접성이 없다는 결정이 내려졌다.

● 저상버스 도입의무 불이행 위헌확인(2002헌마52)

장애인을 위해 저상버스를 도입하지 않는 것은 헌법 제34조제5항에 의거한 국가가 장애인의 복지를 위하여 노력해야 할 의무를 이행하지 않는 것이 아닌지, 헌법소원을 제기하였으나 각하되었고, 저상버스 도입이라는 구체적인 내용의 의무가 헌법으로부터 나오는 것은 아니라는 결정이 내려졌다.

● 국민연금 가입연령 제한의 위헌 여부(2000헌마390)

국민연금의 가입대상을 경제활동이 가능한 18세 이상 60세 미만의 국민으로 제한하고 있는 이 사건 법률조항은 노후의 소득보장이라는 연금제도의 입법취지에 따라 국민연금제도를 합리적으로 운영하기 위한 것으로 정당하고 60세 미만의 국민에 비하여 청구인들을 불합리하게 차별대우함으로써 헌법상의 평등원칙을 침해한다고 볼 수 없다.

● 일부 이사가 참석하지 않은 상태에서 소집통지서에 회의의 목적사항으로 명시한 바 없는 안건에 관한 사회복지법인 이사회 결의의 효력(=무효)(대법원2004마916)

사회복지법인의 정관에 이사회의 소집통지시 '회의의 목적사항'을 명시하도록 정하고 있음에도, 일부 이사가 참석하지 않은 상태에서 소집통지서에 회의의 목적사항으로 명시한 바 없는 안건에 관하여 이사회가 결의하였다면, 적어도 그 안건과 관련하여서는 불출석한 이사에 대하여는 정관에서 규정한 바대로의 적법한 소집통지가 없었던 것과 다를 바 없으므로 그 결의 역시 무효이다.

● 맞춤형 복지제도 차별적용 위헌 확인(2006헌마186)

지방재정법, 지방교부세법 및 지방자치법 조항 어디에도 피청구인 대한민국 정부에게 지방공무원에 대한 맞춤형 복지제도의 실시를 위한 예산지원의무 등을 규정하고 있지 아니하므로, 그 부작위를 다투는 심판청구 역시 부적법하다.

기출회독으로 연계 학습하세요

기출회독 250

판례

4문항

실력 CHECK

기본쌓기문제

OX퀴즈

제23회 사회복지사1급 시험
데이터 기반 **마무리 학습전략** 적용 결과

시험과목	시험영역	목표점수별 공략 장(Chapter)		
		130점 목표 필수 학습	160점 목표 안정권 학습	200점 목표 고득점 학습
1교시 사회복지기초	1영역 인간행동과 사회환경	19문항(점)	3문항(점)	3문항(점)
	2영역 사회복지조사론	14문항(점)	4문항(점)	7문항(점)
2교시 사회복지실천	3영역 사회복지실천론	20문항(점)	5문항(점)	0문항(점)
	4영역 사회복지기술론	18문항(점)	2문항(점)	5문항(점)
	5영역 지역사회복지론	17문항(점)	5문항(점)	3문항(점)
3교시 사회복지정책과 제도	6영역 사회복지정책론	16문항(점)	2문항(점)	7문항(점)
	7영역 사회복지행정론	18문항(점)	3문항(점)	4문항(점)
	8영역 사회복지법제론	16문항(점)	5문항(점)	4문항(점)
총점		**138** 문항(점)	**29** 문항(점)	**33** 문항(점)

제23회 사회복지사1급 시험!
130점 목표 필수 학습장에서만 **138문항(138점)**이 출제되었습니다!

2025년 제23회
사회복지사1급 시험

가. 시험 구성

시험 과목수	문제수	배점	총점	문제형식
3과목 (8영역)	200문항	1점 / 1문제	200점	객관식 5지 택1형

나. 시험과목 및 시험시간

○ 일반수험자 기준

구 분	시험과목	세부영역	시험시간	과락기준	총점기준
1교시	사회복지기초 (50문항)	◦ 인간행동과 사회환경 (25문항) ◦ 사회복지조사론 (25문항)	09:30~10:20 (50분)	1~19 문항	합계 120점 이상
2교시	사회복지실천 (75문항)	◦ 사회복지실천론 (25문항) ◦ 사회복지실천기술론 (25문항) ◦ 지역사회복지론 (25문항)	10:50~12:05 (75분)	1~29 문항	
3교시	사회복지정책과 제도 (75문항)	◦ 사회복지정책론 (25문항) ◦ 사회복지행정론 (25문항) ◦ 사회복지법제론 (25문항)	12:35~13:50 (75분)	1~29 문항	

※ 필기시험 합격은 과락기준과 총점기준을 모두 충족해야 함

※ 시험관련 법령 등을 적용하여 정답을 구하여야 하는 문제는 시험 시행일(25. 01. 11.) 현재 시행 중인 법령을 기준으로 출제함

사회복지 전문출판 나눔의집

2025년 제23회 사회복지사1급 시험

교 시	문제형별	시 간	시험과목 및 시험영역
1교시	A	50분	**사회복지기초** ① 인간행동과 사회환경 ② 사회복지조사론

수험번호		성 명	

【 수험자 유의사항 】

1. 시험문제지는 **단일 형별(A형)**이며, 답안카드 형별 기재란에 표시된 형별(A형)을 확인하시기 바랍니다. 시험문제지의 **총면수, 문제번호 일련순서, 인쇄상태** 등을 확인하시고, 문제지 표지에 수험번호와 성명을 기재하시기 바랍니다.

2. 답은 각 문제마다 요구하는 **가장 적합하거나 가까운 답 1개**만 선택하고, 답안카드 작성 시 시험문제지 **마킹착오**로 인한 불이익은 전적으로 **수험자에게 책임**이 있음을 알려 드립니다.

3. 답안카드는 국가전문자격 공통 표준형으로 문제번호가 1번부터 125번까지 인쇄되어 있습니다. 답안 마킹 시에는 반드시 **시험문제지의 문제번호와 동일한 번호**에 마킹하여야 합니다.

4. **감독위원의 지시에 불응하거나 시험기간 종료 후 답안카드를 제출하지 않을 경우** 불이익이 발생할 수 있음을 알려 드립니다.

5. 시험문제지는 시험 종료 후 가져가시기 바랍니다.

사회복지 전문출판 나눔의집

정답과 함께 안내된 QR코드를 통해 해설강의가 제공됩니다.

사회복지기초 — 인간행동과 사회환경

기본개념 1장 | **기출회독** 002

1. 인간발달이론과 사회복지실천에 관한 설명으로 옳은 것은?

① 인간발달이론은 문제의 사정단계에서만 유용하다.

② 발달단계별 욕구를 기반으로 사회복지서비스를 개발할 수 있다.

③ 클라이언트를 둘러싼 환경의 영향력을 평가할 수 없다.

④ 사회환경보다 클라이언트의 생물학적 요소를 더 중시한다.

⑤ 다양한 클라이언트의 발달과업을 획일적으로 이해할 수 있다.

기본개념 1장 | **기출회독** 003

2. 인간발달의 개념과 원리에 관한 설명으로 옳은 것은?

① 발달에는 개인차가 존재하므로 최적의 시기가 따로 존재하지 않는다.

② 일정한 순서와 방향이 없어서 예측이 불가능하다.

③ 성숙(maturation)은 경험이나 훈련의 결과와 상관없이 진행된다.

④ 발달은 소근육 말초부위에서 대근육 중심부위로 진행된다.

⑤ 성장(growth)은 유전적으로 미리 정해진 정도까지 도달하는 생물학적 변화이다.

기본개념 1장 | **기출회독** 001

3. 인간행동에 관한 관점으로 옳지 않은 것은?

① 정신분석이론은 유년기의 경험을 강조한다.

② 생태체계이론은 환경속의 인간의 관점을 강조한다.

③ 인지이론은 인간의 사고가 감정과 행동을 결정한다고 본다.

④ 인본주의이론은 인간에 대한 무조건적인 존중을 강조한다.

⑤ 행동주의이론은 개인의 무의식을 강조한다.

기본개념 | 2장 | **기출회독** | 006

4. 성격이론, 학자 및 주요 개념의 연결이 옳은 것은?
   ① 인본주의이론 – 융(C. Jung) – 동화
   ② 정신분석이론 – 매슬로우(A. Maslow) – 열등감
   ③ 인지발달이론 – 피아제(J. Piaget) – 결핍동기
   ④ 개인심리이론 – 아들러(A. Adler) – 생활양식
   ⑤ 분석심리이론 – 로저스(C. Rogers) – 아니마

기본개념 | 3장 | **기출회독** | 009

5. 행동주의이론에 관한 설명으로 옳은 것을 모두 고른 것은?

   ┌───┐
   │ ㄱ. 인간을 주관적인 존재로 규정하였다.   │
   │ ㄴ. 인간행동은 인간이 지닌 자유의지의 결과이다.   │
   │ ㄷ. 선행조건과 결과에 따라 행동이 형성된다는 입장을 가지고 있다. │
   │ ㄹ. 경험주의에 근간을 두고 구체적으로 관찰할 수 있는 행동에 초점을 둔다. │
   └───┘

   ① ㄱ, ㄴ   ② ㄱ, ㄷ
   ③ ㄴ, ㄷ   ④ ㄷ, ㄹ
   ⑤ ㄱ, ㄴ, ㄹ

기본개념 | 3장 | **기출회독** | 009

6. 스키너(B. Skinner)의 이론에 관한 설명으로 옳지 않은 것은?
   ① 부적 강화는 바람직한 행동의 빈도를 감소시킨다.
   ② 가변비율(variable-ratio) 계획이 강화계획 중에서 반응률이 가장 높다.
   ③ 인간행동은 내적 충동보다는 외적 자극에 반응하여 나타난다.
   ④ 고정간격(fixed-interval) 계획은 정해진 시간 간격이 지난 후 강화를 주는 것이다.
   ⑤ 인간행동은 예측 가능하며 통제할 수 있다.

기본개념 | 2장 | **기출회독** | 006

7. 아들러(A. Adler)의 이론에 관한 설명으로 옳지 않은 것은?
   ① 인간은 사회적 관심에 의해 동기화된다.
   ② 출생순위는 성격형성에 영향을 준다.
   ③ 우월에 대한 추구는 선천적으로 타고나는 것이다.
   ④ 성격유형을 태도와 기능의 조합에 따라 구분했다.
   ⑤ 가상적 목표(fictional finalism)는 어려움에 부딪힐 때 효과적으로 대처하는 데 도움이 된다.

기본개념 2장 기출회독 004

8. 프로이트(S. Freud)의 이론에 관한 설명으로 옳지 않은 것은?

① 초자아(superego)의 특질은 자아이상(ego ideal)과 양심(conscience)으로 구성된다.

② 프로이트(S. Freud)는 실수행위를 통해 무의식이 작용하는 증거를 파악하였다.

③ 내면화(introjection)는 심리적 갈등이 근육계통의 증상으로 나타나는 방어기제이다.

④ 자아(ego)는 2차적 사고과정과 현실원칙에 의해 지배된다.

⑤ 남자아이는 남근기에 오이디푸스 콤플렉스(Oedipus complex)로 인한 거세불안을 경험한다.

기본개념 4장 기출회독 013

9. 로저스(C. Rogers)의 이론에 관한 설명으로 옳지 않은 것은?

① 인간의 내재된 잠재력을 강조한다.

② 인간의 욕구발달단계를 제시한다.

③ 인간의 자아실현 경향성을 강조한다.

④ 인간의 주관적 경험을 강조한다.

⑤ 인간을 통합적 존재로 본다.

기본개념 3장 기출회독 008

10. 피아제(J. Piaget)의 이론에서 '구체적 조작기'에 관한 설명으로 옳지 않은 것은?

① 물활론적 사고를 한다.

② 논리적 사고가 가능해진다.

③ 보존개념을 획득한다.

④ 순서대로 나열하는 것이 가능해진다.

⑤ 자기중심성에서 벗어나 타인의 입장을 고려할 수 있게 된다.

기본개념 4장 기출회독 012

11. 매슬로우(A. Maslow)의 이론에 관한 설명으로 옳은 것은?

① 인간의 무의식을 강조하였다.

② 인간의 본성은 본래 선하다고 주장하였다.

③ 인간행동에 대한 환경결정론을 강조하였다.

④ 자기완성의 필수 요인으로 열등감 극복을 강조하였다.

⑤ 모방학습의 중요성을 강조하였다.

기본개념 5장 **기출회독** 015

12. 생태체계이론과 사회복지실천의 연관성으로 옳지 않은 것은?

① 문제에 대한 총체적 이해와 접근을 용이하게 해준다.

② 사회복지실천을 위한 사정도구로서 유용성을 가진다.

③ 환경의 체계 수준별 개입 근거를 제시한다.

④ 각 체계들로부터 다양한 정보획득이 용이하다.

⑤ 원인과 결과의 단선적 인과관계를 강조한다.

기본개념 5장 **기출회독** 014

13. 사회체계이론에 관한 설명으로 옳은 것을 모두 고른 것은?

> ㄱ. 엔트로피(entropy)는 폐쇄체계에서 주로 나타난다.
> ㄴ. 항상성(homeostasis)은 체계의 혼란과 무질서를 증가시킨다.
> ㄷ. 체계(system)의 속성은 경계의 개방성과 침투성에 따라 결정된다.
> ㄹ. 균형(equilibrium)은 주로 외부와의 교류가 활발한 개방체계에서 나타난다.

① ㄱ, ㄴ   ② ㄱ, ㄷ

③ ㄴ, ㄹ   ④ ㄷ, ㄹ

⑤ ㄴ, ㄷ, ㄹ

기본개념 3장 **기출회독** 011

14. 콜버그(L. Kohlberg)의 이론에 관한 설명으로 옳은 것은?

① 전인습적 수준: 사회적인 인정에 관심을 가지고 착한 행동을 함으로써 타인의 인정을 받고자 한다.

② 인습적 수준: 개인의 양심에 비추어 옳고 그름을 판단한다.

③ 인습적 수준: 행동의 결과가 가져오는 보상이나 처벌에 의해 옳고 그름을 판단한다.

④ 후인습적 수준: 사회질서의 유지를 위해 법과 규칙은 준수되어야 하지만, 민주적인 절차를 통해 바뀔 수 있다고 생각한다.

⑤ 후인습적 수준: 규칙을 준수하고 사회질서를 유지하는 것이 도덕적 행동이라 생각한다.

15. 다음에 해당하는 사회환경 수준으로 옳은 것은?

> • 개인에게 영향을 주는 정부의 입법과 사회정책
> • 방송매체를 통하여 형성된 외모, 의복, 문화 등에 관한 유행

① 미시체계   ② 중간체계
③ 거시체계   ④ 외체계
⑤ 시간체계

16. 브론펜브레너(U. Bronfenbrenner)의 중간체계(meso system)에 관한 설명으로 옳은 것은?
① 가족, 친구, 학교, 종교단체 등이 포함된다.
② 부모와 교사와의 관계, 형제관계 등을 말한다.
③ 신념, 태도, 전통을 통해 개인에게 영향을 준다.
④ 아동의 발달에 영향을 주는 학교위원회가 해당된다.
⑤ 개인이 어느 시대에 출생했는지에 관심을 둔다.

17. 브론펜브레너(U. Bronfenbrenner)의 미시체계(micro system)에 관한 설명으로 옳은 것을 모두 고른 것은?

> ㄱ. 인간이 가장 밀접하게 상호작용하는 사회환경을 말한다.
> ㄴ. 전 생애에 걸쳐 일어나는 개인의 변화와 사회역사적 환경을 포함한다.
> ㄷ. 개인이 직접 참여하지 않으나, 부모의 직장, 형제가 속한 학급 등이 포함된다.

① ㄱ   ② ㄱ, ㄴ
③ ㄱ, ㄷ   ④ ㄴ, ㄷ
⑤ ㄱ, ㄴ, ㄷ

기본개념 8장 기출회독 020

18. 영아기(0~2세)의 특징으로 옳은 것은?

　① 애착관계를 형성한다.

　② 분류화 개념을 획득한다.

　③ 서열화를 획득한다.

　④ 오이디푸스 콤플렉스(Oedipus complex)를 경험한다.

　⑤ 상징적 사고가 활발한 시기이다.

기본개념 8장 기출회독 021

19. 유아기(3~6세)의 발달특성에 관한 설명으로 옳지 않은 것은?

　① 성역할의 내면화가 이루어진다.

　② 영아기(0~2세)보다 발달속도가 느려진다.

　③ 에릭슨(E. Erikson)의 주도성 대 죄책감 단계에 해당된다.

　④ 프로이트(S. Freud)의 남근기에 해당된다.

　⑤ 피아제(J. Piaget)의 자율적 도덕성 단계에 도달한다.

기본개념 9장 기출회독 022

20. 아동기(7~12세)의 발달에 관한 설명으로 옳지 않은 것은?

　① 가역적 사고가 발달한다.

　② 단체놀이를 통해 분업의 원리를 학습한다.

　③ 운동기술이나 근육의 협응능력이 정교해진다.

　④ 형식적 조작사고에서 구체적 조작사고로 전환된다.

　⑤ 에릭슨(E. Erikson)은 근면성의 발달을 중요한 과업으로 보았다.

기본개념 10장 기출회독 023

21. 청소년기(13~19세)의 발달에 관한 설명으로 옳은 것은?

　① 조합기술(combination skill)이 획득된다.

　② 가설연역적 사고에서 경험귀납적 사고로 전환된다.

　③ 마샤(J. Marcia)는 자아정체감을 4가지 유형으로 구분했다.

　④ 2차 성징은 직접적인 생식기능과 관련된 성적 성숙이다.

　⑤ 상상적 청중(imaginary audience)과 개인적 우화(personal fable)를 통해 자아중심성에서 벗어날 수 있다.

22. 청년기(20~39세)의 발달에 관한 설명으로 옳은 것은?

① 자아통합이 완성되는 시기로 삶 전체에 대한 평가를 시도한다.

② 전환적 추론이 가능해진다.

③ 부모로부터의 독립에 대한 양가감정에서 해방된다.

④ 피아제(J. Piaget)는 구체적 조작 사고가 발달한다고 보았다.

⑤ 에릭슨(E. Erikson)은 친밀감 대 고립의 심리사회적 위기가 발생한다고 보았다.

23. 중년기(40~64세)에 관한 설명으로 옳은 것은?

① 에릭슨(E. Erikson)의 정체성 대 침체 단계에 해당한다.

② 갱년기는 남성에게는 나타나지 않는다.

③ 여성은 에스트로겐 분비가 증가하고, 남성은 테스토스테론 분비가 감소한다.

④ 시각, 청각, 미각, 후각 등의 감각기능이 가장 좋은 시기이다.

⑤ 결정성(crystallized) 지능은 계속 발달한다.

24. 노년기(65세 이상)에 관한 설명으로 옳지 않은 것은?

① 외향성이 증가한다.

② 노년기 사회적 역할과 관계망의 축소는 고독과 소외를 초래할 수도 있다.

③ 친근한 사물에 대한 애착이 증가한다.

④ 생에 대한 회상경향이 증가한다.

⑤ 에릭슨(E. Erikson)은 심리사회적 위기를 극복하면 지혜라는 능력을 얻게 된다고 보았다.

25. 생애주기별 특징에 관한 설명으로 옳은 것은?

① 영아기(0~2세) – 성역할 인식 확립

② 아동기(7~12세) – 대상영속성 형성

③ 청소년기(13~19세) – 자아정체감 확립

④ 중년기(40~64세) – 자아통합 완성

⑤ 노년기(65세 이상) – 친밀감 형성

사회복지기초 | **사회복지조사론**

기본개념 1장 | **기출회독** 031

26. 사회복지실천을 위한 조사연구의 필요성으로 옳지 않은 것은?

① 문제해결을 위한 사회복지 개입방법의 타당성을 검증할 수 있다.

② 사회복지 서비스를 위한 지식과 기술을 제공할 수 있다.

③ 문제의 원인을 설명함으로써 사회복지사의 직관에 의한 실천지식을 강화할 수 있다.

④ 프로그램의 지속여부를 결정하는 객관적 근거를 제공할 수 있다.

⑤ 클라이언트의 욕구를 파악하여 문제해결의 방향을 제시할 수 있다.

기본개념 1장 | **기출회독** 027

27. 사회복지 조사연구에서 과학적 연구방법으로 옳은 것은?

① 기술(description)연구에서 문제발생의 원인을 설명하고자 하였다.

② 연구결과의 일반화를 위해 모집단의 속성이 반영된 충분한 표본을 조사하였다.

③ 가설 검증 결과가 연구자의 기대와 달라서 가설을 연구결과에 맞추어 수정하였다.

④ 연구자의 주관적 판단에 입각하여 연구결과를 해석하였다.

⑤ 조사를 통해 검증된 인과관계에 입각하여 문제의 발생을 단정적 결정론으로 예측하였다.

기본개념 2장 | **기출회독** 032

28. "여성가족부는 2022년 전국가정폭력실태조사 결과를 이전에 실시한 동일한 조사내용과 비교하여 보고하였다. 2025년 조사에서도 전국의 가구 중 일부를 선정하여 동일한 조사항목에서 어떠한 변화가 있는지를 보고할 것이다." 이에 관한 조사유형에 해당하는 것으로 모두 묶인 것은?

ㄱ. 종단조사	ㄴ. 표본조사
ㄷ. 패널조사	ㄹ. 경향조사

① ㄷ

② ㄱ, ㄴ

③ ㄴ, ㄷ

④ ㄱ, ㄴ, ㄹ

⑤ ㄱ, ㄴ, ㄷ, ㄹ

29. 사회복지조사 과정을 순서대로 나열한 것은?

> ㄱ. 표집방법을 수립하였다.
> ㄴ. 연구문제의 잠정적 결론으로 가설을 설정하였다.
> ㄷ. 연구가 필요한 주제를 선정하였다.
> ㄹ. 검증된 측정도구로 자료를 수집하였다.
> ㅁ. 자료를 분석하고 가설의 지지여부를 결정하였다.

① ㄱ → ㄴ → ㅁ → ㄷ → ㄹ
② ㄴ → ㄱ → ㄷ → ㄹ → ㅁ
③ ㄴ → ㄷ → ㄱ → ㅁ → ㄹ
④ ㄷ → ㄱ → ㄹ → ㅁ → ㄴ
⑤ ㄷ → ㄴ → ㄱ → ㄹ → ㅁ

30. 통계적 가설검증에 관한 설명으로 옳은 것은?
① 가설의 지지여부는 연구가설을 직접 검증하여 반증한다.
② 신뢰수준을 95%에서 99%로 높이면 제1종 오류의 가능성이 높아진다.
③ 연구가설은 두 변수 간의 관계가 오류에 의해 발생하였음을 가정한다.
④ 유의확률(p)이 설정한 유의수준(α)보다 낮으면 영가설을 기각한다.
⑤ 신뢰수준을 낮추면 제2종 오류의 가능성은 높아진다.

31. 다음 가설에 포함된 변수에 관한 설명으로 옳은 것은?

> 사회복지사가 느끼는 업무부담에 따른 소진정도는 동료와의 친밀도에 따라 달라질 것이다.

① 소진정도: 통제변수
② 업무부담: 매개변수
③ 소진정도: 독립변수
④ 업무부담: 종속변수
⑤ 동료와의 친밀도: 조절변수

기본개념 7장 **기출회독** 045

32. 다음의 사례에서 확인하고 있는 타당도로 옳은 것은?

> A사회복지사는 종합사회복지관 이용만족에 관한 측정도구의 타당도를 확인하고자 한다. 이를 위해 전문가들을 대상으로 프로그램, 사회복지사의 전문성 등의 요소가 측정문항에 충분히 포함되어 있는지에 대한 의견을 확인하였다.

① 내용타당도   ② 판별타당도
③ 예측타당도   ④ 동시타당도
⑤ 수렴타당도

기본개념 8장 **기출회독** 047

33. ○○고등학교에서는 전교생을 대상으로 취약 청소년 집단(A, B, C)에 대한 사회적 거리감을 조사하고자 한다. 아래에서 제시되는 척도로 옳은 것은?

※ 각 대상에 관한 귀하의 생각에 해당 되는 칸에 "○"표 하십시오.

문항	A집단 청소년	B집단 청소년	C집단 청소년
1. 친밀한 동아리 구성원으로 받아들임			
2. 같은 학교의 구성원으로 받아들임			
3. 일시적인 방문객으로 받아 들임			

① 리커트 척도(Likert scale)
② 어의적 분화 척도(semantic differential scale)
③ 보가더스 척도(Bogardus scale)
④ 소시오매트릭스(sociomatrix)
⑤ 써스톤 척도(Thurstone scale)

기본개념 7장 **기출회독** 045

34. 측정도구의 타당도와 신뢰도에 관한 설명으로 옳지 않은 것은?
① 신뢰도는 측정값의 일관성 정도를 의미한다.
② 타당도는 측정하고자 하는 바를 반영하는 정도를 의미한다.
③ 측정항목의 수가 적어지면 신뢰도가 낮아지는 경향이 있다.
④ 신뢰도는 타당도의 필요충분조건이 된다.
⑤ 타당도가 높으면 신뢰도는 높은 경우가 많다.

35. 측정의 개념적 정의와 조작적 정의에 관한 설명으로 옳은 것은?

① 조작적 정의는 개념적 정의에 비해 주관적 해석의 수준이 낮다.

② 조작적 정의는 양적 조사에 비해 질적 조사에서 더욱 중요하다.

③ 측정하고자 하는 개념의 의미는 조작적 정의를 통해 확장된다.

④ '조작적 정의 → 개념적 정의 → 측정'의 순서로 이루어진다.

⑤ 개념적 정의를 통해 변수를 직접 측정할 수 있다.

36. 표본연구에 관한 설명으로 옳지 않은 것은?

① 표본연구는 전수연구에 비해 시간과 비용 측면에서 효율적이다.

② 모집단이 큰 경우에는 표본연구가 적합하다.

③ 표본연구는 전수연구에 비해 비표본오차가 크다.

④ 전수연구에서 모수와 통계치의 구분은 필요하지 않다.

⑤ 확률표집은 비확률표집에 비해 정확한 표집틀이 필요하다.

37. 다음의 변수 중 산술평균의 산출이 적합한 변수를 모두 고른 것은?

> ㄱ. 만원 단위로 측정한 청소년의 월평균 용돈
> ㄴ. 상·중·하 등급으로 평가한 국어 교과목의 성적
> ㄷ. 연 단위로 측정한 청소년의 총 재학 기간
> ㄹ. 가출 횟수로 측정한 청소년의 가출 경험

① ㄴ   ② ㄱ, ㄷ

③ ㄴ, ㄹ   ④ ㄱ, ㄷ, ㄹ

⑤ ㄱ, ㄴ, ㄷ, ㄹ

38. 다음의 연구에서 활용한 표집방법에 관한 설명으로 옳은 것은?

> 노인복지관 만족도 조사를 위해 지역 내 전체 노인복지관별 등록자명단에서 등록인원수에 비례해서 난수표를 활용하여 표본을 선정하였다.

① 최종적인 표본 선정은 비확률표집방법을 활용하여 이루어진다.
② 군집표집에 의한 조사에 비해 표집오차를 줄일 수 있다.
③ 표집단계에서의 편향성을 해결하기 위해 분석단계에서 가중치를 활용한다.
④ 표집틀의 부재로 상위군집에서 하위군집으로 이동하여 최종 표본을 추출한다.
⑤ 표본의 집단별 분포를 미리 정하고 할당된 수만큼의 표본을 임의로 선정한다.

39. 표본의 크기에 관한 설명으로 옳은 것은?

① 추정치가 모수에 근접할 확률은 표본의 크기에 반비례한다.
② 모집단 내 편차가 클수록 표본의 크기를 늘려야 한다.
③ 조사비용과 시간의 한계는 표본의 크기와 관련이 없다.
④ 표본의 크기와 표본오차는 비례한다.
⑤ 통계분석방법은 표본의 크기와 관련이 없다.

40. 다음에서 활용된 조사설계로 옳은 것은?

> 부모를 대상으로 한 아동학대 예방 프로그램의 효과성을 평가하기 위해 연구 참여자의 아동양육 태도 등을 여러 차례 측정하였다. 프로그램 개입 이후에도 여러 차례 측정하여 프로그램 개입 전후비교를 실시하였다.

① 비동일 비교집단 설계(nonequivalent comparison group design)
② 분리표본 사전사후검사 설계(separate-sample pretest-posttest design)
③ 솔로몬 4집단 설계(Solomon four-group design)
④ 단순시계열 설계(simple time-series design)
⑤ 단일집단 사전사후검사 설계(one-group pretest-posttest design)

41. 온라인 설문에 관한 설명으로 옳은 것은?
    ① 표적집단 확인이 대면면접에 비해 제한적이다.
    ② 인터넷 접근에 상관없이 표집을 광범위하게 할 수 있다.
    ③ 대면설문보다 비용은 저렴하지만 시간이 더 많이 소요된다.
    ④ 복잡하거나 문항수가 많은 경우에 적합하다.
    ⑤ 동일인의 중복응답에 대한 통제가 용이하다.

42. 실험설계에서의 내적 타당도 저해요인으로 옳지 않은 것은?
    ① 실험집단과 통제집단의 참여자 간 프로그램 내용에 대해 소통하면서 상호작용이 이루어졌다.
    ② 프로그램 진행과정에서 일부 대상자가 참여를 중단하였다.
    ③ 사전검사 결과 학교 부적응 학생들이 실험집단에 과도하게 모인 것이 확인되었다.
    ④ 사전검사와 사후검사 척도가 동일하기 때문에 참여자의 학습효과가 발생하였다.
    ⑤ 일부 참여자들이 프로그램에 참여하고 있다는 것을 의식해서 평소와는 다르게 행동하였다.

43. 솔로몬 4집단 설계에 관한 설명으로 옳지 않은 것은?
    ① 사회복지 현장에서 실제 활용하기에 용이하다.
    ② 외부사건을 통제할 수 있다.
    ③ 내적 타당도가 매우 높은 설계 유형이다.
    ④ 통제집단 사전사후검사 설계와 통제집단 사후검사 설계를 병행하는 방식이다.
    ⑤ 순수실험설계 유형이다.

44. 다음의 조사설계에 관한 설명으로 옳은 것은?

> A기관에서는 사회복지 프로그램의 효과성을 측정하기 위한 조사설계를 진행하였다. 이를 위해 참여자를 실험집단과 통제집단에 무작위로 배정하여 종속변수의 변화를 측정하였다.

① 인과적 추론 정도가 무작위 배정을 하지 않은 실험설계보다 낮다.

② 외생변수 통제, 독립변수 조작, 종속변수의 비교 등에 한계가 있을 때 주로 활용한다.

③ 개입 전에 두 집단의 동질성을 가정할 수 없다.

④ 정태적 집단비교 설계(static-group comparison design)에 해당된다.

⑤ 전실험설계(pre-experimental design)보다 내적 타당도가 높다.

45. 델파이기법에 관한 설명으로 옳지 않은 것은?

① 참여자의 다양한 아이디어를 수집할 수 있다.

② 기명으로 진행되기 때문에 참여자들의 책임성을 높일 수 있다.

③ 결과 도출을 위해 반복해서 진행할 수 있다.

④ 비대면을 원칙으로 한다.

⑤ 전문가들의 합의점을 찾는 데 목표를 둔다.

46. 양적 연구방법에 관한 설명으로 옳지 않은 것은?

① 논리실증주의에 기반한다.

② 주관적이며 직관적인 관점에서 접근한다.

③ 구조화된 조사표에 대한 활용 빈도가 높다.

④ 변인에 대한 통제와 측정이 가능하다.

⑤ 질적 연구보다 일반화의 가능성이 높다.

47. 사회복지실천현장에서 단일사례설계에 관한 설명으로 옳은 것을 모두 고른 것은?

> ㄱ. AB설계는 기초선단계(A)와 개입단계(B)로 구성된다.
> ㄴ. 복수기초선설계는 AB설계를 다양한 대상이나 상황 등에 적용하여 동일한 효과를 보이는지를 확인하는 설계방법이다.
> ㄷ. 사례가 집단일 경우 개별 구성원의 정보들은 평균이나 전체 빈도 등으로 요약되어 단일사례로 취급될 수 있다.
> ㄹ. 외적 타당도가 높아 일반화의 가능성이 높다.

① ㄱ
② ㄴ, ㄷ
③ ㄴ, ㄹ
④ ㄱ, ㄴ, ㄷ
⑤ ㄱ, ㄴ, ㄷ, ㄹ

48. 자료수집방법에 관한 설명으로 옳은 것은?
① 관찰법은 참여자가 면접에 비협조적인 경우에도 활용이 가능하다.
② 우편조사법은 대면면접법에 비해 조사자의 편견을 배제하기 힘들다.
③ 전화면접법은 대면면접법에 비해 익명성 보장이 어렵다.
④ 대면면접법은 복잡한 질문의 사용을 배제해야 한다.
⑤ 대면면접법 중 반구조화된 면접은 질문의 순서, 질문 문항 등을 명확하게 제시해야 한다.

49. 다음의 사회복지 연구방법에서 성격이 다른 것은?
① 근거이론(grounded theory) 연구
② 참여행동(participatory action) 연구
③ 서베이(survey) 연구
④ 민속학적(ethnographic) 연구
⑤ 현상학적(phenomenological) 연구

50. 내용분석과 내러티브 탐구에 관한 비교로 옳지 않은 것은?
① 내용분석은 2차적 자료를 분석하고, 내러티브 탐구는 1차적 자료를 분석한다.
② 모두 비관여적 혹은 비반응성 연구이다.
③ 내용분석에 비해 내러티브 탐구는 과정중심적으로 접근할 수 있다.
④ 내용분석은 내러티브 탐구에 비해 보다 많은 사례를 분석할 수 있다.
⑤ 모두 자료를 해석하고 구조화하는데 연구자의 객관성 유지가 필요하다.

2025년 제23회 사회복지사1급 시험

교 시	문제형별	시 간	시험과목 및 시험영역
2교시	A	75분	**사회복지실천** ① 사회복지실천론 ② 사회복지실천기술론 ③ 지역사회복지론

수험번호		성 명	

【 수험자 유의사항 】

1. 시험문제지는 **단일 형별(A형)**이며, 답안카드 형별 기재란에 표시된 형별(A형)을 확인하시기 바랍니다. 시험문제지의 **총면수, 문제번호 일련순서, 인쇄상태** 등을 확인하시고, 문제지 표지에 수험번호와 성명을 기재하시기 바랍니다.

2. 답은 각 문제마다 요구하는 **가장 적합하거나 가까운 답 1개**만 선택하고, 답안카드 작성 시 시험문제지 **마킹착오**로 인한 불이익은 전적으로 **수험자에게 책임**이 있음을 알려 드립니다.

3. 답안카드는 국가전문자격 공통 표준형으로 문제번호가 1번부터 125번까지 인쇄되어 있습니다. 답안 마킹 시에는 반드시 **시험문제지의 문제번호와 동일한 번호**에 마킹하여야 합니다.

4. **감독위원의 지시에 불응하거나 시험기간 종료 후 답안카드를 제출하지 않을 경우** 불이익이 발생할 수 있음을 알려 드립니다.

5. 시험문제지는 시험 종료 후 가져가시기 바랍니다.

사회복지 전문출판 **나눔의집**

사회복지실천	사회복지실천론

기본개념 5장　**기출회독** 071

1. 임파워먼트모델에서 클라이언트와 사회복지사에 관한 설명으로 옳지 않은 것은?
   ① 클라이언트가 원하는 변화를 위해 양자 간 협력적 관계를 형성한다.
   ② 클라이언트를 서비스에 대한 권리를 가진 소비자로 본다.
   ③ 클라이언트를 경험과 역량을 가진 원조과정의 파트너로 본다.
   ④ 클라이언트의 참여를 중시하고 자기결정권을 강조한다.
   ⑤ 사회복지사는 치료자이고, 클라이언트는 서비스의 수동적 수혜자로 여긴다.

기본개념 6장　**기출회독** 078

2. 사례관리과정에서 사정영역에 관한 내용으로 옳은 것을 모두 고른 것은?

   > ㄱ. 욕구에 대한 클라이언트의 능력
   > ㄴ. 클라이언트의 욕구 및 문제
   > ㄷ. 클라이언트 지원체계의 능력
   > ㄹ. 지원체계 활용의 장애

   ① ㄱ, ㄴ, ㄷ　　　　　　② ㄱ, ㄴ, ㄹ
   ③ ㄱ, ㄷ, ㄹ　　　　　　④ ㄴ, ㄷ, ㄹ
   ⑤ ㄱ, ㄴ, ㄷ, ㄹ

기본개념 1장　**기출회독** 060

3. 핀커스와 미나한(A. Pincus & A. Minahan)이 제시한 사회복지실천의 목적을 설명한 것으로 옳지 않은 것은?
   ① 개인의 문제해결과 대처능력을 향상한다.
   ② 개인을 사회자원, 서비스, 기회를 제공해주는 환경체계와 연결한다.
   ③ 다양한 사회복지기관이나 조직의 효과적이고 효율적인 운영을 촉진한다.
   ④ 개인과 환경 간 불균형 발생 시 문제를 극대화하도록 돕는다.
   ⑤ 사회정책의 개발과 향상에 기여한다.

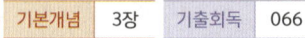

기본개념 | 5장 | 기출회독 | 071

4. 임파워먼트모델의 각 단계와 실천과업을 연결한 것으로 옳은 것을 모두 고른 것은?

> ㄱ. 대화(dialogue)단계 – 성공의 확인
> ㄴ. 발견(discovery)단계 – 자원역량 사정
> ㄷ. 발달(development)단계 – 파트너십 형성
> ㄹ. 발달(development)단계 – 강점의 확인

① ㄴ　　　　　　　　　　　　② ㄹ
③ ㄴ, ㄷ　　　　　　　　　　④ ㄱ, ㄷ, ㄹ
⑤ ㄴ, ㄷ, ㄹ

기본개념 | 3장 | 기출회독 | 066

5. 사회복지실천의 역사적 발달과정을 발생한 순서대로 옳게 나열한 것은?

> ㄱ. 기능주의 학파와 진단주의 학파의 갈등
> ㄴ. 밀포드(Milford)회의에서 개별사회사업방법론을 기본으로 하는 사회복지실천의 공통 요소 제시
> ㄷ. 사회복지실천에 관한 이론과 방법을 최초로 체계화한 「사회진단」출간
> ㄹ. 사회복지실천방법으로 통합적 방법론 등장

① ㄱ – ㄴ – ㄷ – ㄹ
② ㄴ – ㄱ – ㄹ – ㄷ
③ ㄴ – ㄷ – ㄹ – ㄱ
④ ㄷ – ㄱ – ㄴ – ㄹ
⑤ ㄷ – ㄴ – ㄱ – ㄹ

기본개념 | 5장 | 기출회독 | 074

6. 개인의 적응 욕구와 환경 또는 사회적 요구 사이의 조화와 균형의 정도를 의미하는 생태체계관점의 개념은?

① 경계　　　　　　　　　　② 엔트로피
③ 상호교류　　　　　　　　④ 적합성
⑤ 대처

기본개념 4장 기출회독 068

7. 사회복지 실천현장의 예와 분류의 연결로 옳은 것은?
   ① 지역아동센터 - 1차 현장, 이용시설
   ② 행정복지센터 - 1차 현장, 생활시설
   ③ 노인요양공동생활가정 - 1차 현장, 이용시설
   ④ 아동보호전문기관 - 2차 현장, 생활시설
   ⑤ 지역자활센터 - 2차 현장, 이용시설

기본개념 1장 기출회독 061

8. 인도주의와 박애사상이 사회복지실천에 미친 영향으로 옳은 것을 모두 고른 것은?

   ㄱ. 빈민에 대한 인도주의적 서비스 제공
   ㄴ. 수혜자격의 축소
   ㄷ. 타인을 위하여 봉사하는 정신으로 실천

   ① ㄱ   ② ㄴ
   ③ ㄱ, ㄷ   ④ ㄴ, ㄷ
   ⑤ ㄱ, ㄴ, ㄷ

기본개념 8장 기출회독 084

9. 관찰기술에 관한 내용으로 옳지 않은 것은?
   ① 클라이언트의 행동과 외모, 몸짓, 태도 등에 주의를 기울이는 기술
   ② 클라이언트가 자신에 대해 미처 알지 못한 것을 깨달을 수 있도록 설명해 주는 기술
   ③ 클라이언트의 언어적, 비언어적 메시지의 차이를 파악할 수 있는 기술
   ④ 사회복지사의 편견에 의해 판단하지 않도록 주의를 기울여야 하는 기술
   ⑤ 클라이언트의 침묵이 언제, 어떤 이야기 도중 발생하였는지를 파악하는 기술

기본개념 7장 기출회독 081

10. 클라이언트와의 관계형성을 위해 사회복지사가 자신의 생각이나 경험을 공유하는 면담기술은?
    ① 직면   ② 경청
    ③ 자기노출   ④ 해석
    ⑤ 질문

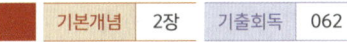

11. 비스텍(F. Biestek)의 관계원칙에 관한 내용으로 옳은 것을 모두 고른 것은?

> ㄱ. 수용: 클라이언트를 있는 그대로 인정해야 한다.
> ㄴ. 비심판적 태도: 클라이언트를 비난하지 않아야 한다.
> ㄷ. 통제된 정서적 관여: 클라이언트가 자신의 감정을 자유롭게 표현하도록 해야 한다.
> ㄹ. 개별화: 클라이언트의 감정에 민감성과 이해로서 반응해야 한다.

① ㄹ
② ㄱ, ㄴ
③ ㄴ, ㄷ
④ ㄱ, ㄷ, ㄹ
⑤ ㄱ, ㄴ, ㄷ, ㄹ

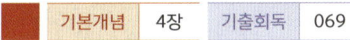

12. 한국 사회복지사 윤리강령에서 '클라이언트에 대한 윤리기준'에 해당하지 않는 것은?
① 서비스의 종결
② 클라이언트의 자기 결정권 존중
③ 클라이언트의 권익옹호
④ 인간 존엄성 존중
⑤ 기록 · 정보 관리

기본개념 4장 기출회독 069

13. 사회복지사의 역할에 관한 설명으로 옳은 것은?
① 협상가(negotiator): 갈등상황에 있는 사람들 간의 합의를 이끌어내기 위해 어느 한쪽과 동맹을 맺고 타협하는 역할
② 중개자(broker): 불이익을 받는 집단을 위해 특정 제도를 변화, 개선하는 역할
③ 중재자(mediator): 흩어져 있는 서비스들을 조직적인 형태로 정리하는 역할
④ 조력자(enabler): 관심을 끌어오지 못한 문제에 대중이 관심을 갖도록 집중시키는 역할
⑤ 교육자(educator): 권리침해나 불평등 이슈에 관심을 갖고 연대를 통해 변화를 이끄는 역할

14. 인권에 관한 설명으로 옳지 않은 것은?

① 평등권은 국가의 적극적 책임과 의무를 강조하는 것으로 사회보장의 권리를 의미한다.

② 자유권은 국가의 통치와 간섭으로부터 자유를 보장하기 위한 권리이다.

③ 평화권은 국가들 간의 연대와 단결의 권리이다.

④ 자유권은 국가가 반드시 보호해 주어야 하는 권리이다.

⑤ 평등권은 구속 및 인신매매로부터의 보호를 의미한다.

15. 통합적 접근방법의 등장배경에 관한 설명으로 옳은 것을 모두 고른 것은?

> ㄱ. 전통적 방법이 지나치게 분화되어 서비스의 파편화를 초래하였다.
> ㄴ. 전통적 방법이 공통기반을 전제하지 않아 정체성 확립에 어려움이 발생하였다.
> ㄷ. 전통적 방법이 복잡한 문제에 포괄적으로 개입하여 전문성이 부족하였다.
> ㄹ. 전통적 방법이 전문화 중심으로 교육되어 사회복지사의 분야별 이동을 어렵게 하였다.

① ㄱ, ㄴ, ㄷ   ② ㄱ, ㄴ, ㄹ

③ ㄱ, ㄷ, ㄹ   ④ ㄴ, ㄷ, ㄹ

⑤ ㄱ, ㄴ, ㄷ, ㄹ

16. 다음 사례에서 콤튼과 갤러웨이(B. Compton & B. Galaway)의 사회복지실천대상과 체계의 연결로 옳은 것은?

> 학교사회복지사 A는 학교 징계위원회로부터 상담명령을 받은 학교폭력 가해자인 학생 B를 만났다. B는 비밀보장을 요청하며 상담을 해달라고 하였다. 그러나 담임교사와 학교는 학생과의 면담을 모두 보고하도록 요구하였다. 결국 A는 이 문제를 학교사회복지사협회와 의논하여 학교에 사회복지사의 비밀보장 의무에 대한 공문을 요청하였다. A는 가해자로 지목된 다른 학생 C, D와 B를 대상으로 집단 프로그램을 운영하였다.

① 학교 징계위원회 – 응답체계

② 학교사회복지사협회 – 전문가체계

③ 학교사회복지사 A – 행동체계

④ 담임교사 – 표적체계

⑤ 가해자 학생 C, D – 변화매개체계

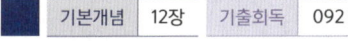

기본개념 7장 **기출회독** 081

17. 다음에서 설명하는 전문적 관계의 기본 요소는?

> • 사회복지사가 클라이언트의 입장에서 이해하는 것
> • 반영 등의 기법을 사용하여 이해하고 있다는 것을 표현하는 것

① 공감   ② 진실성

③ 문화적 민감성   ④ 자기를 관찰하는 능력

⑤ 헌신

기본개념 12장 **기출회독** 092

18. 다음에서 설명하는 의사소통기술은?

> • 클라이언트 혼자만이 겪는 문제가 아니라는 것을 인식하게 하는 기법
> • 클라이언트의 생각과 느낌이 다른 사람과 비슷하다고 말해줌으로써 클라이언트의 소외감을
>   감소시켜 주는 기술

① 재명명   ② 초점화

③ 직면   ④ 일반화

⑤ 조언

기본개념 12장 **기출회독** 092

19. 사회복지실천과정의 간접개입기법 중 환경조정이 필요한 상황에 해당하지 않는 것은?

① 아동이 가정에서 성적 학대를 받을 때

② 화재로 장애청소년의 부모가 사망했을 때

③ 직장에서 성폭력 예방을 위한 교육프로그램을 제공할 때

④ 자연재해로 집을 잃었을 때

⑤ 고령의 노인이 가정에서 학대를 받을 때

20. 사례관리 과정과 수행업무의 연결로 옳은 것은?

　① 인테이크 – 상담, 교육, 자원 제공

　② 사정 – 사례관리 대상자의 적격성 판정

　③ 서비스 계획 – 클라이언트의 욕구와 자원에 관한 정보수집

　④ 점검 – 서비스가 계획대로 제공되고 있는지 확인

　⑤ 평가 – 서비스가 필요한 클라이언트의 욕구 확인

21. 접수단계에서 수행할 수 있는 과업이 아닌 것은?

　① 의뢰　　　　　　　　　　　② 관계형성

　③ 서비스 동의　　　　　　　　④ 목표설정

　⑤ 문제 확인

22. 사정의 특성으로 옳지 않은 것은?

　① 클라이언트의 생활 속에서 욕구를 발견하고 문제를 정의한다.

　② 클라이언트와 사회복지사 양자가 참여하는 상호과정이다.

　③ 환경 속의 클라이언트를 이해하고 계획의 근거를 마련하는 이중초점을 지닌다.

　④ 클라이언트의 독특한 상황과 관련하여 개별화되어야 한다.

　⑤ 클라이언트에 대한 서비스 제공여부를 판단한다.

23. **사례관리의 등장배경으로 옳지 않은 것은?**

① 복합적인 서비스를 필요로 하는 대상자가 증가하였다.

② 복지국가 재정위기로 정책방향을 저비용 · 고효율로 전환하였다.

③ 시설 중심의 통합적 서비스 제공에 대한 요구가 증가하였다.

④ 지역사회에서 서비스 조정이 필요하게 되었다.

⑤ 서비스 공급주체가 중앙정부에서 지방정부로 변화하였다.

24. **사례관리자가 수행하는 직접실천기술은?**

① 클라이언트를 서비스나 자원에 연결한다.

② 클라이언트의 권리를 보호하고 클라이언트에게 서비스에 대한 자격이 주어지도록 옹호한다.

③ 클라이언트에게 제공되는 서비스와 자원의 전달상황을 점검한다.

④ 다양한 전문가들의 협력과 조정을 수행한다.

⑤ 클라이언트와 가족 간의 문제해결을 위해 가족상담을 진행한다.

기본개념 10장 기출회독 088

25. **생태도를 통하여 파악할 수 없는 것은?**

① 클라이언트 가족의 세대 간 반복되는 정서적 유형

② 클라이언트에게 스트레스가 되는 체계

③ 클라이언트와 환경 간 자원교환의 정도

④ 클라이언트가 이용하는 서비스 기관

⑤ 클라이언트에게 유용한 자원이나 환경

기본개념 1장 **기출회독** 096

26. 실천지혜(practice wisdom)에 관한 설명으로 옳지 않은 것은?

① 암묵적 지식과 같은 의미이다.

② 사회복지사의 직관에 영향을 받는다.

③ 실천 활동을 조작화하고 구조화한 것이다.

④ 개인의 가치체계와 경험으로부터 만들어진다.

⑤ 현장에서 유용하나 공인된 지식은 아니다.

기본개념 2장 **기출회독** 098

27. 정신역동모델의 개입기술에 관한 설명으로 옳은 것은?

① 전이는 현재의 인물에게 느끼는 사랑이나 증오의 감정을 과거의 인물에게 전치하는 것을 말한다.

② 훈습은 경험적 확신을 갖도록 전이와 저항에 대한 분석과 해석을 반복적으로 진행하는 것이다.

③ 직면은 클라이언트의 말과 행동 사이의 불일치나 모순이 있을 때 우회적 방법으로 알리는 것이다.

④ 해석은 클라이언트의 공감능력을 키우는 효과가 있다.

⑤ 자유연상은 클라이언트가 수치스럽게 생각하거나 도움이 안 되는 내용을 선택할 수 있다.

기본개념 3장 **기출회독** 099

28. 다음 사례에서 활용한 심리사회모델의 개입기법은?

> 가까워지기 어려운 사람들과 친밀감을 높이기 위해 당신이 자주 사용하는 행동 패턴이 있다고 생각하십니까?

① 직접적 영향 주기

② 탐색−기술(묘사)−환기

③ 지지하기

④ 유형−역동성 고찰

⑤ 발달적 고찰

29. 다음 사례에 해당하는 인지적 오류는?

입사시험 면접을 잘 마쳤음에도 불구하고 K씨는 부모님께 시험에 떨어질 것이라고 말씀드렸다.

① 이분법적 사고   ② 개인화
③ 과잉일반화   ④ 재앙화
⑤ 임의적 추론

30. 클라이언트중심모델의 주요 개념으로 옳지 않은 것은?

① 실현화 경향   ② 자아실현 욕구
③ 인지적 개입   ④ 조건부 가치
⑤ 긍정적 관심

31. 과제중심모델에 관한 설명으로 옳은 것은?

① 개인의 신념체계의 변화를 강조한다.
② 특정 이론보다는 경험적 자료를 통해 개입의 기초를 마련한다.
③ 인간의 신념이나 생각은 정서와 행동에 영향을 미친다고 가정한다.
④ 클라이언트가 무력한 상태에서 힘을 가진 상태로 이동하는 것을 목표로 한다.
⑤ 변화는 항상 일어나며 불가피한 것으로 본다.

32. 해결중심모델의 주요 원리로 옳지 않은 것은?

① 건강한 것에 초점을 둔다.
② 개입의 목적을 증상 감소에 둔다.
③ 현재에 초점을 맞추며 미래지향적이다.
④ 클라이언트와의 협력관계를 중요시한다.
⑤ 탈이론적이며 비규범적이다.

기본개념 6장

33. 밀러와 롤닉(W. Miller & S. Rollnick)의 동기강화모델의 원리로 옳지 않은 것은?
① 불일치감 인식하기　　　　　② 자기효능감 지지하기
③ 저항과 함께하기　　　　　　④ 내적 의사소통 명료화하기
⑤ 공감 표현하기

기본개념 6장　기출회독 106

34. 임파워먼트모델의 실천기법으로 옳은 것을 모두 고른 것은?

> ㄱ. 강점 사정하기
> ㄴ. 자원 확보하기
> ㄷ. 촉진적 개입하기
> ㄹ. 합류하기

① ㄱ, ㄴ　　　　　　　　　　② ㄴ, ㄷ
③ ㄱ, ㄴ, ㄷ　　　　　　　　④ ㄱ, ㄷ, ㄹ
⑤ ㄱ, ㄴ, ㄷ, ㄹ

기본개념 6장　기출회독 107

35. 골란(N. Golan)의 위기발달 단계로 옳은 것은?
① 위험사건 – 촉발요인 – 취약단계 – 위기단계 – 재통합
② 취약단계 – 위험사건 – 촉발요인 – 위기단계 – 재통합
③ 취약단계 – 위험사건 – 위기단계 – 촉발요인 – 재통합
④ 위험사건 – 취약단계 – 위기단계 – 촉발요인 – 재통합
⑤ 위험사건 – 취약단계 – 촉발요인 – 위기단계 – 재통합

기본개념 1장　기출회독 095

36. 실천과정에서 '환류하기'에 관한 설명으로 옳은 것은?
① 개입단계에서 그간의 문제해결 과정을 점검하는 활동이다.
② 사회복지사와 클라이언트 간 합의된 목표의 달성도를 측정하는 것이다.
③ 클라이언트의 문제해결에 필요한 자원을 적극적으로 끌어들이기 위한 전략이다.
④ 욕구를 재확인하여 서비스 계획이나 개입전략을 수정하는 과정이다.
⑤ 클라이언트의 주변체계에 문제의 심각성을 알리고 적극적으로 옹호하는 활동이다.

기본개념 9장 기출회독 114

37. 가족치료모델의 개입 목표에 관한 설명으로 옳지 않은 것은?

① 해결중심 가족치료: 가족이 문제 중심에서 벗어나 해결방안을 모색하고 실행하도록 돕는다.

② 다세대 가족치료: 가족구성원의 불안 감소 및 미분화된 원가족과의 관계에서 자아분화를 증진시킨다.

③ 구조적 가족치료: 역기능적 가족구조를 재구조화한다.

④ 경험적 가족치료: 자아존중감 향상과 의사소통 방식의 변화를 통해 대처능력을 향상시킨다.

⑤ 전략적 가족치료: 다양한 전략을 활용하여 제시된 문제의 원인을 찾도록 돕는다.

기본개념 9장 기출회독 112

38. 미누친(S. Minuchin)의 구조적 가족치료의 대표적 기법을 옳게 나열한 것은?

① 합류하기, 균형 깨뜨리기, 실연

② 합류하기, 경계 만들기, 가족그림

③ 경계 만들기, 탈삼각화, 과제부여

④ 과제부여, 균형 깨뜨리기, 역설적 지시

⑤ 균형 깨뜨리기, 경계 만들기, 순환적 질문

기본개념 9장 기출회독 114

39. 다음 사례에 해당하는 가족개입 기법은?

> 끊임없는 잔소리로 말다툼이 잦아 갈등을 겪고 있는 부부에게 매일 1회 시간을 정해서 30분 동안 부부싸움을 하도록 하였다.

① 실연

② 재구성

③ 역설적 지시

④ 순환적 질문하기

⑤ 긍정적 의미부여

기본개념 9장 기출회독 111

40. 보웬(M. Bowen)의 다세대 가족치료의 주요 개념과 기법에 관한 설명으로 옳은 것을 모두 고른 것은?

> ㄱ. 자아분화 수준이 더 낮은 성원이 가족투사의 대상이 된다.
> ㄴ. 가계도를 작성하고 해석하면서 가족의 정서적 과정을 이해한다.
> ㄷ. 성공적인 치료를 위해 사회복지사는 치료적 삼각관계를 형성하여 개입한다.
> ㄹ. 자아분화 수준이 낮을수록 가족원의 자율성이 증가하여 독립적으로 행동한다.

① ㄱ, ㄴ

② ㄴ, ㄷ

③ ㄱ, ㄴ, ㄷ

④ ㄱ, ㄷ, ㄹ

⑤ ㄱ, ㄴ, ㄷ, ㄹ

41. 경험적 가족치료에 관한 설명으로 옳지 않은 것은?

① 자아존중감을 높이는 것이 중요한 치료목표이다.

② 역기능적 의사소통 유형을 일치형으로 바꾸도록 돕는다.

③ 가족규칙을 합리적으로 바꾸고, 자기 인생에 대한 선택권을 스스로 갖도록 한다.

④ 역기능적인 상호작용의 개선이나 증상 제거보다 개인의 성장에 더 초점을 둔다.

⑤ 가족의 상호작용 유형을 확인하고 문제를 외현화한다.

42. 체계론적 관점에서 가족에 관한 설명으로 옳은 것은?

① 가족의 항상성은 어떤 행동이 허용되는가를 결정하는 가족규칙을 통해 공고해진다.

② 일탈행동이나 갈등상황에 대해 부적 환류를 적용하면 최초의 일탈이나 갈등을 증폭시키는 작용을 한다.

③ 가족은 상위체계와는 독립적으로 존재하며 그 안에 다양한 하위체계를 포함한다.

④ 경직된 경계를 가진 가족은 독립성과 자율성이 결여되어 있다.

⑤ 부모-자녀 하위체계는 가족을 이끄는 책임을 지는 하위체계로 권위를 갖는 것이 중요하다.

43. 가족의 구조와 기능에 관한 설명으로 옳은 것을 모두 고른 것은?

> ㄱ. 기능적인 가족은 가족규칙을 융통성 있게 적용한다.
> ㄴ. 부모와 자녀 간의 밀착된 관계는 하위체계 간 균형을 유지하게 한다.
> ㄷ. 밀착된 가족은 경계의 투과성이 높아 체계 간 구분이 어렵다.
> ㄹ. 기능적 가족은 가족성원에게 고정된 역할을 부여하여 혼란을 감소시킨다.

① ㄱ, ㄴ   ② ㄱ, ㄷ

③ ㄴ, ㄷ   ④ ㄴ, ㄷ, ㄹ

⑤ ㄱ, ㄴ, ㄷ, ㄹ

기본개념 10장 **기출회독** 118

44. 집단문화에 관한 설명으로 옳지 않은 것은?

① 집단 고유의 스타일이나 독특성을 만들어낸다.

② 집단응집력은 집단문화 형성에 영향을 미치는 요인이다.

③ 성원들의 가치가 혼합되면서 타 집단과 구분되는 특성이 만들어진다.

④ 다양한 성원들이 참여하는 개방형 집단에서 빠르게 형성된다.

⑤ 고정관념이나 편견이 많은 성원들은 집단문화 형성에 방해가 된다.

기본개념 10장 **기출회독** 117

45. 자조집단이 갖는 특징으로 옳은 것을 모두 고른 것은?

> ㄱ. 동병상련의 경험에 기반을 둔다.
> ㄴ. 집단사회복지사의 주요 역할은 변화매개인이다.
> ㄷ. 집단 내 원활한 의사소통과 상호작용을 위해 공동지도자를 둔다.
> ㄹ. 노아방주의 원칙(Noah's ark principle)에 따라 성원을 모집한다.

① ㄱ 　　　　　　　　② ㄴ, ㄷ

③ ㄴ, ㄹ 　　　　　　　④ ㄴ, ㄷ, ㄹ

⑤ ㄱ, ㄴ, ㄷ, ㄹ

기본개념 10장 **기출회독** 119

46. 집단대상 실천의 치료적 효과에 해당하는 것을 모두 고른 것은?

> ㄱ. 정보습득 　　　　　　ㄴ. 보편성
> ㄷ. 이타심 　　　　　　　ㄹ. 정화

① ㄱ 　　　　　　　　② ㄴ, ㄷ

③ ㄴ, ㄹ 　　　　　　　④ ㄴ, ㄷ, ㄹ

⑤ ㄱ, ㄴ, ㄷ, ㄹ

47. 집단 사정도구의 활용 목적으로 옳은 것은?

    ① 소시오메트리: 개별 성원의 행동패턴 분석

    ② 소시오그램: 성원 간 상호작용 빈도 측정

    ③ 사회적 관계망표: 집단성원 활동에 대한 상호 평가

    ④ 상호작용차트: 성원의 집단참여 수준 분석

    ⑤ 의의차별척도: 하위집단의 구성여부 파악

48. 집단의 종결단계에서 수행하는 과업으로 옳은 것을 모두 고른 것은?

    ┌───┐
    │ ㄱ. 성원 간의 이해를 돕기 위해 자기노출의 기회를 갖는다.   │
    │ ㄴ. 집단경험을 통해 학습한 내용의 활용계획을 세운다.   │
    │ ㄷ. 공통의 관심사를 찾기 위해 개방적 토론 시간을 늘린다.   │
    │ ㄹ. 측정도구를 통해 성원 개인별 변화를 평가한다.   │
    └───┘

    ① ㄱ   ② ㄴ, ㄷ

    ③ ㄴ, ㄹ   ④ ㄴ, ㄷ, ㄹ

    ⑤ ㄱ, ㄴ, ㄷ, ㄹ

49. 단일사례설계에 관한 설명으로 옳지 않은 것은?

    ① 동시에 여러 문제의 변화를 측정하는 것이 불가능하다.

    ② 개입의 효과성을 파악하기 위해 반복측정을 한다.

    ③ 기초선 자료수집은 개입 이전이나 이후에도 가능하다.

    ④ 개입과정에서 개입의 강도나 방식을 바꿀 수 있다.

    ⑤ 조사대상은 개인뿐 아니라 가족, 집단, 기관도 가능하다.

50. 클라이언트의 개인정보 보호를 위한 기록 방법으로 옳지 않은 것은?

    ① 정확한 정보를 기록하고, 부정확한 것으로 확인되면 삭제나 수정할 수 있다.

    ② 서비스 신청에 필요하더라도 민감한 사적 정보는 제외한다.

    ③ 개인정보가 담긴 사례기록을 방치하는 것은 위법 행위이다.

    ④ 클라이언트의 사생활이나 비밀스러운 내용은 일반적인 용어로 바꾸어 기록한다.

    ⑤ 전산화된 기록에 대한 접근 권한을 제한하기 위해 암호화한다.

사회복지실천	지역사회복지론

기본개념 2장　기출회독 132

51. 다음에서 설명하는 지역사회복지 이념은?

> • 지역주민은 지역사회복지의 이용자인 동시에 제공자라는 관점을 강조한다.
> • 지역주민의 욕구 및 문제를 해결하기 위한 주민의 주체성에 초점을 둔다.

① 전문화　　　　　　　　　　② 정상화
③ 탈시설화　　　　　　　　　④ 주민참여
⑤ 사회통합

기본개념 1장　기출회독 129

52. 다음에서 설명하는 길버트와 스펙트(N. Gilbert & H. Specht)의 지역사회 기능은?

> 지역사회가 공유하는 지식, 사회적 가치, 행동양식을 지역사회 구성원들에게 전달하는 것

① 상부상조 기능　　　　　　② 생산·분배·소비 기능
③ 사회화 기능　　　　　　　④ 사회통합 기능
⑤ 사회통제 기능

기본개념 1장　기출회독 129

53. 던햄(A. Dunham)의 지역사회유형에 따른 예시로 옳은 것을 모두 고른 것은?

> ㄱ. 인구 크기 – 대도시, 중·소도시
> ㄴ. 인구구성의 사회적 특수성 – 외국인촌, 저소득층 지역
> ㄷ. 경제적 기반 – 농촌, 어촌, 광산촌
> ㄹ. 행정구역 – 특별시, 광역시·도, 시·군·구, 읍·면·동

① ㄱ, ㄴ　　　　　　　　　② ㄱ, ㄷ
③ ㄴ, ㄹ　　　　　　　　　④ ㄱ, ㄷ, ㄹ
⑤ ㄱ, ㄴ, ㄷ, ㄹ

54. 한국의 지역사회복지 역사에 관한 설명으로 옳지 않은 것은?

① 1950년대 – 외국민간원조한국연합회(KAVA) 결성
② 1980년대 – 사회복지관 운영 · 건립 국고보조사업 지침 마련
③ 1990년대 – 재가복지봉사센터 설치 · 운영
④ 2010년대 – 읍 · 면 · 동 복지허브화사업 실시
⑤ 2020년대 – 시 · 군 · 구 희망복지지원단 설치 · 운영

55. 영국의 지역사회복지 역사에 영향을 준 사건을 과거부터 시대순으로 옳게 나열한 것은?

> ㄱ. 토인비홀(Toynbee Hall) 설립
> ㄴ. 시봄(Seebohm) 보고서
> ㄷ. 정신보건법(Mental Health Act) 제정
> ㄹ. 바클레이(Barclay) 보고서
> ㅁ. 하버트(Harbert) 보고서

① ㄱ → ㄴ → ㄹ → ㅁ → ㄷ
② ㄱ → ㄷ → ㄴ → ㅁ → ㄹ
③ ㄱ → ㄷ → ㄹ → ㅁ → ㄴ
④ ㄴ → ㄷ → ㅁ → ㄹ → ㄱ
⑤ ㄷ → ㄱ → ㅁ → ㄹ → ㄴ

56. 다음 사례에 해당하는 지역사회복지이론은?

> A사회복지기관은 지방정부로부터 보조금을 지원받은 후 지방정부의 요구와 통제를 수용하였다.

① 갈등이론
② 엘리트주의이론
③ 사회체계이론
④ 권력의존이론
⑤ 사회자본이론

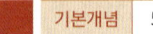

기본개념 4장 **기출회독** 138

57. 지역사회복지이론에 관한 설명으로 옳은 것을 모두 고른 것은?

> ㄱ. 사회체계이론 – 지역사회 내 갈등이 변화의 원동력이다.
> ㄴ. 갈등이론 – 자원의 불평등한 분배로 인해 이해관계의 대립이 발생한다.
> ㄷ. 자원동원이론 – 인간행동은 타인이나 사회환경과 상호작용하는 동안에 학습된다.
> ㄹ. 사회자본이론 – 신뢰와 네트워크를 통해 지역사회 문제 해결을 위한 규범 등이 형성된다.

① ㄱ, ㄷ   ② ㄴ, ㄹ

③ ㄷ, ㄹ   ④ ㄴ, ㄷ, ㄹ

⑤ ㄱ, ㄴ, ㄷ, ㄹ

기본개념 5장

58. 포플(K. Popple, 1996)의 지역사회복지 실천모델로 옳지 않은 것은?

① 지역사회연계

② 지역사회교육

③ 지역사회개발

④ 지역사회행동

⑤ 인종차별철폐 지역사회사업

기본개념 5장 **기출회독** 139

59. 로스만(J. Rothman)의 지역사회복지 실천모델에 관한 설명으로 옳은 것을 모두 고른 것은?

> ㄱ. 지역사회개발모델은 지역사회 역량강화, 통합, 자조를 활동 목표로 둔다.
> ㄴ. 사회계획모델에서는 변화의 매개체로 과업지향적인 소집단을 활용한다.
> ㄷ. 사회행동모델에서 사회복지사의 핵심 역할은 옹호자, 선동가, 협상가이다.
> ㄹ. 지역사회개발모델은 지역사회 문제해결을 위해 전문가의 주도적 개입을 강조한다.

① ㄱ, ㄷ   ② ㄴ, ㄷ

③ ㄴ, ㄹ   ④ ㄱ, ㄴ, ㄷ

⑤ ㄱ, ㄴ, ㄹ

기본개념 5장 | 기출회독 140

60. 웨일과 갬블(M. Weil & D. Gamble)의 근린지역사회조직모델에 관한 설명으로 옳지 않은 것은?

① 조직화를 위한 구성원의 능력개발에 초점을 둔다.

② 일차적 구성원은 지역사회 이웃주민이다.

③ 사회복지사의 주요 역할은 조직가, 교육자, 촉진자, 코치이다.

④ 지방정부, 외부개발자, 지역주민을 변화의 표적체계로 본다.

⑤ 관심영역은 공통 관심사나 특정 이슈에 대한 정책, 행위, 인식의 변화이다.

기본개념 5장 | 기출회독 141

61. 다음에서 설명하는 테일러와 로버츠(S. Taylor & R. Roberts)의 지역사회복지 실천모델은?

> • 지역사회의 문제해결을 위해 관계망을 형성하거나 조정
> • 사회복지사, 자원봉사자, 행정가 등 다양한 구성원이 참여
> • 지역사회복지 실천 과정에서 클라이언트와 후원자의 영향력이 동등

① 계획모델

② 지역사회연계모델

③ 지역사회개발모델

④ 정치적 역량강화모델

⑤ 프로그램 개발 및 조정모델

기본개념 7장 | 기출회독 146

62. 지역사회개발모델에서 사회복지사의 핵심 역할이 아닌 것은?

① 치료자   ② 조력자

③ 촉진자   ④ 안내자

⑤ 교육자

기본개념 6장 | 기출회독 145

63. 지역사회복지 실천과정에 관한 설명으로 옳지 않은 것은?

① 지역사회문제 해결과정으로 볼 수 있다.

② 지역사회 사정은 지역사회의 욕구와 자원을 파악하는 단계이다.

③ 지역사회 문제나 욕구는 지역사회 상황에 따라 다양한 형태로 나타날 수 있다.

④ 자원동원, 재정집행, 네트워크는 실행단계에서 수행된다.

⑤ 총괄평가는 수행과정 중에 실시되어 실천과정의 문제점을 수정하는 데 유용하다.

64. 다음에서 설명하는 지역사회 욕구사정 방법에 관한 설명으로 옳은 것을 모두 고른 것은?

> ㄱ. 서베이 – 지역주민으로부터 설문조사를 통해 직접적으로 자료를 수집하는 방법
> ㄴ. 초점집단기법 – 전문가 패널을 대상으로 반복된 설문을 통해 합의에 이를 때까지 의견을 수렴하는 방법
> ㄷ. 사회지표분석 – 정부기관이나 사회복지관련 조직에 의해 수집된 기존 자료를 활용하는 방법
> ㄹ. 명목집단기법 – 지역사회 내 다양한 의견을 수렴하여 욕구의 우선순위를 결정하는 방법

① ㄱ, ㄷ　　　　　　　　　② ㄱ, ㄹ
③ ㄱ, ㄴ, ㄷ　　　　　　　④ ㄱ, ㄷ, ㄹ
⑤ ㄴ, ㄷ, ㄹ

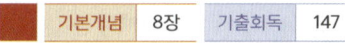

65. 지역사회복지 실천기술 중 조직화 기술에 해당하지 않는 것은?

① 주민의 효율적 통제 기술
② 주민회의, 토론 등을 통한 의사소통
③ 구성원 간 갈등조율을 위한 대인관계 기술
④ 주민지도력 발굴 및 향상 교육
⑤ 지역사회 문제와 이슈에 대한 정보수집 및 분석

66. 다음 지역사회복지 실천과정에서 사회복지사가 활용한 기술은?

> A사회복지사는 사회적 고립가구 지원을 위해 ○○복지재단에 신청서를 제출하여 사업에 필요한 예산을 확보하였으며 지역 대학교에 봉사자를 요청하였다.

① 협상　　　　　　　　　　② 자원개발 및 동원
③ 옹호　　　　　　　　　　④ 조직화
⑤ 지역사회 교육

67. 다음 사례에 제시된 사회복지사의 핵심 역할은?

A사회복지사는 지역 내 복합적인 욕구를 가진 가구에 대한 사례관리 계획을 수립하였다. 이를 위해 지역사회의 다양한 기관들과 함께 서비스의 중복과 누락을 방지하기 위한 효율적인 개입 방안을 논의하였다.

① 옹호자
② 교육자
③ 조정자
④ 자원개발자
⑤ 협상가

68. 지방자치제도에 관한 설명으로 옳지 않은 것은?
   ① 지역복지 활성화의 토대가 될 수 있다.
   ② 복지예산의 중앙집중화로 정책 효과성이 강화된다.
   ③ 우리나라는 지방자치법의 제정으로 도입되었다.
   ④ 지역복지 실현을 위해 중앙정부와 분담적 관계를 추구한다.
   ⑤ 사회복지서비스의 책임과 권한이 지방에 이양된다.

69. 지방분권화가 지역사회복지에 미치는 영향으로 옳지 않은 것은?
   ① 지역 간의 경쟁이 심화되어 지역 이기주의가 나타날 수 있다.
   ② 지역사회복지에 대한 자기통치 원리가 중요시된다.
   ③ 지역주민의 의사를 반영한 행정서비스가 강화된다.
   ④ 지역 간 상대적 박탈감으로 사회적 형평성 문제가 발생된다.
   ⑤ 지방의회의 사회적 책임성이 약화된다.

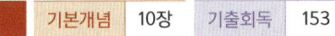

70. 지역사회보장협의체의 구성 및 역할에 관한 설명으로 옳은 것은?

① 대표협의체는 사회보장급여 제공과 관련된 조례를 제정한다.

② 대표협의체 위원에는 공무원이 포함되지 않는다.

③ 실무협의체는 사회보장급여 제공에 관한 사항을 심의·자문한다.

④ 실무협의체 위원은 10명 이상 40명 이하로 구성한다.

⑤ 읍·면·동 지역사회보장협의체는 지역사회보장계획의 시행결과를 평가한다.

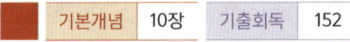

71. 시·군·구 지역사회보장계획 수립 및 시행절차에 관한 설명으로 옳은 것을 모두 고른 것은?

> ㄱ. 시·군·구는 4년마다 지역사회보장계획을 수립하여야 한다.
>
> ㄴ. 사회보장위원회의 심의와 지방의회 보고를 거쳐 시·도지사에게 제출한다.
>
> ㄷ. 지역사회보장계획에는 사회보험에 필요한 재원 규모와 조달방안이 포함된다.
>
> ㄹ. 지역사회보장조사는 지역사회보장 욕구조사와 자원조사로 구성된다.

① ㄱ, ㄴ   ② ㄱ, ㄷ

③ ㄱ, ㄹ   ④ ㄴ, ㄷ

⑤ ㄴ, ㄹ

72. 지역사회 복지기관의 역할로 옳지 않은 것은?

① 사회복지협의회: 사회복지기관 간의 연계·협력·조정

② 자원봉사센터: 자원봉사 프로그램 개발·보급

③ 지역자활센터: 자활기금 설치·운영

④ 사회복지공동모금회: 모금 및 배분의 운용·관리

⑤ 사회복지관: 지역사회 복지문제 예방·해결

73. 사회복지관 사업 내용 중 서비스 제공 기능에 해당하는 것은?

① 지역욕구조사 실시

② 자원봉사자 개발 및 관리

③ 사회복지현장실습 교육 및 지도

④ 독거노인을 위한 일상생활 지원

⑤ 후원자 개발을 위한 기관 소식지 제작

74. 사회적 경제에 관한 설명으로 옳은 것을 모두 고른 것은?

> ㄱ. 사회적 경제주체는 정부와 시장이다.
>
> ㄴ. 사회통합과 공동체의식 증진에 기여할 수 있다.
>
> ㄷ. 호혜와 연대에 기초한 사회적 자본으로 시장경제의 대안이 된다.
>
> ㄹ. 사회적 경제조직의 유형에는 협동조합, 마을기업, 자활기업 등이 있다.

① ㄱ

② ㄱ, ㄴ

③ ㄴ, ㄷ

④ ㄱ, ㄷ, ㄹ

⑤ ㄴ, ㄷ, ㄹ

75. 지역사회복지운동에 관한 설명으로 옳지 않은 것은?

① 지역사회의 부당한 권력구조를 변화시키기 위해 노력한다.

② 지역주민 참여를 위한 수요자 중심의 활동이 이루어진다.

③ 지역사회복지운동의 주체로 사회복지 실무자도 포함된다.

④ 특정 계층에 국한된 수단지향적인 활동이다.

⑤ 조례제정운동과 같은 제도변화과정을 예로 들 수 있다.

2025년 제23회 사회복지사1급 시험

교 시	문제형별	시 간	시험과목 및 시험영역
3교시	A	75분	**사회복지정책과 제도** ① 사회복지정책론 ② 사회복지행정론 ③ 사회복지법제론

수험번호		성 명	

【 수험자 유의사항 】

1. 시험문제지는 **단일 형별(A형)**이며, 답안카드 형별 기재란에 표시된 형별(A형)을 확인하시기 바랍니다. 시험문제지의 **총면수, 문제번호 일련순서, 인쇄상태** 등을 확인하시고, 문제지 표지에 수험번호와 성명을 기재하시기 바랍니다.

2. 답은 각 문제마다 요구하는 **가장 적합하거나 가까운 답 1개**만 선택하고, 답안카드 작성 시 시험문제지 **마킹착오**로 인한 불이익은 전적으로 **수험자에게 책임**이 있음을 알려 드립니다.

3. 답안카드는 국가전문자격 공통 표준형으로 문제번호가 1번부터 125번까지 인쇄되어 있습니다. 답안 마킹 시에는 반드시 **시험문제지의 문제번호와 동일한 번호**에 마킹하여야 합니다.

4. **감독위원의 지시에 불응하거나 시험기간 종료 후 답안카드를 제출하지 않을 경우** 불이익이 발생할 수 있음을 알려 드립니다.

5. 시험문제지는 시험 종료 후 가져가시기 바랍니다.

사회복지전문출판 나눔의집

정답과 함께 안내된 QR코드를 통해 해설강의가 제공됩니다.

사회복지정책과 제도 — **사회복지정책론**

기본개념 1장 | 기출회독 164

1. 사회복지정책의 목적으로 옳지 않은 것은?
   ① 빈부 간 갈등 예방과 사회통합
   ② 개인의 자립과 성장
   ③ 소득재분배에 의한 평등 추구
   ④ 사회안전망 강화와 생존권 보장
   ⑤ 개인의 능력에 따른 분배구조 확대

기본개념 1장 | 기출회독 163

2. 사회복지정책 가치인 연대에 관한 설명으로 옳지 않은 것은?
   ① 사람들이 서로 의무감과 책임감을 느끼고 함께 하려는 상태를 의미한다.
   ② 일반적으로 동질성과 동등성을 갖지 못한 대상에 대한 배타성을 갖게 된다.
   ③ 이질성과 개인화가 강조되는 상태에서 유지되는 연대를 유기적 연대라고 한다.
   ④ 최근 우리나라에서는 노동시장의 변화로 노동자들 간 동질성이 더욱 강화되었다.
   ⑤ 장애인의무고용은 연대를 제도화한 것이다.

기본개념 1장

3. 마이클 샌델(M. Sandel)의 정의에 관한 설명으로 옳지 않은 것은?
   ① 절차적 장치로써 무지의 베일 활용
   ② 도덕에 기초하는 정치
   ③ 불평등 해소방법, 연대, 시민의 미덕
   ④ 시장의 도덕적 한계를 인정
   ⑤ 시민의식, 희생, 봉사

기본개념 2장   기출회독 166

4. 사회복지정책의 역사를 세 단계로 나눌 때 (   )에 들어갈 내용을 순서대로 나열한 것은?

	대상자	사회복지 주체	권리수준
빈민법	걸인, 부랑인, 구제가치가 있는 빈민	(ㄱ)	무권리, 정책당국의 재량
사회보험	노동자 계급	국가, 노동조합	(ㄴ)
복지국가	(ㄷ)	국가, 시민단체	시민권

① ㄱ: 노동조합   ㄴ: 계약에 입각한 권리   ㄷ: 노동자 계급
② ㄱ: 국가, 노동조합   ㄴ: 시민권   ㄷ: 노동자 계급
③ ㄱ: 국가, 교회, 영주   ㄴ: 계약에 입각한 권리   ㄷ: 시민, 개인
④ ㄱ: 노동조합   ㄴ: 정책 당국의 재량   ㄷ: 시민, 개인
⑤ ㄱ: 국가, 교회, 영주   ㄴ: 시민권   ㄷ: 노동자 계급

기본개념 2장   기출회독 168

5. 제2차 세계대전 이후 서구 복지국가의 전개과정에 관한 설명으로 옳은 것은?
① 노동과 자본의 극단적인 대립
② 대규모 재분배를 가능하게 하는 케인즈주의 경제정책
③ 자유방임 자본주의를 옹호하는 사상 확산
④ 공공부조 위주의 사회보장체계 구축
⑤ 가족과 시장의 책임강조

기본개념 3장

6. 중상주의에 관한 설명으로 옳은 것을 모두 고른 것은?

> ㄱ. 15세기 중반부터 18세기 중반까지 유럽대륙을 지배하였던 경제사상을 지칭하는 용어이다.
> ㄴ. 국가유지에 필요한 비용을 마련하기 위해 식민지 개척과 무역 정책을 추진하였다.
> ㄷ. 식량부족으로 인구증가 억제정책을 추진하였다.
> ㄹ. 빈민들의 근면성을 위해 임금수준을 낮게 유지하고자 하였다.

① ㄱ   ② ㄴ, ㄷ
③ ㄱ, ㄴ, ㄹ   ④ ㄴ, ㄷ, ㄹ
⑤ ㄱ, ㄴ, ㄷ, ㄹ

7. 재분배에 관한 설명으로 옳은 것은?

① 건강보험은 건강한 사람으로부터 질병을 겪는 사람에게 자원을 재분배한다.

② 고용보험은 수직적 재분배 효과가 가장 크다.

③ 정부는 최소 극대화의 원칙에 따라 불평등을 완화하기 위해 모든 대상자에게 동일한 보험료를 부과한다.

④ 민간에서 이루어지는 자선활동에서는 파레토 개선 효과가 나타나지 않는다.

⑤ 사회민주주의에서는 개인의 효용 관점에서 재분배를 정당화한다.

8. 사회적 배제에 관한 설명으로 옳지 않은 것은?

① 생활수준은 소득이나 재화뿐만 아니라 개인역량의 실현을 중심으로 판단되어야 한다.

② 사회적 배제의 범위에는 빈곤, 저학력, 열악한 주거환경 등 다양한 영역을 포괄한다.

③ 사회적 배제는 기본적으로 소득빈곤 개념의 협소성에 대한 비판으로 이해될 수 있다.

④ 사회적 배제 개념은 빈곤에 이르는 과정보다는 빈곤이라는 결과적인 상태에 초점을 둔다.

⑤ 불평등과 빈곤 개념은 소득의 차원을 넘어 다양한 차원으로 확대되어야 한다.

9. 길버트(N. Gilbert)가 주장한 권능부여국가(enabling state)의 주요 요소에 해당하는 것은?

① 사회적 지원, 노동의 재상품화, 공공기관에 의한 제공, 권리의 공유를 통한 연대

② 사회적 포섭, 노동의 탈상품화, 민간기관에 의한 제공, 사회권으로서의 급여

③ 사회적 포섭, 노동의 재상품화, 민영화, 사회권으로서의 급여

④ 근로촉진, 선별적 표적화, 민영화, 사회적 의무와 연계된 급여

⑤ 근로촉진, 생활임금, 공적 운영, 사회적 의무와 연계된 급여

10. 다음에서 설명하고 있는 정책결정모형은?

> • 큰 범위에서의 기본적인 결정은 합리적으로 이루어지지만, 세부적 결정은 기본적 결정을 보완·수정하여 점증적으로 이루어진다고 주장하는 정책결정모형이다.
> • 기본적 결정은 전체적인 방향을 설정하기 위해 중요한 대안을 탐색한 후에 이루어진다.
> • 두 개의 대립되는 극단의 모형들을 절충한 것에 지나지 않는다는 비판이 있다.

① 쓰레기통모형   ② 점증모형

③ 혼합모형   ④ 만족모형

⑤ 최적모형

11. 사회복지 급여형태 중 운영효율성이 가장 높은 급여와 목표효율성이 가장 높은 급여를 순서대로 짝지은 것은?

ㄱ. 현금	ㄴ. 증서(바우처)
ㄷ. 현물	ㄹ. 기회

① ㄱ, ㄴ   ② ㄱ, ㄷ

③ ㄴ, ㄷ   ④ ㄴ, ㄹ

⑤ ㄹ, ㄷ

기본개념 5장   기출회독 177

12. 사회복지 공공재원에 관한 설명으로 옳지 않은 것은?

① 조세는 다른 재원에 비해서 평등을 구현하는데 용이하다.

② 사회보험료는 소득세에 비해 상대적으로 조세저항이 약하다.

③ 사회보험료는 조세와 비교해 상대적으로 소득재분배 효과가 약하다.

④ 소득세 누진성이 낮을수록 재분배 효과가 크다.

⑤ 조세는 재원의 안정성과 지속성이 가장 강하다.

기본개념 5장   기출회독 178

13. 사회복지서비스 공급주체로서 중앙정부에 관한 설명으로 옳은 것은?

① 서비스 수혜자의 정책 결정 과정 참여가 용이하다.

② 지역주민의 욕구에 신속하게 대응할 수 있다.

③ 서비스의 지속성과 안정성 확보에 유리하다.

④ 사회통합의 저해 우려가 있고 규모의 경제 실현이 어렵다.

⑤ 이용자의 다양한 선택권을 보장하는 데 유리하다.

기본개념 5장   기출회독 178

14. 사회복지 전달체계에 관한 설명으로 옳은 것을 모두 고른 것은?

ㄱ. 사회복지서비스의 제공자들 사이 또는 공급자와 수급자 사이를 연결하기 위한 조직적 · 구조적 · 기능적 장치이다.
ㄴ. 사회복지 전달체계의 운영주체는 크게 공공과 민간으로 나눌 수 있다.
ㄷ. 사회복지 전달체계를 발전시키기 위해서는 서비스의 분열성, 불연속성, 무책임성, 비접근성을 배제해야 한다.
ㄹ. 비영리 민간 사회복지기관은 공공부문과 연계하여 서비스를 제공하기도 한다.

① ㄱ   ② ㄱ, ㄹ

③ ㄴ, ㄷ   ④ ㄴ, ㄷ, ㄹ

⑤ ㄱ, ㄴ, ㄷ, ㄹ

15. 현물급여를 모두 고른 것은?

> ㄱ. 노인장기요양보험의 재가급여
> ㄴ. 산업재해보상보험의 요양급여
> ㄷ. 국민건강보험의 건강검진
> ㄹ. 국민기초생활보장제도의 생계급여

① ㄱ
② ㄴ, ㄹ
③ ㄱ, ㄴ, ㄷ
④ ㄴ, ㄷ, ㄹ
⑤ ㄱ, ㄴ, ㄷ, ㄹ

16. 현재 우리나라의 사회복지제도 중 보편주의적 성격에 해당하지 않는 것은?

① 아동수당
② 기초연금
③ 의무교육
④ 무상급식
⑤ 건강보험

17. 산업재해보상보험에서 업무상 재해 인정기준에 해당하는 것을 모두 고른 것은?

> ㄱ. 사업주가 주관한 행사준비 중에 발생한 사고
> ㄴ. 휴게시간 중 사업주의 지배관리하에 있다고 볼 수 있는 행위로 발생한 사고
> ㄷ. 통상적인 경로와 방법으로 출·퇴근하는 중 발생한 사고
> ㄹ. 직장 내 괴롭힘으로 인한 업무상 정신적 스트레스가 원인이 되어 발생한 질병

① ㄱ, ㄴ
② ㄱ, ㄷ
③ ㄴ, ㄹ
④ ㄴ, ㄷ, ㄹ
⑤ ㄱ, ㄴ, ㄷ, ㄹ

기본개념 7장　기출회독 181

18. 국민연금제도에 관한 설명으로 옳은 것을 모두 고른 것은?

> ㄱ. 국민연금공단은 관리운영과 보험료 징수를 담당한다.
> ㄴ. 기본연금액의 균등부분은 연금수급 전 3년간 전체 가입자 평균소득월액의 평균액이다.
> ㄷ. 기본연금액의 균등부분에서 소득재분배 효과가 나타난다.
> ㄹ. 기본연금액의 소득비례부분은 전체 가입자의 기준소득월액의 평균액이다.
> ㅁ. (2025년 제도 기준) 2028년 이후 국민연금의 소득대체율은 40년 가입 기준 40%이다.

① ㄱ, ㄷ
② ㄴ, ㄹ
③ ㄱ, ㄹ, ㅁ
④ ㄴ, ㄷ, ㅁ
⑤ ㄱ, ㄴ, ㄷ, ㄹ, ㅁ

기본개념 8장　기출회독 183

19. 건강보험 진료비 지불제도에 관한 설명으로 옳은 것은?

① 행위별 수가제는 질병 범주별로 구분하여 고정금액을 보수로 지불하는 방식이다.
② 포괄수가제는 의사가 담당하는 환자 수에 비례하여 일정 금액을 지급하는 방식이다.
③ 행위별 수가제는 행정절차가 간소하여 비용절감 효과가 있다.
④ 우리나라는 포괄수가제를 일부 질병군에 적용하고 있다.
⑤ 포괄수가제는 의료기관의 1년간 운영비를 포괄적으로 지불하는 제도이다.

기본개념 8장　기출회독 184

20. 노인장기요양보험제도에 관한 설명으로 옳지 않은 것은?

① 가족요양비는 신체·정신 등의 사유로 인하여 가족에게 요양을 받아야 하는 자에게 지급할 수 있다.
② 재가급여로 분류되는 단기보호의 급여기간은 월 9일 이내를 원칙으로 하되 특별한 사유가 있는 경우 연장 가능하다.
③ 장기요양등급판정을 받은 65세 이상 노인은 소득수준과 상관없이 장기요양보험 급여를 받을 수 있다.
④ 일반 노인장기요양보험 가입자는 재가급여를 이용할 경우 15%의 본인부담금을 부담하여야 한다.
⑤ 노인요양공동생활가정은 5인 이상 15인 이하로 운영된다.

기본개념 6장　기출회독 179

21. 공공부조와 사회보험의 차이에 관한 설명으로 옳은 것은?

① 사회보험은 주로 보험료로 재정을 충당하며, 공공부조는 조세로 충당한다.
② 사회보험은 사후적인 성격이 강한 반면 공공부조는 예방적인 성격이 강하다.
③ 사회보험과 공공부조 모두 빈곤을 예방하는데 목적이 있다.
④ 공공부조가 사회보험보다 계약적 권리성이 강하다.
⑤ 사회보험은 중앙과 지방정부가, 공공부조는 정부가 위임한 관리운영기구가 운영주체이다.

22. 사회서비스에 관한 설명으로 옳은 것은?

　① 수급자 등 빈곤층만을 대상으로 한다.

　② 주로 바우처 방식으로 수요자를 지원한다.

　③ 전액 국비로 지원한다.

　④ 단일 기관이 독점하여 공급한다.

　⑤ 주로 획일화된 서비스를 제공한다.

23. 최저임금제에 관한 설명으로 옳지 않은 것은?

　① 우리나라에서는 최저임금제가 2000년부터 실시되었다.

　② 최저임금제는 정신장애로 근로능력이 현저히 낮은 사람에게는 적용되지 않는다.

　③ 최저임금제는 근로자에게 최저한의 생계를 유지할 수 있는 수준의 임금을 보장하기 위한 제도이다.

　④ 최저임금제는 저임금 근로자의 증가를 억제하는 장치로 작용할 수 있다.

　⑤ 최저임금제는 사회보장 급여수준에 영향을 미칠 수 있다.

24. 도덕적 해이에 관한 설명으로 옳지 않은 것은?

　① 도덕적 해이는 보험계약이 가입자들의 행동에 영향을 미치는 현상이다.

　② 도덕적 해이는 보험가입 집단의 크기가 클수록 약화된다.

　③ 도덕적 해이는 실업보험에서 발생할 가능성이 높다.

　④ 도덕적 해이는 건강보험 진료비 본인부담을 정당화하는 논리로 사용된다.

　⑤ 도덕적 해이가 심각해지면 민간보험사의 보험료 상승으로 이어질 수 있다.

25. 사회보험과 민간보험에 관한 설명으로 옳은 것은?

　① 사회보험은 조세를 주된 재원으로 한다.

　② 민간보험은 사회보험보다 사회적 적절성이 중요하다.

　③ 사회보험은 개인에게 발생할 수 있는 모든 위험을 대상으로 한다.

　④ 민간보험은 물가상승에 따른 실질가치의 변동을 보장한다.

　⑤ 사회보험 급여는 민간보험 급여보다 법적 권리성이 강하다.

사회복지정책과 제도	사회복지행정론

기본개념 1장 기출회독 189

26. 사회복지행정의 개념에 관한 설명으로 옳은 것은?

① 정부조직만을 대상으로 한다.

② 조직의 효과성보다 효율성이 중요하다.

③ 정부재정 외에 민간자원 활용은 배제한다.

④ 사회문제 해결과정에서 가치판단을 배제한다.

⑤ 사회복지정책을 서비스로 전환하는 과정이다.

기본개념 2장 기출회독 191

27. 한국 사회복지행정 역사에 관한 설명으로 옳지 않은 것은?

① 1950년대에는 긴급구호와 생활(수용)시설에서의 보호가 주를 이루었다.

② 1970년 「사회복지사업법」 제정으로 사회복지시설 운영에 관한 법적 근거가 마련되었다.

③ 1997년 「사회복지사업법」 개정을 통해 사회복지시설 평가가 법제화되었다.

④ 1998년 사회복지공동모금회가 설립되었다.

⑤ 2008년 노인장기요양보험제도 도입으로 민간기관의 서비스 제공이 금지되었다.

기본개념 3장 기출회독 194

28. 사회복지조직 이론에 관한 설명으로 옳은 것을 모두 고른 것은?

> ㄱ. 과학적 관리론: 직무에 관한 과학적 연구와 분석
>
> ㄴ. 관료제이론: 표준 운영 절차를 통한 합리성과 전문성 추구
>
> ㄷ. 인간관계론: 조직 내 인간을 심리적, 사회적 욕구를 가진 전인격적 존재로 파악
>
> ㄹ. 상황이론: 조직의 상황에 관계없이 효율성을 극대화할 수 있는 이상적 방법 추구

① ㄱ, ㄴ   ② ㄷ, ㄹ

③ ㄱ, ㄴ, ㄷ   ④ ㄴ, ㄷ, ㄹ

⑤ ㄱ, ㄴ, ㄷ, ㄹ

기본개념 2장 | 기출회독 192

29. 신공공관리(New Public Management)에 관한 설명으로 옳지 않은 것은?

① 공공부문 조직운영에 시장원리를 적용한다.

② 조직규모 확장과 중앙집권화를 지향한다.

③ 행정 효율성과 고객에 대한 대응성을 중시한다.

④ 규제완화와 조직원 참여를 중시한다.

⑤ 시민과 고객을 중심으로 서비스의 질적 수준 제고에 중점을 둔다.

기본개념 4장 | 기출회독 200

30. 민간 비영리조직의 특성에 관한 설명으로 옳지 않은 것은?

① 이윤이 발생하면 구성원에게 균등하게 배당한다.

② 시장과 정부 실패를 보완할 수 있다.

③ 최소한의 조직 구조와 운영 공식성을 갖는다.

④ 지방자치단체 보조금을 받을 수 있다.

⑤ 비영리조직 회원은 자발적으로 가입한다.

기본개념 4장 | 기출회독 198

31. 조직 분권화의 특성에 관한 설명으로 옳지 않은 것은?

① 최고관리자의 업무와 책임을 감소시킬 수 있다.

② 직원들의 자발적 협조를 유도할 수 있다.

③ 부서 간 협조가 늘어날 수 있다.

④ 위기와 갈등을 신속하게 해결할 수 있다.

⑤ 하위부서 재량권을 강화하는 효과가 있다.

기본개념 4장 | 기출회독 199

32. 다음에서 설명하는 조직구조는?

> • 특정 사업이나 활동수행을 위해 기존 부서에서 인력을 파견하여 구성함
> • 조직구성원의 역량을 최대한 활용할 수 있음
> • 임시적으로 활동하고 과업이 종료되면 해체됨

① 라인-스탭(line-staff)　　　② 태스크포스(task force)

③ 감사(audit) 조직　　　④ 거버넌스(governance) 조직

⑤ 위계(hierarchy) 조직

기본개념 8장　기출회독 209

33. 허즈버그(F. Herzberg)의 동기-위생이론에 따른 동기유발요인에 해당하는 것은?

① 성취에 대한 인정(recognition)

② 기술적 감독(technical supervision)

③ 급여(salary)

④ 근로조건(working condition)

⑤ 인간관계(interpersonal relations)

기본개념 7장　기출회독 206

34. 블레이크와 머튼(R. Blake & J. Mouton)의 관리격자(Managerial Grid) 리더십 유형 분류에 관한 설명으로 옳은 것은?

① 효과성과 효율성에 대한 관심을 교차하여 유형화하였다.

② 이상적 유형은 컨트리클럽형(1.9)이다.

③ 팀형(9.9)은 과업성과보다는 구성원의 사기와 공동체의식을 중시한다.

④ 중도형(5.5)은 인간적 요소와 조직성과 간의 타협과 균형을 추구한다.

⑤ 무기력형(1.1)은 인간적 요소에 최대의 관심을 갖는다.

기본개념 8장　기출회독 208

35. 인적자원관리체계에 관한 설명으로 옳은 것은?

① 직무설계: 직무 내용, 수행방법, 직무간의 관계 등 설정

② 직무분석: 일의 종류, 난이도, 책임수준이 유사한 직급으로 묶음

③ 직무평가: 평가대상 직무에 종사하는 직원들 평가

④ 직무기술서: 직무수행자 자격요건 기술

⑤ 직무명세서: 직무성격, 내용, 수행방법 등 기술

기본개념 8장　기출회독 210

36. 사회복지조직에서 수행되는 슈퍼비전에 관한 설명으로 옳지 않은 것은?

① 조직구성원 훈련 및 개발에 유용한 도구이다.

② 교육적 기능은 직원의 정신적·심리적 부담을 완화한다.

③ 행정적 기능은 효율적으로 일하는 구조와 자원을 제공한다.

④ 슈퍼바이저는 관리자, 중재자, 멘토 역할을 한다.

⑤ 슈퍼비전 구성요소는 슈퍼바이지, 슈퍼바이저, 클라이언트, 조직 등이다.

37. 예산 유형에 관한 설명으로 옳지 않은 것은?

① 품목별 예산은 수입과 지출목록마다 예상되는 금액을 명시한다.

② 영기준 예산은 전년도 예산을 고려하지 않고 편성한다.

③ 기획예산제도(PPBS)는 장기적 기획과 단기적 예산 편성을 프로그램 작성을 통해 결합한다.

④ 프로그램 예산은 사업 목적보다 지출품목을 강조한다.

⑤ 성과주의 예산은 '단위원가×업무량=예산액'으로 편성한다.

38. 사회복지조직의 재무·회계에 관한 설명으로 옳지 않은 것은?

① 보건복지부는 「국가재정법」을 적용한다.

② 사회복지시설은 「사회복지법인 및 사회복지시설 재무·회계규칙」을 적용한다.

③ 사회복지법인 회계는 법인회계, 시설회계, 수익사업회계로 구분한다.

④ 법인회계와 수익사업회계는 필요시 복식부기도 할 수 있다.

⑤ 사회복지법인 대표이사는 관·항·목간 예산을 전용할 수 없다.

39. 사회복지시설 예산 편성 및 결정 절차를 순서대로 나열한 것은?

ㄱ. 시설운영위원회 보고	ㄴ. 예산공고
ㄷ. 예산편성	ㄹ. 이사회 의결
ㅁ. 지방자치단체 제출	

① ㄱ－ㅁ－ㄹ－ㄴ－ㄷ

② ㄴ－ㄷ－ㄱ－ㄹ－ㅁ

③ ㄷ－ㄱ－ㄹ－ㅁ－ㄴ

④ ㄷ－ㄱ－ㅁ－ㄹ－ㄴ

⑤ ㅁ－ㄱ－ㄹ－ㄷ－ㄴ

2025년 제23회 사회복지사1급 시험 기출문제

 기본개념 3장 기출회독 193

40. 패러슈라만 등(A. Parasuraman, V. A. Zeithaml & L. L. Berry)의 서비스 질 구성 차원 중 다음에 해당하는 것은?

> • 직원의 지식수준과 정중함, 신뢰와 확신을 심어줄 수 있는 능력
> • 긍정적 의사소통기법을 사용, 제품과 서비스를 정확히 설명

① 즉응성(responsiveness)
② 확신성(assurance)
③ 신뢰성(reliability)
④ 유형성(tangible)
⑤ 공감성(empathy)

기본개념 5장 기출회독 201

41. 다음에서 설명하는 사회복지 전달체계 구축 원칙은?

> • 지역사회통합돌봄(커뮤니티 케어)
> • 원스탑 서비스 제공
> • 서비스 단편성과 비연속성 문제를 해결

① 책임성   ② 접근성
③ 지속성   ④ 통합성
⑤ 적절성

기본개념 5장 기출회독 202

42. 사회복지 전달체계에 관한 설명으로 옳지 않은 것은?
① 공공 전달체계, 민간 전달체계, 공공과 민간 혼합 전달체계로 구분한다.
② 집행체계는 수급자와 대면 관계를 통해 서비스를 제공한다.
③ 행정복지센터, 공단, 사회복지법인은 공공 전달체계이다.
④ 사회복지서비스 공급자와 소비자를 연결하는 조직적·체계적 장치이다.
⑤ 우리나라 사회복지서비스는 공공과 민간의 혼합 전달체계로 제공된다.

43. 기획에 활용되는 기법에 관한 설명으로 옳지 않은 것은?

① 간트 차트(Gantt Chart)는 사업을 계획할 때 쉽고 간단하게 작성할 수 있다.

② 간트 차트(Gantt Chart)는 일정계획 변경을 유연하게 수용하기 어렵다.

③ 프로그램 평가검토 기법(PERT)은 업무를 체계적으로 수행하는 데 도움이 된다.

④ 프로그램 평가검토 기법(PERT)은 일정 변경 등 유동적인 상황을 대처하는 데 어렵다.

⑤ 총괄진행표(Flow Chart)는 프로그램 제공과정을 시작부터 종료까지 한눈에 볼 수 있다.

44. 사회복지조직에서 정보관리가 중요하게 된 이유에 관한 설명으로 옳지 않은 것은?

① 사회복지조직의 책임성을 강화할 수 있기 때문이다.

② 사회복지조직에서 정보관리가 최우선이기 때문이다.

③ 업무수행을 위한 적절한 정보체계를 구축할 수 있기 때문이다.

④ 종사자의 전문성을 강화할 수 있기 때문이다.

⑤ 사회복지조직의 효과성을 높이기 때문이다.

45. 쓰레기통 모형(Garbage can Model)에 관한 설명으로 옳은 것은?

① 문제 진단과 의사결정 과정이 체계적이고 논리적으로 이루어진다.

② 결정자의 행동보다는 객관적인 상황적 조건에 더 많은 주의를 기울인다.

③ 가장 합리적인 대안을 선택하는 모형이다.

④ 합리성과 비합리성을 절충한 모형이다.

⑤ 조직화된 무질서 속에서 우연히 의사결정이 이루어진다.

46. 비영리조직 마케팅에 관한 설명으로 옳은 것은?

① 고객 욕구충족보다는 판매에 집중한다.

② 이윤을 남기는 것이 최우선 목표이다.

③ 비영리조직의 책임성과 효과성이 강조되면서 중요성이 커졌다.

④ 후원자에게만 초점이 맞춰져 있다.

⑤ 비영리조직 마케팅 목적은 프로그램을 알리는 것이지 재정 확충은 아니다.

기본개념 11장 | 기출회독 217

47. 사회복지조직 책임성에 관한 설명으로 옳지 않은 것은?

① 획일적 기준으로 책임성을 규명하기 어렵다.

② 사회복지 공급주체가 다양해지면서 책임성 요구가 늘어나고 있다.

③ 사회복지시설 민간위탁으로 책임성 요구가 커졌다.

④ 「사회복지사업법」 개정으로 사회복지시설 평가는 법으로 제도화되었다.

⑤ 책임성 요구가 증가하면서 사회복지서비스에 대한 질적 평가는 제외되었다.

기본개념 13장 | 기출회독 221

48. 최근 사회복지행정환경 변화에 관한 설명으로 옳은 것은?

① 기업경영 방식 활용이 늘어나고 있다.

② 국가가 직접 제공하는 서비스가 늘어나고 있다.

③ 성과(outcome) 중심 평가에서 산출(output) 중심 평가로 전환되고 있다.

④ 사회복지행정의 이론적 준거틀이 필요 없게 되었다.

⑤ 사회복지서비스가 다양화되면서 전문가 활용이 감소하고 있다.

기본개념 10장 | 기출회독 213

49. 프로그램 평가에 관한 설명으로 옳은 것을 모두 고른 것은?

> ㄱ. 비용－편익분석은 효율성 평가이다.
> ㄴ. 비용－효과분석은 효과성 평가이다.
> ㄷ. 프로그램 종결 후 실시하는 성과평가는 총괄평가이다.
> ㄹ. 효과발생의 인과 경로를 밝히는 것은 형성평가이다.

① ㄱ, ㄴ   ② ㄱ, ㄷ

③ ㄱ, ㄷ, ㄹ   ④ ㄴ, ㄷ, ㄹ

⑤ ㄱ, ㄴ, ㄷ, ㄹ

기본개념 12장 | 기출회독 219

50. 사회복지마케팅전략에 관한 설명으로 옳은 것은?

① 생산과 소비의 동시성을 고려한다.

② 세분화(segmentation)는 시장을 임의로 구분한다.

③ 클라이언트 집단은 마케팅 전략의 대상이 될 수 없다.

④ 시장조사를 하지 않는다.

⑤ 영리마케팅에 비하여 상품의 내구성을 고려한 전략을 수립한다.

기본개념 2장 | 기출회독 227

51. 법률의 제정 연도가 가장 빠른 것은?
① 산업재해보상보험법
② 국민기초생활보장법
③ 고용보험법
④ 국민연금법
⑤ 국민건강보험법

기본개념 1장 | 기출회독 224

52. 우리나라 사회복지법 체계와 법원에 관한 설명으로 옳은 것은?
① 성문법원의 종류로 관습법, 판례법, 조리가 있다.
② 시행령과 시행규칙은 국회의 의결을 거쳐 제정, 공포된 법원이다.
③ 시행령보다 시행규칙이 상위 법규범이다.
④ 대통령은 법률에서 구체적으로 위임받은 사항과 법률을 집행하기 위하여 필요한 사항에 관하여 대통령령을 발할 수 있다.
⑤ 정부는 법률안을 제출할 수 없다.

기본개념 2장 | 기출회독 227

53. 우리나라 사회복지관련법의 입법 변천사에 관한 설명으로 옳은 것을 모두 고른 것은?

ㄱ. 1981년 노인복지법이 제정되었다.
ㄴ. 2007년 노인장기요양보험법이 제정되었다.
ㄷ. 1961년 제정된 아동복리법은 1989년 아동복지법으로 개정되었다.
ㄹ. 1981년 제정된 심신장애자복지법은 1989년 장애인복지법으로 개정되었다.

① ㄱ
② ㄴ, ㄷ
③ ㄱ, ㄴ, ㄹ
④ ㄴ, ㄷ, ㄹ
⑤ ㄱ, ㄴ, ㄷ, ㄹ

기본개념 5장 기출회독 228

54. 사회보장기본법상 사회보장수급권의 보호와 포기에 관한 설명으로 옳지 않은 것은?

① 사회보장수급권은 다른 사람에게 양도할 수 없다.

② 사회보장수급권은 담보로 제공할 수 없다.

③ 사회보장수급권은 정당한 권한이 있는 기관에 서면으로 통지하여 포기할 수 있다.

④ 사회보장수급권의 포기는 취소할 수 없다.

⑤ 사회보장수급권을 포기하는 것이 다른 사람에게 피해를 주는 경우에는 이를 포기할 수 없다.

기본개념 5장 기출회독 228

55. 사회보장기본법과 사회보장급여의 이용·제공 및 수급권자 발굴에 관한 법률에 명시되어 있는 사회보장 관련 계획에 관한 설명으로 옳은 것은?

① 사회보장 기본계획은 7년 주기로 수립된다.

② 보건복지부장관은 관계 중앙행정기관의 장과 협의하여 사회보장 기본계획을 수립하여야 한다.

③ 사회보장 기본계획은 사회보장위원회의 심의사항이 아니다.

④ 지방자치단체의 장은 지역사회보장계획을 5년마다 수립해야 한다.

⑤ 시·도 지역사회보장협의체와 시·군·구의 사회보장위원회는 지역사회보장계획을 심의·의결한다.

기본개념 5장 기출회독 228

56. 사회보장기본법상 용어의 정의에 관한 설명이다. ㄱ, ㄴ에 들어갈 용어로 옳은 것은?

> • (ㄱ): 국민에게 발생하는 사회적 위험을 보험의 방식으로 대처함으로써 국민의 건강과 소득을 보장하는 제도
> • (ㄴ): 국가와 지방자치단체의 책임 하에 생활 유지 능력이 없거나 생활이 어려운 국민의 최저생활을 보장하고 자립을 지원하는 제도

① ㄱ: 사회보험, ㄴ: 사회서비스

② ㄱ: 사회보험, ㄴ: 공공부조

③ ㄱ: 공공부조, ㄴ: 사회보장

④ ㄱ: 사회보장, ㄴ: 사회서비스

⑤ ㄱ: 사회서비스, ㄴ: 공공부조

57. 사회보장기본법상 사회보장위원회에 관한 설명으로 옳지 않은 것은?

① 사회보장에 관한 주요시책을 심의 · 조정하기 위해 국무총리 소속으로 두고 있다.

② 실무위원회를 두며 실무위원회에 분야별 전문위원회를 둘 수 있다.

③ 위원은 30명 이내로 구성한다.

④ 위원의 임기는 4년이다.

⑤ 관계 중앙행정기관의 장과 지방자치단체의 장은 위원회의 심의 · 조정 사항을 반영하여 사회보장 제도를 운영해야 한다.

58. 조례와 규칙에 관한 설명으로 옳지 않은 것은?

① 조례는 지방의회의 의결을 거쳐 제정한다.

② 규칙은 지방자치단체의 장이 제정한 법규범이다.

③ 지방자치단체는 법령의 범위에서 그 사무에 관하여 조례를 제정할 수 있다.

④ 시 · 군 및 자치구의 규칙은 시 · 도의 규칙보다 상위 법규범이다.

⑤ 조례는 규칙보다 상위 법규범이다.

59. 사회보장기본법상 사회보장 비용의 부담에 관한 설명으로 옳지 않은 것은?

① 사회보장 비용의 부담은 국가, 지방자치단체 및 민간부문 간에 합리적으로 조정되어야 한다.

② 공공부조에 드는 비용은 지방자치단체가 전부 부담한다.

③ 부담 능력이 있는 국민에 대한 사회서비스에 드는 비용은 그 수익자가 부담함을 원칙으로 한다.

④ 사회보험에 드는 비용은 사용자, 피용자 및 자영업자가 부담함을 원칙으로 한다.

⑤ 사회보험에 드는 비용의 일부를 관계 법령에서 정하는 바에 따라 국가가 부담할 수 있다.

기본개념 7장 기출회독 230

60. 사회복지사업법상 사회복지사에 관한 설명으로 옳지 않은 것은?

① 피성년후견인 또는 피한정후견인은 사회복지사가 될 수 없다.

② 보건복지부장관은 사회복지사가 거짓이나 그 밖의 부정한 방법으로 자격을 취득한 경우 사회복지사 자격을 취소하여야 한다.

③ 보건복지부장관은 사회복지사가 자격정지 처분 기간에 자격증을 사용하여 자격 관련 업무를 수행한 경우 그 자격을 취소하거나 1년의 범위에서 정지시킬 수 있다.

④ 보건복지부장관은 자격이 취소된 사람에게는 그 취소된 날부터 2년 이내에 자격증을 재교부하지 못한다.

⑤ 사회복지법인에 종사하는 사회복지사는 정기적으로 인권에 관한 내용이 포함된 보수교육을 받아야 한다.

기본개념 7장 기출회독 230

61. 사회복지사업법상 사회복지법인 설립허가를 반드시 취소하여야 하는 경우를 모두 고른 것은?

> ㄱ. 설립허가 조건을 위반하였을 때
> ㄴ. 목적 달성이 불가능하게 되었을 때
> ㄷ. 거짓이나 그 밖의 부정한 방법으로 설립허가를 받았을 때
> ㄹ. 법인 설립 후 기본재산을 출연하지 아니한 때

① ㄱ, ㄴ   ② ㄱ, ㄷ
③ ㄴ, ㄷ   ④ ㄴ, ㄹ
⑤ ㄷ, ㄹ

기본개념 7장 기출회독 230

62. 사회복지사업법상 사회복지시설(이하 '시설'이라고 한다)에 관한 설명으로 옳은 것은?

① 사회복지관은 사회복지서비스를 직업 및 취업 알선이 필요한 사람에게 우선 제공할 수 없다.

② 시설의 장은 시설의 운영에 관한 사항을 의결하기 위하여 시설에 운영위원회를 두어야 한다.

③ 국가 또는 지방자치단체 외의 자가 시설을 설치·운영하려는 경우에는 시장·군수·구청장에게 신고하여야 한다.

④ 대통령령으로 정하는 경우를 제외하고, 각 시설의 수용인원은 200명을 초과할 수 없다.

⑤ 시설의 장은 비상근 겸직할 수 있다.

63. 아동복지법령상 아동보호전문기관의 업무가 아닌 것은?

① 아동학대 신고접수, 현장조사 및 응급보호

② 피해아동, 피해아동의 가족 및 아동학대행위자를 위한 상담 · 치료 및 교육

③ 아동학대예방 교육 및 홍보

④ 피해아동 및 피해아동 가정의 기능 회복 서비스 제공

⑤ 피해아동 가정의 사후관리

64. 노인복지법상 금지행위에 해당하는 것을 모두 고른 것은?

> ㄱ. 노인에게 성적 수치심을 주는 성폭행 · 성희롱 등의 행위
> ㄴ. 노인에게 구걸을 하게 하거나 노인을 이용하여 구걸하는 행위
> ㄷ. 노인을 위하여 증여 또는 급여된 금품을 그 목적 외의 용도에 사용하는 행위

① ㄱ   ② ㄷ

③ ㄱ, ㄴ   ④ ㄴ, ㄷ

⑤ ㄱ, ㄴ, ㄷ

65. 장애인복지법의 내용으로 옳은 것은?

① 보건복지부장관 소속하에 장애인정책조정위원회를 둔다.

② 장애실태조사는 5년마다 실시하여야 한다.

③ 재외동포 및 외국인은 장애인 등록을 할 수 없다.

④ 장애인의 날은 매년 5월 20일이다.

⑤ 「장애인연금법」상의 중증장애인에게는 장애수당을 지급하지 아니한다.

기본개념 10장 **기출회독** 243

66. 한부모가족지원법의 내용으로 옳은 것은?

① 보건복지부장관은 한부모가족 지원을 위하여 한부모가족 정책에 관한 기본계획을 5년마다 수립하여야 한다.

② 청소년 한부모란 25세 이하의 모 또는 부를 말한다.

③ 아동이란 18세 미만의 자를 말하되, 병역 면제인 자가 취학 중인 경우에는 22세 미만을 말한다.

④ 혼인 관계에 있지 아니한 자로서 출산 전 임신부는 출산지원시설을 이용할 때에도 이 법에 따른 지원대상자가 될 수 없다.

⑤ 이 법에 따른 복지 급여는 생계비, 아동수당, 아동교육비, 아동양육비이다.

기본개념 10장 **기출회독** 248

67. 가정폭력방지 및 피해자보호 등에 관한 법률의 내용으로 옳지 않은 것은?

① 피해자란 가정폭력으로 인하여 직접적으로 피해를 입은 자를 말한다.

② 사회복지법인과 그 밖의 비영리법인은 시장·군수·구청장의 인가를 받아 보호시설을 설치·운영할 수 있다.

③ 국가나 지방자치단체는 피해자나 피해자가 동반한 가정구성원이 아동인 경우 주소지 외의 지역에서 취학할 필요가 있을 때에는 그 취학이 원활히 이루어지도록 지원하여야 한다.

④ 유치원의 장, 어린이집의 원장, 초·중등학교의 장은 가정폭력의 예방과 방지를 위하여 필요한 교육을 실시하고, 그 결과를 여성가족부장관에게 제출하여야 한다.

⑤ 단기보호시설은 피해자등을 6개월의 범위에서 보호하는 시설이다.

기본개념 8장 **기출회독** 231

68. 국민기초생활보장법상 국내에 체류하고 있는 외국인에 대한 특례를 적용할 수 없는 자는?

① 대한민국 국민과 혼인하여 본인 또는 배우자가 임신 중인 자

② 대한민국 국적의 미성년 자녀를 양육하고 있는 자

③ 배우자의 대한민국 국적인 직계존속과 생계를 같이하고 있는 자

④ 배우자의 대한민국 국적인 직계존속과 주거를 같이하고 있는 자

⑤ 대한민국 국적의 성인 장애인과 함께 생활하고 있는 자

69. 국민기초생활보장법상 자활지원사업 수행기관에게 요구되는 개인정보보호에 관한 설명으로 옳지 않은 것은?

① 보건복지부장관은 수행기관의 통합정보전산망 사용 요청에 대하여 특별한 사정이 없는 한 모든 정보를 제공하여야 한다.

② 수행기관은 보건복지부장관에게 통합정보전산망 사용을 요청하는 경우 보안교육 등 자활지원사업 참여자의 개인정보에 대한 보호대책을 마련하여야 한다.

③ 수행기관은 통합정보전산망을 이용하고자 하는 경우 사전에 정보주체의 동의를 받아야 한다.

④ 사회보장급여 수급이력 등 개인정보는 수행기관에서 자활지원사업을 담당하는 자 중 해당 기관의 장으로부터 개인정보 취급승인을 받은 자만 취급할 수 있다.

⑤ 자활지원사업 업무에 종사하였던 자는 자활지원사업 업무 수행과 관련하여 알게 된 개인·법인의 정보를 다른 용도로 사용해서는 아니 된다.

70. 기초연금법상 기초연금 수급권을 상실하게 되는 경우가 아닌 것을 모두 고른 것은?

ㄱ. 사망한 때	ㄴ. 국적을 상실한 때
ㄷ. 장기요양등급판정을 받은 때	ㄹ. 국외로 이주한 때

① ㄴ   ② ㄷ

③ ㄱ, ㄴ   ④ ㄷ, ㄹ

⑤ ㄱ, ㄷ, ㄹ

71. 의료급여법의 내용으로 옳은 것은?

① 「국내입양에 관한 특별법」에 따라 입양된 아동은 25세까지 수급권자로 특례 적용된다.

② 수급권자가 업무 또는 공무로 생긴 질병·부상·재해로 다른 법령에 따른 급여나 보상을 받게 되는 경우에는 이 법에 따른 의료급여를 하지 아니한다.

③ 의료급여에 관한 업무는 수급권자의 출생지를 관할하는 시장·군수·구청장이 한다.

④ 「지역보건법」에 따라 설치된 보건소는 의료급여기관이 될 수 없다.

⑤ 시장·군수·구청장은 수급권자가 정당한 이유 없이 의료급여기관의 진료에 관한 지시에 따르지 아니한 경우에도 의료급여를 제한해서는 아니 된다.

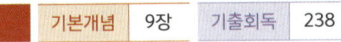

72. 국민건강보험법상 국민건강보험공단에 관한 설명으로 옳지 않은 것은?

① 요양급여 외에 임신·출산 진료비, 장제비, 상병수당, 그 밖의 급여를 실시할 수 있다.

② 가입자와 피부양자에 대하여 질병의 조기 발견과 그에 따른 요양급여를 하기 위하여 건강검진을 실시한다.

③ 회계연도마다 예산안을 독자적으로 편성하고 지출할 수 있다.

④ 고의 또는 중대한 과실로 인한 범죄행위에 그 원인이 있는 경우 보험급여를 하지 아니한다.

⑤ 보험료등의 납부의무자가 납부기한까지 보험료등을 내지 아니하면 그 납부기한이 지난 날부터 매 1일이 경과할 때마다 연체금을 징수한다.

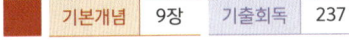

73. 산업재해보상보험법상 보험급여의 종류가 아닌 것은?

① 요양급여

② 휴업급여

③ 예방·재활급여

④ 상병보상연금

⑤ 직업재활급여

기본개념 9장 기출회독 237

74. 고용보험법상 명시되어 있는 고용보험사업을 모두 고른 것은?

> ㄱ. 고용안정·직업능력개발 사업
> ㄴ. 실업급여
> ㄷ. 육아휴직 급여
> ㄹ. 자활급여

① ㄱ, ㄴ   ② ㄱ, ㄷ
③ ㄴ, ㄷ   ④ ㄱ, ㄴ, ㄷ
⑤ ㄴ, ㄷ, ㄹ

75. 노인장기요양보험법상 장기요양인정에 관한 설명으로 옳지 않은 것은?

① 장기요양기관은 수급자를 대리하여 장기요양인정을 신청한다.

② 대통령령으로 정하는 경우를 제외하고, 장기요양인정을 신청하는 자는 국민건강보험공단에 장기요양인정신청서에 의사 또는 한의사가 발급하는 소견서를 첨부하여 제출하여야 한다.

③ 국민건강보험공단은 장기요양인정 신청서를 접수한 때 소속 직원으로 하여금 신청인의 심신 상태, 신청인에게 필요한 장기요양급여의 종류 및 내용 등에 대하여 조사하게 하여야 한다.

④ 등급판정위원회는 신청인이 신청자격요건을 충족하고 6개월 이상 동안 혼자서 일상생활을 수행하기 어렵다고 인정하는 경우 등급판정기준에 따라 수급자로 판정한다.

⑤ 국민건강보험공단은 등급판정위원회가 장기요양인정 및 등급판정의 심의를 완료한 경우 지체 없이 장기요양인정서를 작성하여 수급자에게 송부하여야 한다.

정답 확인

인간행동과 사회환경

1	②	2	③	3	⑤	4	④	5	④
6	①	7	④	8	③	9	②	10	①
11	②	12	⑤	13	②	14	④	15	③
16	②	17	①	18	①	19	⑤	20	④
21	③	22	⑤	23	⑤	24	①	25	③

■ 필수 학습 : **19**문항	해설강의
■ 안정권 학습 : **3**문항	
■ 고득점 학습 : **3**문항	

사회복지조사론

26	③	27	②	28	④	29	⑤	30	④
31	⑤	32	①	33	③	34	④	35	①
36	③	37	④	38	③	39	②	40	④
41	①	42	⑤	43	①	44	⑤	45	②
46	②	47	④	48	③	49	③	50	②

■ 필수 학습 : **14**문항	해설강의
■ 안정권 학습 : **4**문항	
■ 고득점 학습 : **7**문항	

사회복지실천론

1	⑤	2	⑤	3	④	4	①	5	⑤
6	④	7	①	8	③	9	②	10	③
11	②	12	④	13	①	14	⑤	15	②
16	①	17	①	18	③	19	③	20	④
21	④	22	⑤	23	④	24	⑤	25	①

■ 필수 학습 : **20**문항	해설강의
■ 안정권 학습 : **5**문항	
■ 고득점 학습 : **0**문항	

사회복지실천기술론

26	③	27	②	28	④	29	⑤	30	③
31	①	32	②	33	④	34	③	35	⑤
36	④	37	⑤	38	①	39	②	40	③
41	⑤	42	①	43	②	44	④	45	①
46	⑤	47	④	48	③	49	①	50	②

■ 필수 학습 : **18**문항	해설강의
■ 안정권 학습 : **2**문항	
■ 고득점 학습 : **5**문항	

지역사회복지론

51	④	52	③	53	⑤	54	⑤	55	②
56	④	57	②	58	①	59	①	60	⑤
61	②	62	①	63	⑤	64	④	65	①
66	②	67	③	68	③	69	⑤	70	④
71	③	72	③	73	④	74	⑤	75	④

- ■ 필수 학습 : **17**문항
- ■ 안정권 학습 : **5**문항
- ■ 고득점 학습 : **3**문항

해설강의

사회복지정책론

1	⑤	2	④	3	①	4	③	5	②
6	③	7	①	8	④	9	④	10	③
11	②	12	④	13	②	14	⑤	15	③
16	②	17	⑤	18	④	19	④	20	⑤
21	①	22	②	23	②	24	②	25	⑤

- ■ 필수 학습 : **16**문항
- ■ 안정권 학습 : **2**문항
- ■ 고득점 학습 : **7**문항

해설강의

사회복지행정론

26	⑤	27	⑤	28	③	29	②	30	①
31	④	32	②	33	①	34	④	35	①
36	②	37	④	38	⑤	39	③	40	②
41	④	42	③	43	④	44	②	45	⑤
46	③	47	⑤	48	①	49	③	50	①

- ■ 필수 학습 : **18**문항
- ■ 안정권 학습 : **3**문항
- ■ 고득점 학습 : **4**문항

해설강의

사회복지법제론

51	①	52	④	53	③	54	④	55	②
56	②	57	④	58	④	59	②	60	①
61	⑤	62	③	63	①	64	⑤	65	⑤
66	③	67	④	68	⑤	69	①	70	②
71	②	72	③	73	④	74	④	75	①

- ■ 필수 학습 : **16**문항
- ■ 안정권 학습 : **5**문항
- ■ 고득점 학습 : **4**문항

해설강의